RUNDFUNK IM WANDEL
Beiträge zur Medienforschung

RUNDFUNK IM WANDEL

Festschrift für Winfried B. Lerg

Herausgegeben von
ARNULF KUTSCH
CHRISTINA HOLTZ – BACHA
FRANZ R. STUKE

Die Deutsche Bibliothek – CIP-Einheitsaufnahme

Rundfunk im Wandel : Beiträge zur Medienforschung / Arnulf Kutsch ... (Hrsg.). – Berlin : VISTAS, 1992
  ISBN 3-89158-081-9
NE: Kutsch, Arnulf [Hrsg.]

Copyright © 1993 by
VISTAS Verlag GmbH
Bismarckstraße 84, 1000 Berlin 12

Alle Rechte vorbehalten
ISBN 3-89158-081-9

Umschlaggestaltung: Atelier C, Berlin
Satz: Satz & Layout erdmann, Berlin
Gesamtherstellung: WB-Druck, Rieden am Forggensee

Inhaltsverzeichnis

Vorwort 7

Friedrich P. Kahlenberg
Ein Gruß zum sechzigsten Geburtstag Winfried B. Lerg 9

Kurt Koszyk
Regionalismus als Strukturmerkmal der Kommunikationsgeschichte . . . 17

Franz Dröge
Über historische Modellkonstruktionen 31

Michael Schmolke
Radio aus Salzburg – Radio in Salzburg 45

Hanno Hardt
Social Uses of Radio in Germany: An American Perspective, 1924–1930 . 61

Peter Pleyer
Volksgemeinschaft als Kinoerlebnis
Bemerkungen zu dem deutschen Spielfilm »Wunschkonzert« (1940) . . . 75

Wolf Bierbach
»Meine Schlösser«
Miszelle zur Herkunft des Karl-Eduard von Schnitzler 85

Arnulf Kutsch
Die Anfänge der Meinungsforschung in der britischen Zone (1945–1947)
Ein institutionengeschichtlicher Hinweis 101

Gertrude J. Robinson
Der Einfluß der Frauenforschung auf die nord-amerikanische
Kommunikationswissenschaft
Erste Ansätze 131

Vicente Romano
Zeit und Rundfunk 145

Winfried Schulz
Die Transformation des Mediensystems in den Achtzigern
Epochale Trends und modifizierende Bedingungen 155

Marianne Ravenstein
Zum Verhältnis von Kommunikationswissenschaft und Rundfunkpolitik
Die Planung zukünftiger Kommunikation 173

James G. Stappers
A Disappearing Landscape in European Media Ecology 189

Joan Hemels
Aktuelle Entwicklungen im niederländischen Rundfunksystem im Kräftespiel
zwischen Entsäulung und Kommerzialisierung 205

Christina Holtz-Bacha
Vom öffentlich-rechtlichen Rundfunk und
vom öffentlich-rechtlichen Privatfunk in Bayern 227

Franz R. Stuke
Per aspera ad astra
Worin liegt der Erfolg der Lokalradios in Nordrhein-Westfalen? 241

Walter J. Schütz
Der (gescheiterte) Regierungsentwurf für ein
Rundfunküberleitungsgesetz der DDR
– Chronik und Dokumente – 263

Schriftenverzeichnis Winfried B. Lerg (1956–1992) 305

Verzeichnis der Autoren 337

Vorwort

Am 23. August 1992 feiert Winfried B. Lerg seinen 60. Geburtstag. Das ist viel zu früh für eine Bilanz seiner Lehr- und Forschungstätigkeit, aber der runde Geburtstag bietet einen willkommenen Anlaß, ihm eine Festschrift zu dedizieren.

Winfried B. Lerg ist heute der Doyen unter den Lehrstuhlinhabern der Publizistik und Kommunikationswissenschaft in Deutschland. Seine wissenschaftliche Ausbildung und seine akademische Laufbahn sind unmittelbar verknüpft mit dem Münsteraner Institut für Publizistik, an dem er seit über drei Jahrzehnten tätig ist. In der Tradition seiner Lehrer Walter Hagemann und Henk Prakke sowie der von ihnen entwickelten Ansätze der systematischen Publizistik und ihrer Entgrenzung zur funktionalen Publizistik stehend, hat Lerg die Entwicklung der Disziplin in Deutschland wesentlich beeinflußt.

Lerg hat sich stets zur Aufgabe gemacht, das Fach in Lehre und Forschung in seiner ganzen Breite zu vertreten. Eindrucksvollen Niederschlag findet dieses Ziel im Themenspektrum der Dissertationen und Magisterarbeiten seiner zahlreichen Schüler. Von der Einlösung dieses Anspruchs zeugt andererseits das am Ende dieses Buches abgedruckte Verzeichnis seiner Schriften, das Marianne Ravenstein und Arnulf Kutsch zusammengestellt haben. Dieses Werksverzeichnis weist Winfried B. Lerg zugleich als einen der publizistisch produktivsten Fachvertreter aus.

Lergs Lieblingsobjekt ist jedoch stets der nationale und internationale Rundfunk geblieben, dessen Entstehung und Wandel er auf vielfältige Weise wissenschaftlich beobachtet, untersucht und erklärt hat. Unter diesem Thema steht auch die Festschrift, zu der seine ehemaligen Kommilitonen und Schüler, seine Kollegen und Freunde aus dem In- und dem Ausland Beiträge verfaßt haben, und die Henk Prakke, der inzwischen 92jährige, ehemalige Direktor des Münsteraner Instituts für Publizistik, mit den besten Wünschen begleitet.

Die Herausgeber danken allen Autoren, die mit ihren Beiträgen zum Gelingen der Festgabe beigetragen haben. Besonderer Dank gilt Marianne Ravenstein und den beiden studentischen Mitarbeitern des Münsteraner Instituts für Publizistik, Gernot Gehrke und Ralf Hohlfeld, die bei den Vorbereitungen halfen. Unser Dank richtet sich nicht zuletzt an Folker U. Strobel, der das Vorhaben als Verleger mit großer Geduld und Verständnis unterstützte.

Münster und Bochum, im Juli 1992
Arnulf Kutsch
Christina Holtz-Bacha
Franz R. Stuke

Friedrich P. Kahlenberg

Ein Gruß zum sechzigsten Geburtstag Winfried B. Lergs

»Der Rundfunk muß, wie auch die übrigen gesellschaftlichen Institutionen, mit seiner Geschichte ins reine kommen, weil er nur auf diese Weise sich selber verstehen lernt und sich allen anderen Institutionen, darunter nicht zuletzt den anderen Medien, auf seinem Weg in die Zukunft verständlich machen kann.« Winfried B. Lerg schrieb diesen Satz in der Einleitung zu seinem Buch »Rundfunkpolitik in der Weimarer Republik«[1], aber er kann auch als präzise Beschreibung der Motivation des Verfassers für die Rundfunkgeschichte verstanden werden. Die »Kategorie der Zukunft« ist für das Denken und Handeln Lergs stets von Belang, wenn er sich mit geschichtlichen Phänomenen auseinandersetzt. Denn ihm stellt sich bei aller wissenschaftlichen Tätigkeit immer auch die Sinnfrage des Tuns – eine Tugend, die in der alexandrinischen Ära der Geschichtsschreibung: In unserer Gegenwart, von Autoren kaum selbstverständlich geübt wird. Der große Reichtum historischer Veröffentlichungen der Gegenwart verdankt sich in wachsendem Umfang den ökonomischen Strategien von Verlagen, die – zudem oft in internationaler Zusammenarbeit – die potentiellen Autoren zu immer neuen Veröffentlichungsprojekten gewinnen, um ihre Produktionsprogramme für Neuerscheinungen von Jahr zu Jahr fortschreiben und erweitern zu können. Winfried B. Lerg widerstand stets und widersteht nach wie vor den Verlockungen des Marktes, denn seine Veröffentlichungen bleiben Wortmeldungen im Diskurs der Wissenschaft oder eben Einladungen an verantwortlich handelnde Akteure in der Gegenwart, sich der historischen Erfahrung zu bedienen, um Zukunft besser, fundierter gestalten zu können. »Das allfällige Diktum von der Unwiederholbarkeit der Geschichte verliert nämlich einiges von seiner Trivialität, sobald die Kategorie der Erfahrung in dem Verständnis mitgedacht wird, daß eine Freiheit, die gestattet, Fehler zu machen, dieselbe ist, die Fehler zu vermeiden ermöglicht«.[2]

Winfried B. Lergs demnächst zu feiernder 60. Geburtstag ist willkommener Anlaß, über seinen Beitrag zur Arbeit des ›Studienkreises Rundfunk und Geschichte‹ nachzudenken, und zu versuchen, sein rundfunkgeschichtliches Engagement in einigen Aspekten zu charakterisieren. Dabei beziehe ich mich ausschließlich auf seine Veröffentlichungen in den ›Mitteilungen‹ des Studienkreises, aber auch auf die Erfahrung der Zusammenarbeit, der kollegialen Gespräche und Dispute in der Arbeit des ›Studienkreises Rundfunk und Geschichte‹. Winfried B. Lerg war in dessen Vorstand längst schon gewählter Beisitzer, als ich im Spätsommer des Jahres 1973 in der Nachfolge von Hans Booms als Vertreter des Bundesarchivs in dieses Gremium hinzugewählt wurde. Aus dem Rückblick auf achtzehn Jahre der gemeinsamen Beratungen über die Programme der Jahrestagungen, zur Vorbereitung der Grünberger Colloquien, über die Fortführung der ›Mitteilungen‹ oder der von ihm seit ihrer Begründung im Jahre 1975 verantwortlich betreuten Schriftenreihe kann ich bezeugen, welch unverwechselbaren und oft bestimmenden Anteil Winfried B. Lerg an der Vereinsarbeit hatte. Doch bedarf es solcher Aussage nicht, denn die ›Mitteilungen‹ allein belegen, daß er in den zurückliegenden zwei Jahrzehnten bei weitem die meisten Einzelveröffentlichungen beisteuerte – insgesamt mehr als zweihundert. Auf das Schriftenverzeichnis, das aus gleichem Anlaß zusammengestellt wurde, weise ich hin. Aus der Praxis der Redaktionsarbeit in den siebziger und achtziger Jahren, bei der ich Walter Först unterstützte, sei angemerkt, daß nicht eben selten Redaktionstermine nach dem erwarteten Eintreffen der »WBLs« fixiert zu werden pflegten.

Indessen will ich an dieser Stelle mich nicht in der Erinnerung verlieren, so groß die Versuchung auch ist, die geselligen Gelegenheiten der Begegnungen bei Colloquien und Jahrestagungen einzubeziehen. Wer je mit Lerg bei wissenschaftlichen Veranstaltungen gemeinsam zugegen war, weiß dessen Spontanität zu schätzen, mit der er mit Hintersinn Fragen zu stellen pflegt. Sei es, daß er für das Auditorium Hinweise zur kritischen Wertung eines Referats beisteuert, sei es, daß er mit seinen Fragen Querbezüge aufzeigt, parallele Entwicklungen andeutet oder Folgerungen erwägt – sein Temperament sorgt in aller Regel für die Erweiterung des Horizonts der Teilnehmer. Winfried B. Lerg ist ein hochzuschätzender, zuverlässiger und wohl informierter Disputant. Im Kontakt mit Funktionären des öffentlichen Lebens, mit Politikern oder Hierarchen des Rundfunks bereitet ihm die Fragestellung sichtbar auch Freude, nicht selten durch Bezüge auf Äußerungen der Betroffenen an anderer Stelle pointiert, doch begegnet er gerade auch den jüngeren Referenten mit unverminderter Aufmerksamkeit und fairem Rat. Den Kollegen habe ich nirgends lebhafter, offener und neugieriger erlebt als bei den Wochenendveranstaltungen des Grünberger Colloquiums im Kontakt mit den Examenskandidaten, dem studentischen Nachwuchs gleich welcher Fachrichtung und Herkunft. Dort kommt ihm sein ausgeprägtes Interesse an methodischen Fragen vor allem zugute; viele der Erstteilnehmer an der Grünberger Gruppenarbeit verdanken Lerg entscheidende Anregungen für ihre eigenen Projekte, folgerichtig verweisen zahlreiche Autoren rundfunkgeschichtlicher oder generell publizistischer Arbeiten auf die Folgerungen, die sie gerade aus der Beratung durch Lerg gezogen haben. Ich kenne wenige akademische Kollegen, die von einem vergleichbar ursprünglichen, weil in der Gesamtpersönlichkeit wurzelnden pädagogischen Eros durchdrungen wären und sich im Kontakt mit der jungen Generation dazu auch bekennen.

Damit ist Lergs Möglichkeit der Reaktion im wissenschaftlichen Gespräch freilich längst nicht erschöpft. Um der letzten Motivation seiner akademischen Kollegen oder Partner auf die Spur zu kommen, um die Validität von deren Fragestellungen zu prüfen, um die Tragfähigkeit von deren methodischen Konzepten zu testen, vermag Lerg seinen Fragendrang selten zu zügeln. Gelegentlich kann unter dem Eindruck nachdrücklichen und um der Klärung eines vermuteten Mißverständnisses willen auch zupackendes Fragens eine Situation entstehen, die eben vom Abgrenzen, Zuspitzen oder definitorischen Präzisieren zu leben scheint – und nicht immer sind die Partner auf eine solche Gesprächskultur vorbereitet. Doch wie kritisch auch immer die Gabe Lergs zur Integration differierender oder auch unterschiedlicher Motivation arbeitender Kollegen eingeschätzt werden mag: Wer sich mit seinen Fragen und kritischen Hinweisen auseinandersetzt, wird stets im Ergebnis ein Mehr an Klarheit, Einsicht und Genauigkeit für sich, für seine eigene Arbeit, erkennen können. Die Auseinandersetzung mit Winfried B. Lerg lohnt!

Nicht über Erinnerungen an Begegnungen mit Winfried B. Lerg will ich sprechen, sondern einige Aspekte seines rundfunkgeschichtlichen Engagements zu charakterisieren versuchen. Auf die »Kategorie der Zukunft« in Lergs wissenschaftlicher Arbeit habe ich eingangs bereits hingewiesen, er selbst lud die Teilnehmer an der 20. Jahrestagung des ›Studienkreises Rundfunk und Geschichte‹ im Jahre 1989 in Koblenz zu einem »Kreuzsprung« ein: »Von der zukunftsoptimistischen Geschichte des Studienkreises zu seiner geschichtskritischen Zukunft« führte er die Teilnehmer in seiner persönlichen kritischen Rückschau auf »Zwanzig Jahre Studienkreis Rundfunk und Geschichte«. Gewiß sah er die Gründergeneration unter Führung von Wilhelm Treue im Jahre 1969 euphemistisch, wenn er meinte, »es war die Geschichte der Zukunft der Rundfunkmedien, die die Gründer des Studienkreises beflügelt hat«. Dennoch überzeugen seine Belege für das Angebot der Erklärung von »1. Zukunft als historische Mahnung, 2. Zukunft als publizistische Weissagung, 3. Zukunft als technologisches Ritual«.[3] Die Fächervielfalt, die Interdisziplinarität des Studienkreises werden von Lerg zu Recht auf der Habenseite verbucht und nur dezent deutet er die Vorbehalte jener an, die um der Eindeutigkeit der Verpflichtung zur historisch-kritischen Methode willen vor dem Ausufern warnten, ja von einer »usurpatorischen Präpotenz ... der Kommunikationswissenschaft« sprachen. Lerg sieht sein eigenes Forschungsfeld »sehr sachbezogen als primus inter pares beteiligt«,[4] und diesem Befund ist aus meiner persönlichen Erfahrung rückhaltlos zuzustimmen. Denn, Winfried B. Lerg ist ausgebildeter Historiker und bei aller sozialwissenschaftlichen, die Soziologie und deren Instrumentarien eben nicht leugnender Kompetenz gerade als Historiker ein in besonderem Maße verantwortungsfähiger Interpret der Vergangenheit – zum Nutzen des Verständnisses in der Gegenwart und zur Orientierung in der Zukunft. Unter dem besonderen Kriterium seiner Verantwortungsfähigkeit für die Zukunft des Studienkreises und dessen Arbeit zitiere ich Lergs »Bemerkungen nach der Jahrestagung München 1974«, mit denen er »Die zweite Runde der Rundfunkforschung« proklamierte.[5] Auf die »Runde der politischen Mediengeschichte, der Geschichte der publizistischen Institution ›Rundfunk‹, seiner rechtlichen und wirtschaftlichen Organisation und Einbindung in die jeweilige Kommunikationsverfassung der Epoche« sah er damals folgen die »soziale Mediengeschichte, die Geschichte des Kommunikationsmittels ›Rundfunk‹«, seiner Publizisten und seines Publikums, seiner Strukturen, Darbietungsformen und Inhalte, seiner Beziehungen zu politischen Institutionen und gesellschaftlichen Gruppen – in der jeweiligen Epoche. Die auf der 5. Jahrestagung in München gehaltenen Referate, von Lerg als Beleg angeführt, boten im Grunde nur eine schmale Argumentationsbasis. Doch die strategisch gemeinte Proklamation der »zweiten Runde der Rundfunkforschung« hatte zum damaligen Zeitpunkt höchst fruchtbare Folgen, entfalteten sich doch unter ausdrücklicher Berufung auf Lergs Veröffentlichung an mehreren Plätzen programmgeschichtliche Projekte. Seine als Befund mitgeteilte Botschaft erweist sich im Rückblick als zukunftsgewandte programmatische Forderung zum richtigen Zeitpunkt – für den Studienkreis eine Inspiration.

Wenige Jahre später legte Lerg auf der 12. Jahrestagung 1981 in Köln eine erste Bilanz des programmgeschichtlichen Forschungsauftrags vor,[6] begründete diesen aber unter Fortführung seines 1977 vorgestellten, aus der Kommunikationsgeschichte entwickelten Vier-Phasen-Schemas[7] als Aufgabe der »publizistischen Geschichtsschreibung«. Die dort formulierten »Basisfaktoren der Kommunikationsgeschichte«, die »Kommunikationsgeschichte«, die »Aussagegeschichte« und die »Rezipientengeschichte« sollten während der achtziger Jahre noch manche Programmdiskussion im Studienkreis strukturieren. Wichtiger blieb die Wirkung des systematischen Ansatzes von Lerg für die Forschung selbst, die genannten Aufsätze gehörten fortan zur Basislektüre rundfunkgeschichtlicher Lehrveranstaltungen in den Universitäten. In der Rückschau stellen sich die Etappen der Präzisierung der methodischen Grundlagen der Rundfunkforschung als logischer und wegen der Bewährung in der Forschungspraxis zwingend überzeugender Prozeß dar.

Daß freilich für die Überwindung auf ein Einzelmedium fixierter Geschichtsschreibung auch in den achtziger Jahren noch immer geworben werden mußte, lehrt die Erinnerung an viele Diskussionen und Gespräche in den zurückliegenden anderthalb Jahrzehnten. Lerg stieß diese Diskussion immer neu an und erwies sich dabei als der klassischen historischen Methode verpflichtet: Seiner Grundüberzeugung nach ist das Ziel jeder Kommunikationsgeschichtsschreibung stets eine Theorie des publizistischen Wandels. Die Programme der Jahrestagungen des ›Studienkreises Rundfunk und Geschichte‹ in den achtziger Jahren belegen, wie vielfältig und fruchtbar jene von Lerg fundierte Zielsetzung und Sehweise für die jüngere wissenschaftliche Diskussion wurden. Dabei widerstehe ich der Versuchung, einzelne Themenschwerpunkte an dieser Stelle zu benennen, bin mir aber des Reizes der Erinnerung der Leser dieser Zeilen bewußt, wenn ich die Diskussion um Phänomene des Medientransfers 1983 in München, um die frühen aktuellen Magazine des Fernsehens 1985 in Mainz oder um die Elemente der Unterhaltung im Programm 1987 in Frankfurt/Main erinnere. Sicher ist diese knappe Andeutung subjektiv, doch will ich mich gerade in Erinnerung an Lergs Anteil bei der Diskussion dieser Themenfelder zu dieser Auswahl bekennen.

Von unverwechselbarem eigenen Wert zeugen die mehr als fünfzig Rezensionen, die sich in den bislang vorliegenden 17 Jahrgängen der ›Mitteilungen‹ aus der Feder von Lerg finden. Für den Studienkreis wichtig wurden dabei seine regelmäßigen Hinweise auf amerikanische, britische und französische Autoren, auf deren Arbeiten zur Rundfunkgeschichte im engeren Sinne, zur Publizistik im allgemeinen. Doch über die Anzeige und die inhaltliche wie methodische Charakterisierung hinaus gab Lerg immer wieder weiterführende Ratschläge, unterstrich den besonderen Quellenwert der Erinnerungen von Produzenten oder knüpfte Erwägungen über weitere notwendige Forschungen an. Daß er dabei die medienpolitischen Implikationen, die Nutzanwendungen wie die rechtzeitige Erkenntnis drohender Fehlentwicklungen im Blick behielt, unterstreicht das Engagement des Wissenschaftlers. Manche betroffenen Autoren hierzulande mögen Lergs Kritik gelegentlich auch überspitzt, ja polemisch empfunden haben, doch erwies sich stets, daß die Argumente des Rezensenten für den Nachweis einer schlampigen Recherche, für eine unzureichende Berücksichtigung vorliegender Literatur und zugänglicher Quellen oder für die unzureichende Strukturierung des Stoffs berechtigt waren. Im übrigen bewährt sich Lergs Aufmerksamkeit für die Arbeiten jüngerer Adepten der Rundfunkgeschichte, die ich früher erwähnte, auch in seinen Rezensionen; auch hier kann er ermuntern, zur Fortführung oder zum Ausbau eines Forschungsansatzes einladen. Die Unbestechlichkeit Lergs in der Anwendung seiner Qualitätskriterien erwies sich in den zurückliegenden Jahrzehnten für die Mitglieder des Studienkreises, für die Leser der ›Mitteilungen‹ als zuverlässige Orientierungshilfe.

Aus archivarischer Sicht schätze ich Lergs fortdauernde Aufmerksamkeit für die Aufgaben und Schwierigkeiten der Quellensicherung. In großer Zahl gab er Hinweise auf verfügbare schriftliche wie audiovisuelle Überlieferungen in amerikanischen Archiven und Bibliotheken, regelmäßig pflegt er zu notieren, wenn sich das Angebot der Mikrofilm- oder Fiche-Editionen wichtiger Zeitschriften oder Programmnachweise erweitert hat. Andererseits nahm er den Brand im Nationalarchiv der USA wahr, dem wertvolle Wochenschauüberlieferungen zum Opfer fielen. Seine Sorge um die Sicherung privater Papiere von Programmverantwortlichen, von Journalisten wie Wissenschaftlern betont Lerg immer neu, zahlreiche Arbeiten seiner Schüler stützen sich auf durch ihn gesicherte Überlieferungen, nicht zuletzt aus dem Personenkreis der Emigration. Daß er die Zeit seines Vorsitzes in der ›Deutschen Gesellschaft für Publizistik und

Kommunikationswissenschaft‹ nutzte, um die Hinterlegung des Schriftgutes des Vereins und seiner Funktionäre mit dem Bundesarchiv zu vereinbaren, will ich unterstreichen. Dabei bleibt er über den Verdacht erhaben, im antiquarischen Sinne sich als Sammler zu betätigen – wiewohl wir seine Liebe zu Empfangsgeräten der frühen Rundfunkindustrie kennen: Niemand fordert nachdrücklicher als er eine zuverlässige, noch immer fehlende »publizistische Quellenkunde«!

Die beiden für die Rundfunkgeschichte wichtigen Zeugnisse der historiographischen Begabung Lergs liegen in seinem 1965 erstmals erschienenen Buch über »Die Entstehung des Rundfunks in Deutschland. Herkunft und Entwicklung eines publizistischen Mittels« und in dem eingangs erwähnten Werk »Rundfunkpolitik in der Weimarer Republik« von 1980 vor. Doch aus meiner Sicht schätze ich Lergs Engagement für die Förderung der Arbeiten seiner Schüler wie der Autoren in der Schriftenreihe des Studienkreises eher noch höher ein. Wieviel Energie, wieviel Zeit investiert er in die Beratung einzelner Autoren, in die gutachtliche Stellungnahme zu vorgelegten Arbeiten, in die Betreuung einzelner Manuskripte als Herausgeber! Dabei erweist sich der wiederholt angeführte hohe Qualitätsanspruch als zuverlässige Orientierung; bei aller Gefahr des Mißverständnisses seitens der betreuten Autoren, die nicht immer gebannt werden kann, überzeugt letztlich das von allen nachprüfbare Ergebnis nach dem Erscheinen der entsprechenden Bände. Von nachgerade legendärem Ruf ist inzwischen der aus dem Grünberger Colloquium hervorgegangene, gemeinsam mit Rolf Steininger vorbereitete, im Jahre 1975 veröffentlichte Sammelband »Rundfunk und Politik 1923–1973« wegen der Intensität der Vorbereitung, aber auch wegen der Qualität der Einzelbeiträge. Der früher erwähnte, pädagogische Eros reicht nicht aus, das Maß an Uneigennutz, an konstruktivem Rat, an fördernder Kritik zu erklären, die von ihm erfahren werden. Die Verantwortungsfähigkeit gegenüber der Tradition der Wissenschaft, gegenüber der gemeinsamen Verpflichtung zur kritischen Aufrichtigkeit und zur bestmöglichen Entfaltung der eigenen Forschungsdisziplin sind weitere wichtige Motive für die akademische, für die wissenschaftliche Tätigkeit von Winfried B. Lerg.

Indem ich unter den verschiedenen Aspekten versuche, das Engagement Lergs für die Rundfunkgeschichte, für den Studienkreis zu charakterisieren, ist mir bewußt, wie eklektisch sich diese Zeilen vor dem Hintergrund der gemeinsamen Arbeit, aber auch in Erinnerung an die Vielfalt seiner Anregungen und Anstöße ausnehmen müssen. Längst wäre es geboten, die stattliche Zahl seiner Nachrufe auf Persönlichkeiten der internationalen Publizistik, des Hörfunks und Fernsehens, der Produzenten und Programmverantwortlichen, der Komponisten und Filmschaffenden, der Filmdokumentaristen, der Synchronisatoren wie der Filmarchivare, der Autoren und Schauspieler zu erwähnen, die für viele Leser jeder neuen Nummer der ›Mitteilungen‹ seit deren zweiten Jahrgang neben dem Überraschungsmoment über die getroffene Personenauswahl doch auch stets Bereicherung und Anregung bedeuten. Daß Lerg dabei eigene Formen des Nekrologs entwickelte, daß er vielfach in bibliographischen Zusätzen den Zugang zum

Werk, zur individuellen Leistung der portraitierten Persönlichkeiten zu vermitteln trachtet, zeichnet ihn aus. Unvergessen ist mir sein Stenogramm über eine publizistische Biographie »Hans Bredows«[8], vor allem aber auch sein »Gruß zum 90sten« Axel Eggebrechts aus dem Jahre 1989.[9] Bemerkenswert ist bei dieser biographischen Chronistenleistung Lergs die Weite seines Blickfeldes, das die europäischen Nachbarn ebenso einbezieht wie Persönlichkeiten aus den USA und aus der ehemaligen Sowjetunion. In Kenntnis des gewachsenen universellen Zusammenhangs gesellschaftlicher Kommunikationsprozesse im 20. Jahrhundert hat Lerg den Blick seiner Leser gezielt geweitet, uns damit zur Überwindung einer programmierten nationalen bzw. europazentrischen Sehweise aufgefordert. Der Vorstand des ›Studienkreises Rundfunk und Geschichte‹ wäre gut beraten, aus den mehr als siebzig einschlägigen Einzelveröffentlichungen Lergs eine Sammelpublikation vorzubereiten!

In der Rückschau auf die mehr als zwanzigjährige Geschichte des Studienkreises zeugen einzelne Standorte von der Kontinuität der Vereinsarbeit. Während der Gründungsort des Vereins Ludwigshafen/Rhein schon bald seine Bedeutung verlor, blieb Frankfurt am Main bis zum Jahre 1991 förmlich der Sitz des Vereins. Ohne Zweifel wird das Deutsche Rundfunkarchiv als gemeinsame Einrichtung von ARD und ZDF auch unter neuer Leitung dazu beitragen, Frankfurt auch nach der erfolgten Verlegung des Vereinssitzes nach Baden-Baden nicht aus der topographischen Orientierung des Vorstandes verloren gehen zu lassen. Während siebzehn Jahrgängen wiesen die ›Mitteilungen‹ den ›Westdeutschen Rundfunk‹ in Köln als Redaktionsanschrift aus, während neuerdings Stuttgart im Impressum firmiert. Berlin war stets ein Eckpfeiler in der topographischen Orientierung, ursprünglich in Anlehnung an die Funkausstellung, später in erstrebter Solidarität mit dem besonders exponierten Schnittpunkt der Rundfunkkommunikation und durch Vorstandsmitglieder aus Berlin unterstützt, heute durch den Dienstort des neuen Vorsitzenden des Vereins hervorgehoben. Göttingen als Wohnort unseres Ehrenvorsitzenden Wilhelm Treue, leider zu wenig als Arbeitsstätte der dort tätigen Publizisten, Baden-Baden als Arbeitsstätte des langjährigen Schatzmeisters des Vereins, München, Mainz und Hamburg als Dienstorte verdienter Vorstandsmitglieder, vielleicht sogar Koblenz als Sitzort des Bundesarchivs bereichern die topographische Orientierung des Vereins. Aber nur zwei Standorte haben in der Geschichte des Vereins und seiner Arbeit die Qualität von Fixpunkten der Orientierung: Das ist einmal Grünberg in Hessen wegen des Doktoranden-Colloquiums und das ist zum anderen Münster i.W. wegen des dortigen, für die Rundfunkforschung so fruchtbaren Instituts für Publizistik unter dem Direktorat von Winfried B. Lerg!

Die am 3. Oktober 1990 vollzogene Wiedervereinigung der beiden deutschen Staaten mag mittel- und längerfristig neue, zusätzliche Arbeitszentren auch für den Studienkreis entstehen lassen. Dies legen nicht nur die erweiterten Forschungsmöglichkeiten, die neu zugänglichen archivarischen Überlieferungen der staatlichen Organe und der Gremien der politischen Parteien und Massenorganisationen nahe, sondern auch die personellen Kapazitäten in den Universitäten, in außeruniversitären Forschungseinrichtungen, nicht zu reden von der Vielfalt aktueller Themen, die sich nach den inzwischen erlebten Veränderungen der Kommunikationslandschaft in den neuen Ländern wie bei den östlichen und südöstlichen Nachbarn zur Bearbeitung anbieten. So will ich an dieser Stelle meine Glückwünsche zum Beginn des sechsten Lebensjahrzehnts von Winfried B. Lerg und meinen aufrichtigen Dank für die Jahre der gemeinsamen Arbeit mit der festen Hoffnung auf neue Verknüpfungen und Projekte verbinden. Die nach der jüngsten Mitgliederversammlung des Vereins im September 1991 verständliche und von vielen erfahrenen Kollegen geteilte Irritation möge auch im Kraftfeld Münsters in der Relativität ihres Gewichts erkannt werden. Auch für die Mitglieder des Vereins ist daran zu erinnern, »daß eine Freiheit, die gestattet, Fehler zu machen, dieselbe ist, die Fehler zu vermeiden ermöglicht«. Das Engagement für die Aufgaben der Publizistik und der Rundfunkforschung, für die mitverantwortliche wissenschaftliche Begleitung der anstehenden medienpolitischen Aufgaben, vor allem auch für die Anleitung der jungen Generation in der von Lerg in vielen Jahren bewährten Qualität wird heute mehr denn je gebraucht. Mit mir freuen sich viele Kollegen auf die Herausforderungen der Zukunft, wenn wir uns vorstellen können, sie gemeinsam mit dem Jubilar in Angriff nehmen und zumindest in Teilen bestehen zu können.

Anmerkungen

1 Winfried B. Lerg: Rundfunkpolitik in der Weimarer Republik. München: Deutscher Taschenbuchverlag 1980 (= Rundfunkgeschichte in Deutschland, Bd. 1), S. 17
2 Ebenda
3 Winfried B. Lerg: Kritische Rückschau: Zwanzig Jahre Studienkreis Rundfunk und Geschichte. In: Mitteilungen StRuG 15. Jg. (1989), Nr. 4, S. 288–294; S. 291
4 Ebenda, S. 293
5 Vgl. Winfried B. Lerg: Die zweite Runde der Rundfunkforschung. Bemerkungen nach der Jahrestagung München 1974. In: Mitteilungen StRuG 1. Jg. (1974/75), Nr. 2, S. 6–8
6 Vgl. Winfried B. Lerg: Programmgeschichte als Forschungsauftrag. Eine Bilanz und eine Begründung. In: Mitteilungen StRuG 8. Jg. (1982), Nr. 1, S. 6–17
7 Vgl. Winfried B. Lerg: Rundfunkgeschichte als Kommunikationsgeschichte. Überlegungen zur Heuristik der Rundfunkforschung. In: Mitteilungen StRuG 3. Jg. (1977), Nr. 3, S. 18–22
8 Vgl. Winfried B. Lerg: Hans Bredow – Schwierigkeiten mit einem 100. Geburtstag. Stenogramm für eine publizistische Biographie. In: Mitteilungen StRuG 6. Jg. (1980), Nr. 1, S. 28–36
9 Vgl. Winfried B. Lerg: Die 6 Kino-Leben des Publizisten Axel Eggebrecht. Ein Gruß zum 90sten. In: Mitteilungen StRuG 15. Jg. (1989), Nr. 1, S. 10–17

Kurt Koszyk

Regionalismus als Strukturmerkmal der Kommunikationsgeschichte

1.

Der Wissenschaftlichkeit wegen wollen wir nicht auf einige wenige fachliche Literaturhinweise verzichten. Aber die einleuchtendste Erklärung für die Art von Regionalismus, die hier gemeint ist, hat Martin Walser in der ›SZ am Wochenende‹ am 21./22. März 1992 geliefert, wo er uns die härtesten Prüfungen für den deutschen Intellektuellen schildert – in seinem Falle, als drei Deutsche im Wimbledon-Finale von 1991 standen: »Ich empfand es als eine Entlastung, daß zwei von den drei Deutschen Badener waren. Der Leimener und die Brühlerin! Also, wem das nicht guttut, der weiß nicht, wo Baden liegt und daß es von Württemberg geschluckt wurde.« Das ist Regionalismus, Identität, Provinzialismus – oder wie immer man es nennen will – der weltläufigsten Art übrigens. Das erklärt doch mehr als jede kommunikationswissenschaftliche Theorie, warum die Leute den Lokal- und den Sportteil zuerst rezipieren und natürlich den Anzeigenteil wegen der Sonderangebote und der Toten. Ich spreche aus reiner Empirie.

Da drängt sich gleich noch ein anderes praktisches Beispiel auf. Denn knapp fiel es aus, das Votum für Berlin als Bundeshauptstadt. Der Streit bestätigte einmal mehr das Kennzeichen der deutschen Geschichte. Der Frankfurter Reichsstädter Johann Wolfgang von Goethe verwendete dafür völlig ernst und ohne Ironie den Begriff »Provinzialität«. Seinem aus der Hannoverschen Kleinstadt Winsen stammenden Privatsekretär Johann Peter Eckermann erklärte er am 3. Oktober 1828, eine Zeitung wie der englische ›Globe‹[1] sei in Deutschland »rein unmöglich«: »Wir sind lauter Particuliers; an Übereinstimmung ist nicht zu denken; jeder hat die Meinung seiner Provinz, seiner Stadt, ja, seines eigenen Individuums, und wir können noch lange warten, bis wir zu einer Art von allgemeiner Durchbildung kommen.«[2]

Für wünschenswert hielt Goethe diese »Durchbildung« nicht. Am 23. Oktober 1828 sagte er seinem Eckermann: »Frankfurt, Bremen, Hamburg, Lübeck, sind groß und glänzend, ihre Wirkungen auf den Wohlstand von Deutschland gar nicht zu berechnen. Würden sie aber bleiben, was sie sind, wenn sie ihre eigene Souveränität verlieren und irgendeinem großen Deutschen Reich als Provinzialstädte einverleibt werden sollten? – Ich habe Ursache, daran zu zweifeln.«[3] So dachte man ein Menschenalter vor der Reichsgründung über ihre Folgen.

Alles, was gegenwärtig über den Gegensatz zwischen Wessis und Ossis gefaselt wird, klingt, als handele es sich um eine ganz neue Erscheinung. Aber sie ist im Grunde in der Denktradition Europas, nicht nur Deutschlands, tief verwurzelt. In Anlehnung an de Gaulles Europa der Nationen läßt sich dafür am besten der Begriff »Regionalismus« verwenden.

In soziologischen und politologischen Fachbüchern[4] werden »Regionalismus« und »Region« als Begriffe bezeichnet, über die keineswegs schon allgemein anerkannte Auffassungen bestehen. Wie sollte auch bei soviel Emotion. Grundsätzlich werden sie einerseits auf homogene geographische oder kulturelle Gebiete bezogen, die ähnliche Merkmale aufweisen. Andererseits werden sie im Zusammenhang traditionellen Substanzdenkens oder unter dem Aspekt eines Protestsymbols betrachtet. Für unser Thema sind die geographische und die kulturelle Identität das einleuchtendere Erklärungsmodell, aus denen sich allerdings die Protestsymbole und traditionelles Substanzdenken speisen.

Da Gesellschaftssystem und Kommunikationssystem eine Struktur bilden, gilt das auch für die Massenmedien in Vergangenheit und Gegenwart. Die Kommunikationsgeschichtsschreibung über Frankreich und Großbritannien hat sich auf die Hauptstädte Paris und London konzentriert. Dadurch entsteht der falsche Eindruck, als gebe es dort nichts dem deutschen Regionalismus Vergleichbares. Zwar entstanden in Frankreich erst um 1900 gegen den übermäßigen Zentralismus von Verwaltung, Wirtschaft und Kultur gerichtete Organisationen, wie die Fédération Régionaliste Française. Aber de Gaulles Vision ruht gewiß in einer älteren Tradition, die sich nicht auf die Grande Nation beschränkt. Wie anders sollte man interpretieren, daß in Frankreich fast 100 Jahre vor den ersten deutschen Ansätzen eine umfassende Pressebibliographie herausgegeben wurde?[5]

Bemerkenswert ist, daß die theoretische Fundierung der Mentalitätenhistorie in Frankreich durch Lucien Febvre, Georges Duby und Robert Mandrou erfolgte. Lucien Febvre hat u. a. die Raum- und Zeitkonzeptionen als »geistige Werkzeuge« der Mentalitäten-Geschichtsschreibung bezeichnet.[6] In diesem Sinne könnte man »Regionalismus« auch als eine »Raumkonzeption« verstehen, die in unserem Falle zur vergleichenden wissenschaftlichen Interpretation von Prozessen in der Kommunikationsgeschichte beitragen soll. Dazu gehört auch die Art und Weise, wie Rezipienten die Massenmedien für sich interpretieren, nämlich doch wohl vor allem als Medien von regionaler Relevanz, von Nähe zur eigenen Existenz zwischen Berufs- und Privatsphäre.

Für England, wo der Begriff »mentality« im 17. Jahrhundert geprägt wurde, ist zu beachten, was Charles Dobson Collett, der Herausgeber der ›Free Press‹ (Sheffield und London 1855–66)[7], 1851 als Sekretär der People's Charter Union, feststellte: »There are many persons in the country who are utterly unable to understand a London paper.«[8] Collett meinte, diese Zeitungen seien für die (Mentalität der) Londoner Mittelklasse gemacht und besonders für Leser mit Interesse an Politik, Theater und »Gesellschaft«. Nach Lee hat sich die Londoner Presse erst seit den 70er Jahren des 19. Jahrhunderts langsam in der Provinz durchgesetzt, als von London aus nach Norden das Eisenbahnsystem ausgebaut worden war und spezielle Zeitungszüge eingesetzt wurden. Die allzulange als repräsentativ angesehene »nationale« britische Presse setzte sich eigentlich erst nach 1900 durch, wohl nicht zuletzt im Gefolge der verlegerischen Monopolisierung und des vor allem seit 1960 rapiden Niedergangs der Industriezentren im mittleren England, in Schottland und in Wales.

In Deutschland haben zwei Tatsachen die Durchsetzung des Föderalismus als Basis des Regionalismus langfristig bestimmt:
- Der Augsburger Religionsfriede vom September 1555, der durch den Westfälischen Frieden von 1648 bestätigt wurde, die Glaubensspaltung besiegelte und die territoriale Eigenstaatlichkeit förderte;
- der Speyerer Reichstagsabschied vom Dezember 1570, der festlegte, daß künftig Druckereien nur in Residenz-, Universitäts- und »ansehnlichen« Reichsstädten errichtet werden durften.[9]

Der dadurch geschaffene Zustand wurde in Kombination mit einer mehr oder minder rigorosen Zensur durch das im 18. Jahrhundert mit dem Intelligenzwesen durchgesetzte staatliche Anzeigenmonopol zusätzlich erschwert. Das die Presse reglementierende Privilegienwesen reduzierte jedes Periodikum auf regionale Verbreitung, an der die Drucker und Verleger aus Konkurrenzgründen interessiert sein mußten. Die Blätter hatten im 18. Jahrhundert den Charakter von Organen des Staates, in dem sie zugelassen waren.

56 Jahre vor Collett vertrat Kasper Stieler[10] die Ansicht, daß Zeitungen von ganz weit entfernten und unbekannten Örtern »nichts nütze« seien. Noch 1775 jedoch mußte sich Christian Friedrich Daniel Schubart in seiner ›Deutschen Chronik‹[11] ein öffentliches Blatt wünschen, »worinn alles, was im Lande vorgeht, angezeigt, beschrieben und drüber räsonnirt würde«. Das war gegen die Zensur gerichtet, die sorgsam darauf achtete, daß über die inneren Verhältnisse nichts und über die äußeren nur das veröffentlicht werden durfte, was die diplomatischen Beziehungen zum Nachbarn nicht belastete. Ging der Inhalt der Zeitungen des 18. und frühen 19. Jahrhunderts also offensichtlich an regionalen Bedürfnissen ihrer Leser vorbei?

In seiner »Modellstudie zur Verbindung von historischer und empirischer Publizistikwissenschaft«[12], ein Produkt des etwa erst 200 Jahre alten statistischen Zeitalters, hat Jürgen Wilke den interessanten Versuch unternommen, zur geographisch-ethnographischen Struktur der Medienrealität auf der Grundlage einer quantitativen Inhaltsanalyse Aussagen über die Ereignisregionen der Berichterstattung des ›Hamburgischen Correspondenten‹ zwischen 1622 und 1906 zu machen. Wilke hält es für seinen bemerkenswertesten Befund, »daß die lokale Berichterstattung (...) erst spät, das heißt in der zweiten Hälfte des 19. Jahrhunderts eingesetzt hat«. Daraus schließt er: »Anfänglich war die Zeitung in Deutschland kein Medium der lokalen Kommunikation.« Diese Aussage muß im Lichte des Zensur- und Privilegiensystems differenzierter betrachtet werden. Wir haben es mit dem Paradox zu tun, daß die Herausgabe von Zeitungen an die regionale Lizenz gebunden war. Trotz des von Wilke konstatierten inhaltlichen Defizits richtete sich die Presse doch wohl weitgehend an die Leser regionaler Verbreitungsgebiete. Das Nachrichtenangebot jedoch war durchweg überregional.

Das bestätigte auch eine Untersuchung der ersten Dortmunder Zeitung von 1769.[13] Schon wegen des preußischen Umfeldes der Stadt sind die Leser vor allem unter den in ihren 850 Häusern lebenden 4000 Dortmundern, darunter 804 Berufstätigen, zu vermuten. Die Auflage dürfte demnach auf etwa 1000 Exemplare beschränkt gewesen sein. Den Inhalt bezog der Drucker Gottschalk Diederich Baedeker (1713–1778) fast ausschließlich aus dem ›Hamburgischen Correspondenten‹. Daraus ergibt sich das kuriose Bild, daß im Gründungsjahr der Zeitung 257 Nachrichten polnische Ereignisse behandeln. Das regionale Motiv waren vermutlich die Beziehungen der Freien Reichsstadt Dortmund zum kaiserlichen Österreich, das als Schutzmacht allerdings nur theoretisch eine Rolle spielen konnte. Österreich besetzte im Sommer 1769 »die seit 1412 von Ungarn an Polen verpfändeten und niemals eingelösten 13 ›Städte‹ der Zips ohne Entschädigung«, ein Vorspiel zur Teilung Polens.[14] Mit 177 Nachrichten folgen verschiedene Orte Italiens und erst an dritter Stelle die 153 Nachrichten aus deutschen Territorien, darunter nur 9 mit der Herkunftsangabe Dortmund. Österreich ist mit immerhin noch 80 Nachrichten vertreten, die vor allem den Krieg zwischen Rußland und der Türkei um die freie Schiffahrt auf dem Schwarzen Meer behandeln.

Baedeker konnte dennoch stets auf das Interesse seiner Leser rechnen, die im Kreis der städtischen Honoratioren zu vermuten sind. In seinem Programm erwähnt Baedeker am 14. Jenner (!) 1769 ausdrücklich: »Sind wir an kriegerischen und anderen wichtigen Nachrichten abgebrannt; so wollen wir destomehr von Verbesserungen der Haushaltungen, des Feldbaues, der Viehzucht, und dergl. schreiben, und schöne Auszüge aus Schriften der Oeconomen liefern, die in den westphälischen Provinzen besonders nutzbar seyn könten.« Hier drückt sich also deutlich der regionale Bezug aus, der bei einer ausschließlichen Analyse der Nachrichten die spezifische Eigenart der Zeitungen in der damaligen Zeit kaum angemessen berücksichtigt. In den wenigen aus Dortmund datierten Nachrichten wird einmal von der Enthauptung zweier Diebinnen, ein andermal von einem Betrüger als Analogiefall zu einer Petersburger Kriminalgeschichte und schließlich von der Wegberufung eines verdienten Priors am Katharinenkloster berichtet. Ansonsten geht es um einen Streit mit den »Leipziger Zeitungen« und um Unruhen der

Juden in Amsterdam, wohin wohlhabende Dortmunder Bürger traditionell Beziehungen hatten und ihre Töchter zur Erziehung schickten.

Wilkes Analyse arbeitet unter dem Aspekt der lokalen Berichterstattung mit einer Kategorie, die den damaligen Verhältnissen in der Nachrichtengebung nicht gerecht werden kann. Er definiert lokale Berichterstattung nämlich als Kongruenz zwischen Erscheinungsort der Zeitung und Ereignisort. Wie der Dortmunder Anhang zum Petersburger Betrugsfall andeutet, wird Lokales damals offenbar auch als Spiegelung von Weltgeschehen verstanden. Im übrigen stimmen bei auswärtigen Nachrichten Berichts- und Ereignisort nur selten überein.

Gewiß wird die informelle, mündliche Kommunikation unter den Bürgern Dortmunds eine größere Rolle gespielt haben als in Hamburg, wo im letzten Drittel des 18. Jahrhunderts bereits 90.000 Menschen lebten. Dabei wäre zu fragen, wer von diesen Bürgern als handelndes Subjekt für die Presseberichterstattung überhaupt in Frage kam – sofern es nicht um Kriminalfälle ging. Selbst im viel größeren Hamburg war die Honoratioren- und Patrizierschicht[15] relativ klein. Zu ihr gelangten die für das Gemeinwesen wichtigen Nachrichten wohl ohne Presse. Auch die kleinen Dinge des täglichen Lebens am Ort, Unfälle, Verbrechen, Familienereignisse sprachen sich in der betroffenen und interessierten Unterschicht ohne Zeitung herum. Ihre politische Anteilnahme an den öffentlichen Dingen der Stadt oder einer Region setzte politische Mündigkeit und Rechte voraus, die in Deutschland erst sehr langsam im 19. Jahrhundert durchgesetzt werden konnten. Der Wahrheit des kommunikativen Prozesses kommt man deshalb kaum mit einer quantitativen Inhaltsanalyse und groben Kategorien auf die Spur. Vielmehr sind die spezifischen Sozialdaten der regionalen Struktur unbedingt mit einzubeziehen.

In dieser Hinsicht gibt uns die Bochumer geographische Staatsarbeit von Werner Krahforst[16] einige Anregungen. Betreut von Peter Schöller[17], wollte Krahfort »mithelfen, die Diskussion in der Zeitungswissenschaft fruchtbringend auf neue Aspekte zu lenken (...), denn die Entwicklung des Zeitungswesens hängt aufs engste zusammen mit dem Fortschreiten des Städte-, Handels- und Marktwesens«. Im engeren Sinne ging es dem Autor um die »Frage nach der Entstehung von Zeitungsstandorten«. Das Zeitungswesen könne »durchaus zur Bestimmung der kulturgeographischen Struktur einer Region herangezogen«, »die Zeitung selbst als Funktion sozialgeographischer Verhältnisse eines Gebietes betrachtet werden«.

In der Tat sind Antworten auf die Fragestellung, »unter welchen geographischen und soziologischen Bedingungen sich Zeitungen« – und die anderen Massenmedien, fügen wir hinzu – entwickelten, auch bedeutsam für die Kommunikationsgeschichte der jüngsten Vergangenheit. Das Entstehen von Stadtteilzeitungen und Stadtausgaben der Regionalpresse sowie von Lokalradio-Programmen[18] belegen die ungebrochene Wirksamkeit des Regionalismus, wie er sich als historisches Strukturelement herausgebildet hat. Grundlage aber ist das Bedürfnis der Rezipienten zur Bindung an Massenmedien, die durch »Nähe« Identifikation ermöglichen. Diese Hypothese, die bisher empirisch nicht untersucht wurde, soll an ausgewählten Beispielen aus der Kommunikationsgeschichte der jüngeren Zeit exemplifiziert werden.[19]

2.

Das Mediensystem eines Landes ruht in seiner regionalen Struktur. Zentralistische politische Systeme haben stets zur Konsequenz, daß regionale Eigentümlichkeiten unterdrückt werden. Sieht man von der kurzen Epoche zwischen 1933 und 1945 ab, dann ist Deutschland niemals ein Zentralstaat gewesen. Bismarck hatte 1871 seine Schwierigkeiten, die Fürsten und deren Untertanen auf die Reichsgründung einzuschwören.

Preußen ist es z. B. in seiner über hundertjährigen Herrschaft über die westlichen Provinzen nicht gelungen, die ursprüngliche Identität seiner Bewohner grundlegend zu verändern. Die zahlreichen Zuwanderer aus östlichen Provinzen mit ihren ganz anderen landsmannschaftlichen Eigentümlichkeiten haben eher zur regionalen Differenzierung noch beigetragen. Wenn es am Ende der Weimarer Republik etwa 3.500 kleine und kleinste Zeitungen neben wenigen großen gab, so lassen sich für dieses Strukturmerkmal, neben den erwähnten parteipolitischen, vor allem die in jeder Provinz wirksamen regionalen Faktoren anführen. Die Durchschnittsauflage dieser kleinen Blätter war nur selten höher als 10.000 Exemplare. Dahinter mag auch, was bisher kaum untersucht worden ist und vielleicht nicht mehr untersucht werden kann, eine eigentümliche schichten- oder klassenspezifische Gliederung der Gesellschaft wirksam gewesen sein.

Die Schwäche der meisten deutschen Regionalzeitungen führte während der Inflationsjahre 1920–23 dazu, daß die von Alfred Hugenberg gegründeten Unternehmen auf vielfältige Weise in der Lokal- und Regionalpresse wirksam wurden. Das geschah sowohl über eine Abhängigkeit von der Hugenbergschen Anzeigenagentur ›Ala‹ wie durch die inhaltlich im Spektrum der Parteipolitik rechts angesiedelten Matern- und Korrespondenzdienste. Finanzielle Abhängigkeit durch die Anzeigenvermittlung und inhaltliche Uniformierung der quantitativ vielfältigen Presse waren ein Kennzeichen der Weimarer Epoche. Dabei wurde nicht, wie später unter dem Nationalsozialismus, der Versuch gemacht, die quantitative Vielfalt in der Region einzuebnen, sondern über diese Vielfalt dem Leser leicht zugängliche Kanäle zu bieten, durch die eine antirepublikanische, antidemokratische Ideologie ununterbrochen strömte, ein Vorgang, der ebenfalls bisher nur ansatzweise untersucht worden ist.[20] Die Stärke der Heimatpresse – heute nennt man sie »Standortpresse« – ist in Deutschland nicht zuletzt darauf zurückzuführen, daß die Menschen ihre Identität mit der Nation über die kleinsten politischen Einheiten oder im Vereinsleben verwirklichen. Das gilt auch für Umsiedler, die – im Gegensatz zu ausländischen Gastarbeitern – sehr viel Wert darauf legen, sich rasch an ihre neue Umgebung anzupassen. Dabei ist mit Sicherheit teilweise die Rezeption der lokalen Presse oder der Lokalteile von Regionalzeitungen hilfreich, andererseits aber auch das entwickelte Vereinsleben, das wiederum im Lokalteil der Presse präsent ist. Blätter mit weniger als 10.000 Exemplaren Auflage hatten oft mehrere Nebenausgaben für kleine Gemeinden im Verbreitungsgebiet. Das gilt heute auch für Stadtteilausgaben von Lokalteilen der Regionalzeitungen. Eine solche Differenzierung ist bei den elektronischen Medien weder ökonomisch noch technisch durchzuhalten, obwohl selbst die Fernsehangebote immer stärker regionalisiert worden sind.

Gewiß ist ein wichtiger Faktor für die Entwicklung des Mediums Presse die immer stärkere Beteiligung größerer Bevölkerungsgruppen am Prozeß der Wahlentscheidung gewesen. In welchem Maße der Nationalsozialismus seit etwa 1928 in der sich anbahnenden wirtschaftlichen Krise der Weimarer Republik über die protestantische Bevölkerung der ländlichen und kleinstädtischen Regionen seinen Aufstieg nahm, belegen die Regionalzeitungen in besonderer Weise. Sie dienten nicht zuletzt auch der Administration für die Beobachtung der politischen Organisationen, ihrer Aktivitäten und Mitgliederbewegung. Als der NSDAP 1930 ein Durchbruch bei der Eroberung bürgerlicher Öffentlichkeit gelang, läßt sich das sehr genau in der Kleinstadtpresse nachvollziehen.[21] Den Nationalsozialisten gelang es nicht zuletzt über diese bürgerliche Kleinstadtpresse, ihren bisherigen Ruf als Störenfriede durch eine massive Ordnungspropaganda zu verdecken. Hatten das Besitzbürgertum, die Bauern, Handwerker und Ladenbesitzer seit der Inflation erkannt, in wie hohem Maße sie mit der staatlichen Situation verbunden waren, mit der Wirtschafts- und Sozialpolitik insbesondere, so gelang es jetzt, in die auf diese Weise erweckte höhere Aufmerksamkeit eine politische Identifikation einzubringen, die zur nahtlosen Akzeptanz nationalsozialistischer Programmatik beitrug. Der Ideologietransfer wurde dabei indirekt und direkt durch die Aktivitäten der überregionalen Informationszentralen verschiedener Provenienz (Pressekonzerne, Industrie, Regierungsstellen, Verbände, politische Parteien) garantiert.

Die Masse der Regionalzeitungen vermittelte genau die Weltanschauung, die in der Krise von 1929 auf die nationalsozialistische Machtübernahme vorbereitete. Während sich auf der linken und in der demokratischen Mitte Erosionserscheinungen zeigten, gelang es dem Block der Rechtsparteien, d. h. der Gegner der Weimarer Republik, sich auch publizistisch zusammenzufassen, so daß 1933 bereits weitgehende inhaltliche publizistische Konzentration erreicht war, die auf eine Beteiligung Hitlers an der Reichsregierung vorbereitete.

Mit der Beseitigung aller Parteien im Juli 1933 und dem Schriftleitergesetz vom Oktober 1933, das im Januar 1934 in Kraft trat, war ein wesentlicher Schritt zur völligen Gleichschaltung (Zentralisierung) der deutschen Presse getan. Es bedurfte dann nur noch der Maßnahmen gegen das differenzierte deutsche Verlegertum, um die Presse vollends in das System der NSDAP einzubeziehen. Dies geschah im April 1935 mit den sog. Amann-Anordnungen, von denen eine sich besonders gegen die regional differenzierte Heimatpresse richtete. Im Gefolge dieser Anordnungen wurde der Bestand der deutschen Presse nach und nach dezimiert. Der Anschein der regionalen Differenzierung wurde dennoch über Nebenausgaben und Kopfblätter gewahrt. Den Nationalsozialisten kam es bis zuletzt darauf an, den Zugang zur Bevölkerung, soweit sie nicht über das propagandistische Instrument des Rundfunks und des Films erreicht werden konnte, auch in ihrem engsten Lebensbereich, nämlich im Lokalen zu garantieren. Da es eine Regionalisierung des Rundfunks damals nicht mehr gab, blieb die Presse bis zum Ende des Dritten Reiches ein wesentlicher Faktor im Informationsfluß von der nationalsozialistischen Führung zur Bevölkerung.

Zwischen 1945 und 1949 haben die vier Besatzungsmächte die Grundlagen für die Struktur des neuen deutschen Pressewesens geschaffen.[22] Praktisch sind alle großen Zeitungen, die den Konzentrationsprozeß der 60er und 70er Jahre überlebt haben, in dieser Anfangsphase vor Gründung der beiden deutschen Staaten zugelassen worden. Schon wegen der technischen Schwierigkeiten, das heißt wegen des Papiermangels und des Fehlens von Druckereieinrichtungen, aber auch wegen der leichteren Kontrolle legten die Besatzungsbehörden Wert darauf, große Zeitungen mit einer guten Aussicht auf längeres Überleben zu schaffen. Daß dabei manchmal zu große Verbreitungsgebiete zustande kamen, sollten verschiedene Parteizeitungen insbesondere in der britischen Besatzungszone erfahren. Als Beispiel sei nur die ›Westfälische Rundschau‹ genannt, die zeitweilig von Dortmund aus bis ins Emsland nach Lingen im Norden und bis nach Siegen im Süden in 36 Regionalausgaben verbreitet war. Seit sie Mitte der 70er Jahre in die Verlagsgruppe WAZ übergleitet worden ist, begann bei diesem, früher der SPD nahestehenden Blatt ein struktureller Umbau. Die heute vorhandenen redaktionellen Stadtteil- und Lokalausgaben haben mit der früheren Differenzierung nur noch sehr wenig gemeinsam, da es sich nunmehr um Angebote für Teile des Verbreitungsgebiets um den Redaktionsort Dortmund handelt. Die dadurch stabilisierte Auflage läßt erkennen, daß die intensivere redaktionelle Betreuung durch ein differenziertes Lokalangebot für den verlegerischen Erfolg ganz entscheidend sein kann.

Diese Erscheinung ist bei allen großen Zeitungen, vor allem in Nordrhein-Westfalen, zu beobachten, das im Gebiet der Bundesrepublik Deutschland 1989 die relativ höchste Zeitungsdichte aufwies.[23] Von den 54 kreisfreien Städten und Kreisen in Nordrhein-Westfalen hatten immerhin noch 49 zwei und mehr Zeitungen, während es im territorial größten Bundesland Bayern von 96 Städten und Kreisen nur 44 mit mehr als einer Zeitung sind.

In wie starkem Maße die regionalen, lokalen Ausgaben ein Strukturmerkmal der deutschen Presse sind, belegen die Zahlen der Entwicklung seit 1954. Während die Zahl der Verlage als Herausgeber von 624 auf 358 im Jahre 1987 zurückgegangen ist, sank die Zahl der regionalen Ausgaben nur um 156, das heißt auf 1.344 von ursprünglich 1.500. 1989 gaben 358 Verlage 1.344 regionale Ausgaben heraus, von denen aber nur 119 auf selbständige publizistische Einheiten zurückgehen. 119 Mantelredaktionen, d. h. Redaktionen, die für die traditionellen Ressorts Politik, Wirtschaft, Kultur und Sport zuständig sind, stehen also 1.344 Lokalredaktionen gegenüber. Die Zukunft des Presse-Journalismus liegt nach diesen Zahlen vor allem in der Lokalberichterstattung. Die Situation der Presse wäre in den meisten Bundesländern ohne Lokalteile nicht differenziert genug, wenn man bedenkt, daß in Bayern, Bremen, Niedersachsen, Rheinland-Pfalz, dem Saarland und Schleswig-Holstein jeweils mehr als 50 Prozent der Kreise nur noch eine Zeitung aufweisen. Aber selbst dort, wo zwei oder gar mehr Zeitungen erscheinen, läßt sich eine sehr starke Uniformierung des Inhalts feststellen. Mehr Zeitungen in einem Verbreitungsgebiet bedeuten also nicht mehr Information für den Leser, weil die meisten Haushalte nicht mehr als eine Zeitung pro Tag abnehmen.

3.

Seit den 60er Jahren sind in verschiedenen Regionen der Bundesrepublik Deutschland Untersuchungen über die Vielfalt des inhaltlichen Angebots der Presse vorgelegt worden. Dabei wurde wiederholt nachgewiesen, daß eine quantitative Vielfalt nicht auch eine qualitative Vielfalt bedeutet. Ganz im Gegenteil sind die Segmente aus dem möglichen Nachrichtenangebot in einem Verbreitungsgebiet bei konkurrierenden Zeitungen weitgehend deckungsgleich.

Günther Rager [24] hat sich intensiv mit den vor 1980 vorgelegten Studien zum Thema der Vielfalt lokaler Berichterstattung auseinandergesetzt, vor allem mit einer Studie von Klaus Schönbach.[25] Sie bezieht sich, ähnlich wie die Studie von Rager, auf den Raum Mannheim, Ludwigshafen, Heidelberg. Schönbach diagnostizierte bereits eine sehr ähnliche Themenverteilung und weitgehend identische Nachrichtenfaktoren (Auswahlkriterien). Was für den Raum Mannheim, Ludwigshafen, Heidelberg gilt, läßt sich vermutlich auch auf andere Großstadtregionen übertragen – wenn man soziokulturelle Unterschiede miteinbezieht. Daß in Mannheim und Heidelberg die kulturelle Berichterstattung im Lokalteil überwiegt, ist gewiß eine regionale Spezialität, die mit dem Konzept der »Nähe« zu korrelieren scheint. Dafür spricht auch die Bevorzugung von Jubiläen und Festen, die fast identisch ist. Die Kategorien Arbeit und Soziales schneiden allgemein gleich schlecht ab. Sie rangieren im unteren Drittel der von Rager ausgewählten 15 Inhaltskategorien, und das in einem hochindustrialisierten Gebiet. Sollten die Leser daran weniger interessiert sein, weil sie über ihre Berufswelt ohnehin besser informiert sind? Eine völlige Identität hat Rager in der Rangfolge der zu Wort kommenden Prominenten nach Häufigkeit der Nennungen verzeichnet. Bürgermeister und Vorstände von Organisationen nehmen dabei Spitzenplätze ein und deuten auf einen ausgeprägten Verlautbarungsjournalismus im Lokalen. Der Bürger als Individuum, als Sprecher nichtorganisierter Gruppen, tritt kaum in Erscheinung, es sei denn, er wird Opfer eines Unfalls oder eines Verbrechens oder ist selbst als Übeltäter in Polizeiberichten zu finden.

Aus diesen Erscheinungen haben die Bürger in der Bundesrepublik Deutschland die

Schlußfolgerung gezogen, daß man seine z. T. von der amtlichen Politik abweichenden Interessen stärker organisieren muß, um die erwünschte Publizität gegenüber den Behörden und Vertretern politischer Parteien zu haben. Das ist nicht zuletzt eine Ursache für die in den letzten zehn Jahren verstärkt in Erscheinung tretenden Bürgerinitiativen, als deren Initiatoren teilweise Mitglieder intellektueller Gruppen eine herausragende Rolle gespielt haben. Dadurch ist jüngst die öffentliche Berichterstattung nachhaltig beeinflußt worden. So scheint es jedenfalls, obwohl einschlägige Untersuchungen noch nicht vorliegen. Alternativ auftretende Bürgerinitiativen bekommen quasi Nachrichtenwert und werden von der Lokalpresse berücksichtigt. Die Wirksamkeit dieser Gruppierungen im öffentlichen Bewußtsein hat sich dadurch erheblich verstärkt.

Praktisch parallel zu der eben erwähnten Institutionalisierung von Bürgerinteressen hat sich die Sozialdemokratie, die über keinen nennenswerten Anteil an der Tagespresse mehr verfügt, der Gründung lokaler Parteizeitungen zugewandt. In Nordrhein-Westfalen, wo die SPD die absolute Mehrheit erreichte, verfügte sie schon 1977 über 222 Lokalblättchen, oft in bescheidener Aufmachung. Ihre Zahl ist vermutlich immer noch ebenso groß wie die Zahl der Regionalausgaben in der Bundesrepublik. Allerdings liegt die Auflage weit unter der verbreiteten Tagespresse.

Die Entwicklung begann 1973 in Schleswig-Holstein und ist dann systematisch auf das gesamte Bundesgebiet ausgedehnt worden. Diese, wenn auch in größeren Abständen kontinuierlich angebotene Interpretation aktueller Ereignisse aus der Perspektive der SPD wurde in den Wahlkämpfen jeweils durch die ›Zeitung am Sonntag‹ ergänzt, die mit zahlreichen Regionalausgaben in Millionenauflage auf den Markt geworfen worden ist. Die damit verbundenen finanziellen Aufwendungen haben die Sozialdemokratie bis an die Grenze ihres Leistungsvermögens belastet und die weitere Finanzierung des traditionsreichen Zentralorgans ›Vorwärts‹ so sehr in Frage gestellt, daß es nurmehr als Monatsmagazin an Mitglieder gratis verteilt wird. CDU und FDP, wenn auch in bescheidenerem Rahmen, sind dem Beispiel der SPD gefolgt.[26] Fraglich ist jedoch, ob diese gratis verteilten Alternativblätter den gleichen Grad an Akzeptanz erreichen wie die Tageszeitungen, für die der Leser bezahlen muß.

Was jedoch mit Sicherheit festgestellt werden kann, ist die Tatsache, daß die Nutzung der redaktionellen Angebote in den letzten 20 Jahren verstärkt eine Tendenz zum Lokalteil aufweist. Sie erreichte schon 1979 (bei Mehrfachnennung) einen Anteil von 73 Prozent, d. h. 15 Prozent mehr als 1964, während politische Nachrichten aus dem In- und Ausland bei 47 Prozent lagen, nur 8 Prozent mehr als 1964. Der Lokalteil erreicht damit ein dreimal so starkes Interesse wie die Sportberichterstattung oder der Wirtschaftsteil, ganz zu schweigen von den unterhaltenden Beiträgen. Dementsprechend hat sich der Lokalteil in den meisten Regionalzeitungen im Umfang auf bis zu 50 Prozent des redaktionellen Teils erweitert. Die Lokalberichterstattung ist zu einer Domäne der privatwirtschaftlich organisierten Regionalpresse geworden. Hier erzielt sie ihre größten

Lesererfolge, und hier liegt auch das stärkste Potential ihrer Werbeeinnahmen, aus denen sie sich bis zu 70 Prozent finanzieren muß.[27]

Da in den letzten Jahren lokale oder regionale Hörfunk- und Fernsehangebote entstanden sind, befürchten die Zeitungsverleger, daß ihnen dadurch Werbeeinnahmen verloren gehen. Hier, wie in der kartellrechtlich gebotenen Begrenzung einer weiteren Monopolisierung, liegen die Gründe für das in jüngster Zeit verstärkt zu beobachtende Engagement von Zeitungsverlagen im Bereich des privaten Rundfunks und Fernsehens. Dabei sind interessante Kooperationen zustande gekommen, die weit über den Bereich der Tagespresse hinausreichen.[28] Diese Entwicklung, die noch gefördert wird durch die in absehbarer Zeit zu erwartende Erschließung des direkt empfangbaren Satellitenfernsehens, werden in der Bundesrepublik Deutschland stark diskutiert und haben zwischen den Bundesländern und ihren jeweils politisch unterschiedlich orientierten Regierungen zu erheblichen Reibungsflächen geführt.

Der Kampf um die Regionalpresse findet nunmehr auf dem Sektor der elektronischen Medien stattt. Den Zeitungsverlagen ist es vor allem durch eine intensivere Bearbeitung lokaler Berichterstattungsfelder gelungen, das Angebot für den Leser interessant zu halten. Das Problem wird künftig mehr als bisher das Zeitdeputat bei der Nutzung der Medienangebote sein. Zweifellos ändern sich die Nutzungsgewohnheiten, was auf eine Veränderung der Interessen und der Wahrnehmungsweisen schließen läßt. In einigen Bereichen haben die Verleger von Tageszeitungen daraus Konsequenzen gezogen und den Versuch unternommen, Nachwuchs für das Zeitungslesen verstärkt über die Schulen zu gewinnen. Ob diesem Versuch ein Erfolg beschieden sein wird, dürfte nicht zuletzt von der Gesamtentwicklung des Medienmarktes in der Bundesrepublik Deutschland abhängen. Die Presse allerdings wird auch künftig ein Gradmesser dafür sein, ob die Identifikation des Rezipienten weiterhin über die regionale Identität erfolgt.

Anmerkungen

1 Der ›Globe‹ erschien abends von 1803 bis 1921, als er mit der ›Pall Mall Gazette‹ fusionierte, die 1923 in dem ›Evening Standard‹ aufging. Herd, Harold: The March of Journalism. The Story of the British Press from 1622 to the Present Day. London: Allen & Unwin 1952, S. 155 f. und 232

2 Eckermann, Johann Peter: Gespräche mit Goethe in den letzten Jahren seines Lebens, hrsg. v. Heinrich Hubert. Houben Wiesbaden: Brockhaus 1949, S. 225

3 Ebenda, S. 560

4 Whitney, Vincent H.: Regionalismus. In: Bernsdorf, Wilhelm (Hrsg.): Wörterbuch der Soziologie, Stuttgart: Enke 1969, S. 882–884; Krosigk, Friedrich von: Regionalismus. In: Holtmann, Everhard/Brinkmann, Ulrich/Pehle, Heinrich (Hrsg.): Politik-Lexikon, München, Wien: Oldenbourg 1991, S. 549–552. Man vgl. auch Elkar, Rainer S. (Hrsg.): Europas unruhige Regionen. Geschichtsbewußtsein und europäischer Regionalismus, Stuttgart: Klett 1981;

Duwe, Kurt (Hrsg.): Regionalismus in Europa. Beiträge über kulturelle und sozio-ökonomische Hintergründe des politischen Regionalismus. Frankfurt a.M., Bern, New York, Paris: Peter Lang 1987

5 Hatin, Eugène: Bibliographie historique et critique de la presse périodique française. Paris: Firmin Diderot frères 1866. Vgl. auch Hatins siebenbändige Histoire politique et littéraire de la presse en France (Paris: Poulet-Malassis et Broise 1859)

6 Le Goff, Jacques: Eine mehrdeutige Geschichte. In: Raulff, Ulrich (Hrsg.): Mentalitäten-Geschichte. Berlin: Wagenbach 1989, S. 28

7 Mitarbeiter waren zeitweilig Karl Marx und Friedrich Engels. Vgl. Karl Marx. Chronik seines Lebens in Einzeldaten, Moskau: Marx-Engels-Verlag 1934

8 Lee, Alan J.: The Origins of the Popular Press 1855–1914. London: Croom Helm 1976, S. 59 f., 63 ff. und 73

9 Lindemann, Margot: Deutsche Presse bis 1815. Berlin: Colloquium 1969, S. 57

10 Stieler, Kaspar: Zeitungs Lust und Nutz. Vollständiger Neudruck der Originalausgabe von 1695, hrsg. v. Gert. Hagelweide Bremen: Schünemann 1969, S. 36

11 Deutsche Chronik (Ulm), 2. Jg., 88. Stück v. 2. 11. 1775, S. 698 f.

12 Wilke, Jürgen: Nachrichtenauswahl und Medienrealität in vier Jahrhunderten. Berlin, New York: De Gruyter 1984, S. 147–159. Vgl. auch Sprandel, Rolf: Erfahrungen mit der Mentalitätengeschichte. In: Raulff (wie Anm. 6), S. 97

13 Koszyk, Kurt: Die »Dortmundischen vermischten Zeitungen« im Gründungsjahr 1769. In: Beiträge zur Geschichte Dortmunds und der Grafschaft Mark, Bd. 65. Dortmund: Ruhfus 1969, S. 37–58. Im Konflikt zwischen preußischer und kaiserlicher »Partei« im Dortmunder Rat scheint das Blatt zur ersteren tendiert zu haben; ebenda, S. 53

14 Rhode, Gotthold: Kleine Geschichte Polens. Darmstadt: Wissenschaftliche Buchgesellschaft 1965, S. 312

15 Zur Unterscheidung von Patrizier und Honoratioren vgl. Schambach, Karin: »Fabriken gedeihen bekanntlich nicht in einer Ackerstadt«. Dortmund im Umbruch. In: Gall, Lothar (Hrsg.): Vom alten zum neuen Bürgertum, München: Oldenbourg 1991, S. 155–163

16 Krahforst, Werner: Geographische Bezüge des Zeitungswesens in Westfalen. Hausarbeit der Fachprüfung für das Lehramt an Gymnasien. Mskrpt. Bochum 1976

17 Verfasser zahlreicher Arbeiten zu Problemen der Raumordnung und zur Stadtgeographie; vgl. Krahforst (wie Anm. 16), S. 141 f.

18 Hasebrink, Uwe/Waldmann, Norbert: Inhalte lokaler Medien. Düsseldorf: Presse- und Informationsamt des Landes NRW 1990; Wilking, Thomas: Strukturen lokaler Nachrichten, München 1990; Jarren, Otfried (Hrsg.): Stadtteilzeitung und lokale Kommunikation. München, New York, London, Paris: K. G. Saur 1980; Schütte, Wolfgang: Regionalität und Föderalismus im Rundfunk. Frankfurt a.M.: Josef Knecht 1971; Schütze, Peter: Die Entwicklungsgeschichte lokaler Wechselseiten im deutschen Pressewesen bis 1945. München usw.: K.G. Saur 1971

19 Vgl. Ansätze bei Donsbach, Wolfgang: Die Selektivität des Rezipienten. In: Schulz, Winfried (Hrsg.): Medienwirkungen. Einflüsse von Presse, Radio und Fernsehen auf Individuum und Gesellschaft. Untersuchungen im Schwerpunktprogramm »Publizistische Medienwirkungen« der DFG. Weinheim: VCH, Acta Humaniora 1992, S. 50–52

20 Stein, Peter: Heimatzeitung und Hakenkreuz. In: Heimat, Heide, Hakenkreuz. Lüneburgs Weg

ins Dritte Reich, hrsg. v. Lüneburger Arbeitskreis »Machtergreifung«. Hamburg: VSA-Verlag 1984, S. 117–144
21 Wernecke, Klaus: Die konservative Faschisierung der protestantischen Provinz. Ebenda, S. 52–81
22 Koszyk, Kurt: Pressepolitik für Deutsche 1945–1949. Berlin: Colloquium 1986
23 Schütz, Walter Justus: Die redaktionelle und verlegerische Struktur der deutschen Tagespresse 1989. In: Media Perspektiven Jg. 1989, Nr. 12, S. 812–826
24 Rager, Günther: Publizistische Vielfalt im Lokalen. Tübingen: Vereinigung für Volkskunde 1982
25 Schönbach, Klaus: Die isolierte Welt des Lokalen. In: Rundfunk und Fernsehen, 26. Jg. (1978), Nr. 3, S. 260–277
26 Jarren (wie Anm. 18), S. 41 ff. CDU und FDP folgten dem Beispiel der SPD seit 1976, ebenda, S. 43 ff.
27 Schulze, Volker: Zeitungssystematischer Teil. In: Brand, Peter/Volker Schulze (Hrsg.): Medienkundliches Handbuch. Die Zeitung. 4. Auflage Aachen-Hahn: Hahner Verlagsgesellschaft 1987
28 Röper, Horst: Formationen deutscher Medienmulties 1991. In: Media Perspektiven 1992, Nr. 1, S. 2–23. In die Darstellung einbezogen werden müßte das Engagement regionaler Verlage im Lokalradio.

Franz Dröge

Über historische Modellkonstruktionen[1]

1.

Die alte Zeitungswissenschaft und ihr Abkömmling, die frühe Publizistik, haben sich seit den Tagen Karl Büchers, neben Gustav von Schmoller bekanntlich der führende Kopf der sogenannten jüngeren Historischen Schule in der Nationalökonomie, im wesentlichen als historische Disziplinen verstanden. Allerdings hat solch disziplinäres Selbstbewußtsein nie ausgereicht, seinen eigenen wissenschaftlichen Status erkenntnistheoretisch zu reflektieren.[2] Die Mängelrüge, die sich aus dieser Tatsache ergibt, ist oft vorgetragen worden; ich brauche sie nicht zu wiederholen. Ich glaube, die strukturtheoretische Wende mit ihren ahistorischen Folgen in den 60er Jahren, die im übrigen schon von Walter Hagemann eingeleitet wurde, worauf Winfried B. Lerg verschiedentlich hingewiesen hat,[3] ist nicht nur auf das Eindringen sozialwissenschaftlicher Theorievorstellungen und Methodologien zurückzuführen; das hätte mit solch stupender Widerstandslosigkeit im Fach gar nicht geschehen können, wäre dieser Typus historischer Wissenschaft nicht wegen seiner forscherischen Unergiebigkeit, seiner unterschiedlichen ideologischen Vereinnahmungen und seiner Unfähigkeit, seine eigenen Standpunkte wissenschaftsimmanent plausibel zu begründen, desavouiert und für jüngere Wissenschaftler jener Ära völlig unattraktiv gewesen.

Dieser Paradigmenwechsel ist nun freilich nicht mit analogen Erscheinungen in den Naturwissenschaften zu vergleichen, in denen sie meistens über einen Wechsel der Objektauffassung zu weiterer Theorieentwicklung und damit zu vertiefter theoretischer Naturerkenntnis führen. Denn der gesellschaftlichen Kommunikation, einem raum-zeitlich hochgradig varianten Kulturzusammenhang, ist ein naturalistisches Theorieideal, wie es die empirische Kommunikationsforschung bis heute nahezu ausschließlich beherrscht,[4] wohl kaum angemessen. Die Kommunikationswissenschaft infiziert sich also durch ihren konzeptionellen Schwenk mit den symptomidentischen Krankheiten der Soziologie,[5] worauf im Prinzip vor 40 Jahren, also bevor der Wechsel in der Bundesrepublik überhaupt anstand, schon Dallas W. Smythe hingewiesen hat.[6] – Inzwischen hat sich die

Einsicht breit gemacht, daß in den 60er Jahren in der mit dem sozialwissenschaftlichen Perspektivwechsel notwendig verbundenen und berechtigten innerfachlichen Kritik weniger eine Vergangenheitsbewältigung betrieben wurde, die das Kind auf den Weg gebracht hätte, als daß dieses vielmehr mit dem Bade ausgegossen wurde, in dem es einer sinnvollen Reinigung unterzogen werden sollte. Fast niemand meiner Generation kann sich von dieser Mißhandlung freisprechen.

2.

Nun hat seit gut einem Dezennium eine Rückbesinnung begonnen. Sichtbares Zeichen sind die vollständig dokumentierten beiden Bremer Symposien über Presse und Geschichte (1977 und 1984) und die Wiener Tagung zur Kommunikationsgeschichte (1986).[7] Dabei geht es, soweit ich den Beiträgen entnehmen kann, um eine neue Begründung einer Kommunikationsgeschichte, die an manchen Stellen ja durchaus schon in bescheidener, aber fester Blüte steht, wie man denselben Bänden entnehmen kann. Von einigen Trieben zur Ahnenpflege abgesehen, die aber mindestens teilweise auch fachgeschichtliche Relevanz besitzen,[8] bleibt also der Bruch zur alten Zeitungswissenschaft vollzogen, die sich ja eben als historische Disziplin der Begründung enthoben sah, deren Orientierung auf ihre geschichtlichen Gegenstände man dem Zeitgeist entsprechend am ehesten als historistisch kennzeichnen kann.[9]

Dabei sind hauptsächlich zwei Argumentationslinien auszumachen, die sich allerdings nicht ausschließen sondern ergänzen (können). *Zum einen* soll die Kommunikationsgeschichte strukturgeschichtlich verfahren.[10] Dabei wird sie auf die Verfahrensweisen der zeitgenössischen Sozialgeschichtsschreibung als relativ avanciertem Forschungsparadigma verpflichtet.[11] Lerg, der den Kommunikationsprozeß zum Strukturzentrum erklärte, leitet aus seiner strukturgeschichtlichen Konzeption zwingend das Postulat der Kommunikationsgeschichte gegenüber den »traditionellen« Mediengeschichten ab. *Zum anderen* versucht man, der Kommunikationsgeschichte eine theoretische Orientierung zu verpassen, sei es – um zwei in den oben angeführten Diskussionen vorgetragene Beispiele zu nennen – eine institutionalistische Sichtweise[12] oder eine evolutionstheoretische Konzeption des Geschichtsprozesses der Kommunikation als Naturprozeß.[13] Wie erfolgreich solche Theoriestrategien zur Steuerung kommunikationsgeschichtlicher Forschung sind, ist angesichts mangelnder Erprobung schwer zu sagen. Grundsätzlich ist eine möglichst große Vielfalt solcher Vorschläge zu begrüßen, weil damit erstens das fachinterne Kritikpotential erhöht wird, zum zweiten aber, da es sich fast immer um sozialwissenschaftliche Importe handelt, steigt die Anschlußfähigkeit an andere sozialwissenschaftliche Theoriebestände, damit aber auch die Integrationsfähigkeit strukturgeschichtlicher Ergebnisse der Kommunikationsforschung in umfassendere strukturelle und strukturgenetische Zusammenhänge von Gesellschaften.

All diese Begründungs- und Orientierungsversuche der Kommunikationsgeschichte beruhen m. E. auf einer doppelten Einsicht, die die Fachgeschichte der letzten Jahre zwingend nahelegt:

a) Die Disziplin Kommunikationswissenschaft ist nur legitimationsfähig, wenn und soweit sie gesicherte Erkenntnisse über Bedingtheiten und Folgen gesellschaftlicher Kommunikation in der Gegenwart und näheren Zukunft gewinnen kann – soweit sozialwissenschaftliche Erkenntnisse überhaupt sicherbar sind; andernfalls wird das Fach – nach der jüngsten, vornehmlich politisch induzierten Blütephase – mutmaßlich wieder auf den Status einer Bindestrichsoziologie und einiger weniger praktischer Ausbildungsstätten zurückgeschnitten;

b) zu sichern sind wissenschaftliche Erkenntnisse nur in theoretischer Form, sonst unterscheiden sie sich nicht vom alltäglichen Erfahrungswissen, das schließlich auch seine handlungsstabilisierenden Regelhaftigkeiten und Verallgemeinerungen besitzt. Es ist m. E. inzwischen evident, und das braucht an dieser Stelle nicht weiter mit Beispielen belegt zu werden, daß unter der Wirksamkeit eines naturalistischen Theorieverständnisses, das sich auf raum-zeitlich invariante Verallgemeinerungen (quasi-)experimenteller Beobachtungen richtet, kein theorieförmiges Wissen zu gewinnen ist. Denn die Beobachtungsgegenstände sind dem soziokulturellen Wandel unterworfen, die erkenntnistheoretisch postulierte Konstanzannahme als Bedingung der Möglichkeit theoretischer Aussagen ist also hinfällig.

Die genannten Orientierungen verarbeiten also implizit diese beiden wissenschaftspraktischen und erkenntnistheoretischen Einsichten: Empirisch gehaltvolle Kommunikationstheorien sind offenbar ohne die historische Rekonstruktion der Objektgenese nicht zu haben. Strukturtheorie bzw. allgemeine Theorie ist demnach nur als Theorie von Strukturtransformationen auszuführen, weil das der Naturzustand sozialer und kommunikativer Strukturen und ihrer sozialen und kommunikativen Elemente ist. Massenkommunikation könnte im Rückgriff auf Giddens' Strukturierungstheorie als Prozeß der Strukturierung und Restrukturierung verstanden werden,[14] der auch als gegenwärtiges Geschehen kommunikativer Praxis von Menschen nur historisch zu begreifen ist.

Die Frage bleibt, wie man dabei vorzugehen hat. Denn die reine, im zeitungswissenschaftlichen Sinne voraussetzungslos gedachte Historiographie (selbstredend in heute gebotener methodischer Strenge) offenbart keine Konstitutionslogik gegenwärtiger kommunikativer Strukturen und ihrer Transformationspotentiale. Denn sie kann von sich aus nicht auf wesentliche Zusammenhänge, auf die Kernstruktur der Entwicklungsdynamik rekurrieren. Sie bleibt dieser gegenüber kontingent, sofern sie nicht in ihren konstitutiven Parametern theoretisch vorgegeben wird. Der Prozeßzusammenhang zwischen Theoriebildung und kommunikationshistorischer Forschung ist dann abduktiv. Das heißt, die Geschichtsschreibung muß theoretisch gesteuert sein, aber so, daß die Theorie keine immer schon seinsgewisse, determinative Festlegung bedeutet, sondern im Forschungsprozeß eingeholt und laufend modifiziert werden kann. Andernfalls wird die Kommunikationsgeschichte nur zum Sammelsurium von Belegbeispielen für Wahrheiten a priori.[15] Andererseits muß sie so explizit sein, daß sie das historische Material ordnen und seine wesentlichen Zusammenhänge aufdecken kann.

3.

Die rein methodisch praktikabelste Lösung für die hier aufgeworfenen Probleme scheint mir eine – in einem etwas weiteren Sinne verstanden – modelltheoretische zu sein. Um den Duktus der Erörterung von Postulaten zu verlassen, der in der Kommunikationsgeschichts-Diskussion derzeit – wohl zwangsläufig – noch vorherrscht, will ich mich der Darstellung eines Beispiels zuwenden, dem Öffentlichkeitsbuch von Jürgen Habermas.[16] Diese doch schon ältere, aber in Anbetracht ihrer diskursiven Virulenz offensichtlich nicht im geringsten angestaubte Habilitationsschrift ist in mehrfacher Hinsicht bedeutsam. Zum *einen* nimmt sie im bisherigen Œuvre von Habermas insofern eine besonders wichtige Stelle ein, als sie eine grundlagentheoretische Begründung seiner kommunikativen Gesellschaftstheorie darstellt. Die Rekonstruktion der *Kategorie* Öffentlichkeit in der klassischen bürgerlichen Epoche als Zusammenhang autonomer Selbstvermittlung der Gesellschaft, in dem sich idealiter Herrschaft selbst aufhebt,[17] ist die Bedingung der Möglichkeit für den normativen Entwurf einer »guten« Gesellschaft, die sich im herrschaftsfreien Diskurs konstituiert. Dieser ist – und muß es sein – öffentlich vermittelt. Der theoretische Werkzusammenhang, der m. E. in der kommunikationswissenschaftlichen Rezeption des Werkes stärker als bisher berücksichtigt werden müßte, zieht die Untersuchung in die merkwürdige Gemengelage soziologischer und philosophischer Aussagen hinein, die für das Gesamtwerk dieses Autors charakteristisch ist.[18]

Zum *zweiten* handelt es sich um eine strukturtheoretische Analyse der Gegenwartsgesellschaft, die paradigmatisch diese Struktur in ihrem Herausbildungsprozeß untersucht, den er als Wandlungsprozeß von etwas Ursprünglichem interpretiert. Darauf komme ich zurück. Dies ist der Aspekt, der mich im folgenden wegen seiner methodischen Exemplarität primär interessiert. Wichtig scheint mir dabei, daß der Verfasser die Rekonstruktion nicht als geschichtliche Entwicklung der realen Verfaßtheit und Funktion bürgerlicher Öffentlichkeit konzipiert, sondern als Geschichte der bürgerlichen Selbstdeutung dieser Öffentlichkeit in verschiedenen Reflexionsmedien der Gesellschaft, vor allem in der praktischen Philosophie. Die – im übrigen ausschließlich sekundär genutzten – publizistischen Quellen i. e. S. werden ebenfalls zuvörderst nur in dieser Funktion betrachtet. *Drittens* endlich ist diese Untersuchung wohl auch in unsrem Fach die meistbenutzte und bestbekannte Arbeit zur Öffentlichkeitstheorie, obwohl sie als politische und nicht als kommunikative Theorie aufgeführt ist. Jürgen Wilke hat sie in Wien als Beispiel dafür angeführt, daß Befürchtungen, die neue Kommunikationsgeschichte könne sich von der Konkretheit der Mediengeschichtsschreibung entfernen und zu abgehobenen Spekulationen führen, nicht ganz grundlos seien[19], woran Langenbucher die Feststellung knüpft, mit dem Habermas-Buch im Seminar lasse man die Studenten allzu viel Fehlerhaftes lernen.[20] Nicht nur, nicht erst Peter Ukena hat darauf hingewiesen, daß Habermas' Ermittlungen über frühe Presseformen faktisch falsch sind,[21] das Buch aber gerade für die medienhistorische Forschung äußerst anregend sei.[22] Und trotzdem, wir dürfen annehmen, daß Habermas solche Kritik durchaus zu Ohren gekommen ist, hat er die Arbeit jüngst in seinem Hausverlag unverändert nachdrucken lassen, nur um ein knappes Vorwort ergänzt, worin er an den wesentlichen, d. h. strukturtheoretischen Ergebnissen festhält, die er lediglich in ihrer faktischen Dimensionalität etwas einschränkt.[23]

4.

Ich will, unabhängig von der mediengeschichtlich zweifellos zutreffenden Kritik, die methodische Anlage der Argumentation, das methodische Modell, einmal knapp durchanalysieren, um zu zeigen, welchen paradigmatischen Wert das *Verfahren* für die Kommunikationsgeschichte haben kann und um zugleich zu demonstrieren, wo genau historische Präzision bei einer solchen Methode der historischen Modellkonstruktion für eine genetische Hypothese notwendig ist.

Habermas will keineswegs die Öffentlichkeit als allgemeine sozialwissenschaftliche Kategorie entwickeln. Es ist bekannt, daß er diesen Theoriegestus schon sehr früh kritisiert hat, seinerzeit noch in der Tradition der Frankfurter Schule.[24] Für ihn sind die Öffentlichkeiten der antiken Agora, des Hofes und der bürgerlichen Demokratien nicht vergleichbar, auch nicht entwicklungsgeschichtlich zu reihen. Infolgedessen – das ist die grundlegende theoretische Entscheidung, die nicht voluntaristisch gefällt, sondern ihrerseits deutlich erkenntnistheoretisch begründet ist – kann er den Begriff nur als epochaltypische Kategorie entwickeln.[25] Damit entfällt ein definitorisches Verfahren, das dem Begriff abstrakte Allgemeinheit verliehe. In der Form wäre er nicht mehr ein epochaltypischer Begriff, der das historisch Besondere einer strukturell bestimmten und damit geschichtlich eingegrenzten Erscheinung als zentrales Moment bürgerlicher Herrschaftskonzeptionen herausarbeiten soll, die damit eindeutig abgrenzbar ist von allen anderen, fatalerweise gleichbenannten – Erscheinungen unter anderen Strukturbedingungen. Damit ist klar: Die Explikation des Begriffs ist nur durch historische Rekonstruktion möglich. Diese ist für ihn aber keine ereignisgeschichtliche Darstellung, sondern sie erfolgt durch deren Abstraktion auf typische Strukturen. Anders erscheint ihm die innere Kohärenz der entwicklungsprägenden Elemente nicht präparierbar. Die Kohärenzermittlung fordert aber »die strengen Kriterien einer Strukturanalyse« (S. 8), der gegenüber das einzelne geschichtliche Ereignis kontingent erscheint und deshalb seine zureichende Interpretation aus seiner Strukturrelevanz, nicht aber innerhalb eines historischen Geschehensablaufs erhält, in dem es faktisch steht.

Im Grunde handelt es sich also um ein historisch aus wenigen Sachverhalten und vor allem aus der Abfolge von geschichtsphilosophischen Selbstdeutungstexten abgezogenes Strukturmodell. Als Elemente der Struktur werden Institutionen betrachtet (S. 16), deren Zusammenhang in dem Modell entfaltet wird (§§ 4–6). Damit – und mit der Verankerung der institutionellen Struktur in dem Dreiecksverhältnis Staat-Privatheit-Öffentlichkeit (»Grundriß«, S. 38 ff.) – ist das Spezifikum bürgerlicher Öffentlichkeit erkenn- und der Begriff historisch-typologisch abgrenzbar. Er gewinnt durch die idealisierende Methode der Modellabstraktion eine kritische Funktion seinen eigenen empirischen Varianten gegenüber, vor allem den gegenwärtigen industriegesellschaftlichen Erscheinungsformen.

Theorien sind bekanntlich nicht einfach begriffliche Abbilder der Wirklichkeit. Vielmehr konstituieren sie ihrerseits eine, nämlich die von ihnen be-griffene Wirklichkeit. So ergibt sich aus Habermas' Modellkonstruktion seine Verräumlichungskonzeption des institutionellen Zusammenhanges als eine spezifische Wirklichkeit des Öffentlichkeitsmodells. Es ist naheliegend, den Öffentlichkeitsbegriff – in derselben methodischen Intention des Epochal-Typischen – auch anders, nicht-institutionalistisch entfalten zu können, etwa als Modell sozialer Beziehungen, von Interessendurchsetzung[26] oder Erfahrungsvermittlung,[27] und jedesmal hätte man einen anderen Öffentlichkeitsbegriff und eine andere Theorie (bzw. Strukturmodell) vor sich, die eine andere Wirklichkeit des Begriffs konstituiert. Damit sind an jedes solcher Modelle (mindestens) zwei Fragen zu richten: Welches ist das fundierende Erkenntnisinteresse, das die Theoriekonzeption und deren Wirklichkeitsentwurf steuert, und welches sind deren real-historische Prämissen, auf denen das Modell aufruht?

Das Erkenntnisinteresse formuliert Habermas im Schlußsatz des § 1 als ein der Gegenwartsgesellschaft gegenüber kritisches. Ich wies schon oben darauf hin, wie die Substanz des kritischen Arguments methodisch und nicht apodiktisch gewonnen werden soll. Danach scheint mir der institutionalistische Weg methodisch zielkongruent gewählt. Ganz anders verhält es sich hingegen mit der historischen Basis. Sie wird durch ein System von Eingrenzungen (liberales Modell bürgerlicher Öffentlichkeit; literarisch bestimmte Öffentlichkeit) und Ausgrenzungen (»plebejische« Öffentlichkeit; plebiszitär-akklamative Öffentlichkeit industriegesellschaftlicher Diktaturen) begrifflich festgelegt (S. 8) und damit ihr historischer Verweisungszusammenhang einschließlich möglicher Materialbestände als Quellen benannt. Außerdem wird sie geschichtlich in zwei Konstituentien verankert (§ 3):[28] Erstens, die bürgerliche Verkehrsgesellschaft, deren subjektive und politisch folgenreiche Vermittlung eben ihre spezifische Öffentlichkeitsform darstellt, beruht auf dem Güter- und Nachrichtenverkehr, also auf dem Markt, und sie hat, zweitens, eine neue soziale Basis, das aufkommende Lesepublikum der (literaten) Bürgerlichen (S. 33 ff.).

5.

Soweit Habermas' Methode. Die Geschichte, aus deren Rekonstruktion der Begriff in seinem empirischen und kritischen Gehalt erschlossen werden soll, ist als Systementfaltung, nämlich als Entwicklung des Ökonomie- und Herrschaftszusammenhanges enthalten, aber als Modellabstraktion, d. h., das Einzelfaktum kann im Prinzip nur zwei Funktionen haben: Entweder kann es als Belegstelle und Veranschaulichung dienen oder Beispiel einer empirischen Abweichung sein. Das heißt aber auch: Mit Analyse und Kritik des historischen Einzeldatums im Rahmen des Modells selber trifft man eben dieses nicht, wenn es selber richtig und konsistent entwickelt ist. Treffen kann man es nur auf zwei Wegen, entweder indem man nachweist, daß die Konstruktion gemäß dem fundierenden Erkenntnisinteresse nicht sinnvoll ist, d. h. keine hinreichende Erkenntnis im Sinne der theoretischen Postulate sichert, oder indem man die historischen Prämissen als falsch identifiziert und damit nachweist, daß das Modell selbst keine zureichende Operationalisierung der theoretischen Hypothese sein kann.

Konsistenz und Realitätshaltigkeit sind dem Öffentlichkeitsmodell kaum zu bestreiten – allerdings, wie ich zeigen möchte, handelt es sich um eine etwas andere Realität als um die von Habermas gemeinte. Und zweifellos auch, dies konzediert der Verfasser ja auch im Vorwort zur Neuherausgabe des Buches, hat die Realität des Modells bei weitem nicht die historischen Dimensionen besessen, die der Habilitand Habermas ihr seinerzeit zugedacht hatte. Die Untersuchung gilt dieser beiden modelltheoretischen Leistungen wegen zu Recht als klassisch und ist methodisch instruktiv. Instruktiv auch in dem Sinne, daß sie die Gefahrenstellen des Vorgehens deutlich macht, aber ebenso seine Möglichkeiten zeigt, die m. E. auch kommunikationswissenschaftlich fruchtbar zu machen sind. Die Gefährdung, der Habermas offensichtlich erlegen ist, muß man auf die historische Fundierung des Modells zurückführen, nicht auf einzelne Fehler bei der historischen Interpretation des Modells. *Erstens,* weil der Verfasser hierbei auf das frühbürgerliche Lesepublikum rekurriert und deshalb die Zeitschriften und Intelligenzblätter in den Vordergrund rückt. Das führt zu einer deutlichen Überzeichnung der diskursiven, literarisch geprägten Rationalität öffentlicher Kommunikation und der angenommenen Homogenität des Publikums, ein Begriff, den er – wie den der Öffentlichkeit selber – nur wegen dieser fälschlich unterstellten Homogenität im Singular gebrauchen kann. Hier wären grundsätzliche Untersuchungen zu den Transformationen regionaler Sozialstrukturen im 18. Jahrhundert erforderlich gewesen. – Vor allem aber wächst in dieser Perspektive die politische der literarischen Öffentlichkeit nach,[29] was ihren Rationalitätstypus noch einmal aufgipfelt. Martin Welke hat in einigen vorsichtigen Modellrechnungen gezeigt, daß die politischen Zeitungen im 18. Jahrhundert in Auflage und Rezeption die Zeitschriften weit überragten; sie erreichten zur Jahrhundertmitte nahezu die Hälfte der erwerbstätigen Bevölkerung Deutschlands und waren – im Unterschied zu den Zeitschriften – vor allem auch auf dem Land verbreitet.[30] Damit erreichte die Zeitung völlig andere, niedere Schichten des schließlich stark ausdifferenzierten Dritten Standes als die Zeitschriften, die sich primär an die protobürgerlichen gebildeten Gruppierungen der Städte wandte, die soziale Basis der Öffentlichkeit in Habermas' Modell.[31] Hinzu kommt, daß sich die Publika der Zeitungen schon sehr viel früher, im 17. Jahrhundert, auszubilden beginnen.[32]

Daraus folgt: Die »bürgerliche« Öffentlichkeit war ursprünglich eine andere, die eine ebenfalls andere, nicht-bürgerliche Struktur heterogener Publika bildete und primär politisch orientiert war. Diese weist deutlich wahrnehmbar auf konstitutive Kernelemente in sehr viel älteren Formationen der Volkskultur mit ihrem öffentlich-demonstrativen Formenreichtum zurück.[33] Sie stand, das wäre die schwächste These, die Habermas für seine Modellkonstruktion hätte überprüfen müssen, zur wesentlich jüngeren literarischen Öffentlichkeit in Konkurrenz und ist bestenfalls von dieser überwuchert und okkupiert worden in einem Differenzierungsprozeß und Machtkampf[34] im Dritten Stand, in dem die literarische Öffentlichkeit u. a. – oder gar: vor allem anderen – einen protobürgerlichen Habitus ausbildet, der sich über diese rationale Verkehrsform in Distanz zum ungebildeten und irrationalen Pöbel setzt. Das heißt, in dieser neuen bürgerlichen Öffentlichkeit wird ihr herrschaftsnegatorischer Charakter, der für Habermas im Vordergrund steht und der den kritischen Charakter seiner Kategorie ausmacht, als Selbstbewußtsein einer sich emanzipierenden Klasse im selben Zusammenhang produziert, in dem sie ältere, gleichwohl auch medial bestimmte Öffentlichkeiten unterdrückt und teilweise aufsaugt. Das hängt vor allem mit der sich wandelnden Klassenbasis (in der Terminologie von Habermas: illiterat-literarisch) und deren ökonomischen Fundament zusammen. Hier beginnt immerhin, aber keineswegs schiedlich-friedlich, der Ausdifferenzierungsprozeß im Dritten Stand, der im 19. Jahrhundert die typischen Gruppierungen und Klassen der entfalteten hochbürgerlichen Gesellschaft hervorbringen sollte.

Als Resultat kann man also festhalten, daß mindestens eine der beiden Konstituentien der Öffentlichkeitskonstruktion, das literarische Publikum, einer detaillierteren historischen Überprüfung nicht wird standhalten können. Es ist aber eben präzise für den Rationalitätstypus der Kommunikation in der bürgerlichen Öffentlichkeit verantwortlich, soweit er in Selbstdeutungen vorliegt, und um dessen Behauptung es Habermas methodisch und seinem Erkenntnisinteresse gemäß geht. Genau dieser Reflexionsbogen der Theorie muß aber historisch unterlaufen werden, um an das empirische Substrat der Öffentlichkeit zu gelangen, das – empirisch – mit Sicherheit die keineswegs gewaltfreien Spuren seiner konkurrenzhaften Herausbildung im Interessenkampf gegenüber anderen Schichten und ihren Öffentlichkeiten an sich trägt und von denen in den Geschichts- und Rechtsphilosophien abstrahiert wird.

Die *zweite* Konstituentie, der Marktverkehr, nun verstärkt diese fragwürdige Konzeption der Öffentlichkeitskategorie, indem sie ein hochgradig idealisiertes Bild vom Markt entwirft, in dem sich Autonomie und Individualität und damit der Schein der Freiheit ausbilden. Indem Habermas dieses Selbstbewußtsein der frühbürgerlichen Klassengruppierungen beim Wort nimmt, kann er späterhin zu seiner titelgebenden These vom Struktur*wandel* der Öffentlichkeit kommen. Das heißt, er nimmt an, daß der Markt wirklich Autonomie konstituiert und damit den Öffentlichkeitszugang sichert. Russel Jacoby merkt treffend an, daß »der freie Markt der Ideen (...) niemals frei, stets jedoch ein Markt« war,[35] d. h., das Verwertungsprinzip – in einem sehr weiten, sozialen Sinn verstanden; ich beziehe den Begriff hier auch auf die Formen des literarischen Verkehrs und ihrer Institutionen – war von allem Anfang an bestimmend und nicht erst, als der Markt oligopolisierte und die Zugangschancen für Öffentlichkeit beschnitten wurden.[36] Er bildete sich, wie auch die Institutionen des literarischen Verkehrs in erster Linie durch Ausschließungen heraus: So schloß er von Anfang an nicht nur das Verlagshandwerk und die Manufakturarbeiter, sondern auch die Frauen aller Schichten und schließlich den unterliegenden bürgerlichen Marktkonkurrenten aus. Das heißt aber, für alle diese Gruppen war von Anfang an der Zugang zur Öffentlichkeit entweder ganz versperrt oder nur temporär geöffnet, weil ja nicht nur bei den frühen Geschichtsphilosophen, sondern noch bei Kant alle Nicht-Besitzer aus den öffentlichen Dingen ausgeschlossen sind.[37]

Hier nun zeigt sich, daß genau die an Besitz und soziale Unabhängigkeit gebundenen Interessenkerne, die sich in den literarisch strukturierten Öffentlichkeiten institutionalisierten, den gesamten Verkehrszusammenhang der neuen protobürgerlichen Schichten bestimmte. Habermas' bürgerliche Öffentlichkeit mit ihrem rationalen, entscheidungsfähigen Diskurs von an ihren Gemeininteressen orientierten Privatleuten bleibt mithin im 18. und erst recht im 19. Jahrhundert eine insulare Erscheinung in einem Meer von konkurrierenden, meist bereits vorgängig politisch bestimmten Öffentlichkeiten, die ausgeschlossen und intern im übrigen durch das sie bestimmende Verlagskapital kommerziell weiter durchstrukturiert wurden, was sich nach der Industrialisierung der Öffentlichkeitsproduktion zu den heutigen Strukturen hin öffnete. Hinsichtlich der zentralen Strukturwandlungsthese des Buches heißt das Ganze aber, daß nicht erst die heutige affirmative und konsumtive Öffentlichkeit (§§ 16 ff.) die ideologische Zurichtung eines demokratisch postulierten Vermittlungszusammenhangs ist. Gerade die Öffentlichkeitsvorstellung des klassischen Zeitalters ist zwar in seinem universalistischen Emanzipationsanspruch notwendiges Selbstbewußtsein der Klassensubjekte. Aufgrund der materiellen und rechtlichen Fixierung ausgrenzender Diskriminierungen konkurrenter politischer und kultureller Öffentlichkeiten aber, die in die Verallgemeinerungen keineswegs Eingang finden, ist es vor allem – wenngleich zweifellos nicht nur – der herrschaftsnegatorische Schein eines Strukturmerkmals aufkeimender bürgerlicher Herrschaft. Die kategoriale Explikation eignet sich deshalb m. E. nur äußerst begrenzt als kritisches Gegenbild, als abgelöstes Versprechen einer mäßigen Gegenwart.

Das historische Fundament des Öffentlichkeitsmodells ist also vom Autor so gewählt, daß es die theoretisch postulierte Strukturwandlungsthese rechtfertigt. Es ist aber bei Berücksichtigung der Differenzierungserscheinungen im Dritten Stand und der Existenz der konkurrierenden, nicht-literarisch bestimmten politischen Öffentlichkeiten im 17. und 18. Jahrhundert empirisch nicht gedeckt. Infolgedessen, falls das Modell nicht anders methodisch determiniert wird, ist die historisch-soziologische Theorie vorderhand dahingehend zu modifizieren, daß nicht ein Strukturwandel stattgefunden hat, sondern das geschichtliche Offenbarwerden latenter, aber in den geltend gemachten Konstituentien prinzipieller Strukturmerkmale. Und zwar gilt dies für die von Habermas berücksichtigte, wenngleich historisch zwar vorhandene, aber im Verhältnis zu den Zeitungsöffentlichkeiten nur peripher ausgebildete literarische Öffentlichkeit und für die von ihm methodisch ausgegrenzten, aber historisch-empirisch sehr viel gewichtigeren anderen Öffentlichkeiten gleichermaßen. Das heißt, bei hoher innerer Konsistenz, wie im vorliegenden Fall gegeben, kann ein historisches Modell als Explikation einer theoretischen Kategorie bzw. einer epochalen Hypothese durch falsche Wahl oder (bzw. und) unzureichende historische Entfaltung konstitutiver Parameter zu falschen Schlüssen auf die Theorie führen. Im hier analysierten Beispiel wird eine Transformationshypothese bestätigt, die vielleicht richtig ist, deren historische Evidenz mit den gewählten Verfahren m. E. auch zureichend konturiert werden könnte, die aber bei der Wahl der Modellkonstituentien und den damit in Kauf genommenen historisch-empirischen Anschlüssen nicht nur nicht methodisch einzuholen ist, sondern deren Voraussetzung, die zu transformierende bürgerliche Öffentlichkeit, dadurch entweder falsch konzipiert ist, oder ein historisches Epiphänomen darstellt, dessen Relevanz im Rahmen der Habermasschen Theorieentwicklung vom Autor selbst maßlos überschätzt worden ist.

6.

Es hat sich also gezeigt, wie folgenreich die unsachgemäße historische Fundierung eines m. E. überzeugenden methodischen Konzepts, einer zwingenden Modellkonstrukition für die vorgängige Theorie ist. Öffentlichkeit behält natürlich als verallgemeinernde Selbstdeutung einer intendierten Emanzipation ihre politische Sprengkraft und ihre Funktion als rechtsstaatliches Vermittlungskorrektiv, und das als staatsrechtlich fundierende Fiktion eher mehr denn weniger in Anspruch genommen wird, je gewaltiger Öffentlichkeiten durch zunehmende mediale Strukturierungen aufgebläht werden. Zahl und zeitliche Verteilung der Grundsatzentscheidungen des Bundesverfassungsgerichtes zu dieser Materie zeugen davon. Und die Begründungskontexe der sogenannten Alternativpublizistik bzw. des Betroffenenjournalismus der 70er Jahre sind ein anderes Zeugnis dafür.[38] Aber Öffentlichkeit hat diese Sprengkraft eben nicht als nie realisiertes Faktum der Geschichte. Habermas verwechselt die ideelle Realität einer Selbstdeutung mit der idealistischen Selbstdeutung einer hochgradig selektierten Realität.

Dafür – neben den vorgetragenen Argumenten – ist weiterhin maßgeblich das Kritikverhältnis, in dem eine zentrale Kategorie des Herrschaftssystems als Spiegel der

Herrschaftspraxis der jüngesten Geschichte dient. Dabei bleibt jedoch weitgehend unberücksichtigt, daß verschiedene Systemebenen – vor allem solche des politischen Regelungssystems, des ökonomischen Interesses und der privaten Lebensnormierungen – in den Vermittlungszusammenhang der Öffentlichkeit intervenieren, die z. T. in empirische Widerspruchslagen zueinander geraten und insofern von vornherein die Substanzaushöhlung der Öffentlichkeit betreiben. – Aber dies ist ein anderes Thema als das hier entwickelte.

Anmerkungen

1 Mit den folgenden Ausführungen knüpfe ich an Diskussionen an, die in der zweiten Hälfte der 60er Jahre am Münsteraner Institut für Publizistik über Methodenfragen einer neu zu begründenden historischen Kommunikationsforschung stattfanden. Dieses Institut hat seinerzeit zwar maßgeblich die sozialwissenschaftliche Wende des Faches mitgetragen, sich indessen nie von der historischen Forschung abgewandt, wie sich an vielen Veröffentlichungen seither leicht zeigen läßt. Ich sehe hierin auch heute noch das traditionsbildende Fortwirken des Werkes von Walter Hagemann. Über den damaligen Stand der Diskussion kann sich ein heutiger Leser gut informieren in dem Artikel von Winfried B. Lerg: Die Anfänge der Zeitung für alle. Methodenkritisches zur Geschichte der Massenpresse. In: Winfried B. Lerg/Michael Schmolke: Massenpresse und Volkszeitung. Zwei Beiträge zur Pressegeschichte des 19. Jahrhunderts. Assen 1968, S. 1–46

2 Das unterscheidet sie, bei einem Mann wie Emil Dovifat z. B. etwas überraschend, lebhaft von ihrer Ahnherrin, der Historischen Schule. Wilhelm Georg Roschers, des Schulgründers, Werk ist seit seiner Dissertation von 1838 über die historische Methode der Sophisten von methodologischen Ausführungen durchzogen, die in der völkisch-autonomistischen Tradition der Savigny-Schule stehen. Gustav von Schmoller hat in einer, freilich schon defensiven Auseinandersetzung mit der naturalistisch vorgehenden österreichischen Grenznutzen-Schule Carl Mengers das Schulmanifest einer historisch-induktiven Theoriebildung geschrieben; vgl. Gustav von Schmoller: Die Schriften von Carl Menger und Wilhelm Dilthey. Zur Methodologie der Staats- und Sozialwissenschaften. In: Gustav von Schmoller: Zur Litteraturgeschichte der Staats- und Sozialwissenschaften. Leipzig 1888, S. 275–304. Auch Karl Bücher selbst war ein starker Methodologe. Nicht eine Spur davon findet sich in den historischen Überlegungen der zeitungswissenschaftlichen Lehrstuhlinhaber.

3 Z. B. Winfried B. Lerg: Pressegeschichte oder Kommunikationsgeschichte? In: Presse und Geschichte. Beiträge zur historischen Kommunikationsforschung. München 1977, S. 9–24; S. 10 f.

4 Vgl. paradigmatisch Winfried Schulz: Ausblick am Ende des Holzweges. Eine Übersicht über die Ansätze der neuen Wirkungsforschung. In: Publizistik 27. Jg. (1982), Nr. 1–2, S. 49–73; S. 65 f. In seinen zahlreichen methodischen und methodologischen Arbeiten immanent auch Klaus Merten; vgl. jüngst Klaus Merten/Petra Teipen: Empirische Kommunikationsforschung. Darstellung, Kritik, Evaluation. München 1991. In seinen jüngeren theoretischen Äußerungen profiliert sich dieser streitbare Autor allerdings ganz anders. (Zu seiner wissenschaftlichen

Streitkultur vgl. die im übrigen ganz ähnlich orientierten Hans Mathias Kepplinger/Joachim Friedrich Staab: Ein Mann sieht schwarz. Klaus Merten und das Aktuelle in RTL plus. Mainz 1992.)
Ähnliches ließe sich auch an anderen Autoren aufzeigen. Die wachsenden Theorieprobleme der empirischen Forschung führen offenbar zu einer logisch nicht zu rechtfertigenden Entkopplung von Theoriediskurs und empirischer Forschung.

5 Hierzu und zu den Möglichkeiten ihrer Überwindung im Rahmen der Soziologie vgl. Philip. Abrams: Historical Sociology. West Compton House 1982
6 Dallas W. Smythe: Some Oberservations on Communications Theory. In: AV Communication Review 2. Jg. (1954), Nr. 1, S. 24–37
7 Vgl. Presse und Geschichte (wie Anm. 3); Presse und Geschichte. Bd. 2. Neue Beiträge zur historischen Kommunikationsforschung. München 1987; Manfred Bobrowsky/Wolfgang R. Langenbucher (Hrsg.): Wege zur Kommunikationsgeschichte. München 1987
8 Vgl. Manfred Bobrowsky/Wolfgang R. Langenbucher (Hrsg.) (wie Anm. 7), S. 111 ff. – Anders beurteile ich die neueste Dovifat-Renaissance.
9 Es ist sicherlich eine problematische Behauptung, die ich zuerst daran knüpfe, daß die Zeitungswissenschaft an keiner Stelle die – zumindest nach Schmollers Zurückweisung der Menger-Kritik theoretisch orientierten – Impulse der jüngeren Historischen Schule aufgenommen hat. Ich denke etwa an die personalistischen Auffassungen der Publizistik in der Dovifat-Schule (aber auch anderwärts), die als stark simplifizierte Illustrationen dessen erscheinen, was Friedrich Meinecke an Justus Möser, Johann Gottfried von Herder und vor allem an Goethes historischer Auffassung rühmt. Exemplarisch Friedrich Meinecke: Die Entstehung des Historismus. Bd. 2. München und Berlin 1936, S. 567 ff. Vorgreifend kritisch dazu Ernst Troeltsch: Der Historismus und seine Überwindung. Berlin 1924 wie auch seine eigenen historischen Untersuchungen (in Ernst Troeltsch: Gesammelte Schriften. 4 Bde. Tübingen 1922–25) und die an ihn angelehnten religionssoziologischen Studien Max Webers.
10 Vgl. z. B. Winfried B. Lerg (wie Anm. 3); Kurt Koszyk: Probleme einer Sozialgeschichte der öffenlichen Kommunikation. In: Presse und Geschichte (wie Anm. 3), S.25–34
11 Bodo Rollka: Plädoyer für eine vergleichende historische Kommunikationsforschung: Bausteine und Fragen. In: Medien & Zeit 2. Jg. (1987), Nr. 3, S. 9–12
12 Ulrich Saxer: Kommunikationsinstitutionen als Gegenstand von Kommunikationsgeschichte. In: Manfred Bobrowsky/Wolfgang R. Langenbucher (Hrsg.) (wie Anm. 7), S. 71–78
13 Günter Bentele: Evolution der Kommunikation – Überlegungen zu einer kommunikationstheoretischen Schichtenkonzeption. In: Manfred Bobrowsky/Wolfgang R. Langenbucher (Hrsg.) (wie Anm. 7), S. 79–94
14 Anthony Giddens: Die Konstitution der Gesellschaft. Frankfurt/Main und New York 1980
15 So z. B. bei Niklas Luhmann: Gesellschaftsstruktur und Semantik. 3 Bde. Frankfurt/Main 1980–1989. Siehe auch anderwärts; der Autor liebt den Gestus historischer Veranschaulichung und Begriffsherleitung.
16 Jürgen Habermas: Strukturwandel der Öffentlichkeit. Untersuchungen zu einer Kategorie der bürgerlichen Gesellschaft. 2. Aufl. Neuwied und Berlin 1965
17 Ebenda, S. 95
18 Habermas bekräftigt den Fundamentalcharakter seiner Untersuchung kürzlich noch indirekt, wenn er feststellt, daß modernen Gesellschaften die Kapazität zur Selbststeuerung fehle, die

auch der Staat nicht übernehmen könne. Sie besäßen andererseits eine, wenn auch schwach ausgebildete Fähigkeit zur Selbstverständigung im Medium der Öffentlichkeit. Vgl. Jürgen Habermas: Der philosophische Diskurs der Moderne. Frankfurt/Main 1985, S. 418 f.
Darüber hinaus – ein anderer Blick auf den Fundamentalcharakter der Kategorie – ist wohl hinlänglich einsichtig, daß seine Konsenstheorie der Wahrheit eine herrschaftsfreie Öffentlichkeitsform des Diskurses logisch als Wahrheitsantezedenz voraussetzt.

19 Jürgen Wilke: Massenmedien als Quelle und Forschungsgegenstand der Kommunikationsgeschichte. In: Manfred Bobrowsky/Wolfgang R. Langenbucher (Hrsg.) (wie Anm. 7), S. 697–711; S. 711
20 Wolfgang R.Langenbucher: Ein Plädoyer, Kommunikationsgeschichte endlich zu schreiben. In: Medien & Zeit 2. Jg. (1987), Nr. 3, S. 13–16; S. 15
21 Peter Ukena: Tagesschrifttum und Öffentlichkeit im 16. und 17. Jahrhundert in Deutschland. In: Presse und Geschichte (wie Anm. 3), S. 35–53; S. 35 f.
22 Ebenda, S. 49, Anm. 7
23 Jürgen Habermas: Strukturwandel der Öffentlichkeit. Untersuchungen zu einer Kategorie der bürgerlichen Gesellschaft. Frankfurt/Main 199o, S. 11–50
24 Vgl. Jürgen Habermas: Zur Logik der Sozialwissenschaften. Tübingen 1967 (= Philosophische Rundschau, Beiheft 5); ferner die Beiträge von Jürgen Habermas in Theodor W. Adorno (u. a.): Der Positivismusstreit in der deutschen Soziologie. Darmstadt und Neuwied 1969
25 Jürgen Habermas (wie Anm. 23), S. 7. Im folgenden wird das Buch nur mit pagina oder § im Text zitiert.
26 So beiläufig in Franz Dröge/Gerd G. Kopper: Der Medien-Prozeß. Zur Struktur innerer Errungenschaften der bürgerlichen Gesellschaft. Opladen 1991
27 So Oskar Negt/Alexander Kluge: Öffentlichkeit und Erfahrung. Zur Organisationsanalyse von bürgerlicher und proletarischer Öffentlichkeit. Frankfurt/Main 1972
28 Beide Maßnahmen sind für historische Modellbildungen typisch, wenn nicht gar zwingend. Durch die Ein- und Ausgrenzungen werden zum einen Varianten und Verzerrungen von Phänomenen ausgeklammert, zum anderen werden Parameter, die Strukturtransformationen steuern, in möglichst reiner Wirksamkeit betrachtet. Als bekannte Beispiele sind zum einen die Kapitalanalyse von Karl Marx anzuführen, deren Problematik in den vielen Eingrenzungen besteht, die den empirischen Verlauf des untersuchten Kapitalprozesses erheblich kompliziert (vgl. Das Kapital, Bd. 3). In dieser Hinsicht eindeutiger ist das andere Beispiel: Max Weber erreicht seine Eindeutigkeit durch Definitionen und Ausgrenzungen (bzw. typologische »Einklammerungen«) seiner Rationalitätstypen. Aber die bekannte »Protestantische Ethik« (und die religionssoziologischen Vergleiche anderer Hochreligionen) spielt aus methodologischer Sicht dieselbe Rolle wie das hierfür ebenso bekannte 24. Kapitel des 1. Buches des »Kapital«: Sie sollen im geschichtlichen Prozeß Modellkonstruktionen konstitutionslogisch absichern – ganz abgesehen von darüber hinausgehenden thematischen Interessen der Autoren.
29 »Die politische Öffentlichkeit geht aus der literarischen hervor ...«. Jürgen Habermas (wie Anm. 23), S. 41
30 Martin Welke: Zeitung und Öffentlichkeit im 18. Jahrhundert. Betrachtungen zur Reichweite und Funktion der periodischen deutschen Tagespublizistik. In: Presse und Geschichte (wie Anm. 3), S. 71–99. Zu den Mechanismen dieser Verbreitung vgl. Martin Welke: Gemeinsame Lektüre und frühe Formen von Gruppenbildungen im 17. und 18. Jahrhundert: Zeitungslesen

in Deutschland. In: Otto Dann (Hrsg.): Lesegesellschaft und bürgerliche Emanzipation. München 1981, S. 29–54

31 Vgl. die Berufsaufzählung in Jürgen Habermas (wie Anm. 23), S. 33. Für die gegenüber den Zeitungen erheblich eingeschränkte Distribution und Zirkulation von Zeitschriften vgl. – paradigmatisch am Beispiel der Moralischen Wochenschriften – P. Currie: Moral Weeklies and the Reading Public in Germany 1711–1750. In: Oxford German Studies 3. Jg. (1987), Nr. 1, S. 77 ff.

32 Vgl. Elger Blühm: Fragen zum Thema Zeitung und Gesellschaft im 17. Jahrhundert. In: Presse und Geschichte (wie Anm. 3), S. 54–70

33 Vgl. die Darstellung dieses Konstitutionsprozesses bei Franz Dröge: Bürgerliche Öffentlichkeit und Volkskultur. In: Rainer Matzker (Hrsg.): sog. 5 (Konvergenz und Peripherie der Systeme). Berlin 1987, S. 45–78, bes. S. 54 ff.

34 Vgl. hierzu die Ansichten der Moralischen Wochenblätter und der zeitungskundlichen Schriftsteller über die Zeitungslektüre der unteren Stände. Sie finden sich gut zusammengefaßt in der umfangreichen Untersuchung von Wolfgang Martens: Die Botschaft der Tugend. Die Aufklärung im Spiegel der Deutschen Moralischen Wochenschriften. Stuttgart 1968

35 Russel Jacoby: Soziale Amnesie. Frankfurt/Main 1978, S. 17

36 Hartwig Gebhardt: Zeitungsgründungen in Deutschland zwischen Vormärz und Weimarer Republik. Anmerkungen zum Thema Marktzutritt in der neueren Pressegeschichte. In: Gerd G. Kopper (Hrsg.): Marktzutritt bei Tageszeitungen – zur Sicherung von Meinungsvielfalt durch Wettbewerb. München et al. 1984, S. 35–52

37 Immanuel Kant: Die Metaphysik der Sitten. Werke, Bd. 7 (Edition Weischedel). Darmstadt 1968, § 46

38 Vgl. aus der reichhaltigen Literatur den Textteil von Arbeitsgruppe Alternativpresse (Hrsg.): Verzeichnis aller alternativen Zeitungen. 4. Aufl. Bonn 1983; ferner Barthold von Wintzingerrode: Die Krise der Alternativpresse. Dipl.-Arbeit. Fachbereich Sozialwesen der GHS Kassel vom 23. 11. 1983; Karl-Heinz Stamm: Alternative Öffentlichkeit. Die Erfahrungsproduktion neuer sozialer Bewegungen. Frankfurt/Main und New York 1988

Michael Schmolke

Radio aus Salzburg – Radio in Salzburg

In Salzburg ist das Radio nicht gerade erfunden worden, aber einer seiner Erfinder, im technischen Sinne, hat hier von 1908 bis 1930 gelebt und gearbeitet: Otto Nußbaumer (1876–1930). Er ist hier auch gestorben, jedoch, anders als Igo Etrich, Erfinder des berühmten Flugapparates »Taube«, nicht auf einem der Salzburger Friedhöfe, sondern in Leoben in der Steiermark begraben worden. Nachdem er in Tirol (Wilten bei Innsbruck) erstmalig das Rauschen der Welt erhört hatte, dürfen Zweifel aufkommen, ob er mit Fug zum »Salzburger Radiopionier« erhoben werden darf, wie dies seine jüngsten Biographen untertitelnd getan haben.[1] Denn er hat in seiner Salzburger Zeit für die »Entwicklung des Rundfunkwesens« nicht sehr viel getan. Bei der Gründungsversammlung des ›Radioklubs für Stadt und Land Salzburg‹ im Januar 1924 war er dabei und wurde – neben 13 anderen Mitgliedern – in den Vereinsausschuß gewählt. Er soll dann Fachvorträge über Radiotelephonie gehalten haben.

Vielleicht hat er auch mit dafür gesorgt, daß der Klub einen Röhrenempfänger kaufte, und damit sind wir beim Thema im engeren Sinne: Zwar sendete seit 1. Oktober 1924 die ›Radio Verkehrs-Aktiengesellschaft‹ (RAVAG) in Wien, aber in Salzburg konnte man ihr Programm nicht hören, es sei denn, man war Besitzer eines teuren Röhrengeräts. Und davon gab es 1924 in den beiden Bundesländern Salzburg und Oberösterreich zusammen ganze 362.[2] Die Situation entwickelte sich zu einem radiohistorischen Paradoxon, als Salzburg ab 1925 der wichtigste Lieferant von Sommer-Programmen für die RAVAG zu werden begann: Am 24. August übertrug man zum ersten Mal eine Aufführung der Salzburger Festspiele: Mozarts »Don Juan« (sic) unter der Leitung von Karl Muck kam aus dem Salzburger Stadttheater. Aber wie? Die erste Gesamtübertragung einer Oper – wie anders als »live«, aber damals nicht so genannt – ging über die Telefon-Freileitung von Salzburg nach Wien. Die Frontberichte darüber enthalten allerlei Anekdotisches. Die Probleme lagen nicht nur beim Wetter –»glücklicherweise gab es keine atmosphärischen Störungen« –, sondern auch in den Störgeräuschen von den Nachbarleitungen (»Hineinläuten von Signalen«) und schließlich am Ende der

Leitung. Was in Wien ankam, durfte »nicht zu sehr verstärkt werden«, »weil sonst die Mitverstärkung der Leitungsgeräusche die Musik überdeckt hätte«. Mit dem, was da schließlich auf den Sender – noch war es der 0,7 KW-Stubenringsender auf dem Dach des Heeresministeriums im Wiener Stadtzentrum – gegeben wurde, »konnte – wenn auch noch sehr unzulänglich – ein ungefährer Eindruck von der Aufführung im Umkreis der Sender Wien und Graz vermittelt werden«.[3] In Salzburg nicht. Denn es gab keinen »Zwischensender«, und Wien war 300 Kilometer weit entfernt.

1. Der Radiopionier

Es gab nur den Radioklub und den 1924 zum Hofrat avancierten Radiopionier. Als Landesbeamter hatte er sich seit 1908 als Prüfungskommissär für Kraftfahrzeuge und deren Lenker sowie als Sachverständiger für Dampfkesselangelegenheiten bewährt. Aber es war dies tatsächlich derselbe Otto Nußbaumer, dem am 15. Juni 1904 »als erstem« (als einem der ersten?) »die drahtlose Übertragung von menschlicher Sprache und Musik« gelungen war. »›Die Töne kamen ohne Nebengeräusch, überaus rein zu Gehör. Ein- und zweistimmige Gesänge, Trompeten und andere musikalische Instrumente wurden übertragen. Sie hörten sich vollständig rein und naturgetreu an: Ja, es war sogar möglich, die Stimme der Sänger in Klangfarbe zu erkennen. Die Übermittlung der Sprache war allerdings‹ nicht einwandfrei und für den praktischen Gebrauch ungenügend‹«.[4]

Das öffentliche Interesse an der gelungenen und beliebig wiederholbaren Demonstration, deren Voraussetzungen und Durchführung Theo Venus genau beschreibt, war relativ gering. Nußbaumer publizierte einen 60-Zeilen-Bericht in der ›Physikalischen Zeitschrift‹ (November 1904). Georg von Arco (von Telefunken) fragte unter dem 13. Dezember 1904 an, »was in den uns bekannt gewordenen Anordnungen neu, und zwar patentfähig ist«.[5] Aber Nußbaumer soll schon vorher die Anmeldung zum Patent abgelehnt haben, angeblich, weil er zu wenig Geld für die Gebühren gehabt habe.

Er bekam damals 200 Kronen im Monat,[6] was etwa 170 Mark entsprach. Zugeordnet war er seit Sommer 1901 (Studienabschluß Dezember 1900) als »Konstrukteur« der Lehrkanzel des Physikers Albert von Ettingshausen an der Technischen Hochschule Graz. 1905 wurde sein Vertrag verlängert. In den bisher gefundenen oder neu erschlossenen Quellen gibt es eigentlich nichts, was auf wissenschaftlichen Ehrgeiz (Habilitationspläne) des Konstrukteurs oder entsprechende Ermunterung seines Chefs hindeutet. Wie es hätte weitergehen können oder sollen, daraus entwickelte sich 1931 eine sehr österreichische Legende, die einem Herzmanovsky-Orlando Ehre machen würde: Jetzt nämlich, als längst allenthalben und an alle funkentelefoniert wurde und Nußbaumer tot war, rühmte der christlich-soziale Nationalratsabgeordnete Richard Wollek bei der Enthüllung einer Nußbaumer-Gedenktafel in Salzburg den Professor Ettingshausen, er habe doch damals – in heutigem Wissenschaftsjargon – ein 20.000- bis 30.000-Kronen-»Projekt« für Nußbaumer beantragt; aber Ettingshausen wollte sich nicht erinnern. Richtigstellungen setzten ein: Nicht der Professor habe angesucht, sondern sein Konstrukteur-Assistent habe ihn dazu bewegen wollen, einen entsprechenden Antrag an das Unterrichtsministerium zu richten, und Ettingshausen habe, mehrfach gedrängt, schließlich geantwortet, »weder er noch das Rektorat seien in der Lage, sich mit diesen Spielereien – worunter die Arbeiten des Ing. Nußbaumer verstanden waren – zu befassen und ein Gesuch an das Unterrichtsministerium weiterzuleiten«.[7]

Kurzum: Man weiß nichts über einen nicht gestellten Antrag geschweige denn über dessen Ablehnung, und man weiß auch nicht, warum sich Nußbaumer im September 1908 wirklich auf eine Ingenieursbeamtenstelle im Bau-Departement der Salzburger k.k. Landesregierung bewarb. Er bekam und versah sie getreu, indem er Dampfkessel überwachte, ihre Wärter prüfte und bald auch Führerscheinanwärter. Nachdem kein Motiv für den Berufs- und Ortswechsel erkennbar ist, müssen wir annehmen, daß er Sicherheit für sich und seine Familie anstrebte, »ein pflichtbewußter Beamter, dessen Hobby die Elektrotechnik war, ein Mensch mit dem Hang zur Bequemlichkeit«;[8] viel mehr verdient als in Graz hat er am Anfang auch in Salzburg nicht: 3000 Kronen im Jahr in der »Rangklasse IX«.

1929 hatten Wissenschaft und Öffentlichkeit die Bedeutung der Demonstration von 1904 erkannt. Ihrer Vergeblichkeit – »und hätte Nußbaumer damals …« – gedachten die 25-Jahr-Feiern, die über den schon todkranken Erfinder hereinbrachen. Deren wichtigste, am 15. Juni 1929 an der TH Graz, wurde vom neuen Medium übertragen, so daß der zu Ehrende in Salzburg zuhören konnte, wie ihm »die freundlichen Wellen, denen er zu so ungeahnter Weltgeltung verholfen hatte« (!), ein dreifaches Hoch überbrachten.

Er muß also vor einem leistungsstarken Empfänger gesessen haben, dessen Empfindlichkeit mindestens bis Linz reichte. Dort nämlich gab es seit Sommer 1928 einen 500-Watt-Zwischensender der RAVAG. Salzburg, wo Nußbaumer verstummt war, hatte dank der Festspielübertragungen inzwischen tatsächlich Radio-Weltgeltung, war aber noch immer stumm. Erst ein knappes Jahr nach Nußbaumers Tod (5. Januar 1930), wurde die Mönchsberg-Station eröffnet (21. Dezember 1930). Es reichte nicht einmal für neue Technik. »Als Sender wird der von der Firma Czeija, Nissl, als Vertreterin der Standard Electric vollständig modernisierte und auf Kristallsteuerung umgebaute Grazer 500-Watt-Sender verwendet.«[9]

2. In der Provinz

Das Salzburger Schicksal des Erfinders und die Geschichte des Zwischensenders auf dem Mönchsberg geben aussagekräftige Exempla ab sowohl zur Modernisierung Österreichs seit der Jahrhundertwende als auch zur politischen und Sozialgeschichte der Ersten Republik: Die große Monarchie hatte – trotz ihres Wesens einer Doppelmonarchie und bei allem Respekt vor Budapest – ihr Zentrum notwendigerweise in Wien gehabt: Was und wann immer modernisiert wurde, wurde in Wien entschieden und realisiert, mindestens aber nach Wiener Normalien in die Provinz gebracht. Das Modernisierungspotential der Hauptstadt war enorm und wird heute wieder und wieder gefeiert. Aber die politische Zentripetalkraft des Schwerpunktes war dennoch zu klein, um das Reich der Nationalitäten zusammenzuhalten. Ab 1919 war Wien dann zu groß und zu schwer für »L'Autriche, c'est ce qui reste«, was Clemenceau zugeschrieben wird. Wien wurde gewiß nicht zum Wasserkopf, als der es später beschimpft wurde, aber für Rest-Österreich war es ein zu großer Kopf. Es wurde weiter regiert, als gelte es ein Reich zu beherrschen, und die Bundesländer erkannten lange nicht oder nicht in ausreichender Klarheit, daß sich die Gewichtsverhältnisse geändert hatten und sie mehr in die Waagschale legten, als ihnen entgolten wurde.

Nachdem Budapest und Prag ausländische Hauptstädte geworden waren, gab es außer Wien keinen Medienplatz in Österreich. Presse- und Filmindustrie saßen hier und produzierten zunächst einmal weiter, als ob das alte Großreich weiter hätte versorgt werden müssen. Keine Zeitung aus Graz, Salzburg, Linz oder Innsbruck konnte es an Reputation mit der ›Neuen Freien Presse‹, der ›Arbeiterzeitung‹ oder der ›Reichspost‹ aufnehmen. Selbstverständlich konnte der Rundfunk in Österreich nur in Wien entstehen, obwohl der Promotor, der wien-geborene Oskar Czeija, aus dem Amt der steirischen Landesregierung kam und obwohl das »Konzept eines Monopolrundfunks nach gemeinschaftlichen Grundsätzen, das Czeija für Österreich vorschwebte«, für »viele Firmen der Schwachstromindustrie (...) naturgemäß nicht die attraktivste unter den möglichen Lösungen« war.[10] Aber die tatsächlich realisierte Lösung war zentralistisch sowie bundesregierungs- und parteienabhängig, soweit es um die Unternehmensverfassung ging: Nur zehn Prozent des RAVAG-Aktienkapitals waren wirklich »privat«. Die betrieblich-technische Seite fiel unter das neue Telegraphengesetz von 1924, und insofern war die RAVAG eine öffentliche Telegraphenanstalt, die Rundfunkteilnehmer aber Anstaltsbenützer des ›Telegraphenamts Wien-RAVAG‹.[11]

Die Bundesländer waren in keiner Weise beteiligt, und ihre Unfähigkeit, eigene Interessen durchzusetzen, zeigt sich am Salzburger Paradox. Radio-neugierige Landeskinder hatten am 22. August 1925, also zwei Tage vor dem ersten Festspielübertragungsversuch, in der Wiener ›Radiowelt‹ lesen können, es habe »energische Vorstellungen der Länder« gegeben und: »Der erste neue Provinzsender wird in Salzburg aufgestellt werden«.[12] Damals hat Czeija auch mit der Landesregierung verhandelt und nach einem geeigneten Grundstück gefragt. Die Antwort gab es erst 1928, als die Landesregierung die »Beistellung eines geeigneten Bauplatzes für den Sender in Aussicht« stellte unter der Bedingung – man fühlt sich in die Gegenwart versetzt –, »daß die Stadtgemeinde [Salzburg] die Hälfte der Herstellungskosten der Objekte übernehme«.[13] Der Landeshauptmann, der uns mit dieser Zögerlichkeit einen Indikator für den damaligen landespolitischen Stellenwert des Rundfunks lieferte, war Franz Rehrl, der als Erbauer der Großglockner-Hochalpenstraße in die Geschichte eingegangen ist. Überhaupt wurde die rundfunkpolitische Auseinandersetzung in den ersten fünf RAVAG-Jahren mit ungleichen Perspektiven geführt. Die Zentrale, – hier sei ein nicht voll abgesichertes Szenario riskiert, – erkannte schon 1925 den Stellenwert der Salzburger Festspiele. Nachdem die technischen Probleme u. a. durch die Verlegung eines radiotauglichen Fernkabels nach Wien 1928 gelöst waren, übernahmen 1929 schon 25 Sender mitteleuropäischer Staaten Festspielübertragungen. Auch 1930 sollten die Festspiele wieder das »Hauptereignis des Sommerprogramms« werden, und während Wien die außenpolitische Komponente der »angeschlossenen Sender« erkannte und 1930 eine Live-Reportage mittels »Kurzwellen-Auto« von den wichtigsten Punkten des »festlichen Salzburgs« inszenierte (3. August 1930: »Als ob ein Feldzug vorbereitet werden müßte.«), kaute die Festspielstadt noch an der Ablehnung ihrer der RAVAG gestellten Bedingung: 200 salzburgische Sendestunden für Eigenproduktionen Salzburger Künstler und für die Fremdenverkehrswerbung hätte man gern zugesichert bekommen. »Die Kunstinstitute würden durch den Sender Einbußen erleiden, geht aus einem Amtsbericht hervor. ›Salzburg ist schon jetzt [1928] mit Aufführungen aller Art übersättigt und verträgt keine neue Belastung.‹«[14]

Das war im Sinne einer Salzburger Radiopolitik kontraproduktiv, aber eben deshalb der RAVAG-Zentrale hochwillkommen, sie (Leserbrief des RAVAG-Technik-Direktors Gustav Schwaiger ans ›Salzburger Volksblatt‹, 25. Januar 1928) scheue doch kein Mittel, »durch Übertragungen auf ihre Wiener Station in größtem Stil Salzburgs Kunst zu propagieren«. Die RAVAG sah die Festspielübertragungen[15] nämlich nicht nur als international prestigeträchtiges Programm-Reservoir, sondern auch als eine Methode, die in Wien und von Wienern 1916 erdachten Festspiele, die in Salzburg lebenskräftig geworden waren, in die Zentrale zurückzugemeinden. (Noch heute residiert der Generalintendant des ORF im August im Landesstudio Salzburg.)

Ab 21. Dezember 1930 funkte dann endlich der Mönchsberg-Sender. Die Salzburger Radiofreunde, die das Spektakel mit dem Kurzwellenauto im Sommer mit ansehen, aber nicht über ihren Empfänger hatten hören können, wurden vom schnell friedensbereiten ›Salzburger Volksblatt‹ auf das begrenzte Hörvergnügen bei Verwendung von Ersatzantennen hingewiesen: »Betteinsätze, Klaviersaiten, Treppengeländer, Ofenröhren ...« (›Salzburger Volksblatt‹, 21. Dezember 1930). 20 bis 30 Meter Draht »im Zimmer unterhalb der Decke« seien da schon effizienter. Wieviel Draht auch immer: Was man an *originär* Salzburgischem hereinholen konnte, blieb extrem bescheiden. So gut wie alles kam über das Fernkabel aus Wien.[16] Für genuin salzburgische Ausstrahlungen gab es auf dem Mönchsberg eine »Sprecherkabine« und einen Allround-Radiomann, den Dr. Josef Capek (aus Wien). Capek betrieb ein »Wasserstands-Studio«. 1988 gab er – als 83jähriger – der Diplomandin Christine Schweinöster ein Zeitzeugen-Interview, das wegen seiner Anschaulichkeit weitere Verbreitung verdient, wenn auch manche Einzelheit mit jener quellenkritischen Vorsicht zu lesen ist, die der literarischen Gattung der »Erzählungen vom Mittelabschnitt« entgegengebracht werden soll:

»Am Anfang wurde das Programm ausschließlich von Wien übernommen, von 7.00 Uhr bzw. 7.30 Uhr bis 23.00 bzw. 24.00 Uhr. Dann beklagten die Salzburger, daß der Wetterbericht aus Wien für Salzburg nicht stimme. So begann ich, den Münchener Wetterbericht durch das Mikrofon durchzugeben. Der hat für Salzburg besser gepaßt.[17] Es wurden auch Schneeberichte durchgegeben, in anderen Bundesländern auch der Wasserstand der Flüsse. Davon kommt wahrscheinlich die Bezeichnung ›Wasserstands-Studios‹. Der Wetterbericht, lokale Nachrichten, Sportnachrichten, Interviews mit Waggerl, Zweig etc. wurden direkt in das Mikrofon gesprochen. Dazu kamen in den 30er Jahren die sogenannten Ländersendungen, die, auf Tonkonserve gesprochen, von Wien ausgestrahlt wurden. Am Sender gab es ein Kondensatormikrofon, ein sogenanntes Neumann-Gerät, dazu einen Plattenspieler mit einigen Schallplatten (Operetten, Opern, Märsche, Kammermusik). Im Büro am Mönchsberg ist das Mikrofon gestanden. Außer dieser Kabine existierte eine Dienstwohnung für das Bedienungspersonal und natürlich der Maschinenraum. Bei Gewitter mußte das Programm meist unterbrochen werden, etwa eine halbe Stunde. (...)

Ich beantwortete auch die Hörerbriefe und packte bei Beschwerden durch die Bevölkerung meinen 'Entstörungskoffer'. Dann machte ich mich auf die Suche nach möglichen Störern.

Wie gesagt, kamen mit der Zeit die ›Ländersendungen‹ zu dem lokalen Programm hinzu. Da fungierte ich als Ansager, Regisseur und habe zudem die Honorare für die Künstler ausbezahlt. Diese Eigenprogramme aus Salzburg dauerten rund 1 1/2 Stunden und wurden auf allen österreichischen Sendern ausgestrahlt. Ich führte auch Außenübertragungen mit dem Volkstumsexperten Andreas Reischek durch. Da betätigte ich mich als Techniker, Reischek als Interviewer. So wurde etwa die Einweihung der Großglockner-Straße gesendet, ebenso das Radiointerview von der Landung Prof. Auguste Piccards auf dem Gletscher in Obergurgl. (...)

Die Festspielsommer waren immer sehr interessant. Da kamen die großen Dirigenten wie Arturo Toscanini, Wilhelm Furtwängler oder Bruno Walter nach Salzburg. Am Anfang hatte man allerdings oft große Schwierigkeiten, sich als Techniker des Rundfunks durchzusetzen. Wenn die Techniker mit den Mikrofonen auftauchten, wurden sie von so manchem Künstler kurzerhand von der Bühne gejagt. Einmal hat sogar ein ›Don Giovanni‹ mit dem Degen in ein Mikrofon gestochen. (...)

1931 wurden die Festspiele zum ersten Mal direkt aus Salzburg übertragen. Ich hatte mir einen kleinen Verstärkerraum im Festspielhaus eingerichtet, und zwar war das die Garderobe von Alexander Moissi, dem ersten ›Jedermann‹, der seinerzeit ein weltberühmter Star war. Die technische Apparatur war noch sehr primitiv damals. Sie bestand aus drei Verstärkerkästen, die man zusammengestöpselt hat. Ich stand häufig unter Zeitdruck. Nach den Festspielübertragungen mußte ich die Geräte schnell abbauen und mit dem Taxi in das Hotel L'Europe bringen, wo dann eine Tanzmusikübertragung stattfand. Ich betreute auch noch 1939 die Festspielübertragungen technisch. Dann kam ein Telefonanruf: ›Sie haben sich am nächsten Tag in Berlin zu melden.‹ Da war's aus.«[18]

3. Die Zeit der angeschlossenen Sender

Aus war es allenfalls mit der radiophonen Festspiel-Internationalität, in deren von Jahr zu Jahr wachsenden Quantitäten die (lokal)patriotische Berichterstattung schwelgte: »Von Amerika bis nach Polen und Rumänien, von Italien bis hoch hinauf in den Norden wird im August der Äther wieder Salzburger Klänge, wieder österreichische Musik ausstrahlen.«[19]

Angaben über teilnehmende Sender finden sich in verschiedenen Quellen. Sie operieren mit genau klingenden Zahlenangaben, z. B. für 1931: 264 Sender, für 1934: 407 oder für 1935: 751.[20] Der historische Wahrheitsgehalt hängt jedoch in diesem Fall nicht nur an der Quelle, sondern auch am Begriff »Sender«. Damit gingen Oskar Czeijas Mitarbeiter recht locker um: In der amtlichen Statistik[21] für 1931 war die RAVAG selbst mit sechs (!) übertragenden »Sendern« dabei. Die hohen Zahlen der dreißiger Jahre wurden durch die amerikanische Beteiligung verursacht, und die Autoren der bisherigen Darstellungen haben die Erfolgsberichterstattung der zeitgenössischen Presse unkritisch übernommen, ohne auch nur die Vermutung anzustellen, es könne sich hier um ein oder zwei Networks handeln, die eben für so und so viele »Stations« auftraten. Genau so war es, und die zeitgenössische Festspiel-Journalistik hat das System durchaus durchschaut. Ich nenne hier nur Beispiele, denn mit dieser Skizze kann die längst fällige kritische Erforschung des Verhältnisses zwischen den Salzburger Festspielen und dem Rundfunk nicht vorweggenommen werden. Für 1935 berichtet die Tageszeitung ›Salzburger Chronik‹ am 13. Juli, daß sich die »beiden größten amerikanischen Rundfunkgesellschaften« bereits zur Teilnahme angemeldet haben, die »National Broadcasting Company 126 [Sender]« und das »Columbia Broadcasting System 98 [Sender]«, das außerdem eine Reportage aus Salzburg zu übernehmen gedenke. Direkte kurzfristige Einflußnahme (horribile dictu!) auf das Festspielprogramm war möglich, aber daß sich auf diese Weise etwas sehr Amerikanisches abspielte, das wir heute unter Public Relations verhandeln würden, ging Roland Tenschert, dem Kritiker der ›Reichspost‹ am 26. August 1937 noch nicht auf: »Die New-Yorker National-Broadcasting Co. hat Arturo Toscanini eingeladen, ein Sonderkonzert der Wiener Philharmoniker zu dirigieren. Der Maestro willigte ein und ließ den Reinertrag der öffentlich zugänglichen Veranstaltung dem Baufonds des Salzburger Festspielhauses und dem Pensionsfonds des Orchesters zuführen.«

Die P.R.-Kategorie blieb den deutschschreibenden Journalisten unzugänglich, eine damals geläufige Alternative bot sich an. Die ›Salzburger Chronik‹ läßt die Klage über das mit den zahlreichen Übertragungsdienstleistungen der RAVAG verbundene »Verlustgeschäft« in eine (14. August 1937) einleuchtende Schlußfolgerung münden: den hohen Organisations- und Durchführungskosten stehe »ein positiver Wert von ganz überragender Bedeutung gegenüber: Die ungeheure Propagandawirkung, die eine Radioübertragung für das sendende Land mit sich bringt«. Die »Teilnahme des Weltrundfunks« beweise, so hatte schon 1934 das ›Salzburger Volksblatt‹ behauptet (17. August), »nicht nur, daß die Beliebtheit dieser Veranstaltungen noch immer im Steigen begriffen ist, sondern auch die Tatsache, daß Österreich die Sympathie und Achtung der ganzen Welt genießt«.

Ein Jahr nach Toscaninis NBC-Extrakonzert sorgte bereits ein anderer für ungeheure Propagandawirkungen in der Festspielstadt. Als es nicht mehr »von Amerika bis Polen«, sondern »von Finnland bis zum Schwarzen Meer« ging, war Salzburg kein RAVAG-Zwischensender mehr, sondern, seit dem 21. Juni 1939, eine Nebenstelle des Reichssenders München. Aus den Festspielen waren 1941 »Soldaten-Festspiele«, ab 1943 der (letzte) »Salzburger Theater- und Musiksommer« geworden. Die Münchener ließen nur gelegentlich etwas in Salzburg produzieren, was man später wohl Feature genannt hätte: Über den Milchhof Salzburg oder über Großarl, das »kinderreichste Dorf Großdeutschlands«.[22] Die Rundfunkentwicklung im Reichsgau wich trotz dessen Mustergau-Ehrgeizes nicht vom Üblichen ab. Selbst die Luftlagemeldungen wurden am Ende Mangelware, und die parteioffizielle ›Salzburger Zeitung‹ leitete die Salzburger, soweit sie Telefonanschlüsse hatten, zum »Bau einer behelfsmäßigen Empfangsanlage« an: »Wie empfange ich Drahtfunk?«[23]

Wie der Zweite Weltkrieg mit einer Rundfunk-Episode in einem Nebensender begonnen hatte, so endete er, was Salzburg angeht, mit dem Kurz-Auftritt eines Unbefugten vor dem Mikrofon des örtlichen Nebensenders: Oberst Hans Lepperdinger, »Kampfkommandant« von Salzburg, erklärte am 4. Mai 1945 um sechs Uhr früh Salzburg zur offenen Stadt und bot den Amerikanern die Übergabe an.[24] (Vergleichbare Finissagen wird es wohl noch an anderen Stellen des nicht mehr großen Reichsgebiets gegeben haben.)

4. ›Rot-Weiß-Rot‹: Österreichischer Sender oder »modern radio«?

Zur befohlenen Sprengung des Senders kam es nicht. Am 4. Mai zogen amerikanische Besatzungstruppen ein. Das kommunikationspolitische Konzept dieser das Nachkriegsösterreich am nachhaltigsten prägenden Besatzungsmacht war eine gelegentlich mit Improvisation operierende Variante des für Deutschland gedachten Konzepts. Sie wurde weniger konsequent verwirklicht.[25]

Das Radioteam für Salzburg kam aus Florenz vom 15. Heereskorps und gehörte zu den Einheiten der Psychological Warfare Branch (PWB). Major (in manchen Quellen Oberleutnant) Hans Cohrssen, ein Emigrant aus Neustadt an der Weinstraße, machte seine Truppe in zehn Tagen sendebereit, eine ungewöhnliche Leistung, wenn man in Rechnung stellt, daß die Technik überholt, ein Raum (Studio) gefunden, Schallplatten aufgetrieben und Mitarbeiter (darunter bereits einige Österreicher) gewonnen werden mußten.

Nach Versuchssendungen ab 3. Juni meldete sich die neue Station am 6. Juni 1945 offiziell mit der Ansage »Hier ist der österreichische Sender Rot-Weiß-Rot«. US-General Walter M. Robertson hielt eine Ansprache: »Mit dem heutigem Tage wird Ihr Sender unter unserer Leitung wieder eröffnet.«[26]

Niemand wird so genau zugehört haben, aber aus historischer Sicht bedarf es der Präzisierung: Weder war ›Rot-Weiß-Rot‹ ein österreichischer Sender noch wurde »Ihr Sender« *wieder* eröffnet. Vielmehr war das, was in einem elf Quadratmeter großen Garderobenraum des Salzburger Landestheaters begann und sich zu einem Drei-Studio-System (Salzburg-Linz-Wien) auswuchs, bis zum Ende (1954/55) ein Besatzungssender. Und nichts wurde wiedereröffnet; denn zum ersten Mal hatte Salzburg wirklich einen eigenen Sender im Sinne einer Einheit von autonomer Programmproduktionsstätte plus Verbreitungstechnik.

Die Geschichte von ›Rot-Weiß-Rot‹ ist heute dank verschieden akzentuierter Einzelstudien nachvollziehbar dargestellt, wenn auch die vom Sujet geforderte, gut lesbare Gesamtdarstellung fehlt. Das mag u. a. daran liegen, daß die Entwicklung des Studios Linz (für das zur amerikanischen Zone gehörende, südlich der Donau gelegene Oberösterreich) bisher nicht umfassend behandelt worden war. Die (im Frühjahr 1992) fast fertige Linz-Studie von Manuela Aichinger[27] bringt dank der Ausschöpfung der Bestände des oberösterreichischen Landesarchivs sehr interessante neue Erkenntnisse, vor allem im Hinblick auf die österreichpolitische Funktion der drei RWR-Stations, aber auch sie kann nicht alle Fragezeichen ausräumen, die wir den Legenden der frühen Nachkriegsjahre verdanken.

Im Gegenteil, Rohstoff für neue Legendenbildung tut sich auf. Hier sei nur ein für österreichisch-amerikanische Mißverständnisse bezeichnendes Beispiel erwähnt, das, wäre es vor Jahren als erste Quelle entdeckt worden, die RWR-Geschichtsschreibung auf falsche Fährten gelenkt hätte. Ende 1952 brachte Andreas Reischek, RAVAG- und RRG-Mitarbeiter, Widerstandskämpfer, RWR-Salzburg- und -Linz-Mitarbeiter und schließlich erster österreichischer »Generalintendant« von Gesamt-›Rot-Weiß-Rot‹, ein umfängliches Memorandum zu Papier, das er am 10. Dezember 1952 an den amerikanischen Radio-Officer Laurence P. Dalcher richtete. Nimmt man den sehr verdienten Reischek (»Es liegt mir ferne, mich selbst für bedeutend zu halten …«) wörtlich, so ist die Entstehung von ›Rot-Weiß-Rot‹ weniger der Medienpolitik der Besatzungsmacht als einem Reischekschen (und jedenfalls österreichischen) Kraftakt im April/Mai 1945 zu verdanken. Reischek hat das dem oberösterreichischen Gauleiter-Sender Bad Aussee, der von einer österreichischen Widerstandsgruppe Ende April zum ›Freiheitssender Ausseerland‹[28] umfunktioniert wurde, zugeführte Technik- und Schallplatten-Material der RRG (Wien und Graz) und offenbar auch Wehrmachtbestände den Amerikanern übergeben. Seine Variante liest sich so:

»Wenn dieses Material und diese kleine Schar von Rundfunkfachleuten nicht gewesen wären, dann hätte die ISB[29] frühestens im Dezember 1945 mit dem aus Amerika, bzw. Süditalien nachgesendeten Material mit dem Sendebetrieb beginnen können. Es ist daher eindeutig, daß unsere Sendergruppe, die ich aufgebaut habe, a) aus rein österreichischem Material und nur mit österr[eichischen] Kräften am Anfang betrieben wurde, b) daß sie nur deshalb im Einvernehmen mit der amerik[anischen] ISB ›Rot-Weiß-Rot‹ genannt wurde, weil man sie von Anfang an als rein österr[eichische] Sendergruppe dachte, und c) ist es ebenso eindeutig klar, daß ich niemals um eine Stelle bei RWR gebeten habe, sondern daß ich gebeten wurde, mit dem von mir durch den Betrieb des österr[eichischen] ›Freiheitssenders Ausseerland‹ erhaltenen Material, das einen Millionenwert darstellte, und mit den von mir empfohlenen Leuten die Sendergruppe RWR aufzubauen.«[30]

Dieser Text Reischeks stammt aus der Zeit seines Windmühlenkampfes gegen die amerikanische Rundfunkbürokratie, die sich zu seiner Zeit (1952/53) die von ihm betriebene Austrifizierung von RWR noch nicht gut vorstellen konnte und stattdessen die Verwaltungszuständigkeit der USCOA (United States Commission for Occupied Austria), die zum State Department ressortierte, als gegeben annahm. Reischek, der als »Fachmann für Volks- und Brauchtumssendungen«[31] galt, war wohl eher ein österreichischer Feigenblatt-Intendant;[32] seine Rundfunkkompetenz wurde von W. Stuart Green, einem der Radio-Officers, kritisch beurteilt: »What he can't stand, is modern radio.«[33] In dieser Formulierung sind Stärke und Schwäche speziell von Salzburgs Radio in der Nachkriegszeit angesprochen: ›Rot-Weiß-Rot‹ in seiner Gründungsstadt war »modern radio«, beliebt, aber unverstanden von der Mehrheit der Salzburger,[34] plus Festspielübertragungen.

›Modern Radio‹ umfaßte Zweckmäßiges (Suchmeldungen), Re-Education und Re-Orientation, allgemein politisch Bildendes (Diskussionsformen), eine gehörige Portion Propaganda, aber auch harmlose Dosierungen amerikanischer Erfolgsformen (portionierte Romane, den soap operas vergleichbar), dazu viel Musik. Auf diesem Feld ließen sich die Salzburger nicht erschüttern. 1948 abermals befragt, hieß ihre Rangfolge:[35]

Wiener Walzer, Operettenmusik	26,4 %
Volkstümliche Wienermusik	20,0 %
Opernmusik	13,3 %
Moderne Tanzmusik	11,1 %
Volkstümliche Bauernmusik	22,4 %
Symphonische Musik	4,5 %
Amerikanischer Jazz	2,3 %

Seit der Jahreswende 1946/47 wurde die Sendergruppe von Wien aus geleitet. Auch Nachrichtenabteilung und Produktionsleitung übersiedelten in die Hauptstadt. Der salzburgische Anteil an den realisierten Produktionen blieb jedoch hoch, was auch mit den Festspielübertragungen zu tun hatte. Sie wurden schon im August 1945 wiederaufgenommen, und erneut begann das Abzähl-Spiel mit den »angeschlossenen Sendern« (1945: 300[?]). NBC war sofort wieder dabei, aber Salzburgs amerikanische Radiomacher hatten technisch kein Glück mit der ersten Übertragung (Mozarts »Entführung aus dem Serail«, 18. August 1945). Hans Cohrssen erinnerte sich:

»Wir saßen da und hörten gebannt zu und waren erregt vor Freude darüber, daß diese herrlichen Stimmen zur gleichen Zeit nun auch in Amerika gehört werden, aus Salzburg! Viel später erfuhren wir, daß die Kollegen drüben in New York nur Störgeräusche hörten, daraufhin die Übertragung abbrachen und irgendwelche Schallplatten spielten. Gott sei Dank hatten wir davon keine Ahnung. Wir feierten die erste Transatlantikübertragung aus Salzburg noch die ganze Nacht!«[36]

In das Jahr 1948 reichen, dieser private Einschub sei erlaubt, meine eigenen Erinnerungen an ›Rot-Weiß-Rot‹ zurück. Nach dem Kauf eines gebrauchten DKE (50 DM vom Kopfgeld) muß es im August 1948 gewesen sein, daß mir die Festspiel-Fanfare und die feierlich getragene RWR-Ansage (Assoziation: Sondermeldung tragischen Inhalts) samt Aufzählung aller angeschlossenen Sender (der NWDR muß dabei gewesen sein) zum ersten Mal entgegentönten. Aus den Wiederholungen festigten sich ein solides akustisches Erinnerungsstück und die lange anhaltende Gewißheit, ›Rot-Weiß-Rot‹ sei der österreichische Rundfunk schlechthin.

Auch in Österreich hatte man spätestens dann diesen Eindruck, als das Ende der letzten RWR-Bastion (Wien) für den 27. Juli 1955 zuverlässig angekündigt war. ›Die Presse‹ überschrieb ihren vorauseilenden Nachruf (17. Juli 1955): »Österreichs populärster Sender verstummt«. Was immer der österreichische Rundfunk an RWR-Sendungen übernehmen werde, »sie werden nie den Gesamteindruck des ›Rot-Weiß-Rot‹-Programms wiederbringen können, dieses erfreulichsten und seltsamsten Phänomens der Besatzungszeit. Mit dem Ende von ›Rot-Weiß-Rot‹ versinkt eine Insel der Humanität, der Toleranz, des freien Geistes im Meer der getarnten Unfreiheit.«

In Salzburg war das Phänomen schon ein gutes Jahr früher verstummt, d. h. an die »öffentliche Verwaltung« des österreichischen Rundfunks übergeben worden. In der Auseinandersetzung mit den Wiener Rezentralisierungsbestrebungen hatte sich nämlich das Land Salzburg – im Unterschied zu Vorarlberg, das für einen Länderrundfunk kämpfte[37] – als weniger tapfer erwiesen. Zwar kamen auch wesentliche Ausschüsse des Salzburger Landtags, darunter der Verfassungs- und Verwaltungsausschuß, am 24. und 31. März 1954 zu der Auffassung, »daß die Neuordnung des österreichischen Rundfunkwesens föderalistisch zu erfolgen habe.« Aber das war, wie sich zeigen sollte, zu spät. Nachdem die Amerikaner in der Nacht vom 15. auf den 16. März 1954 die Studios Salzburg und Linz an die öffentliche Verwaltung übergeben hatten, war der Trend zum Zentralrundfunk nicht mehr aufzuhalten.[38]

Salzburg spielte in den folgenden Jahren als Bestandteil des »österreichischen Rundspruchwesens« eine untergeordnete Rolle, und als endlich 1957 eine Rechtsform für den Funk in Österreich gefunden und 1958 in der Ges.m.b.H. Österreichischer Rundfunk verwirklicht wurde, manifestierte sich die schwache Position des Landes auch in der minimalen Beteiligung am Gesellschaftskapital: Mit 100.000 von insgesamt 82,2 Millionen Schilling war Salzburg dabei. Durch das Rundfunk-Rekonstruktionsgesetz von 1962 schrumpfte der Wert des Anteils auf 39.861 Schilling, wobei der Anteil der Länder zusammen nur mehr knapp 0,8 Prozent betrug.[39] Das Studio arbeitete unter beengten Umständen; für Lichtblicke sorgten einmal im Jahr die Festspiele oder besondere Mozart-Anlässe, so, als im Jänner 1956 noch vor dem offiziellen Beginn des Fernsehens der Festakt zur 200. Wiederkehr von Mozarts Geburtstag als Eurovisionssendung produziert wurde.

5. Modernisierung und Monopol

Das Rundfunkreformgesetz von 1966 hat die Position der Bundesländer im neuen ORF, der eine Gesellschaft mit beschränkter Haftung blieb, nicht gestärkt. Paragraph 3 (Abs. 2) notiert die Aufgabe der »Länderstudios«: »Ein Programm des Hörfunks [d. h. eines von dreien] ist ein Regionalprogramm, das von den Länderstudios gestaltet wird. In den Programmen des Fernsehens sind die Interessen der Bundesländer zu berücksichtigen. Die Beiträge werden von den Länderintendanten festgelegt.«

Veränderungen ergaben sich aus dem Arbeitsstil des 1967 erstmalig sein Amt antretenden Generalintendanten Gerd Bacher. Er dynamisierte das Gesamtunternehmen und eröffnete den sämtlich in kargen bis ärmlichen Räumlichkeiten arbeitenden Landesstudios bessere Arbeitsmöglichkeiten durch die Errichtung neuer Funkhäuser nach dem Einheitsmodell des Architekten Gustav Peichl. Wenige Wochen vor den baugleichen Häusern in Linz, Innsbruck und Dornbirn wurde am 21. Juli 1972 das Salzburger Haus eröffnet. Der die Postmoderne vorwegnehmende, silbern schimmernde Zentralbau wurde vom Salzburger Architektur-Musealismus heftig bekämpft. Er beendete die Misere nicht nur der Arbeitsplätze im Franziskanerkloster (seit 1945), sondern auch der frustierenden Anstrengungen: Seit 1951 waren ein Studioneubau oder wenigstens eine neue Situierung diskutiert, betrieben und verhindert worden.[40] Letzten Endes scheiterten selbst weit gediehene Vorhaben am Geldmangel des in der Zeit vor Gerd Bacher nicht sehr effizient geführten ›Österreichischen Rundfunks‹.

Der Weg des Landesstudios zur inneren Autonomie, erkennbar am Gestaltungswillen eines eindeutig auf die Identität des Bundeslandes bezogenen Programms, wurde damals in Salzburg nur zögernd beschritten, obwohl, aber wahrscheinlich auch *weil* Salzburg über die Lokalsendungen hinaus erhebliche Programm-Mengen produzierte und ins gesamtösterreichische Programm einspeiste. Begünstigt war das Haus durch die Festspiele, die nicht nur als solche ein Hörfunk- und Fernsehereignis waren, sondern alljährlich zahlreiche Künstler und Rundfunkleute ins Magnetfeld des Studios zogen. Das ermöglichte Jahr für Jahr Musik- und Hörspielproduktionen auf Vorrat. Salzburger Hochschulwochen und Universitätswiedergründung wurden von der Wissenschaftsredaktion konstruktiv aufgegriffen. »Nachtstudio« (für das Hörfunk-Eliteprogramm »Ö 1«) und die in jährlichem, später zweijährlichem Rhythmus angesetzten »Humanismusgespräche«[41] sind unverwechselbares »Radio aus Salzburg« geworden, mit hohem Anspruch auf Wissenschaftlichkeit, aber mit – zum Teil unverständlicher – Distanz zur ansonsten durchaus kooperationsbewährten Universität, die sich übrigens auch als Nachwuchslieferant für das Studio unter Beweis stellt.

Die tatsächliche »Lokalisierung« des Radioangebots kam in den 70er und 80er Jahren gut voran.[42] Dazu muß man wissen, daß »Lokalisierung« im Sprachgebrauch des ORF die Ausstrahlung regionaler Programme mit »Sendertrennung« meint, also etwas, was es in der Besatzungszeit schon gegeben hatte. »Regionalisierung« hingegen ist die Einspeisung von Programmen aus den Landesstudios in ein gesamtösterreichisches Angebot, z. B. »Ö Regional«. An so verstandene Regionalisierung mochte man beim Fernsehen ab 1977 denken, als Gerd Bachers glückloser Nachfolger Otto Oberhammer mit einem »Projekt Regionalisierung« die »Föderalisierung der Fernsehprogramme« einleiten wollte.[43] An »Sendertrennung« beim Fernsehen sei aus technischen und Kostengründen überhaupt nicht zu denken, ließ man den Autor dieses Beitrags noch Anfang der 80er Jahre wissen.

Seit dem 2. Mai 1988 aber gibt es nicht nur Radio, sondern auch »Fernsehen aus Salzburg«, gemacht vom »Fernsehen in Salzburg« und nur für Salzburg. Das ist zwar nicht mehr als eine werktägliche Halbstunden-Sendung (»Salzburg heute«), aber sie läuft zu bester Zeit (19 Uhr) und findet hohe Akzeptanz. Technische Kompetenz und Erfahrung der Macher wachsen.

Betrachtet man die Entwicklung der letzten 20 Jahre unter der Annahme, einen Summenstrich ziehen zu müssen, so kann man den Einfluß des immer wieder auf den Generalintendantensessel zurückkehrenden Salzburgers Gerd Bacher (ORF-Generalintendant: 1967–1974, 1978–1986, 1990ff.) nicht übersehen: Trotz eines nach der Rezentralisierung von 1954/55 lange anhaltenden ungeheuren Übergewichts der Wiener Hauptanstalt hat er die Stärke der Landesstudios wachsen lassen. Die Identifikation der meisten Länderhauptstädte (und oft auch der Landesregierungen) mit ihren Studios ist groß. Wegen der Kleinheit der meisten österreichischen Bundesländer ist die de facto-Lokalisierung von Radio und bald auch Fernsehen durch die öffentlich-rechtliche Anstalt weit gediehen. Gut befestigt erwarten die ORF-Auffangstellungen die »Radio-Liberalisierung«. Irgendwann wird sie ja auch in Österreich kommen, den Monopolrundfunk-Status beenden und zu lokaler Privatradio-Konkurrenz führen. Noch aber gibt es nicht die kleinste Probe davon, wie privates Radio aus Salzburg sich anhören könnte.

Anmerkungen

1. Venus, Theodor, Harald Waitzbauer, Christine Schweinöster: Otto Nußbaumer. Der Salzburger Radiopionier. Salzburg: Landespressebüro 1990.
2. Vgl. Schweinöster, Christine: Archäologie des Radios in Salzburg. Vom Sprecherkabinett zum Landesstudio Salzburg (1925–1972). Diplomarbeit Salzburg 1989, S. 6.
3. Ergert, Viktor: 50 Jahre Rundfunk in Österreich. Bd. I: 1924–1945, o. O. (Salzburg): Residenz Verlag 1974, S. 100. Vgl. auch Schweinöster (wie Anm. 2), S. 7 f.
4. Venus et al. (wie Anm. 1), S. 42.
5. Ebenda, S. 43 f. und graue Zwischenblätter zwischen S. 80 und S. 81.
6. Mit einem Jahresgehalt von 2.400 Kronen hätte er sich an der Obergrenze der »unteren Mittelschicht« bewegt. Vgl. Hoffmann, Robert: Die Stadt im bürgerlichen Zeitalter (1860–1918), [= Kap. XXIII.4]. In: Dopsch, Heinz, Spatzenegger, Hans (Hg.): Geschichte Salzburgs, Band II.4, Salzburg: Universitätsverlag Anton Pustet 1991, S. 2281–2376; S. 2337.
7. Venus et al. (wie Anm. 1), S. 45
8. Ebenda, S. 52
9. V. Tätigkeitsbericht der Österreichischen Radioverkehrs-A.G. 1929/30, Wien 1931, Seite 17, Historisches Archiv Wien-Liesing. Hier zit. n. Schweinöster (vgl. Anm. 2), S. 19.
10. Ergert (wie Anm. 3), S. 33.
11. Wittmann, Heinz: Rundfunkrecht. Öffentlichrechtliche Grundlagen des Rundfunks in Österreich. Wien, New York: Springer-Verlag 1981, S. 72 ff.
12. Zit. n. Schweinöster (wie Anm. 2), S. 5
13. Ebenda, S. 10
14. Ebenda
15. Nach den frühesten schriftlichen Abmachungen zwischen RAVAG und den Festspielen wird noch gefahndet.
16. Stohl, Ilse: Rundfunk in Salzburg von Juni 1945 bis 1954. Diss. Salzburg 1988, S. 36
17. Capeks Erfindung war das nicht. In Linz übernahm man das Münchener Wetter schon seit 1928. Vgl. Manuela Aichinger: Rot-Weiß-Rot Linz und das Rundfunkwesen in Oberösterreich 1954 bis 1957/58. Diss. Salzburg 1992, S. 56
18. Dokumentiert bei Schweinöster (wie Anm. 2), S. 27–30
19. Radiowelt (Wien) Nr. 33 vom 11. 8. 1934
20. Quellen: VI. Tätigkeitsbericht der Radioverkehrs-A.G. 1931; Radiowelt Nr. 31 vom 27. 7. 1935
21. Ebenda, VI. Tätigkeitsbericht
22. Kerschbaumer, Gert: Alltag, Feiern und Feste im Wandel. Nationalsozialistische Regie des öffentlichen Lebens und praktische Kulturen in Salzburg von 1938 bis 1945, 3 Bde. Diss. Salzburg 1986, Bd. 3, S. 1403.
23. Salzburger Zeitung vom 17. 7. 1944
24. Stohl (wie Anm. 16), S. 40 f.
25. Kurzüberblick bei Norbert Feldinger: Nachkriegsrundfunk in Österreich, München: Saur 1990, S. 24–28. – Zum Gesamtkomplex gibt es eine Reihe von Studien, deren meiste im Literaturverzeichnis von Feldinger zu finden sind. Einiges Neuere bei Schmolke, Michael: Das

Salzburger Medienwesen [= Kapitel XXII]. In: Dopsch, Heinz und Hans Spatzenegger (wie Anm. 6), Bd. II/3, S. 1963–2004 und Bd. II/5, S. 3481–3487, S. 3481.
26 Darstellung und Quellen bei Stohl (wie Anm. 16), S. 42 ff.
27 Vgl. Aichinger (wie Anm. 17)
28 Vgl. Feldinger (wie Anm. 25), S. 21 f. sowie Rainer Hilbrand: Die Sendergruppe Alpenland von 1945 bis 1954. Diss. Salzburg 1987, S. 47 ff.
29 ISB = Information Services Branch, aktiv ab 15. 5. 1945, vgl. Feldinger (wie Anm. 25), S. 27 f.
30 Zit. n. Aichinger (wie Anm. 17), S. 116 f.
31 Stohl (wie Anm. 16), S. 46
32 Vgl. ebenda, S. 68
33 Zit. n. Wagnleitner, Reinhold: Coca-Colonisation und Kalter Krieg: Die Kulturmission der USA in Österreich nach dem Zweiten Weltkrieg, Habil.-Schrift, Salzburg 1989, S. 183. Wagnleitner verallgemeinert etwas zu stark: »Als entschiedene Gegner der neuen Programmethoden erwiesen sich dagegen jene österreichischen Rundfunkexperten, die sich vom Verlautbarungs- und Belehrungsradio der Zwischenkriegszeit nicht freiwillig trennen mochten. Es kann mit Sicherheit angenommen werden, daß die Entwicklung des Rundfunks in Österreich ohne den, häufig mit entschiedener Härte exekutierten, Modernisierungsdruck der US-Radiooffiziere vollkommen anders verlaufen wäre.«
34 Hörerbefragungen gab es ab Frühjahr 1946; vgl. Stohl (wie Anm. 16), S. 122 f.
35 Ebenda, S. 126.
36 Zit. n. Portisch, Hugo: Österreich II. Die Wiedergeburt unseres Staates, Wien: Kremayr & Scheriau 1985, S. 407f.
37 Vgl. Hofer, Gerhard: Versuch und Versuchung. Bundesländerrundfunk in Österreich am Beispiel Vorarlbergs 1945 bis 1955. Diss. Salzburg 1983.
38 Zum Gesamtkomplex vgl. Schmolke (wie Anm. 25), S. 1999 f.
39 Vgl. Schmolke, Michael: Massenmedien und Kommunikationspolitik. In: Die Ära Lechner. Das Land Salzburg in den sechziger und siebziger Jahren. Salzburg: Landespressebüro 1988, S. 437–460, S. 459, Anm. 80.
40 Ebenda, S. 447 f.
41 Vgl. Dachs, Herbert: Aufklärung und menschliches Maß. 25 Jahre Salzburger Humanismusgespräche 1965 bis 1990, Salzburg: Österreichischer Rundfunk o. J. [1991]. Das 7. Gespräch 1974 war übrigens eine vom Salzburger Institut für Publizistik und Kommunikationswissenschaft unter der Leitung Michael Schmolkes mit vorbereitete kommunikationswissenschaftliche Tagung mit großer Besetzung: Paul Felix Lazarsfeld, Elisabeth Noelle-Neumann, Harry Pross, Karl Steinbuch, Friedrich Knilli, Siegfried J. Schmidt, Niklas Luhmann, Anton C. Zijderveld, Ulrich Hommes, Arnold Gehlen, Hermann Lübbe.
42 Noch 1988/89 aber waren die Landesstudios eher »Stadtradios«, d. h. die Landeshauptstadt bevorzugende Programme, wie die Salzburger Dissertation von Daniela Strasser nachweist: »Sind die ORF-Landesstudios Stadtradios?« 1992
43 Vgl. ORF-Almanach 1977, Wien: ORF 1977, S. 395–429.

Hanno Hardt

Social Uses of Radio in Germany: An American Perspective, 1924–1930

The cultural history of an epoch is inconceivable without considering the centrality of social communication, its position in the process of culture, and its impact on the relationship between individuals and media institutions, whose form and substance shape the cultural and political discourse of society.

The history of radio, not as an institutional biography of technological or commercial success, but as a social force in the lives of people, remains a fragmentary project in the United States as well as in Germany, although Winfried Lerg's extensive historical interpretation of the politics of radio in Germany during the 1920s goes some way towards explaining the public aspects of broadcasting. This contribution is a reminder of the potential for a cultural history of broadcasting and as such, it is an exercise in cultural materialism, which examines the rise of radio and its social uses within specific historical conditions. But it is also a view from abroad, enhanced by cultural differences, liberated by a personal distance from the professional demands or expectations of *Publizistikwissenschaft,* and yet is firmly committed to encouraging the search for explanations about Germany's media practices and the emergence of a totalitarian society in the late 1920s and 30s.

The following account provides an American view, a thoroughly journalistic gaze, and a contemporary reading of the rise of German radio between 1924 and 1930, a six-year period when broadcasting burst unto the scene of a society engaged in a fierce political struggle over discovery and content of democratic forms of participation. More specifically, this essay addresses a particular view of radio in Weimar Germany as it was generated by the ›New York Times‹. Its focus, however, is less on the organization and development of the institution of broadcasting, that is, on the introduction of new technologies or the origination of radio stations, but instead is on the social and political uses of radio. It concentrates on what Germans do with radio, how they perceive it, and on its potential for aiding democratic practices in the Weimar Republic.

A cultural inquiry into the rise of radio in Germany suggests a re-examination of the dominant historical discourse by shifting attention to the existence of broadcasting as a social process in the narrative of a foreign culture. The discovery of a discourse about German radio in the foreign press raises the explanatory potential of journalistic efforts to the level of significant observations regarding the uses of early German radio. This essay explores foreign news reporting as mapping of a border country, located at the margins of a society, where observations about an imaginary »neighborhood« on the other side of social, cultural, political or economic barriers become sources for reconstructing social and political meanings for both the observer and the observed.

This is the context for a theoretical perspective which, akin to Siegfried Kracauer's work, suggests that the significance of a historical period can be explored through an analysis of things generally considered trivial; in this case, the short item, a casual compilation of events, presented in the form of fillers that appear as random remarks about German radio, but, nevertheless, express the historical conditions of broadcasting. For instance, Kracauer argues in »Mass Ornaments« that »The place which an epoch occupies in the historical process is determined more forcefully from the analysis of its insignificant superficial manifestations than from the judgments of the epoch upon itself (...) The basic content of an epoch and its unobserved impulses reciprocally illuminate another.«[1] The reportorial surveillance of radio as a social and technological breakthrough in »mass« communication constitutes the focus of such an analysis.

1.

The information about the social and political uses of radio in Germany began in the ›New York Times‹ in 1924 and increased steadily over the years. Discussions of the institution of broadcasting became a regular source of information about the social, cultural and political affairs of German society. Typically hidden in the foreign news section, however, the information was often brief, fillers, which were frequently supplied by the ›Associated Press‹ or ›The Chicago Tribune‹, whose foreign news desk served a large number of American newspapers, including the ›New York Times‹.

This type of news reporting created in the shadow of important economic and political events, presented irregularly, yet subject to professional conventions forms a contemporary surface phenomenon; it is the product of a newspaper industry and the manifestation of a mass culture, which constructs the realities in and by which individuals exist in the modern world. Its topical narratives as well as its silences are designed to meet the expectations of the reader; they are the elements of a cultural history that reveals strategies of distractions as well as definitions of the historical situation.

American radio in the 1920s was becoming a powerful social and political institution, whose growth foreshadowed the impact of broadcasting on the definitions of society and democratic practice in the United States. By 1923 more than 2.000.000 homes had radio and »listening-in« had become a national pastime. Many sets were homemade or home-assembled, and installing one was »a sure way to become known as a mechanical genius.«[2] Germany, on the other hand, was still in the process of accommodating this new form of »mass« communication culturally and politically. Yet, the accessibility of broadcasting technologies in the 1920s was a shared cultural experience, which provided a common cross-cultural ground for fascination with radio's technological potential and the prospects of an age of technology in general. Americans were the perfect audience for information about a social world confronted by the consequences of a quick succession of emerging media, like photography, film and radio. Extensive newspaper coverage of the advancement of wireless communication elsewhere, including in Germany, was apt to satisfy domestic demands for knowledge about the advancement of radio, which was considered an utterly American invention.

The increased coverage of German broadcasting by the ›New York Times‹ coincides with the popularity of radio among Germans, which was well established by the end of 1924. Between January and December registered listeners had increased from 2.000 to 500.000; the ›Times‹ also reveals Hans Bredow's prediction that the »number of new subscribers per month will average about 100.000 for some time to come.«[3] Six years later, by January 1930, the count increases to over 3.000.000, and German newspapers are »urging speedy construction of new powerful stations to keep step with the favorable development.«[4]

Since radio sets located in households were typically used by four to five family members,[5] the potential radio audience in 1924 was significant enough to gain the attention of the political power structure, e.g. political parties, government, and commercial organizations. Radio becomes a site of social and political struggle; consequently, the emergence of radio in Weimar Germany is treated as social, cultural, and political news about domestic or international conflicts, while technological developments of radio serve to attract and hold reader attention. Reporting about the adaptation of broadcasting to everyday life in Germany, although incomplete, nevertheless offers an interesting glimpse of how Germans deal with an emerging communication technology, especially since demands on radio and its applications were rather numerous and varied, and reflect the strength of social, political, and cultural interests in broadcasting.

The 1923 Christmas address by the German chancellor, Wilhelm Marx, provides an opportunity for the ›New York Times‹ to reveal the restricted and governmentcontrolled use of radio; this is a completely foreign idea for the American reader, who benefits from access to dozens of radio stations with a variety of programs and who ordinarily would not know much, or care much about the regulatory process of broadcasting in his or her own country. The contrasts between developments in the United States and Germany appear even more substantial in the description of the Chancellor's broadcast address as »a startling innovation, (which) shows how far this country has lagged behind in radio.« In fact, most of the article emphasizes the differences between the United States and Germany in the accessibility of radio to consumers or listeners, in its focus on the »rigid rules and regulations (...) gagging radio enthusiasts.« It describes the tedious licensing procedures for the average German, ranging from the annual cost (25 gold marks), to the need for personal documentation of citizenship and »good moral character.« The article also notes how Germans were restricted in their purchase of radio sets; they could only buy sets approved by the Post Office Department and constructed »to receive only those wave lengths specifically permitted by the Government authorities, by which they can hear an evening broadcasting program from the hall of the phonograph company on Potsdamstrasse, a program from the State wireless station at Königswusterhausen and from a couple of other official or semi-official shows.« The report goes on to explain that making or assembling sets is illegal, »while sending is absolutely taboo as a capital crime.« In contrast, the conditions in the United States are described by Germans as a »wireless anarchy.«[6]

Radio became a major sales hit during the 1924 Christmas season in Germany, and the ›New York Times‹ acknowledges that »radio (...) is leading the list of Christmas shoppers. It is dominating the market even to the exclusion of toys.« Consequently, »Delicatessen, lingerie, leather goods and other stores usually not connected with the radio industry have installed sales departments in anticipation of the popular demand,«[7] undoubtedly to cash in on the popularity of radio listening.

2.

The use of radio, however restricted by government or limited in its programming, emerges from a number of reports as extremely innovative and unique; the introduction of public information services, educational programming, and the formal organization of listener interests surpasses most American experiences at that time.

For instance, a Berlin radio station broadcast every morning at 10 »the prices of standard foodstuffs (...) for the benefit of housekeepers who have been much annoyed by the lack of uniformity in prices throughout Prussia.«[8] At the same time, increasing advertising angered listeners and resulted in the formation of an aggressive interest group ready to challenge the activities of advertisers. The ›Times‹ reports, »Spokesmen for the newly organized Radio Protective Association (...) hint that the time may come when a radio strike will be declared against the Government. Since each fan pays a license fee of 50 cents a month, such a move would force attention through loss of revenue to the Government.«[9] Such threats are particularly surprising, since the time for commercial messages was rather limited. »Out of a total of sixteen hours a day of broadcasting, advertising takes up only about a half hour each day«, according to Kurt Magnus, director of the central organization of German broadcasting.[10]

However, there were other, even more innovative developments. In Leipzig a high school on the air offered regular classes for individuals who could receive their diplomas by studying at home. The ›Hans-Bredow-Volkshochschule‹ was designed to attract students consisting of »subscribers of the Leipzig circuit who, at regular evening hours, listen to lectures on scientific, literary, artistic and economic subjects. In the event that technical subjects necessitating diagrams and illustrations are discussed, the pupils receive illustrated booklets in advance, for which they only pay a small fee. The lecturer, at the appointed time, then asks his listeners to turn to page or diagram so-and-so as he elucidates his subject.«[11] Similarly, the Staatliche Gymnasium in Berlin installed 34 »radio receiving sets in the class rooms to enable the students of languages to profit by lectures broadcast in other tongues. It is the first German school to be so equipped.«[12]

To the American readers these experiences were not altogether new, since a certain amount of educational broadcasting also occurred in the United States; however, the intensity of these examples of civic commitment to radio for education and the implicit quality of the services, fit well into the German image of expressed skill, organization and determination. The primacy of cultural concerns was also suggested when it came to the deployment of broadcasting in the public sphere which could potentially serve as an example of alternative applications of radio in a capitalist society.

But the popularity of radio also had negative consequences, ranging from rising trade union concerns about the manufacture of radio sets abroad, the protection of the rights of authors over the presentation of their works and the public's right to information. They illustrate the potential impact of trade barriers on the mass marketing of radio sets, that is, on the accessibility of an inexpensive technology, and they problematize radio programming by defining, and reaffirming, the boundaries of private ownership of intellectual and artistic products, while recognizing the importance of news dissemination. These concerns also reflect major problems of social and political control over access to specific ideas. They address notions of property and profits connected with the organization of broadcasting. The American experience with mass production and the export of consumer goods, and, in particular, with managers and producers of radio programs, who dealt with the benefits of copyrighted materials as early as 1923 helped make these issues familiar.

The problems of applying free market standards to the sale of radio sets in Germany were portrayed by the ›New York Times‹ in a report about press reactions against imports from the United States. The ›Deutsche Tageszeitung‹ is quoted as saying that a request to import American made radio sets will endanger the German broadcasting industry. The paper charges that in the United States the »radio industry has developed to such a point that the minute the German market is opened they can flood it with a tremendous amount of apparatus. These may not compare favorably with the German article so far as quality and durability are concerned, but reckless merchants will persuade numberless Germans to buy them before inferiority is found out, and the very fact that they come from America will recommend them to some people.«

The ›Times‹ article extends its observation about German reaction to imports by pointing to similar movements against the sale of American Ford cars, which also would be much cheaper than German products.[13]

The struggle for the protection of copyrighted material reflects the modern consequences of a commodification of the spoken word. The ›Times‹ recounts the stories of two prominent German authors, Gerhart Hauptmannn and Hugo von Hoffmannsthal, who objected to having their works broadcast. »Hauptmann has entered objections to broadcasting his winged words by radio concerns at Leipzig and Münster, while von Hoffmannsthal demands from a Berlin concern a royalty on its broadcasting of one of his works.«[14] A follow-up report a few months later indicates that both authors won their suits and the respective broadcasting companies were ordered to pay damages.[15] This coverage coincides with the first legal test of a copyright issue moving through the U.S. federal courts, subsequently to be decided in October 1925 by the U.S. Supreme Court, which would uphold a decision that the broadcasting of copyrighted material is a direct infringement of the law.

On the other hand, the production of news raises different issues concerning access to information, free flow of news, and the public's need to receive information accurately and without delay. These values are shared by the American press and are supported by legal sentiments in Germany when the Reich's Supreme Court ruled in 1930 that »news broadcast by radio does not enjoy copyright protection.« The case was based on the publication of a news story about the return of Graf Zeppelin from America, which had been received from a Stuttgart broadcasting station. The ›New York Times‹ states the court argued that »while literary works and musical compositions as such might be protected by copyright, topical news is not and its reproduction does not represent any ethical violation of a third person's labor. It is generally known that daily news may be reproduced from newspapers, the court held, and therefore public opinion would not consider the publication of broadcast news unethical.«[16]

The introduction of broadcasting resulted not only in a change of personal or familiar habits related to the organization of leisure time activities, but also in keen competition for time and attention devoted to traditional sources of entertainment, particularly theater. The problem also surfaced in the United States, where theater owners found radio to be an economic threat, and actors complained that »radio constituted a serious menace to the player's craft.« There were no remedies offered, except competition with better plays, and theater operators were charged with »obstinacy, avariciousness, ignorance, (and) pig-headedness«[17] by radio industry interests.

The strategies of German theater management to increase attendance were more innovative than those of their American counterparts, and the ›New York Times‹ reports their effort to boost attendance in Germany. After theater managers in Berlin tried unsuccessfully to bar actors from working for broadcasting stations, they now offered a free monthly performance to radio subscribers. »Believing the radio fans would appreciate seeing their favorite artists on the stage as well as hear their voices the producers have proposed to the Government Director of Broadcasting that radio licenses be raised slightly above the present fee of 50 cents monthly and allow the subscribers to attend the theater free of charge at least once a month.«[18]

3.

Radio was not only popular, but also was rather effective and – perhaps for the first time – revealed its potential as a means of propaganda. Increasing domestic problems and political tensions abroad created an environment of psychological unrest, societal nervousness, and ruptures in the beliefs of people who had become increasingly doubtful about the economic and political recovery of Germany. At this point the ›Times‹ reports the success of a radio drama which anticipates evidence discovered much later in the United States after social scientific inquiries into Orson Wells' »Invasion from Mars« in 1938, which became the standard example of what broadcasting can influence people to do. In fact, the conditions in Germany were rather similar to Herta Herzog's 1939 findings, namely that people were prepared to believe the unusual in times of great uncertainty, especially when the authenticity of program features was successfully combined with the technical realism of the performance.[19]

The ›New York Times‹ reports that »several thousand radio listeners were recovering this forenoon from hearing what for a time they thought was a radio report that Foreign Minister Julius Curtius had been assassinated. Actually what they heard was only a radio drama entitled ›The Minister is Murdered‹, in the course of which the radio announcer (the make-believe one in the play) interrupts a concert to announce excitedly that the German Foreign Minister has just been assassinated in the Friedrichstrasse railway station. In view of the recent Fascist putsch rumours thousands who tuned in just in time to hear the words of the actor-announcer believed it was a fact. The Minister of the Interior began an investigation to determine who was responsible for putting such a radio play on the air at a time of political tension in Germany.«[20]

The fear of the intentional, even conspiratorial use of radio for purposes of political propaganda, remains one of the recurring themes in the ›New York Times‹ coverage of the development of German radio. The theoretical linkage of broadcasting technology with a powerful effects model of communication seems to evolve at this time into a popular strategy for dealing with any introduction of new »mass« media, particularly radio, photography, film, or television in later years.

For instance, the potential effects of radio transmission during political campaigns surfaced as an important public issue in 1924, when the German minister of the Interior was reported as having »strictly forbidden anybody in Germany to use a wireless broadcasting station for election speeches.« Indeed, the decree signed by Karl Jarres, states that the »microphone, the most modern of the political allies, is to be reserved for higher things in life and unsullied by political strife.«[21] Although government continued to use radio broadcasts to explain its position, the broadcast of Chancellor Hans Luther's remarks on the Locarno treaties and the declared intent of Foreign minister Gustav Stresemann to use radio to defend his position at the Locarno meeting, caused considerable debates among political parties. The result was that the Nationalists were led to demand »hotly the privilege of broadcasting their condemnation of the Locarno treaties,« since no decisions had been made at that time whether radio use for political purposes was a privilege of the government or not.[22]

Another revealing episode occurred at the end of 1930, amidst pessimism and despair about Germany's future, when some individuals demanded that Paul von Hindenburg address and reassure the German nation. Their appeal to the strength of broadcasting, as psychological comfort and/or political support, reinforces the public belief in the ability of a new technology to help make a difference in the attitudes of individuals towards their own future. The ›Times‹ reports about the plea: »›Hindenburg to the microphone‹ is a cry which bids fair to become one of those popular demands which will brook no refusal. Reacting against the dark days and pessimism which hang over the Fatherland now, the nation wants to hear the venerable old Field Marshall's ›reassuring and fatherly voice‹ telling his people their troubles are not unnoticed in the Presidential palace. ›Hindenburg's words possess the faculty of awakening tremendous hope and faith. But he must speak them, not write them,‹ one paper says. The Reich's President, who has hitherto avoided the microphone as religiously as he stays away from the talkies, is likely to concede a point and address the nation some evening in the near future.«[23]

Stories like these produce a contrast between the type of contemporary political broadcasting in the United States and the sense of experimentation with political broadcast speech discredited by an atmosphere of official restrictions in Germany. Although radio and politics had been well known to each other in the United States since President Calvin Coolidge's historic broadcast address to Congress in December 1923, and the 1924 experiences of national party conventions and election campaigns, American radio primarily was an advertising outlet; it privileged programming designed to entertain rather than to inform its audiences and was not intended to provide political education. Thus, the employment of radio as a means of participating in the daily routines of the political process in Germany was news to American readers. A conflict arose between German government regulations of the political use of radio and rising public pressures to liberate the application of broadcasting. The ›New York Times‹ observes that public demands for broadcasting Reichstag debates became a major issue among German »radio fans« who not only argued that broadcasting parliamentary sessions would be educational, but that the broadcasts would also satisfy requirements of public debates, even at times when spectators may not be allowed in the chambers. These requests to Reichstag President Paul Loebe were made after charges by the Communist Party that a settlement between Prussia and the Hohenzollerns' »allotting the ex-ruling family large sums of money, lands and castles,« was reached behind closed doors, when galleries and press benches had to be cleared after tumultuous outbursts.[24]

In other words, the ›New York Times‹ reports during this period show that there was a definite place for radio in the public life of Germany. It was the apparent concern of a variety of groups and organizations and an embattled territory. The role of radio in the process of democratization was also Albert Einstein's topic at the opening of the seventh German radio exhibition in Berlin on August 22, 1930, when his remarks were broadcast throughout Europe. Einstein admonishes his listeners to shake their apathy towards scientists and to appreciate the potential of technological advancements. He recognizes the individuals involved in the process of developing and mass marketing radio, and proposes that »one ought to be ashamed to make use of the wonders of science embodied in a radio set, the while appreciating them as little as a cow appreciates the botanic marvels in the plants she munches.« After all, »It was the scientists who first made true democracy possible«, Einstein said, »for not only did they lighten our daily tasks but they made the finest works of art and thought, whose enjoyment until recently was the privilege of the favored classes, accessible to all. Thus they awakened the nations from their sluggish dullness.« Indeed, Einstein appeals to the power of radio to unite people, saying that »until our day people learned to know each other only through the distorting mirror of their own daily press. Radio shows them each other in the liveliest form and, in the main, from their most lovable sides.«[25]

The positioning of radio in the public realm and the rejection of a commercial system of broadcasting in Germany provides the ›New York Times‹ with opportunities for reflecting on the situation at home, where the future of radio is irrevocably tied to commercial sponsorship and advertising revenues instead of public service.

The lengthy ›Times‹ report about the 1930 radio exhibition was dominated by the Einstein address, but ended with brief references to technological advances, the declining prices for »middle-distance« receivers, and the fact that »television is being demonstrated but obviously is far from ready for commercial exploitation here.«[26]

4.

However, Einstein's call for coexistence through broadcasting as an international means of communication remained a utopian vision, perhaps better suited for openings of radio exhibitions than for the *Realpolitik* of international affairs. There were considerable and increasing problems with technical interferences and unwelcome foreign programming aimed at German audiences throughout this time.

Relying on German press accounts, the ›New York Times‹ reports interference with the playing of the German anthem on radio stations in 1924. »Whenever ›Deutschland Über Alles‹ is broadcast by radio in Germany ›some one some where butts in‹, according to German newspapers. Whenever the tune is played there is a great stir in the air over Europe, and there is a growing suspicion, the writers say, that the interfering waves ›come from somewhere in the direction of the Eiffel Tower in Paris.‹«[27]

But while the French may have been determined to respond anonymously to the frequent broadcast of the German national anthem, Soviet sources openly directed propaganda broadcasts from Moscow into Germany and caused considerable official consternation in Berlin.

The ›Times‹ reports the decision of the Communist Party to use its 100 kilowatt station to propagandize its cause in many languages, including German. The initial silence of the German government is attributed to its desire not to draw attention to the broadcasts until effective counter-strategies have been put into place. The broadcasts opens with the words, »Police and soldiers of Germany, remember you are proletarians in uniform: remember in Germany, too, the right way is the October way. Long live the German Soviet Republic.« According to the ›Times‹, the installation of »disturbance« transmitters had been rejected as impractical, since it would interfere also with ship traffic. Instead, it has been recommended »that Berlin should provide the Reich with a talk to follow Moscow's in which the Soviet arguments would be pulled to pieces, but it is feared this would savor of the use of the station for political purposes. Also it has been suggested that an attempt be made to broadcast information in Russian as a counteractivity, but it is feared that Moscow might soon adopt Rumania's system of self-protection.«[28]

A week later, the German government protested against the Communist propaganda broadcasts only to be told by Moscow that the »radio talks in German were not intended for Germany, but were meant to give the German colonists in Russia, particularly in the Volga district, the pleasure of hearing their native language once in a while.« The ›New York Times‹ also reports that the task of installing and operating a »disturbance« transmitter, as used by the Rumanians against the Soviet Union, would fall on the Königswusterhausen radio station. And it mentions since October 1928, the growing suspicion of the government, when »German Communists kidnapped a Socialist editor on his way to a broadcasting station in Berlin and substituted a Communist deputy, who broadcast his entire speech before the trick was discovered.«[29]

In pursuit of diverse cultural programming under expanding broadcast technologies, however, Germany sought an exchange with the United States. The ›Times‹ reports about the lengthy stay of a German delegation, its visits to several American radio stations and the announcement of a cooperative arrangement with NBC to transmit programs via shortwave. German experts were particularly interested in »selections such as the negro spirituals, reflecting the typical American entertainment.«[30] This prompted an editorial response in the ›Times‹ which offers its own solutions to attaining programming goals while overcoming cultural differences between the countries.

»Americans will read with mixed emotions of the proposal of a group of German radio officials to ›exchange‹ broadcast programs between the United States and Germany. At first the plan sounds attractive. But when the spokesman points out that the German program is likely to include lectures, the charms are less obvious. It is doubtful if a Herr Professor's observations on the introduction of the missing vertebrae in jellyfish would arouse more enthusiasm here than would some of our own lectures in Germany discussing our politics or explaining what trees mean in the life of the average city dweller. As to the jazz program, here will likewise be differences in opinion. In Germany no jazz is permitted before 10 P.M. This, according to many American listeners, is an innovation devoutly to be wished for. But on the other side are those who wish to see a dead-line on the jazz limit, and who believe that the average citizen is entitled to life, liberty and the pursuit of sleep after midnight without benefit of radio. It happens that the difference in time between Germany and the United States is such that Germany's post-10 P.M. jazz will reach here in the early afternoon. So also America's choicest (even if dryest) lectures are likely to be heard in Germany during the German's jazz hour. Let us hope this will suit all concerned.«[31]

Fortunately, or unfortunately for the editorial writer, the German delegation had already suggested that »special programs will have to be put on because of the differences in time between the two countries.«[32]

5.

In summary, there is a sense of purpose and direction in the history of early German radio. Its *Kulturanspruch* seems firmly secured in the expressed rationale for the uses of broadcasting in the public sphere, although the struggle over the boundaries of radio is incomplete, and even inconclusive at this time. Communication technology as context of power relations becomes a useful site for social and political observations. Broadcasting also offers a measure of the modern public sphere, whose use varies from society to society, where it is differently defined and assigned. For instance, in the United States the application of radio technology promotes an understanding of individualism that is identified with choice (of consumption), while in Germany individualism is implied in opportunities for cultural advancement through broadcasting. The results are profound; they range from the notion of commercials as enlightenment to an insistence on the cultural mission of radio, prioritizing either entertainment or education, information or interpretation. The idea of entertainment, however central to an understanding of American radio, is completely absent from the ›New York Times‹ coverage; in fact, radio in Germany means serious business. It also means dealing with the responsibility of society rather than with the commercial prerogative of private ownership.

Reporting about the affairs of German radio also reflects an increasing nervousness in Germany, ranging from various demands for sharing the power of broadcasting to the outright use of radio to interfere in the psychological and political spheres of society and the manipulation of the minds of people. The idea that broadcasting has a powerful effect on individuals and society is implicitly shared by the ›New York Times‹ with its German news sources, while the coverage shifts from cultural to political contexts of radio and discloses an increasing level of conflict in society.

American readers, involved in their own economic catastrophes of the late 1920s, must have found more worrysome news about Germany in the pages of the ›New York Times‹; the brief reports about German radio, if noticed, certainly helped reinforce the feeling of an impending crisis, in which broadcasting was to play a major role. ›The New York Times‹ recognized the growing political pressures to convert broadcasting in Germany into a much more inclusive and significantly more responsive medium of social and political communication in a widening conflict between the domains of *Kultur* and politics. The result is an intensifying sensitivity to a developing conflict over the uses of radio as the Weimar Republic nears its end.

References

1 Siegfried Kracauer: Das Ornament der Masse. Essays. Frankfurt/Main: Suhrkamp 1963, S. 50
2 –: »Listening In«, Our New National Pastime. In: American Review of Reviews 67. Vol. (1923), No. 1 (January), p. 52
3 –: 500.000 German Radio Fans. In: New York Times, 25. 12. 1924, p. 20
4 –: Berlin to Hear Schurmann. In: New York Times, 11. 1. 1930, p. 6
5 –: To Try Broadcast Here From Germany. In: New York Times, 9. 8. 1929, p. 19
6 –: Berlin to Broadcast a Speech by Marx. In: New York Times, 23. 12. 1923, p. 3
7 –: Radio School in Leipzig. In: New York Times, 21. 12. 1924, p. 24
8 –: Berlin Broadcast Daily Food Prices. In: New York Times, 15. 2. 1924, p. 4
9 –: Germans Ask Radio Advertising Cut. In: New York Times, 19. 12. 1926, p. 3
10 –: To Try Broadcast here from Germany. In: New York Times, 9. 8. 1929, p. 19
11 –: Radio School in Leipzig. In: New York Times, 21. 12. 1924, p. 24
12 –: Berlin School Has 34 Radio Sets. In: New York Times, 10. 4. 1929, p. 22
13 –: Would Bar Our Radio Sets. In: New York Times, 7. 4. 1924, p. 15
14 –: German Authors Bar Radio. In: New York Times, 25. 2. 1925, p. 4
15 –: Hauptmann and Hoffmannsthal Win Suits Over Broadcasting. In: New York Times, 13. 3. 1925, p. 1
16 –: Radio News Rights Denied. In: New York Times, 1. 5. 1930, p. 7

17 Arthur Hornblow: Will Radio Hurt the Theatre? In: Theatre Magazine 41. Vol. (1925), No. 3 (March), p. 7
18 –: Seek Berlin Radio Peace. In: New York Times, 9. 8. 1925, p. 16
19 Herta Herzog: Why Did People Believe in the »Invasion from Mars«? In: Paul F. Lazarsfeld/Morris S. Rosenberg (Eds.): The Language of Social Research. Glencoe: The Free Press 1955, p. 420–428
20 –: Murder Play on German Radio. In: New York Times, 27. 9. 1930, p. 18
21 –: Radio Barred in German Campaign. In: New York Times, 1. 12. 1924, p. 12
22 –: Socialist Fight to Oust Luther. In: New York Times, 30. 10. 1925, p. 2
23 –: Hindenburg May Overcome Prejudice to Microphone. In: New York Times, 23. 11. 1930, p. 3
24 –: Broadcasting of Reichstag Debate Urged by Many Radio Fans in Berlin Petition. In: New York Times, 13. 11. 1926, p. 6
25 –: Einstein Sees Radio as Aid To Democracy. In: New York Times, 23. 8. 1930, p. 1
26 Ibid
27 –: Butt in On German Anthem. In: New York Times, 16. 2. 1924, p. 7
28 –: Soviet Radio Talks Resented in Berlin. In: New York Times, 11. 7. 1930, p. 10
29 –: Right Way Combat Soviet with Static. In: New York Times, 15. 7. 1930, p. 7
30 –: Act to Get German Air Programs Here. In: New York Times, 25. 8. 1929, p. 1
31 –: Exchanging Radio Programs. In: New York Times, 10. 8. 1929, p. 12
32 –: To Try Broadcast Here From Germany. In: New York Times, 9. 8. 1929, p. 19

Peter Pleyer

Volksgemeinschaft als Kinoerlebnis
Bemerkungen zu dem deutschen Spielfilm »Wunschkonzert« (1940)

*Für Winfried B. Lerg,
bei dem zu Hause noch ein Volksempfänger steht.*

1. Das Wehrmachtswunschkonzert im Rundfunk

Das Wehrmachtswunschkonzert wurde seit Beginn des zweiten Weltkriegs jeweils am Sonntagnachmittag veranstaltet und übertragen.[1] Die Sendung war eine Mischung aus Musik- und Wortbeiträgen, die von Angehörigen der Wehrmacht gewünscht worden waren. Bedingung für die Berücksichtigung eines Wunsches war, daß eine Geld- oder Sachspende erfolgte. Die Spenden wurden durch die ›Nationalsozialistische Volkswohlfahrt‹ (NSV) gesammelt und verteilt. In der Sendung nannte der Ansager Heinz Goedecke vor Beginn eines Beitrags die Namen derjenigen, die ihn gewünscht und dafür gespendet hatten.

Das Wehrmachtswunschkonzert gehörte schon bald nach seiner Einführung zu den attraktivsten Sendungen des ›Großdeutschen Rundfunks‹. In den geheimen Lageberichten des Sicherheitsdienstes der SS »Meldungen aus dem Reich«[2] wurde am 1. April 1940 über die Aufnahme der Wehrmachtswunschkonzerte bei der Bevölkerung und bei den Soldaten wie folgt berichtet: »Zahlreiche Meldungen aus allen Gebieten des Reiches stimmen darin überein, daß die Wehrmachtswunschkonzerte zwar den ›Reiz der Neuheit‹ etwas eingebüßt hätten, daß sie aber nach wie vor zu den beliebtesten und meist abgehörten Rundfunksendungen bei der Front, in den Garnisonen und in allen Schichten der Zivilbevölkerung gehören. (...) Insbesondere wird gewürdigt, daß die einzelnen Konzertnummern zum größten Teil von erstklassigen Kräften geboten werden.

Besonderen Anklang findet das Auftreten namhafter Künstler aus allen Kunstbereichen oder Persönlichkeiten des öffentlichen Lebens, wodurch jedes Wunschkonzert seine besonders interessante und aktuelle Note erhalte. (...) Zahlreiche Soldaten- und Urlauberäußerungen stimmen darin überein, daß sie sich vor allem über das Auftreten wirklich guter und echter Komiker besonders gefreut hätten, da nach einem alten Grundsatz der Soldat für echten Humor immer zu haben sei.«[3]

Der Beliebtheit des Wehrmachtswunschkonzertes entsprach die Aufmerksamkeit, die ihm seitens des Reichsministers für Volksaufklärung und Propaganda Dr. Joseph Goebbels gewidmet wurde: Zwischen Ende Oktober 1939 und Ende Mai 1941 wurde in den geheimen Ministerkonferenzen im Reichspropagandaministerium das Wehrmachtswunschkonzert insgesamt achtzehn Mal in irgendeinem Zusammenhang angesprochen, während im gleichen Zeitraum Musiksendungen des Rundfunks allgemein lediglich zehn Mal eine Rolle spielten. Die Äußerungen zum Wehrmachtswunschkonzert reichten von der lapidaren Feststellung, daß »ein im Wunschkonzert gewünschtes Volkslied literarisch nicht verulkt werden darf« (Konferenz am 20. November 1939), bis hin zu grundsätzlichen Bemerkungen zur Funktion dieser Sendung: »Der Hauptsinn der Wunschkonzerte soll sein: dem Volke sehr schöne Musik zu bringen« (Konferenz am 29. Januar 1940); »Der Minister gibt nochmals die Anweisung, daß die Tendenz der Wunschkonzerte heiter, unterhaltungsmäßig und populär bleiben soll. Die Wunschkonzerte sollen Millionen Freude bereiten und nicht nur einigen Kunstkennern« (Konferenz am 7. März 1940); »Im übrigen komme es aber gerade darauf an, hier den Wünschen der Bevölkerung einen ungefährlichen, völlig freien Spielraum zu belassen. Wenn wirklich auch Stücke ausgesucht würden, die nach strengem Maßstab kitschig seien, so sei dagegen im allgemeinen gar nichts zu sagen; man solle nur ruhig den Wünschen des Volkes nachkommen« (Konferenz am 2. Oktober 1940).[4]

Im 50. Wehrmachtswunschkonzert am 1. Dezember 1940 hielt Goebbels eine kurze Ansprache, in der er den für die Sendung verantwortlichen Mitarbeitern für ihre Tätigkeit dankte. Danach sagte er: »Einmal wird die Stunde kommen, da auch der letzte uns verbliebene Feind, England, fällt. Dann werden wir die glücklichste Stunde unseres Lebens feiern. Bis dahin aber wollen wir kämpfen und arbeiten und auch unsere geistigen und seelischen Kräfte stählen. Die besten Helfer dafür sind Humor und Musik. Erfreuen Sie alle also auch weiterhin das deutsche Volk an der Front und in der Heimat, geben Sie ihm damit in diesen Wochen und Monaten Kraft und Stärke in seinem harten Daseinskampf.«[5]

Werbeplakat für den Film »Wunschkonzert«, 1940.
(Deutsches Filmmuseum Frankfurt/Main)

2. Der Film »Wunschkonzert«

Am 21. Dezember 1940 gab die Filmprüfstelle des ›Reichsministeriums für Volksaufklärung und Propaganda‹ den deutschen Spielfilm »Wunschkonzert« frei. Der Film wurde als »jugendfrei« eingestuft und erhielt die Prädikate »Staatspolitisch wertvoll«, »Künstlerisch wertvoll«, »Volkstümlich wertvoll« und »Jugendwert«. Die Uraufführung fand am 30. Dezember 1940 statt.[6] »Wunschkonzert« hatte vom Start an Besucherzahlen, wie sie bis dahin noch von keinem Spielfilm in der Zeit des Dritten Reiches erreicht worden waren. Die Herstellungskosten des Films betrugen 900.000 RM; das Gesamteinspielergebnis bis zum Jahre 1943 lag bei 7.600.000 RM. Aufgrund dieser Summe läßt sich eine Gesamtbesucherzahl von rund 26 Millionen errechnen. Mit dieser Zahl steht »Wunschkonzert« in der Liste der geschäftlich erfolgreichsten Filme des Produktionszeitraumes von 1940 bis 1942 nach dem Film »Die große Liebe« (1942) auf Platz zwei.[7]

Das Filmgeschehen: Bei der Eröffnungsveranstaltung der Olympischen Spiele 1936 lernen sich der Fliegerleutnant Herbert Koch und die achtzehnjährige Inge Wagner kennen. Sie verleben drei glückliche Tage miteinander. Beim Segeln auf dem Wannsee macht er ihr einen Heiratsantrag, den sie freudig annimmt. Er wird in den nächsten Tagen ihre Eltern aufsuchen und formell um ihre Hand anhalten. Als Herbert nach dem Segeln in sein Hotel zurückkommt, findet er dort den Befehl, sich sofort bei seiner Einheit zu melden. Beim eiligen Abschied von Inge verspricht er ihr, bald zu schreiben. Aber er kann dieses Versprechen nicht halten, da er als Angehöriger der ›Legion Condor‹ in Spanien eingesetzt wird und wegen der Geheimhaltung dieses Einsatzes ein Schreibverbot gilt.

6. September 1939: In der Kleinstadt, in der Inge zu Hause ist, verabschieden sich der Metzger Kramer, der Bäcker Hammer und der Lehrer Friedrich vor der Abreise an die Front von ihren Frauen. Friedrich fällt der Abschied schwer, weil seine Frau ein Kind erwartet. Kramer, Hammer und Friedrich holen den ebenfalls einberufenen Musikstudenten Schwarzkopf ab, der seiner Mutter zum Abschied ein Stück von Beethoven vorspielt.

Der junge Luftwaffenleutnant Helmut Winkler verabschiedet sich von Inge und ihrer Großmutter. Helmut und Inge sind seit ihrer Kindheit befreundet, und jetzt ist Helmut in Inge verliebt. Er hofft, daß sie seine Frau werden wird. Aber Inge denkt noch immer an Herbert, von dem sie nichts mehr gehört hat. Herbert, der inzwischen Hauptmann geworden ist, wählt Helmut wegen seines fliegerischen Könnens als Copiloten für seine eigene Maschine aus. Die Monteure des Fliegerhorstes sammeln für das Wunschkonzert. Herbert gibt zwanzig Mark und wünscht sich dafür die Olympia-Fanfare. Sein Wunsch wird erfüllt. Inge hört das Wunschkonzert und in der Ansage Herberts Namen. Sie fährt nach Berlin und läßt sich von Heinz Goedecke Herberts Adresse geben. Sie schreibt ihm, und er antwortet. Herbert erzählt Helmut, daß er nun nach drei Jahren ohne

Kontakt »sein Mädchen« wiedergefunden habe. Helmut berichtet von »seinem Mädchen«, das in der Heimat auf ihn warte. Beide wissen nicht, daß sie von demselben Mädchen sprechen.

Die Infanterieeinheit, zu der Kramer, Hammer, Friedrich und Schwarzkopf gehören, empfängt in ihrer Stellung das Wunschkonzert. Als Kramer und Hammer von einem Erkundungsgang als Beutegut fünf Ferkel mitbringen, wird beschlossen, daß Kramer und Hammer bei ihrem Urlaub die Ferkel als Spende für das Wunschkonzert nach Berlin mitnehmen.

Herbert und Inge haben ein Wiedersehen in Hamburg verabredet. Inge fährt nach Hamburg, aber sie wartet vergeblich auf Herbert, der sich auf die Suche nach einem englischen Flottenverband machen muß. Herbert und Helmut entdecken die englischen Schiffe und geben deren Position durch. Ihre Maschine wird von einer Flakgranate getroffen. Sie müssen auf dem Wasser notlanden; Helmut ist verwundet. Sie werden von einem deutschen U-Boot gerettet. Beim Ausräumen des Flugzeugcockpits findet Herbert unter Helmuts Papieren ein Bild von Inge.

Kramer und Hammer sind mit den Ferkeln unterwegs nach Berlin. Ihre Einheit stößt, ausgehend von einer Kirche, auf feindliches Gelände vor. Friedrich und Schwarzkopf bleiben als Posten in der Kirche zurück. Es ist Nacht und neblig. Da der Leutnant, der den Rückweg kannte, gefallen ist, besteht die Gefahr, daß die Soldaten sich verirren und in ein Minenfeld geraten. Schwarzkopf und Friedrich erkennen die Gefahr. Schwarzkopf setzt sich an die Orgel und spielt. Er ermöglicht dadurch den Kameraden die Orientierung im Nebel und die Rückkehr zur Kirche. Die Kirche wird von feindlichen Granaten getroffen, und Schwarzkopf, der trotzdem weiterspielt, stirbt.

Herbert besucht den verletzten Helmut, der ihm, als er ihn auf das Foto von Inge anspricht, erklärt, er sei mit Inge verlobt. Herbert ist enttäuscht, daß Inge nicht auf ihn gewartet hat. Er weist Inge deshalb bei ihrem Wiedertreffen zurück. Inge besucht Helmut, der gerade das Wunschkonzert hört, in dem Kramer und Hammer auftreten und ihren Kameraden über den Äther melden, daß sie die Ferkel ordnungsgemäß abgeliefert haben. Inge sagt Helmut, daß sie Herbert liebe. Von ihm erfährt sie, daß er sie Herbert gegenüber als seine Verlobte bezeichnet hat, und sie erkennt, warum Herbert sie zurückgewiesen hat. Helmut bringt Herbert und Inge zusammen. Die Männer versichern sich, gute Kameraden zu bleiben, und die glückliche Inge bestätigt Helmut, daß er ein fabelhaft anständiger Kerl sei.

Der Film schließt mit Bildern von Schiffen und Flugzeugen im Einsatz. Dazu wird das Lied »Denn wir fahren gegen Engelland« gesungen.

3. Das Wunschkonzert im Film

Die Hersteller des Films »Wunschkonzert« machten sich die Beliebtheit der Rundfunksendung zunutze: Im letzten Teil des Films wird mit einer Mischung aus Originalaufnahmen und inszenierten Szenen ein Wunschkonzert dargestellt. Damit wird das allsonntägliche akustische Erlebnis für die Filmzuschauer exemplarisch visualisiert. Als namhafte Künstler treten auf: Marika Rökk mit dem Lied »In einer Nacht im Mai« und Heinz Rühmann, Hans Brausewetter und Josef Sieber mit dem Lied »Das kann doch einen Seemann nicht erschüttern«. Eugen Jochum dirigiert die Berliner Philharmoniker, die Teile aus der Ouvertüre zu »Figaros Hochzeit« spielen. Der Komiker Weiß-Ferdl verbreitet Humor, indem er sich über die Intellektuellen lustig macht. Paul Hörbiger bietet ein typisches Wiener Chanson dar, und Wilhelm Strienz singt »Gute Nacht, Mutter«. Und schließlich singt noch ein Kinderchor das Lied »Schlafe, mein Prinzchen, schlaf' ein«.

Was hier zu sehen und zu hören ist, entspricht genau der Goebbelsschen Aufgabenzuweisung für das Wunschkonzert: Es ist populär, bereitet in der Mischung aus Musik und Humor Freude und funktioniert als ungefährlicher emotionaler Spielraum zur Erbauung und damit zur Vermittlung von »Kraft und Stärke für den harten Daseinskampf«. Daß die optische und akustische Darbietung des Wunschkonzerts einer der Faktoren gewesen ist, aus denen die Attraktivität des Films resultierte, wird belegt durch den Bericht des Sicherheitsdienstes der SS zur Aufnahme des Films »Wunschkonzert«, in dem ausgeführt wird, daß die »Originalaufnahmen vom Ablauf eines Wunschkonzerts besonders guten Anklang finden«.[8] Aber so sehr das gezeigte Wunschkonzert und der damit verbundene Unterhaltungswert zum Erfolg des Films auch beigetragen haben mögen, der Rekordbesuch und die begeisterte Zustimmung, die der Film in der Bevölkerung gefunden hat,[9] lassen sich damit allein nicht erklären. Entscheidend für den überragenden Erfolg dürften das im Film entworfene Weltbild und das damit zusammenhängende Erlebnis gewesen sein.

4. Die Volksgemeinschaft

Die den Wehrmachtswunschkonzerten ideologisch zugewiesene Funktion war, Zeichen für die Verbundenheit von Front und Heimat und damit Ausdruck der Volksgemeinschaft zu sein. Diese Funktion wird im Film konkretisiert: Die Wunschkonzerte sind dramaturgisch das Bindeglied für die episodenhaft aneinandergereihten Ereignisse und Vorgänge, die in ihrer Addition ein Gesamtgeschehen ergeben, mit dem exemplarisch die deutsche Volksgemeinschaft im zweiten Weltkrieg dargestellt wird. Merkmale dieser Volksgemeinschaft sind:

1. Die Volksgemeinschaft besteht aus allen Schichten der Bevölkerung. Zu ihr ge-

hören der Berufssoldat Herbert Koch, die berufslosen Vertreter des Bürgertums Helmut Winkler, Inge Wagner und deren Großmutter, die Handwerker Kramer und Hammer, der Lehrer Friedrich und der Künstler Schwarzkopf. Die Schichtenzugehörigkeit spielt für das Verhalten der Personen keine Rolle.

2. Die Volksgemeinschaft ist ein Heimat und Front umfassendes einheitliches System, in dem es keine negativen Figuren im Sinne von Außenseitern gibt. Die in mehreren Propagandafilmen dargestellte Figur des Außenseiters[10], der sich dem System verweigert oder den Anforderungen des Systems entzieht, fehlt in »Wunschkonzert«.

3. Das wesentliche Merkmal der Volksgemeinschaft ist, daß ihre Mitglieder in den ihnen von Natur aus oder aufgrund der speziellen Kriegssituation zugewiesenen Rollen funktionieren: Gemeinschaft ist definiert durch die Gemeinsamkeit der Rollenerfüllung.

Herbert, Helmut, Kramer, Hammer, Friedrich und Schwarzkopf werden in der Soldatenrolle dargestellt. Innerhalb dieser Rolle gibt es insofern Differenzierungen, als Herbert und Helmut für die Rolle besonders befähigt sind; beide sind hervorragende Flieger. Kramer und Hammer dagegen realisieren mit ihrem Verhalten primär die mit der Rolle verbundenen komischen Aspekte, indem sie beispielsweise Kriegsbeute in Form von fünf »feindlichen« Ferkeln machen. Heinz Goedecke und der Arzt, der Friedrichs Frau behandelt, erfüllen ihre Berufsrollen in der Heimat – Goedecke als Organisator und Moderator des Wunschkonzertes, der Arzt als Geburtshelfer und Fürsorger für seine Patientin, der mit seiner Tätigkeit dafür sorgt, daß Friedrich seiner Rolle als Soldat emotional unbelastet gerecht werden kann: Beim Abschied versichert er Friedrich, auf dessen Frau gut aufzupassen, und er fügt hinzu: »Das ist doch das wenigste, was wir tun können, daß wir Euch da draußen die Sorgen abnehmen.« Herbert, Helmut, Kramer, Hammer und Friedrich werden auch in der Geschlechtsrolle als Liebende oder Ehemänner dargestellt. Die Erfüllung dieser Rolle tritt jedoch bedingt durch die Kriegssituation gegenüber der Soldatenrolle in den Hintergrund.

In der Geschlechtsrolle sind auch die meisten Frauenfiguren des Films von Bedeutung. Inge ist die junge Liebende, deren Interesse und Handeln darauf ausgerichtet sind, mit Herbert glücklich zu werden. Sie wartet jahrelang auf ihn, bleibt ihm treu und erträgt geduldig die Verzögerungen, die sich für ihr Glück durch Herberts Einsatz bei der ›Legion Condor‹ und bei der Suche nach dem englischen Flottenverband ergeben. Die Frau des Lehrers Friedrich erfüllt ihre Rolle als Ehefrau und schließlich auch als Mutter, indem sie ein Kind zur Welt bringt. Frau Kramer und Frau Hammer werden als Ehefrauen und Gefährtinnen gezeigt, die ihren Männern treu verbunden bleiben. Außerdem übernehmen sie während der Abwesenheit der Männer deren zivile Berufsrolle, indem sie die Metzgerei und die Bäckerei tatkräftig weiterführen.

4. In der Volksgemeinschaft spielt Liebe als sexuelles Lusterlebnis keine Rolle. Liebe und Ehe werden ausgewiesen als monogame erotische und soziale Beziehung zu einem bestimmten Partner. Diese Beziehung bedeutet Glück. Für die Realisierung des Glücks gibt es zeitbedingt Hindernisse, aber sie ist nicht ausgeschlossen: Herbert und

Inge werden schließlich ein glückliches Paar. In diesem Zusammenhang wird allerdings auch dargestellt, daß es im System der Volksgemeinschaft eine eindeutige Hierarchie der Werte gibt: Liebe und damit verbundene private Glücksinteressen sind von geringerer Bedeutung als die für das System wesentlichen Werte. Das sind vor allem
- soldatische Pflichterfüllung: Für Herbert sind seine soldatischen Einsätze selbstverständlich wichtiger als das weitere Zusammensein oder das Wiedersehen mit Inge;
- Kameradschaft: Die Kameradschaft zwischen Herbert und Helmut wird durch ihre Konkurrenz als Liebende nicht beeinflußt;
- Einsatz füreinander bis zum Opfer des eigenen Lebens: Herbert rettet den verletzten und bewußtlosen Helmut aus der abgestürzten Maschine; Schwarzkopf rettet durch sein Orgelspiel die Kameraden und stirbt dabei »den schönsten Heldentod in treuer Pflichterfüllung, den es im Film des Dritten Reiches gibt«.[11]

»Wunschkonzert« enthält neben den inszenierten Szenen Ausschnitte aus dem ersten Teil des Olympia-Films »Fest der Völker« von Leni Riefenstahl. Gezeigt werden die Ankunft Hitlers im Stadion, die Ankunft des Fackelträgers mit dem olympischen Feuer, der Einzug der deutschen Mannschaft ins Stadion und die jubelnden Zuschauer. Außerdem enthält der Film Wochenschauaufnahmen vom Einsatz deutscher Flugzeuge im spanischen Bürgerkrieg, von Stukas, die über Polen Bomben abwerfen, und von deutschen Schiffen und Flugzeugen im Kampf gegen England. Diese scheinbar authentischen Bilder erhöhen die realistische Anmutungsqualität des ganzen Films. Außerdem suggerieren sie den Eindruck von deutscher Größe und deutscher Macht und Waffengewalt, die bisher in Spanien, Polen und Frankreich siegreich geblieben sind. Dieser Eindruck verbindet sich mit der Erfahrung der geordneten und intakten Volksgemeinschaft, und die Kombination erlaubt das Erlebnis eines starken positiven »Wir-Gefühls«, das ähnlich intensiv kein anderer deutscher Film im Jahre 1941 bot. Es im Kino zu erleben, war deshalb attraktiv, weil es eine Siegeszuversicht vermittelte, die aus der Realität so ungebrochen nicht mehr zu beziehen war: Die erwartete Invasion in Großbritannien war bislang ausgeblieben, und außerdem fanden inzwischen englische Luftangriffe auf deutsche Städte statt, die nur noch das Wetter, nicht jedoch die deutsche Abwehr verhindern konnte.

Wunschkonzert (1940)
Produktion: Cine-Allianz-Tonfilmproduktion GmbH. – Buch: Felix Lützkendorf, Eduard von Borsody – Regie: Eduard von Borsody – Darsteller: Carl Raddatz (Herbert Koch), Ilse Werner (Inge Wagner), Joachim Brennecke (Helmut Winkler), Malte Jäger, Hans H. Schaufuß, Hans Adalbert Schlettow, Walter Ladengast u. a.

Anmerkungen

1 Zu Beginn der deutschen Offensive im Westen am 10. Mai 1940 wurde die Sendung des Wehrmachtswunschkonzertes eingestellt. Stattdessen wurde im Sonntagabendprogramm ein Volkskonzert gesendet. Die Wiederaufnahme der Wehrmachtswunschkonzerte erfolgte am 20. Oktober 1940. Vgl. auch Heckmann, Harald: Die Institution »Wunschkonzert«. In: Studienkreis Rundfunk und Geschichte. Mitteilungen 5. Jg. (1979), Nr. 2, S. 90–97 sowie die Replik von Heiner Schmitt, ebenda, Nr. 3, S. 125–126
2 Boberach, Heinz (Hrsg.): Meldungen aus dem Reich. Die geheimen Lageberichte des Sicherheitsdienstes der SS 1938–1945. Herrsching: Pawlak Verlag 1984. 17 Bände. Über Organisation und Aufgaben sowie über die Berichterstattung des Sicherheitsdienstes (SD) der SS informiert der Herausgeber in der Einleitung der Edition. Dabei wird ausgeführt, daß »auch die Meldungen über positive Wirkungen von Filmen, Rundfunksendungen und Presseartikel als zuverlässig gelten können«. (S. 27)
3 Ebenda, S. 940 und 941
4 Boelcke, Willi A. (Hrsg.): Kriegspropaganda 1939–1941. Geheime Ministerkonferenzen im Reichspropagandaministerium. Stuttgart: Deutsche Verlags-Anstalt 1966, S. 228, 275, 296, 534, 535
5 Ebenda, S. 575
6 Bauer, Alfred: Deutscher Spielfilm-Almanach 1929–1950. Berlin: Filmblätter-Verlag 1950, S. 520
7 Die Zahlen sind einer Liste der 30 erfolgreichsten deutschen Filme der Jahre 1940–1942 entnommen. Die Liste beruht auf einer Aufstellung des Instituts für Konjunkturforschung aus dem Jahr 1943 und ist enthalten in: Dokumente zur nationalsozialistischen Filmpolitik. Zusammenstellung: Gerd Albrecht. Unveröffentlichtes Manuskript o. J., S. 14
8 Boberach, Heinz (wie Anm. 2), S. 2007
9 Ebenda, S. 2007
10 Beispiele sind die Deserteure in »Fridericus« (1936) und »Der große König« (1942) sowie Nettelbecks feiger und mit den Franzosen fraternisierender Sohn Klaus in »Kolberg« (1945).
11 Leiser, Erwin: »Deutschland, erwache!« Propaganda im Film des Dritten Reiches. Reinbek: Rowohlt Taschenbuch Verlag 1968, S. 29

Erwähnte Filme

Fridericus (1936)
    Produktion: Diana-Tonfilm GmbH. – Buch: Erich Kröhnke, Walter von Molo nach dem gleichnamigen Roman von Walter von Molo – Regie: Johannes Meyer – Darsteller: Otto Gebühr, Hilde Körber, Lil Dagover, Bernhard Minetti u. a.
Der große König (1942)
    Produktion: Tobis – Buch und Regie: Veit Harlan – Darsteller: Otto Gebühr, Kristina Söderbaum, Gustav Fröhlich, Hans Nielsen, Paul Wegener, Paul Henckels u. a.

Die große Liebe (1942)
Produktion: Ufa – Buch: Peter Groll, Rolf Hansen nach einer Idee von Alexander Lernet-Holenia – Regie: Rolf Hansen – Darsteller: Zarah Leander, Viktor Staal, Paul Hörbiger, Grethe Weiser, Wolfgang Preiß u. a.

Kolberg (1945)
Produktion: Ufa – Buch: Veit Harlan, Alfred Braun – Regie: Veit Harlan – Darsteller: Heinrich George, Gustav Dießl, Kristina Söderbaum, Horst Caspar, Paul Wegener, Kurt Meisel, Otto Wernicke u. a.

Fest der Völker (Olympia Film, 1. Teil) (1938)
Produktion: Olympia-Film GmbH. – Buch und Regie: Leni Riefenstahl – Kamera: Hans Ertl, Walter Frentz, Guzzi Lantschner, Kurt Neubert, Hans Scheib, Willy Zielke, Wilfried Basse, Leo de Laforgue u. a.

Wolf Bierbach

»Meine Schlösser«
Miszelle zur Herkunft des Karl-Eduard von Schnitzler

»Der Schnitzlersche Adel war jung. Ich will offenlassen, ob verdient, erdient, erdienert oder erdiniert.« Griffig-süffisante Formulierungen waren immer das Metier des wohl bekanntesten Hörfunk- und Fernsehjournalisten der verflossenen DDR, von Karl-Eduard, Richard, Arthur, Gerhard von Schnitzler. Zu Protokoll hat er dieses Notat in seiner Autobiographie »Meine Schlösser – oder wie ich mein Vaterland fand« gegeben, ein Buch, das vom Verlag ›Neues Leben‹ erst kurz vor der Wende in der DDR fertiggestellt wurde, jedoch nur noch mit einer Teilauflage ausgeliefert werden konnte, obwohl es – so die Recherchen des Autors dieser Miszelle – zahlreiche Vorbestellungen gegeben haben soll.[1]

1913 waren drei Schnitzlers, die Brüder Richard, Paul und (Julius) Eduard, der Vater, in einem gemeinsamen Dekret durch »Wilhelm Rex«, den preußischen König und deutschen Kaiser, in den erblichen Adelsstand »erhoben« worden, Richard und Paul wegen ihrer Verdienste um die Wirtschaft, Eduard für seine Tätigkeit im diplomatischen Dienst des Reiches. K.-E.v.S. sottist: »Die beiden Ältesten waren Bankiers und Kölner Honoratioren, mein Vater, als Jüngster, Diplomat. Wie das so bei Kapitalistens ist. Das Vermögen muß zusammenbleiben. Also waren die Bankiers die Reichen. Die anderen durften durch Einheirat oder vom Erbteil leben, Offizier oder Diplomat werden.«[2]

K.-E.v.S. hat wohl immer etwas darunter gelitten, daß er Sproß der ärmeren Schnitzlers ist, und wie eine Petitesse mutet seine nicht verifizierbare Bemerkung an, 1947 habe der Genosse Walter Ulbricht seinen Wunsch, »dieses alberne ›von‹« loszuwerden, lakonisch so beschieden: »Du bist wohl verrigd geworn! Die Leide solln wissen, wohär man iberall zu uns gommen gann.«[3] K.-E. fabuliert weiter: »Er hatte natürlich recht. In der Rundfunk- und Fernsehansage machen sich ›Karl-Eduard‹ und ›von‹ gut und steigern gleichermaßen Interesse wie erstaunte Fragelust oder Feindschaft. Aber das sollte erst ein Vierteljahrhundert später aktuell werden.«

Man darf gespannt sein, was er in seinem zweiten Lebensbericht schreiben wird, der

Karl-Eduard von Schnitzler als Leiter der Abteilung ›Politisches Wort‹ des Nordwestdeutschen Rundfunks, Köln, 1946/47.
(WDR-Bildarchiv)

in der Presse mit dem Titel »Der rote Kanal – Armes Deutschland« angekündigt worden ist. »Halb Bekenntnis – halb Agitationsarbeit« heißt es in den Zitaten aus einer Verlagsmitteilung, »selbstkritische Haltung unübersehbar«, aber »selbstbewußter Grundton«, wird weiter zitiert, und als Originalzitat des K.-E.: »Asche gehört aufs Glatteis oder in die Urne, aber nicht aufs Haupt«.[4] Man kann bis zum Erscheinen dieser Schrift darüber spekulieren, ob es sich um eine Auseinandersetzung mit seinem publizistischen Kontrahenten Gerhard Löwenthal handeln wird, dessen ›ZDF-Magazin‹ v. Schnitzler konterkarieren wollte, allerdings nicht nur diese Sendung.[5] Mit diesen Einlassungen bliebe sich v. Schnitzler natürlich treu, denn in einem Interview mit dem Hörfunk des ›Westdeutschen Rundfunk‹ (Köln) hat er bereits am 28. April 1990 – also vor Erscheinen seiner neuerlichen Rechtfertigungsschrift – erklärt: »Der Kollege Wendehals hat viele Namen, Vornamen, aber Karl-Eduard heißt er nicht. Ich bin schon meiner kommunistischen Überzeugung treu, aber Alter schützt vor Torheit nicht und Torheit nicht vor Alter (…) Aber ich habe die Fähigkeit zur Einsicht, des Nachdenkens, der Selbstkritik, der schmerzlichen Selbstkritik. Und ich sage (…) ganz ehrlich: Auf der einen Seite schäme ich mich der letzten Jahre – was ich da unkritisch im eigenen Staat hingenommen habe – das betraf aber nicht den ›Schwarzen Kanal‹ (…) Aber genauso, wie ich mich deswegen schäme, fühle ich mich trotzdem gleichzeitig als ein Opfer, das man sehr, sehr betrogen hat mit Falschinformationen, die ich bekommen habe, die man mir gegeben hat, vorgegeben hat. Und das schmerzt. Prügel von rechts und links, auf deutsch gesagt.«[6]
v.S., der im Westen nicht nur von seinem Kontrahenten Löwenthal als ›Sudel-Ede‹ beschimpft wird, will als verantwortlicher Redakteur und Moderator des ›Schwarzen Kanals‹ des DDR-Fernsehens vor allem durch Joachim Herrmann und Günter Mittag hinters Licht geführt worden sein, der eine Sekretär für Agitation und Propaganda im Zentralkomitee (ZK) der SED während der Jahre 1978 bis 1989, der andere der für die Wirtschaft zuständige Sekretär im ZK.[7]
»Kled«, so der von ihm geschätzte Spitzname in der ›Sozialistischen Deutschen Arbeiter-Jugend‹ (SAJ) ausgangs der Weimarer Republik,[8] nur Opfer und Werkzeug? Werkzeug vielleicht, auch wenn er bestreitet, jemals vertraulich mit dem DDR-Staatsratsvorsitzenden Erich Honecker diniert zu haben. Lediglich auf Empfängen habe man sich schon mal getroffen, was dann zum Berufsleben eines in der Zentrale der Macht angesiedelten Journalisten gehört hätte. Aber hier sind wohl noch genauere Recherchen notwendig, die der Autor dieser Miszelle anstellen will, um die Biographie des K.-E. präziser darstellen zu können, als dies bisher möglich ist, obwohl Arnulf Kutsch bereits wertvolle Hinweise gegeben hat.[9] Das, was heute bekannt ist, erlaubt, »Kled« einen journalistischen Überzeugungstäter zu nennen, oder wie anders sind seine unmittelbar vor der Wende in der gewesenen DDR geschriebenen und noch gedruckten Sätze zu interpretieren: »Ich betrachte den Journalismus als ein Mittel der Machtausübung, als Klasseninstrument. Da ich – durch Herkunft und Entwicklung dafür prädestiniert – an vorderster Stelle der Systemauseinandersetzung stehe, habe ich mich, seit ich Klasse

und Zone gewechselt, mit den Organen der ›Macht in den richtigen Händen‹ immer besonders verbunden gefühlt: Grenzpolizei, Volksarmee, Grenztruppen, Polizei und Tscheka, unseren Dzierzyńskis. Von Anfang an habe ich einen beträchtlichen Teil meiner gesellschaftlichen Arbeit in die Kreisorganisation meiner Partei gelegt, war frühzeitig bei Soldaten und Grenzpolizisten tätig, hielt Foren (...), die Armee ist mir vertraut und die Grenztruppen sind quasi mein Patentbetrieb: Seit Jahrzehnten helfe ich regelmäßig mit Tonkassetten, das Feindbild zu festigen. Filme für die Nationale Volksarmee (›Drum wisse, wer dein Feind‹) und für das Ministerium des Innern (›Feind bleibt Feind‹) betrachte ich als Verpflichtung (...) Den Grenzern sage ich immer: ›Ihr seid mit dem Feind zu Wasser, zu Lande und in der Luft konfrontiert, ich im Äther‹«.[10]

Der journalistische Überzeugungstäter »Kled« offenbart sich hier selbst schonungslos. Zugleich decouvriert sich aber auch ein Journalist, der 1989, als er dies geschrieben hat, längst nicht mehr im Zenit seiner publizistischen Wirksamkeit stand, der in der sich abzeichnenden Agonie der DDR, der er so treu und parteilich gedient hatte, ins publizistische und gesellschaftliche Abseits und Aus geraten war, ein ungebrochener Besserwisser und deshalb auch ein Unverbesserlicher, den selbst die Nomenklatura in der DDR überging. Kutsch merkt zurecht an, der Journalist, der »eigentlich ›in den Sielen sterben‹ wollte«, sei im Herbst 1989 in den »publizistischen Ruhestand« geschickt worden,[11] als sich die Wende in der DDR anbahnte. Kutsch weist auf die großbürgerliche Herkunft und die Involvierung von Verwandten in das Naziregime hin und schreibt dann weiter: »Diese familiären Zusammenhänge mögen Schnitzler belastet haben, als er 1947 vom ›Nordwestdeutschen Rundfunk‹ (NWDR) zum sowjetisch kontrollierten ›Berliner Rundfunk‹ überwechselte, und sie mögen einen nicht unerheblichen publizistischen Legitimationsdruck gegenüber den kommunistischen Agitatoren der Ulbricht-Ära ausgeübt haben. Ob sie freilich allein ausreichen, seine verstockte politische Einstellung zu erklären, muß man bezweifeln.«[12]

Die familiären Zusammenhänge dürfen sicherlich nicht überbewertet werden, es gibt aber zahlreiche Hinweise in Schnitzlers Biographie, daß seine ideologische Verbohrtheit durchaus auch ein Reflex auf diese war. Deshalb soll an dieser Stelle versucht werden, diese Zusammenhänge aufzuhellen – so weit das mit dem bisher zugänglichen Material möglich ist. Ich bin nämlich sehr wohl der Meinung, daß diese Familiengeschichte zu den Schlüsseln zur journalistisch-agitatorischen Haltung des K.-E. gehört. Diese Geschichte ist in den bisher veröffentlichten biographischen Notaten eher kryptisch dargestellt worden. In seiner (ersten) Autobiographie hat »Kled« zusätzlich Nebelkerzen geworfen, ganz abgesehen davon, daß sie wie die »Mitteilungen aus Kraut- und Rüben« anmuten.

1. Stationen

Karl-Eduard, Richard, Arthur, Gerhard von Schnitzler wurde am 28. April 1918 in einer Villa in Berlin-Dahlem an der Podbielskiallee 35/37 (noch heute eine der besten Adressen in Berlin, jetzt Clay-Allee) geboren. Der 1913 zusammen mit seinen Brüdern Richard und Paul in den erblichen preußischen Adelsstand erhobene (Julius) Eduard war im August 1863 in Köln geboren worden, hatte in den Jahren 1882 bis 1885 in Bonn und Berlin Jura studiert und war nach dem Wehrdienst bei den Königshusaren in Bonn und beim Husarenregiment 13 in Frankfurt/Bockenheim 1892 in den Auswärtigen Dienst übernommen worden. Die Stationen dieser diplomatischen Karriere führten von Brüssel über Antwerpen und London nach Shanghai und zurück nach Berlin. K.-E. fühlte sich wohl schon früh als ungeliebtes Vaterskind, denn er schreibt:»Mein Vater war 55, als ich ihm unterlief.«[13] Eine »rheinische Frohnatur« sei der Vater gewesen,»unbedarft« mit nachwilhelminisch-deutschnationalem Weltbild, aber – immerhin – »ein wenig liberaler als seine reiche konservative Kölner Verwandtschaft.« Die »Diplomatens« unter den Schnitzlers lebten zwar nicht ärmlich, aber doch weitaus bescheidener als der Kölner Familienzweig: »Im Hungerwinter 1918/19 hielten meine Eltern im Dahlemer Villenkeller eine Ziege. Böse Kenner führen darauf meinen Hang zur Meckerei zurück«, schreibt K.-E., der damals allerdings noch in den Windeln lag.[14] Das Urteil über die Mutter fällt wesentlich wärmer aus:»Intelligent hochgebildet, ihrem Mann intellektuell überlegen«.[15] Margarethe von Schnitzler stammte aus einer Hugenottenfamilie, den Gilletes. Sie engagierte sich nach 1945 in der Friedensbewegung, war Präsidentin des Landesfriedenskomitees in Hannover, einer nach 1949 von der Bundesregierung mit Klagen überzogenen Organisation, weil angeblich kommunistisch unterwandert.

Der »unterlaufene« Sohn des (Julius) Eduard v. Schnitzler wuchs in Köln und Berlin auf, wo in der Dahlemer Villa angeblich häufiger der Oberbürgermeister von Köln, Konrad Adenauer, zu Gast war, wenn er dem Preußischen Staatsrat präsidieren mußte: »Privat war er kinderlieb, und ich durfte stets auf seinem Schoß sitzen. Falls sein Elefantengedächtnis funktioniert haben sollte, dürfte er diesen Grad der Bekanntschaft später bereut haben.«[16] In der einschlägigen Adenauer-Literatur finden sich keine Hinweise auf diese Kindsbetreuung. Auch nicht in Studien über den Kölner Bankier Robert Pferdmenges, von dem K.-E. 1946 bei der Einweihung des Sendesaals des ›Nordwestdeutschen Rundfunk‹ Köln (NWDR) ermahnt worden sein will:»Junger Mann, wat maachen Se hier? Politik. Un was för Politik! Ihr Herr Vater würde sich im Jrabe herumdrehen. Wir werden dafür sorgen, dat Se von der Pike an en anständigen Beruf erlernen. Jeld ham Se keins, wir werden Ihnen 'ne Konto von 'ner Million einrichten. Und för'nen Direktorposten wird's ja dann wohl reichen.«[17] Der Bankier Robert Pferdmenges hat zwar zweifellos die Schnitzlersche Familie gekannt, aber ein so miserables Kölsch hat er nicht gesprochen, wenngleich er aus Mönchengladbach stammte.[18] Dichtung und Wahrheit? Es bedarf noch vieler Recherchen, um hier säuberlich scheiden zu können, Anekdotisches und Erdichtetes, Erlebtes und Erdachtes zu trennen.

Schnitzler, das ist gesichert, besuchte zunächst in Berlin-Friedenau das Maybach-Gymnasium, ob er in dieser Zeit wirklich schon Mitglied oder Sympathisant der SAJ war, mag man schon bezweifeln. Ebenso, ob er 1932 im Sportpalast zu Berlin Ernst Thälmann wie den damaligen Reichskanzler Heinrich Brüning gehört hat: »Brüning besaß die bessere Rhetorik, aber Thälmann verstand ich besser.«[19] Während dieser Schulzeit in Berlin will K.-E. den Weg zum Sozialismus eingeschlagen haben: »›Kommunistischer Jugendverband‹ – das ging bei den elterlichen Verhältnissen damals nicht. Aber ›Sozialistische Arbeiterjugend‹ (SAJ): Das war dem alten Herrn gerade noch abzuringen. Zumal ich gerade mit Krach und wohlbegründet aus dem ›nationalen‹ Jugendverband ›Freischar Schill‹ ausgetreten war, in den mich meine Eltern geschickt hatten.«[20] »Kled« will an mehreren Demonstrationen in Berlin gegen die Nazis teilgenommen und zugleich auch eine Vorliebe für das Handwerkliche entwickelt haben, das Schlosserhandwerk, genauer das Zusammenschrauben von Zweiradfahrzeugen, egal ob pedal- oder motorgetrieben (ein auf 1938 datiertes Foto zeigt ihn auf einer englischen Triumph[21]). K.-E., der seinen zehn Jahre älteren Bruder Hans als seinen »ideologischen Vater« bezeichnet[22] und von ihm berichtet, dieser sei bereits Ende der zwanziger Jahre als Student in die Kommunistische Partei eingetreten[23] und habe diese als leitender Angestellter in einem Versicherungskonzern und mit Hilfe seiner familiären Kontakte über wichtige Entwicklungen in der deutschen Industrie informiert, auch noch Jahre nach der sog. Machtergreifung Hitlers. Im Zusammenhang mit dessen und eigenen antifaschistischen Aktionen sei er im September 1933 von der Gestapo verhaftet und mehrere Tage verhört worden.[24] Wohl mit Rücksicht auf seine Familie und sein Alter (15 1/2 Jahre) sei er dann aber wieder freigelassen worden. Danach sei seines Bleibens in Berlin aber nicht mehr gewesen. Er wurde vom Vater auf das renommierte ›Deutsche Kolleg‹ nach Bad Godesberg geschickt, wo er dann auch das Abitur machte.

Schnitzler begann ein Medizinstudium in Freiburg und will es bis zum Vorphysikum gebracht haben, sei dann aber relegiert worden, weil er sich geweigert habe, in den NSDStB, den Nationalsozialistischen Deutschen Studentenbund, einzutreten.[25] Immerhin sei es ihm gelungen, in dieser Studentenzeit einer »halbjüdischen« (so schreibt er wirklich) Diseuse das Leben gerettet zu haben, indem er sie mit seinem Motorrad in die Schweiz gebracht habe. Auch während seiner anschließenden, durch die Familie vermittelten kaufmännischen Lehrzeit bei Felten & Guilleame in Köln–Mühlheim will er zusammen mit kommunistischen Genossen etwa 150 politisch und rassisch Verfolgte bei Aachen über die Grenze geschmuggelt haben.[26] Bis zum Beweis des Gegenteils wird man dies wohl so akzeptieren müssen; in der bisher veröffentlichten Literatur findet sich allerdings keine entsprechende Belegstelle.

1939 wurde K.-E. zum Kriegsdienst einberufen, in Danzig als Infanteriefunker ausgebildet und zunächst im Elsässischen eingesetzt. 1941 sei er dann auf den Balkan verlegt worden und habe als »vorgeschobener Beobachter« dafür gesorgt, daß seine Artillerieeinheit »zufällig« zu kurz oder zu weit geschossen habe.[27] Im Feldzug gegen die Sowjetunion durch einen Granatsplitter am Knie verletzt, im thüringischen Oberhof operiert, will v. Schnitzler »mit den falschen Leuten über Politik und Krieg« gesprochen haben. »Kein Wunder, daß ich mich bald im Mittelmeer wiederfand. Auf dem Wege zum Strafbataillon 999 nach Afrika notgelandet in einer Ju 52. Südlich von Kreta aus dem Salzwasser herausgefischt, ging es ins Gefängnislazarett Eberswalde.«[28] Ein Vetter, der Major im Generalsstab Hans Jürgen Graf von Blumenthal, habe dafür gesorgt, daß er nach Berlin in den Stab der Kraftfahrzeugtruppen versetzt worden sei. Seine angeblich schon auf dem Balkan begonnene »wehrzersetzenden Aktionen« will »Kled« hier fortgesetzt haben: »Mit zwei Gleichgesinnten verschickten wir winterfeste Motoren nach Afrika und tropenfeste Motoren an die Ostfront. Das konnte nicht von langer Dauer sein. Vetter Blumenthal sah uns verdächtig und versetzte rechtzeitig den einen nach Jugoslawien, den anderen nach Italien, mich nach Frankreich.«[29]

An dieser Darstellung strickt v. Schnitzler auch für seine Zeit in Frankreich weiter. Dort habe er Kontakt zu Widerstandskämpfern gehabt, sei aber verhaftet worden, als er dem Maquis sechs Kanister Benzin habe zukommen lassen wollen. Während eines Luftangriffs sei er aus dem Gefängnis Paris-Fresnes entkommen und habe in der Illegalität an Sabotageaktionen teilgenommen. Die Invasion der alliierten Truppen Anfang Juni 1944 will er aus einem Versteck in den Dünen der Normandie an der Ornemündung beobachtet haben. Mitten im Kampfgetümmel sei er in deutscher Uniform in einen Trupp der Waffen-SS geraten, der seinerseits von kanadischen Invasionstruppen überrascht wurde. »Als die Tür geöffnet wurde, befahl der Obersturmführer: ›Legt sie um!‹ Der erste und einzige Schuß, den ich im Krieg auf einen Menschen abgegeben habe, traf ihn und war tödlich. Beide Seiten zeigten sich fassungslos: Ein Deutscher springt vor, dreht sich um und erschießt nicht den ›Feind‹, sondern ›seinen Führer‹.«[30] Auch hier stellt sich die Frage nach Dichtung und Wahrheit.

Sicher scheint aber zu sein, daß Karl-Eduard von Schnitzler als Kriegsgefangener nach England gebracht wurde. Dort will er nach peinlicher Befragung nach seiner industriellen Verwandtschaft als Antifaschist akzeptiert und in ein Lager auf der Pferderennbahn in Ascot gebracht worden sein. Dort will v. Schnitzler zusammen mit anderen Gefangenen die Idee entwickelt haben, Rundfunkpropaganda durch deutsche Kriegsgefangene gegen das Deutsche Reich zu machen.[31] »Kled« behauptet, bereits vier Tage nach seiner Gefangennahme, nämlich am 10. Juni 1944, seinen ersten Kommentar in der BBC in der Sendung »Hier sprechen deutsche Kriegsgefangene zur Heimat« gesprochen zu haben.[32] Spätestens hier muß er sich Legendenbildung vorhalten lassen, denn es widerspricht so ziemlich allen Lebenserfahrungen zu glauben, die Briten hätten, kaum daß sie einen Gefangenen gemacht hatten, diesen gleich auch einen Kommentar sprechen lassen. Schnitzler widerlegt sich selber, denn zwischen seiner Gefangennahme, dem Transport in einem Landungsboot über den Kanal, Verlegung in verschiedene Gefangenenlager und Verhören haben mit Sicherheit mehr als vier Tage gelegen. Viele Fragezeichen müssen auch hinter Schnitzlers Behauptung gesetzt werden: »Die Abfassung von Flugblättern zum Abwurf mit Bomben verweigerten wir – wie jegliche Arbeit für die Agentensender ›Hier spricht der Chef‹ oder ›Sender Calais‹. Wir machten ehrliche Politik für ein neues Deutschland, wollten zur Rückkehr Deutschlands in die Gemeinschaft der Völker beitragen. Britische Controller wie Hugh Carleton Greene, der weniger bedeutende Bruder des großen Schriftstellers Graham Greene, oder Lindlay Fraser verhielten sich anfangs loyal und tolerant. Ein permanenter Gegenspieler – bis Feind – war Sefton Delmer, der die britischen Agentensender leitete und bei uns ständig Mitarbeiter abwerben wollte – für seine ›schwarze Propaganda‹: verlogen, spekulativ, antideutsch statt antifaschistisch.«[33]

Die weiteren Stationen im Leben des K.-E.v.S. sollen und können an dieser Stelle nicht weiter verfolgt werden, da gibt es noch viel zu viele Lücken, die in den Archiven in Berlin und in London noch geschlossen werden müssen. Mit mehr Sicherheit kann ein Blick zurück auf seine Herkunft getan werden.

2. Seine Schlösser

Die Schnitzlers stammten aus dem rheinisch-bergischen Gräfrath, einer protestantischen Diaspora im damals noch überwiegend katholischen Rheinland. Ein Vorfahr, Peter Schnitzler, war dort als Kaufmann zu einigem Wohlstand gekommen und Bürgermeister geworden. 1821 heiratete dann ein Nachkomme, Carl Eduard Schnitzler, in die Familie Stein in Köln ein. Die Schnitzlers hatten selbst zuvor in Köln ein Handelshaus gegründet. Die Familie Stein war 1790 aus dem Mannheimischen nach Köln gekommen, wo Johann Heinrich Stein neben einem Handelshaus auch eine Bank aufbaute mit dem Stammhaus am Laurenzplatz, mitten in der Stadt.[34] Stein wurde bald eine erste Adresse in Köln, vergleichbar den Familien Camphausen, Oppenheim oder Herstatt. Die Bank investierte in erheblichem Maße in die Mitte der dreißiger Jahre des 19. Jahrhunderts einsetzende Industrialisierung, beteiligte sich am Aufbau chemischer Fabriken und steckte Geld in den Bau von Eisenbahnen. 1847 wurde der in die Familie Stein eingeheiratete Carl Eduard Schnitzler Präsident der Köln-Mindener Eisenbahngesellschaft; einer seiner Söhne, der 1913 geadelte Richard, residierte später in einer prächtigen Villa neben dem Bahnhof Rolandseck südlich von Bonn (nach 1949 wurde diese Villa Hauptsitz der sowjetischen Botschaft). Neffe K.-E. will wissen, aus diesem Grunde habe bis zum Ersten Weltkrieg jeder Schnellzug an diesem »Schnitzlerschen Sommerschloß« halten müssen, das erste Schloß des K.-E.[35] (s. auch den folgenden Stammbaum).

Als sein erstes nennt er allerdings das Rittergut Schloß Klink an der Müritz im Mecklenburgischen. Dorthin hatte nämlich Onkel Arthur geheiratet, der ebenfalls 1913 von »Wilhelm Rex« in den Adelsstand Erhobene, Bankier zu Köln wie Onkel Richard und damit auf der »Kapitalistenseite«. Arthur Schnitzler hatte 1892 Hedwig Borsig geheiratet, eine Tochter des (Johann Friedrich) August Borsig, der Mitte des vergangenen Jahrhunderts zum größten Lokomotivenhersteller in Europa aufgestiegen war. »Dieser – wie das in jenen Kreisen üblich war – schenkte seiner Tochter zur Hochzeit (...) das Schloß.«[36] Tante Hedwig wird von K.-E. als eine Frau geschildert, die deutsch-national dachte, den Faschismus aber haßte. Ihre Tochter Cornelia habe sich von ihrem ersten Mann, einem Obristen der Reichswehr, scheiden lassen, als dessen NSDAP-Mitgliedschaft herauskam. In zweiter Ehe heiratete sie Günther Graf Blumenthal, der nach dem gescheiterten Putsch gegen Hitler 1944 als Mitverschwörer hingerichtet wurde und der v. Schnitzler im Krieg geholfen haben soll. Das dritte Schloß gehörte Tante Helene, der jüngeren Schwester von Vater Eduard, die in Leipzig Fritz von Harck geheiratet hatte, der Schloß Seußlitz an der Elbe gegenüber von Meißen besaß. Auch sie beschreibt »Kled« als konservativ, aber antifaschistisch.[37]

Aber K.-E. wäre nicht der, der er ist, wenn er nicht auch noch eine Sottise über die Familie mütterlicherseits ausbreiten würde. »Großmama«, schreibt er, »war eine bemerkenswerte Frau. Aber das erfuhren wir erst nach ihrem Tod.«[38] Und das soll die Geschichte sein, voyeuristisch von »Kled« ausgebreitet: Da gab es ausgangs des 19. Jahrhunderts den preußischen Kronprinzen Friedrich Wilhelm, der dann als »99 Tage Kaiser« ohne größere Wirkungen in die deutsche Geschichte eingegangen ist. Die lange Wartezeit auf den Thron habe sich Friedrich Wilhelm bei der Jagd und mit amourösen Abenteuern verkürzt. Beides habe er in Schlesien auf einem Jagdschloß des Berliner Fabrikanten Bullrich, Produzent des damals beliebten »Bullrich-Salzes« gegen Magenübersäuerung, miteinander verbunden. Von Schnitzler berichtet, Frau Bullrich sei nach mehr als einjähriger Abwesenheit des Angetrauten mit einer Tochter niedergekommen, und die sei – anders als Herr Bullrich – nicht dick und sommersprossig gewesen. »Und die ›Bild-Zeitung‹ würde jetzt genau beschreiben, wie das kam«, merkt K.-E. an.[39] Dieses Mädchen, so der Erzähler weiter, war »Großmama«, mithin er selbst wenigstens königlich-preußischer Abstammung, kaiserlicher wohl nicht, denn der Zeugungsakt soll vor der Inthronisierung des F. W. vollzogen worden sein. »Da Bullrich das berühmte Bullrichsalz herstellte, interessieren mich weniger hohenzollernsche Bastarde, zu denen ich wohl gehöre, nicht ein paar Chromosomen und Gene der Dynastie v. Preußen, als vielmehr mein eigener respektloser Spruch: ›Was Bullrich-Salz für die Verdauung, ist Schnitzler für die Weltanschauung‹«. Diese Innenansicht aus dem deutschen Hochadel resümiert der nur adelige K.-E. dann so: »Weder Ziegenmilch noch Hohenzollernblut sind Ursache meines Hangs zum ›Meckern‹, sprich: Zu kritischer Betrachtungs- und Verhaltensweise; sondern es sind soziale und rationale Gründe: Die Schlechterstellung des Vaters in der reichen Sippe und die Hugenottenschaft meiner Mutter. Der feudale Seitensprung meiner Großmutter ist eher ein Treppenwitz – wenn auch nicht gerade der Weltgeschichte«, aber für den Autobiographen doch wohl wichtig genug, um sich zu suhlen.

Werner von Schnitzler
* Köln 26. X. 1888
Teilhaber vom 1. I. 1921
bis 31. XII. 1925
∞ Aachen 5. VII. 1921
Eleonore von Gürschen
* Kassel 7. VIII. 1901

Edith von Schnitzler
* Köln 22. VII. 1892
∞ Köln 22. IV. 1913
Joh. Heinr. Kurt Frhr. von Schröder
Schwedischer Generalkonsul, Präsident der Industrie- und Handelskammer zu Köln
* Hamburg 24. XI. 1889
Teilhaber seit 1. I. 1921

Johann Heinrich von Stein
* Köln 22. XI. 1899
Norwegischer Konsul
Teilhaber seit 1. I. 1926
∞ Köln 12. VIII. 1933
Marion de Weerth
* Elberfeld 24. II. 1904

Richard von Schnitzler
Dr. jur., Schwedischer Generalkonsul
Geheimer Kommerzienrat
* Köln 30. IV. 1855 † Köln 20. XI. 1933
Erblicher preuß. Adel 20. IX. 1913
Teilhaber vom 1. I. 1881 bis
31. XII. 1925
dann Kommanditist bis
zu seinem Tode 1938
∞ Köln 12. IX. 1881 Melanie Stein
* Köln 5. IX. 1858 † Köln 19. I. 1884
∞ Köln 13. VI. 1889
Ottilie Mumm von Schwarzenstein
* Köln 19. IX. 1867
† Berlin 16. XII. 1939

Johann Heinrich von Stein
Dr. rer. pol. h. c,
Belgischer Konsul
* Köln 13. VI. 1869
Teilhaber seit 1. I. 1896
∞ Trier 1. II. 1899 Adele Rautenstrauch
* Trier 2. XI. 1874

Hans von Stein
Dr. jur., Oberregierungsrat
* Köln 27. III. 1874
Kommanditist seit 1. IV. 1912
∞ Marienwerder 4. X. 1913
Doris von Auerswald
* Riesenburg (Westpr.)
5. IV. 1891

Gustav von Stein
Dr. jur., Landrat i. R.
* Köln 24. VIII. 1872
Kommanditist seit
1. IV. 1912
∞ Köln 7. V. 1905 Erika von Mallinckrodt
* Köln 17. IV. 1885

Johann Heinrich von Stein
Geheimer Kommerzienrat
* Köln 14. VIII. 1832
† Köln 16. X. 1911
Erblicher preuß. Adel
6. VII. 1908
Teilhaber vom 1. VII. 1857
bis 31. XII. 1904
dann Kommanditist bis
zum Tod 1911
∞ Köln 4. VI. 1868
Maria von Mevissen
* Köln 8. III. 1847
† Köln 21. VIII. 1936
Kommanditistin von
1911 bis 1936

Carl Stein
Dr. jur.
* Köln 20. V. 1875
Teilhaber vom 1. I. 1906
bis 31. XII. 1925

Raoul Stein
* Köln 27. I. 1839
† Mehlem 30. VIII. 1904
Teilhaber vom
1. VII. 1865 bis zu seinem
Tod 1904
∞ Köln 18. II. 1873
Julinka Leiden
* Köln 20. IX. 1853
† Köln 20. III. 1922

Eduard Schnitzler
* Köln 3. VIII. 1823
† Rolandseck 16. IX. 1900
Prokurist von 1. I. 1851 – seit
1. I. 1854 volle Teilhaberschaft –
bis 31. XII. 1875, dann Kommanditist bis 31. XII. 1895
∞ Köln 3. V. 1854 Emilie
Maria vom Rath
* Duisburg 29. XI. 1831
† Frankf. a/M. 27. X. 1891

STAMM

DER TEILHABER U. KOMMANDITISTEN IN DER FIRMA J. H. STEIN KÖLN

BAUM

Johann Heinrich Stein
Kaufmann in Mannheim
* Schnaith 13. I. 1730
† Mannheim 2. II. 1783
∞ Wachenheim 9. XI. 1770
Maria Franziska Roth
* Heilbronn 7. XII. 1747
† Mannheim 20. IV. 1780

Johann Heinrich Stein
* Mannheim 11. V. 1773
† Yverdon (Schweiz) 18. VI. 1820
Gründer des Kölner Hauses
J. H. Stein
1790 Alleininhaber bis zu seinem Tod 1820
∞ Stolberg 16. VI. 1799
Katharina Maria Peill
* Stollberg 22. III. 1778
† Godesberg 23. VIII. 1854
Teilhaberin vom Tod ihres Mannes 1820 bis 1854

Wilhelmine Stein
* Köln 7. III. 1800
† Köln 25. XII. 1865
Teilhaberin von 1864 bis 1865
∞ Köln 15. X. 1821
Carl Eduard Schnitzler
Geheimer Kommerzienrat
* Gräfrath (Bez. Düsseldorf) 15. X. 1792
† Köln 6. II. 1864
Teilhaber von 1822 bis zu seinem Tod 1864

Johann Heinrich Stein
* Köln 5. VI. 1803
† Köln 25. XI. 1879
Teilhaber vom 1. I. 1830 bis 31. XII. 1875, dann Kommanditist bis zu seinem Tod 1879
∞ 14. X. 1829 Katharina Adelaide Herstatt
* Köln 9. X. 1809
† Köln-Hohenlind 16. VIII. 1863

Carl Stein
* Köln 16. VI. 1806
† Köln 20. VII. 1868
Teilhaber vom 1. I. 1834 bis zu seinem Tod 1868
∞ Köln 5. VI. 1834
Sophia Jung
* Rotterdam 2. VII. 1811
† Köln 23. VII. 1844
∞ Köln 24. IX. 1845
Marie Antoinette Jung
* Rotterdam 6. VIII. 1821
† Köln 15. I. 1890
Kommanditistin ab 1. I. 1869 bis 1890

Aus: Christian Eckert: J. H. Stein, Berlin o. J.

Mehr Erklärungsmuster für Schitzlers Position als Journalist, nachdem er »Klasse und Zone gewechselt« hatte,[40] geben wohl zwei andere verwandtschaftliche Beziehungen her: Die Vettern Johann Heinrich Kurt Freiherr von Schröder und Georg von Schnitzler. Von Schröder hatte 1913 eine Tante von K.-E., Edith von Schnitzler geheiratet. Von Schröder stammte aus einem Bankhaus in Hamburg, das viel Geld mit dem Tabak- und Kaffeegeschäft gemacht hatte und auch eine Filiale in London unterhielt. Von Schröder expandierte nicht nur das Bankhaus J. H. Stein, dessen Teilhaber er 1921 geworden war, er gehörte auch zu denen, die frühzeitig deutschnationale Kreise und dann Hitler unterstützten. In seiner Villa am Stadtwaldgürtel 5 in Köln-Lindenthal kam es am 4. Januar 1933 zu dem folgenreichen Treffen Adolf Hitlers mit Franz von Papen, dem Zwischen-Reichskanzler der Monate Mai bis November im Jahre 1932. Bei diesem Treffen sagte v. Papen Hitler seine Unterstützung für einen Sturz der amtierenden Reichsregierung Kurt von Schleicher zu, v. Schröder die Unterstützung einflußreicher Finanzkreise. Von Schröder, der engste Kontakte zur deutschen Hochfinanz hatte und selbst dazu gehörte, war auch Mitglied im »Freundeskreis Heinrich Himmler«, der die SS mitfinanzierte. In den Nürnberger »Wirtschaftsverbrecherprozessen« wurde der SS-Sturmbannführer (ehrenhalber) v. Schröder als Kriegsverbrecher verurteilt.[41]

Vetter Georg von Schnitzler war im Vorstand der I.G. Farben für den Verkauf zuständig und wurde vom Nürnberger Kriegsverbrechertribunal u. a. deswegen angeklagt, er sei für die Lieferung des Giftgases »Zyklon B« in die Konzentrationslager verantwortlich gewesen. Als vielfacher Millionär sei er nach dem Kriege in Frankfurt gestorben, weiß K.-E. »Trotz dieser Sippschaft bin ich Kommunist geworden. Damit sagte ich den Vorteilen einer bürgerlichen ›Karriere‹ ade. Ich wollte nicht daran mitschuldig werden, was die Klasse, der ich entstamme, über mein Volk und Europa bringen würde«, schreibt Karl-Eduard von Schnitzler im Jahre 1989 so, als ob er bereits 1932/33 diese schicksalhaft-unheilvolle Verquickung seiner »Sippschaft« als fünfzehnjähriger Junge erkannt habe.[42] »Ich habe drauflos geschrieben: Was mir einfiel, woran ich mich erinnerte, wie ich es damals sah und empfand – und wie ich es heute werten kann«, schreibt »Kled«.[42] So war das wohl.

Anmerkungen

1 Karl-Eduard von Schnitzler: Meine Schlösser oder Wie ich mein Vaterland fand. Berlin: Neues Leben 1989, S. 22
2 Ebenda; das Rheinische Wappen-Lexikon, hg. von Robert Steimel, Köln 1953, nennt noch einen vierten 1913 nobilitierten Bruder: (Robert, Heinrich) Artur
3 Ebenda, S. 11
4 Vgl. [Unterm Strich.] In: die tageszeitung Nr. 3737 (Ausgabe West) vom 23. 7. 1992, S. 17
5 *Gerhard Löwenthal,* geb. 8. 12. 1922 in Berlin als Sohn eines jüdischen Fabrikanten, zeit-

weilig im Konzentrationslager Sachsenhausen inhaftiert; nach der Relegation von der Schule lernte L. den Optikerberuf, nach 1945 Medizinstudium in Berlin, zunächst an der Humboldt-Universität, später an der Freien Universität, daneben journalistische Tätigkeit beim DIAS Berlin, dem ›Drahtfunk im Amerikanischen Sektor‹, dem Vorläufer des RIAS Berlin, dem ›Rundfunk im Amerikanischen Sektor‹, 1951 stellvertretender Programmdirektor von RIAS Berlin, 1963 Leiter der Benelux-Redaktion des neugegründeten ›Zweiten Deutschen Fernsehens‹ (ZDF), 1969 bis 1987 Leiter des »ZDF-Magazins«, seit 1971 allerdings mit Fritz Schenk als zweitem Moderator. L. unterzeichnete mehrfach Wahlaufrufe für die CDU/CSU und war Mitgründer des konservativen Bundes ›Freiheit der Wissenschaft‹, des ›Bundes Freies Deutschland‹ und der ›Deutschlandstiftung‹.

6 Vgl. Wolf Bierbach/Winfried B. Lerg/Rolf Geserick: Schreiben unter Hammer, Zirkel und Ähren. Westdeutscher Rundfunk. III. Programm, 28. 4. 1990; das Interview ist vollständig abgedruckt in: Der Wendehals hat viele Vornamen, aber Karl-Eduard heißt er nicht! Karl-Eduard von Schnitzler, befragt von Wolf Bierbach. In: Mitteilungen StRuG 16. Jg. (1990), Nr. 2–3, S. 118–139

7 *Joachim Herrmann,* Journalist und Politiker (SED), geb. 29. 10. 1928 in Berlin, gest. 30. 7. 1992 in Berlin; zunächst Transportarbeiter, dann Hilfsredakteur bei der ›Berliner Zeitung‹, anschließend bei der Jugendzeitschrift ›Start‹, 1949 bis 1952 stellvertretender Chefredakteur der ›Jungen Welt‹, des Zentralorgans der ›Freien Deutschen Jugend‹, dann deren Chefredakteur. Von 1960 an hauptamtlich im Zentralkomitee der SED für Jugendfragen zuständig. 1962 bis 1965 Chefredakteur des SED-Blatts ›Berliner Zeitung‹, anschließend im Range eines Staatssekretärs in der DDR-Regierung für ›Gesamtdeutsche Fragen‹ zuständig. 1971 Chefredakteur des SED-Zentralorgans ›Neues Deutschland‹, 1976 zusammen mit Kurt Hager im SED-Zentralkomitee zuständig für Kultur und Wissenschaft, 1978 bis zum 18. 10. 1989 ZK-Sekretär für Agitation und Propaganda, wurde 1978 auch Vollmitglied des Politbüros der SED.
Günter Mittag, Politiker (SED), geb. 8. 10. 1926 in Stettin, Dr. rer. oec., gelernter Eisenbahnbeamter, 1958 Kandidat des ZK der SED, 1966 Vollmitglied des Politbüros der SED, wurde nach Ulbrichts Tod Erster Stellvertretender Ministerpräsident; am 18. 10. 1989 zusammen mit Erich Honecker und Joachim Herrmann entlassen, verlor dann auch sein Mandat in der Volkskammer der DDR und wurde im November 1989 aus der SED ausgeschlossen.

8 Karl-Eduard von Schnitzler (wie Anm. 1), S. 9
9 Vgl.: Arnulf Kutsch: Das Ende des ›Schwarzen Kanals‹. Karl-Eduard von Schnitzler im Ruhestand. In: Mitteilungen StRuG 15. Jg. (1989), Nr. 4, S. 248–259; ferner: Arnulf Kutsch (Hrsg.): Publizistischer und journalistischer Wandel in der DDR. Bochum: Brockmeyer 1990²
10 Karl-Eduard von Schnitzler (wie Anm. 1), S. 62f.
11 Arnulf Kutsch (wie Anm. 9), S. 248
12 Ebenda, S. 250
13 Karl-Eduard von Schnitzler (wie Anm. 1), S. 8
14 Ebenda, S. 27f.
15 Ebenda
16 Ebenda, S. 37
17 Ebenda, S. 38

18 *Robert Pferdmenges,* geb. 27. 3. 1880 in Mönchen-Gladbach, gest. 28. 9. 1962, Bankier und Politiker (CDU), u. a. 1929 bis 1953 Teilhaber des Bankhauses Salomon Oppenheim in Köln.
19 Karl-Eduard von Schnitzler (wie Anm. 1), S. 98
20 Ebenda, S. 49
21 Ebenda, S. 111
22 Ebenda, S. 47; *Hans Schnitzler,* geb. 18. 2. 1908 in Rom; Jurastudium in Bonn und Göttingen, dann kaufmännischer Angestellter bei einer Versicherung in Berlin; nach sowjetischer Kriegsgefangenschaft 1949 Mitglied der ›Deutschen Bauernpartei Deutschlands‹ (DBD) in der DDR und stellvertretender Chefredakteur ihres Zentralorgans ›Bauern-Echo‹; 1950 Leiter der Hauptabteilung ›Schulung und Aufklärung‹ beim DBD-Parteivorstand, 1950 bis 1963 Mitglied der DDR-Volkskammer, 1963 Mitglied des DBD-Parteivorstands. Wann Hans Schnitzler auf sein Adelsprädikat verzichtet hat, ist unbekannt.
23 Ebenda, S. 42
24 Ebenda, S. 36f.
25 Ebenda, S. 117
26 Ebenda, S. 119
27 Ebenda, S. 120
28 Ebenda, S. 121
29 Ebenda, S. 121f.
30 Ebenda, S. 126
31 Vgl. ebenda, S. 128
32 Ebenda, S. 129
33 Ebenda; Conrad Pütter will K.-E.v.S. als Mitarbeiter des ›Senders Calais‹ ausgemacht haben, vgl. Conrad Pütter: Rundfunk gegen das »Dritte Reich«. Deutschsprachige Rundfunkaktivitäten im Exil 1933–1945. Ein Handbuch. München et al.: K.G.Saur 1986, S. 127.
34 Vgl. Christian Eckert: J.H.Stein. Werden und Wachsen eines Kölner Bankhauses in 150 Jahren. Berlin o. J. (1940?) Ob diese Festschrift, aus der sich K.E. ausführlich mit Zitaten bedient, in den Buchhandel gelangt ist, ist zweifelhaft. Eine zweite Festschrift, nämlich über den Schnitzlerschen Familienzweig, aus der K.-E. anscheinend ebenfalls zitiert, konnte d. Verf. noch nicht ausfindig machen.
35 Karl-Eduard von Schnitzler (wie Anm. 1), S. 17
36 Ebenda, S. 18
37 Ebenda, S. 81
38 Ebenda, S. 31f.
39 Ebenda, S. 36f.
40 Ebenda, S. 62f.
41 *(Johann Heinrich) Kurt (Theodor) von Schröder,* geb. 24. 11. 1889 in Hamburg, gest. 4. 11. 1966 in Hamburg; heiratete im April 1913 Edith von Schnitzler, Tochter von Richard v. Schnitzler und Ottilie Mumm von Schwarzenstein; 1921 Teilhaber des Bankhauses J. H. Stein, SS-Obersturmbannführer; im Nürnberger Kriegsverbrecherprozeß (Wirtschaft) zu mehreren Jahren Haft verurteilt. Georg von Schnitzler konnte v. Verf. noch nicht biographiert werden.
Vgl. Karl-Dietrich Bracher: Stufen der Machtergreifung, Frankfurt/Main et al. 1962, S. 112 sowie die dort nachgewiesene Literatur. Vgl. ferner: OMGUS. Ermittlungen [gegen die Deut-

sche und die Dresdner Bank sowie die IG Farben]. 3 Bde. Nördlingen 1986. Dort finden sich zahlreiche Hinweise und Akten über die Verwicklungen der v. Schnitzlerschen sowie der v. Schröderschen Familien in die nationalsozialistische Gewaltherrschaft.
42 Karl-Eduard von Schnitzler (wie Anm. 1), S. 60
43 Ebenda, S. 6

Arnulf Kutsch

Die Anfänge der Meinungsforschung in der britischen Zone (1945–1947)
Ein institutionengeschichtlicher Hinweis

»The problem of Germany has become more than a political or an economic one; today, it is fundamentally a matter of social psychology. This has been half understood and is expressed in the much abused phrase ›re-education‹. In order to measure the success or otherwise of efforts to restore German society to a state of mental health, a widespread and continuing examination of the state of German thought, not only as expressed publicly but also as it develops, unvoiced, under the surface, is essential. (...) What is required is a thorough scientific survey of the kind that has been so usefully developed in recent years in Britain and America; not a drawing of wide and possibly misleading conclusions from scanty evidence but a scientific social survey based on evaluation of all the variables over the widest possible cross section of the population«.[1]

Mit dieser Einleitung zu seinem Anfang Dezember 1946 verfaßten Memorandum »The Necessity for a Survey of Public Opinion« begründete Autsin H. Albu, der stellvertretende Präsident der ›Governmental Sub-Commission‹ und damit einer der ranghöchsten politischen Beamten der britischen Militärregierung in Deutschland, den Aufbau einer neuen Einrichtung für die Meinungsforschung. Freilich überspielte Albu mit seinen Ausführungen geschickt erhebliche Versäumnisse der Militärregierung, vor allem jedoch die Tatsache, daß es längst respektable Ansätze einer kontinuierlichen und repräsentativen Meinungsforschung in der britischen Zone gab. Sie wurde schon seit Beginn des Jahres 1946 von der ›Public Opinion Research Section‹, einer Unterabteilung der Medienkontrollbehörde der Militärregierung, durchgeführt. Auf dieser Unterabteilung basierte dann auch ganz wesentlich der ›Public Opinion Research Branch‹, der auf Grund des Albu-Memorandums Anfang April 1947 in Herford aufgebaut, wenige Monate später nach Bielefeld verlagert und als ›Public Opinion Research Office‹ in die ›Politische Abteilung‹ der Militärregierung eingegliedert wurde.

Die Meinungsforschung der britischen Militärregierung in Deutschland ist der historischen und sozialwissenschaftlichen Forschung hierzulande über Jahrzehnte unbekannt geblieben. Ein früher Hinweis von Walter J. Schütz[2] wurde in der Publizistikwissenschaft nicht aufgegriffen. Eher schon galt das Interesse den von den Amerikanern in ihrer Zone veranstalteten Umfragen, seit sie durch die Dokumentation der amerikanischen Sozialwissenschaftler Anna J. und Richard L. Merritt bekannt wurden.[3] Doch sind die überlieferten Befunde als Quellen für die kommunikationshistorische Erforschung der Nachkriegszeit bislang viel zu wenig herangezogen worden. Das ist um so bedauerlicher, als der Historiographie mit ihnen erstmals vielfältige, einigermaßen gültige und verläßliche Daten zur Geschichte der Mediennutzung und -bewertung in Deutschland zur Verfügung stehen.

Freilich muß einschränkend hinzugefügt werden, daß die Datensätze (Lochkarten) weder für die Umfragen in der amerikanischen noch in der britischen Besatzungszone überliefert, und deshalb empirische Sekundäranalysen nicht möglich sind.[4] Aber die vorhandenen, statistisch aufbereiteten und in sogenannten »Reports« unterschiedlicher Serien zusammengestellten Befunde aus den Befragungen in der britischen Zone bieten der historisch-hermeneutischen Kommunikationsforschung reichhaltiges Material. So hat allein die ›Public Opinion Research Section‹ in den Jahren 1945 bis 1947 ihre Erkenntnisse in 27, teilweise umfangreichen, anfangs vierzehntäglich, später monatlich herausgegebenen Berichten zusammengefaßt.

Auf eben diese Befunde stützt sich eine Studie über die deutschen Einstellungen zur Militärregierung, die die Londoner Historikerin Barbara Marshall 1980 als ersten Ansatz einer detaillierten hermeneutischen Auswertung und zeitgeschichtlichen Einordnung der Nachkriegs-Umfragen veröffentlichte. Auch die fünf Jahre später von Josef Foschepoth, damals Mitarbeiter des ›Deutschen Historischen Instituts in London‹, mit allgemeinerem Zugriff durchgeführte Untersuchung »Zur deutschen Reaktion auf Niederlage und Besatzung« basiert zum Teil auf den genannten Umfrageergebnissen. Der Soziologe Hans Braun (Trier) und seine Mitarbeiter hingegen haben zahlreiche, beileibe aber nicht alle »Reports« über die vom ›Public Opinion Research Office‹ veranstalteten Meinungsumfragen sowie eine Fülle weiterer, von anderen Abteilungen der Militärregierung durchgeführter sozialstatistischer Enquêten und Befragungen nach dem methodischen Vorbild der Dokumentation von Anna J. und Richard L. Merritt erschlossen und in einem von der ›Stiftung Volkswagenwerk‹ geförderten, bislang aber noch unveröffentlichten Forschungsbericht dokumentiert. Dieser 1989 abgeschlossene Bericht enthält zudem einen kenntnisreichen, hauptsächlich auf das ›Public Opinion Research Office‹ und seine Umfragen bezogenen Überlick über »Die britische Sozialforschung in Westdeutschland«, den das ›Tel Aviver Jahrbuch für deutsche Geschichte‹ 1990 veröffentlichte. Abgesehen von diesen Studien finden sich in einigen weiteren zeithistorischen Veröffentlichungen neuesten Datums gelegentliche Hinweise. Stellvertretend sei auf den Beitrag des englischen Historikers David Welch über die britische »Re-education«- und Medienpolitik in Deutschland hingewiesen.⁵ Die Forschung über die britischen Meinungsumfragen während der Besatzungszeit ist mithin noch nicht weit gediehen.

Der folgende Hinweis fragt nach der konzeptionellen und institutionellen Genesis der Meinungsforschung im Rahmen der ›Public Relation/Information Services Control‹-Group (PR/ISC), wie die Medienkontrollbehörde der britischen Militärregierung in Deutschland hieß. Er geht aus von der – noch weitgehend unerforschten – Planung dieser Behörde, ihrem institutionellen Aufbau und ihrem ›Intelligence‹-Auftrag, der Aufklärung,⁶ worunter die offene Beschaffung und die Auswertung von jedweden Informationen verstanden wurde, soweit sie für Neuaufbau und Kontrolle der Publizistik von Bedeutung waren. Aus diesem Auftrag entwickelte sich die Meinungsforschung.

1.

Die Planungen für den Aufbau der britischen Militärverwaltung für Deutschland begannen in London im Sommer 1943 etwa zeitgleich mit dem Entwurf von Zielen, Inhalten und Verfahren der Besatzungspolitik.⁷ Ebenfalls im Sommer 1943 wurden die 21. britisch-kanadische Heeresgruppe aufgestellt und ihre Stabsabteilung für ›Civil Affairs‹ aufgebaut. Seit November 1943 befaßte sich das britische Kriegsministerium (›War Office‹) mit den Problemen des institutionellen und personellen Aufbaus einer Kontroll-Kommission für Deutschland (›Control Commission for Germany‹/British Element), die den britischen Teil der gemeinsamen Alliierten Kontroll-Kommission mit Sitz in Berlin sowie die auf zonaler, regionaler und lokaler Ebene verantwortlichen Militärregierungsstellen bilden sollte. Doch wurden diese Planungsarbeiten in London schon bei ihrem Auftakt dadurch empfindlich beeinträchtigt, daß man die Frage der ministeriellen Verantwortung im britischen Kriegskabinett hin- und herschob, ehe schließlich im März 1944 die letzte Verantwortung auf das Außenministerium (›Foreign Office‹) überging. Gut ein Jahr später, ab Juni 1945, ressortierte die Zuständigkeit vorübergehend wieder beim ›War Office‹, ehe Ende Oktober 1945 mit dem ›Control Office for Germany and Austria‹ ein eigenes Ministerium für die Militärverwaltung Deutschlands geschaffen wurde.

Der Aufbau der ›Control Commission‹ erfolgte nach den Richtlinien der ›European Advisory Commission‹ (EAC), einem interalliierten Planungsausschuß, der auf britischen Vorschlag nach der Moskauer Außenministerkonferenz im Oktober 1943 in London eingerichtet worden war. Die Planungen mußten ferner mit dem ›Civil Affairs‹-Stab der 21. Heeresgruppe abgestimmt werden sowie mit der für nicht-militärische Angelegenheiten zuständigen Generalstabsabteilung (›G-5/Civil Affairs‹) des anglo-amerikanischen Oberkommandos (›Supreme Headquarters Allied Expeditionary Force‹/SHAEF), unter dessen Führung die 21. Heeresgruppe gemeinsam mit der französisch-amerikanischen 6. und der 12. – rein amerikanischen – Heeresgruppe die vom nationalsozialistischen Deutschland besetzten Staaten Westeuropas befreien, das Deutsche Reich von Westen her erobern und zur bedingungslosen Kapitulation zwingen sollte. Soweit sie die Informationskontroll-Politik betrafen, mußten die Pläne zudem mit der im Herbst 1943 aufgebauten ›Psychological Warfare Division‹ (PWD) koordiniert werden. Dabei handelte es sich um die SHAEF-Stabsabteilung für die psychologische Kriegsführung und die Konzeption der gemeinsamen britisch-amerikanischen Informationskontroll-Politik für die Zeit *vor* der deutschen Kapitulation (›pre-defeat or surrender‹), aber auch für die Besatzungsphase unmittelbar *nach* der Kapitualtion (›post-surrender‹). Das verwirrende interalliierte Administrationsgestrüpp behinderte die Effektivität der Planungstätigkeit zusätzlich.

Auf britischer Seite bildete das Personal der ›Control Commission‹ nur einen Teil des künftigen Kontrollapparates in Deutschland. Den anderen Teil stellten die Offiziere der Militärregierungstäbe der von Feldmarschall Bernard L. Montgomery geführten 21. Heeresgruppe, die nach dem Ende der Kampfhandlungen und der Auflösung des angloamerikanischen Oberkommandos in die Militärverwaltung in Deutschland integriert werden sollten. Das organisatorische Gerüst der ›Control Commission‹ war im Oktober 1944 fertiggestellt. Etwa zur gleichen Zeit wurden die britischen Direktiven-Entwürfe für die Ziele, Inhalte und Verfahren der Militärverwaltung verabschiedet und – ungeachtet ihrer Billigung durch die EAC – in Form eines Handbuches mit dem Titel »Germany and Austria in the Post-Surrender Period: Policy Directives for Allied Commanders in Chief« gedruckt. Die Grundsätze der britischen Besatzungspolitik beinhalteten danach die Vernichtung des Nationalsozialismus und der Wurzeln des Militarismus, die umfassende Kontrolle des öffentlichen Lebens sowie das Prinzip der »Non-Fraternisation«, ferner die Kontrolle und Verwaltung Deutschlands mit Unterstützung durch eine deutsche Selbstverwaltung nach dem Prinzip des »indirect rule« sowie schließlich die Wiederbelebung einer Friedenswirtschaft auf vermindertem Niveau.

Der Entwurf für die Aufgaben und den institutionellen Aufbau des künftigen ›Information Services Control Branch‹ der ›Control Commission‹ lag bereits Ende September 1944 vor – knapp einen Monat vor der Eroberung von Aachen. In Übereinstimmung mit den entsprechenden Planungen der ›Psychological Warfare Division‹ ging er davon aus, daß die Kontrolle der zentralen deutschen Informationsdienste in Berlin, namentlich der ›Reichs-Rundfunk-Gesellschaft‹ und des ›Deutschen Nachrichtenbüros‹, auf Drei-Mächte-Basis erfolgen und Medienaufbau und -kontrolle in der britischen Zone in Verbindung mit den entsprechenden Behörden der amerikanischen sowie der sowjetischen Militärregierung durchgeführt werden. Die Einrichtung sollte drei Funktionsgruppen für den Rundfunk, für die Presse, das Nachrichten- und das Verlagswesen sowie für den Film und die öffentliche Unterhaltung umfassen. Vorgesehen war schließlich, den ISC-Branch in die ›Politische Abteilung‹ der Kontroll-Kommission zu integrieren.

Bis zur Auflösung des anglo-amerikanischen Oberkommandos sollte er aber unter Verantwortung von SHAEF stehen.[8]

Die Ausführungen des Planungspapiers zu den Aufgaben des ISC-Branch räumten der Informations*kontrolle* Priorität ein, blieben insgesamt jedoch recht allgemein. Sie müssen daher im Zusammenhang mit dem ungleich detaillierteren Entwurf der britischen Direktive No. 27 »Control and Censorship of Public Information and Means of Intercommunication« gelesen werden, der einen Monat zuvor in London verabschiedet worden war. Als vorrangiges Ziel nannte die Direktive die Auflösung des ›Reichsministeriums für Volksaufklärung und Propaganda‹, die unmittelbar nach der deutschen Kapitulation erfolgen sollte. Überzeugte Nationalsozialisten in publizistischen Schlüsselpositionen müßten sobald als möglich durch zuverlässiges Peronal ersetzt werden. Im übrigen unterschied die Direktive zwischen negativen und positiven Zielen. Verhindert werden mußte die Verbreitung von Nachrichten, Gerüchten oder Meinungen, die die Sicherheit der alliierten Besatzungsstreitkräfte gefährden, die Beziehung zwischen ihnen und der deutschen Bevölkerung verschärfen, die Unruhe stiften, die Ausführung der Kapitulationsbestimmungen behindern oder Haß und Groll gegen die Alliierten, ihre Absichten und ihre Politik begünstigen. Als »positive Ziele« wurde verordnet, die publizistischen Mittel einzusetzen, um den aktiven und passiven Widerstand zu vermindern und die Zusammenarbeit mit den Besatzern zu stimulieren, um die Deutschen ferner davon zu überzeugen, daß die Besatzungsbestimmungen gerecht und eine unvermeidbare Konsequenz des deutschen Angriffkrieges seien, daß es endlich nicht nur die Pflicht sondern auch im Interesse der Deutschen sei, mit den Besatzungsbehörden zusammenzuarbeiten, um einen dauerhaften Frieden zu sichern, Nationalismus und Militarismus auszurotten und im Rahmen der alliierten Besatzungspolitik demokratische Initiativen zu ermuntern.[9]

Trotz seines bestenfalls skizzenhaften Charakters[10] kennzeichneten den Entwurf für die Organisation der Medienkontrolle bereits zwei Merkmale, die später die Medienpolitik in Deutschland bestimmen sollten: Das war einmal der unverkennbare Sicherheitsbedarf, zum anderen die auffallend gemäßigten Londoner Prämissen. Sie standen in Kontrast zum »austerity«-Kurs, der seit Mitte 1944 auf die amerikanische Deutschlandpolitik Einfluß gewann. Wahrscheinlich deshalb, aber auch aus anderen Gründen, auf die noch einzugehen sein wird, trat nach der Vorlage dieses ersten Konzeptes ein merklicher Planungsstillstand ein.

Verschiedene zeithistorische Studien weisen darauf hin, daß die britischen Vorbereitungen für die ›post-surrender‹-Phase und die Zeit unmittelbar nach Auflösung des anglo-amerikanischen Oberkommandos zunächst von einer »Politik des Abwartens« bestimmt waren und daß man sich in London erst seit dem Frühjahr 1945 ernsthaft um eine Konkretisierung bemühte. Als Ursachen dafür werden die hohen finanziellen Belastungen, fehlendes qualifiziertes Personal sowie die Abneigung von Premierminister Winston Churchill, langfristige Entscheidungen vor dem Ende des Krieges zu treffen, angeführt, aber auch – wie bereits angedeutet – das Planungswirrwarr sowie die Schwierigkeit, Detailentscheidungen zwischen den Alliierten abzustimmen und für die britischen Entwürfe eine förmliche Anerkennung durch die Amerikaner und die Sowjets zu erzielen. Daher lagen für zahlreiche besatzungspolitische Probleme zunächst keine verbindlichen Anweisungen vor. Zudem verzögerte sich die Besetzung wichtiger Positionen in der Militärverwaltung. Die Ernennung Montgomerys zum Oberbefehlshaber der britischen Zone erfolgte erst am 22. Mai 1945. Der stellvertretende Generaldirektor der geheimen kriegspropagandistischen ›Political Warfare Executive‹ (PWE), William Henry Alexander (Alec) Bishop, erfuhr von seiner Ernennung zum künftigen Direktor der Medienkontrollbehörde der ›Control Commission‹ gar erst Anfang Juni. Es verstrich aber noch ein weiterer Monat, ehe das Kriegsministerium die erforderliche Zustimmung zur Versetzung des Generalmajors erteilte.[11] Der Übergang von der Planung zur Besatzung war gleitend.[12]

Gut einen Monat nach der deutschen Kapitulation bezogen die Briten Anfang Juni 1945 ihr Zonenhauptquartier in Bad Oeynhausen, dem letzten Standort des Hauptquartiers der 21. Heeresgruppe. Die Ortswahl machte die Verteilung der Stäbe auf die Städte Minden, Lübbecke, Bünde und Detmold erforderlich. Aus besatzungstechnischen Gründen wurde die britische Zone in folgende drei Militärverwaltungsbezirke gegliedert: 1. Korpsbezirk: Provinzen Nordrhein und Westfalen sowie die Länder Lippe und Schaumburg-Lippe; 8. Korpsbezirk: Provinz Schleswig-Holstein und Hansestadt Hamburg; 30. Korpsbezirk: Provinz Hannover sowie die Länder Braunschweig und Oldenburg. Jeder der drei Korpskommandeure war zugleich Militärgouverneur seines Bezirks. Das wenig später in Berlin eingerichtete, vorgeschobene Hauptquartier (›Advanced Headquarters‹) bildete den britischen Anteil am Kontrollrat; in seine Zuständigkeit fielen interalliierte Angelegenheiten.

Nach dem Ende der Kampfhandlungen erhielt die Stabsabteilung für die psychologische Kriegsführung (›Publicity & Psychological Warfare‹ – ›G‹-Branch) der 21. Heeresgruppe die neue Bezeichnung ›Information Control‹. Ihr Leiter blieb Brigadegeneral Alfred Geoffrey Neville, dem auch weiterhin die operativen Einheiten (›Information Control Units‹) unterstanden, als diese Mitte Juli 1945 den drei Korpsbezirken zugeordnet wurden und deren Bezeichnung übernahmen: Die ›No. 2 Information Control Unit‹ hieß nun ›No. 1 Information Control Unit‹ mit Standort in (Düsseldorf-) Benrath, die No. 3 erhielt die Bezeichnung No. 30 mit Standort in Hannover und die No. 4, deren ›Radio Section‹ am 3. Mai 1945 den ›Reichssender Hamburg‹ übernommen und ihn tags darauf als ›Radio Hamburg‹ und damit als erste Rundfunkeinrichtung des ›Allied Military Government‹ auf deutschem Boden wieder eröffnet hatte, hatte als No. 8 ihren Standort in Hamburg.[13] Nach der Übernahme ihres Sektors in Berlin richtete die Militärregierung zusätzlich die ›Berlin Information Control Unit‹ ein.

2.

Erst einen Monat nach der deutschen Kapitulation wurden in London die Beratungen über die Aufgaben und den Aufbau der Medienkontrollbehörde der Kontroll-Kommission abgeschlossen und die Modalitäten ihrer Vereinigung mit dem ›Information Control Branch‹ der Militärregierung festgelegt. Zu ihrer Zuständigkeit für die Kontrolle und den Neuaufbau der deutschen Publizistik in der britischen Zone (›Information Services Control Branch‹/ISC) erhielt die Behörde als zweiten Dienstbereich die Öffentlichkeitsarbeit für die ›Control Commission‹ (›Public Relations Branch‹/PR) zugewiesen, sollte aber ungeachtet dieser Aufgabenerweiterung und eines veranschlagten Stabs von immerhin 172 militärischen und zivilen Mitarbeitern nicht den Status einer selbständigen Abteilung (›Division‹) der ›Control Commission‹ erhalten, sondern – wie ursprünglich vorgesehen – der ›Politischen Abteilung‹ nachgeordnet werden. Nach diesem Modell richtete sich die ›Public Relations/Information Services Control-Group‹ Ende Juli 1945 mit je einer Dienststelle in Berlin sowie in Bünde (Zonenverwaltung) ein.[14] Im Zuge mehrfacher Umgliederungen der britischen Militärverwaltung wurde die PR/ISC-Group noch im August von der ›Political Division‹ abgeteilt und Anfang 1946 unmittelbar dem Präsidenten der inzwischen eingerichteten ›Governmental Sub-Commission‹ zugeordnet, in welcher die für politische Fragen, die öffentliche Verwaltung und das Personal zuständigen Abteilungen der ›Control Commission‹ zusammengefaßt waren. Die Umorganisation bedeutete fraglos eine politische Aufwertung der PR/ISC-Group und sie gab einen Hinweis auf die neue Maxime der Briten, anstelle des gemeinsamen interalliierten Vorgehens eine weitgehend autonome Medienpolitik in ihrer Zone zu betreiben, wo in den folgenden Monaten die organisatorischen und strukturellen Fundamente für den Neuaufbau der neuen deutschen Publizistik gelegt werden sollten.[15]

Auf Grund der Londoner Entscheidung gliederte sich der ISC-Branch in vier Funktionsgruppen: je eine für Zeitungen, Zeitschriften, Veröffentlichungen, Rundfunk und Nachrichtenpolitik sowie für Film, Theater und Einrichtungen für die öffentliche Unterhaltung, und zwei Gruppen für organisatorische und Haushaltsangelegenheiten sowie für (Medien-) Politik und Anweisungen.[16] Im letztgenannten Arbeitsbereich sollte eine für die Aufklärung zuständige Untergruppe eingerichtet werden und folgende Aufgaben übernehmen: Die Auswertung von politischen und anderen Materialien aus der britischen Zone »unter dem Gesichtspunkt der ISC-Tätigkeit«, die Beschaffung darüber hinaus erforderlicher Erkenntnisse durch Recherchen der Information Control Units oder aus jeder anderen Quelle, insbesondere soweit sie herstellungstechnische Fragen der Publizistik betrafen, ferner die Erstellung regelmäßiger »Intelligence«-Berichte und schließlich ihre Übermittlung an das ›Political Intelligence Department‹ des Londoner Außenministerium.[17]

Die Aufklärungsaufgabe des ISC-Branch ging auf eine Übereinkunft zwischen dem Außen- und dem Kriegsministerium sowie der Kontroll-Kommission zurück. Danach waren außer einer eigenen Abteilung für die Aufklärung (›Intelligence Division‹) auch innerhalb der übrigen Abteilungen der ›Control Commission‹ jeweils kleinere Aufklärungsstäbe mit ressortspezifischem Auftrag einzurichten. Diese Regelung, die in der britischen Zone schon 1945 zu einer ziemlich unkoordinierten Anhäufung von Informationshalden in Form von diversen wöchentlich, 14-täglich oder monatlich zusammengestellten Intelligence-»Summaries«, -»Reports« oder -»Reviews« führte,[18] verwies abermals auf den enormen Sicherheitsbedarf, der das britische Konzept für die militärische Verwaltung Deutschlands während der unmittelbaren ›post-surrender‹-Phase bestimmte. Generelles Ziel war die Sicherheit der britischen Besatzungsstreitkräfte. Speziell in den Auftragsbereich des ISC-Branch fiel in diesem Zusammenhang die Sammlung von Informationen über eine mögliche deutsche Propagandatätigkeit, über die (absichtliche) Verbreitung von Gerüchten sowie die Durchführung geeigneter Gegenmaßnahmen.[19] Aufklärungsmaterial sollte ferner gesammelt werden über deutsche Publizisten, über die Infrastruktur der Medien (etwa Anzahl und Sitzplätze der Kinos) sowie über versteckte oder dem ISC-Branch bislang unbekannte Produktionsmaterialien und -einrichtungen (etwa Papiervorräte und Druckereien). Beobachtet werden sollten schließlich auch die Meinungen der Zivilbevölkerung und ihre Reaktionen auf die Tätigkeit der PR/ISC-Group. Doch blieb unerwähnt, welcher medienpolitische Stellenwert den deutschen Stellungnahmen beizumessen war.[20]

Hauptsächliche Funktion der Aufklärung war es mithin, durch ressortspezifisches Wissen zur institutionellen Stabilisierung der Militärregierung und zur Gewährleistung ihrer Kontroll-Maßnahmen beizutragen. Ihre Bedeutung als Mittel zur präventiven Überprüfung (und möglicherweise Änderung) von Zielen und Maßnahmen der Besatzungspolitik, als Instrument der nachträglichen Erfolgskontrolle oder wenigstens als eine Art »Frühwarnsystem« für Fehleinschätzungen oder -entwicklungen, die die Besatzungsrealität im kaum überschaubaren deutschen Nachkriegschaos fast zwangsläufig mit sich bringen mußten, blieb dagegen konzeptionell, zunächst auch in der Praxis ebenso unbeachtet wie der Einsatz von Umfragen für diese Zwecke.

In dieser Hinsicht verfuhr die amerikanische Militärregierung anders. Nach der Auflösung des anglo-amerikanischen Oberkommandos im Juli 1945 wurde die ›Psychological Warfare Division‹ in die ›Information Control Division‹ (ICD) der Militärregierung umgewandelt und das amerikanische PWD-Personal weitgehend übernommen. Auf Empfehlung von ICD-Direktor Brigadegeneral Robert A. McClure ermächtigte der stellvertretende Militärgouverneur General Lucius D. Clay die Informationskontroll-Abteilung, in ihrem Dienstbereich für die Aufklärung eine besondere Unterabteilung für die Meinungsforschung einzurichten. Leiter dieser im Oktober 1945 gegründeten ›Opinion Survey Section‹ wurde Frederick W. Williams. Er faßte den Zusammenhang zwischen dem politischen Besatzungsziel und der Bedeutung der Meinungsforschung später so zusammen: »Military government was centrally concerned with change – change interpreted as the political maturing of the German people, an increase in their readiness to accept responsibility as individuals and as a great nation, a deepening in awareness, an improvement in the peoples' knowledge of the history of their own nation and the character of the tyrants they had supported. Reports of the trends of public opinion, in these respects, went far to satisfy a deep interest among military government and German officials for any information which might limit speculation and guide interpretation as to changes occurring.«[21]

Wie der größte Teil seiner wissenschaftlichen Mitarbeiter war Williams vom ›United States Strategic Bombing Survey‹ gekommen, zu dessen Aufgaben die inhaltsanalytische Auswertung erbeuteter Briefe und deutscher Lageberichte, die Befragung von »Fremdarbeitern« und Flüchtlingen sowie, im Juni und Juli 1945, die Durchführung von fast 4000 Interviews in mehr als 30 deutschen Orten gehörte. In theoretischer wie methodischer Hinsicht konnte sich die ›Opinion Survey Section‹, die bis September 1949 72 größere, repräsentative Umfragen in der amerikanischen Zone durchführte, außerdem auf verschiedene Studien stützen, die in der PWD-Aufklärungsabteilung sowie in der ihr nachgeordneten Stabsabteilung der 12. Heeresgruppe von amerikanischen und britischen Sozialwissenschaftlern auf der Grundlage standardisierter Vernehmungen und Umfragen unter Kriegsgefangenen und der Zivilbevölkerung angefertigt worden waren.[22]

Eine der ›Opinion Survey Section‹ der amerikanischen Militärregierung auch nur annähernd vergleichbare Einrichtung sahen die britischen Planungen nicht vor und sie wurde auch nicht in Erwägung gezogen, als sich die britische ›Control Commission‹ im Hochsommer 1945 in Deutschland etablierte. Das war allein schon deshalb erstaunlich, weil Briten wie Amerikaner mit einer elementaren, politisch-normativen Besatzungsmission, dem »Re-education«- und »Demokratisierung«-Auftrag, nach Deutschland gekommen waren. Er richtete sich ganz wesentlich auf den Versuch, Einstellungen und Meinungen zu verändern sowie insbesondere das historische und politische Wissen der Menschen zu korrigieren und zu erweitern.[23] Es wäre mithin zu erwarten gewesen, daß man einer Einrichtung zur Beobachtung und Überprüfung des angestrebten Wandels bereits in der Planungsphase einen beachtlichen Stellenwert eingeräumt hätte.

Zudem waren Umfragen als Mittel der angewandten Markt- und Meinungsforschung seit den 30er Jahren in Großbritannien durchaus gebräuchlich. Seit Kriegsbeginn hatten das Informationsministerium (›Ministry of Information‹/MoI) und andere Ressorts sogar eine ganze Reihe sozialstatistischer Erhebungen und Meinungsumfragen über kriegsspezifische Probleme in Auftrag gegeben, die gelegentlich von den Privatunternehmen ›Mass Observation‹ (im September 1939 etwa über »Public Reactions to the War«) und ›British Institute of Public Opinion‹, hauptsächlich jedoch vom ›Wartime Social Survey‹ der Regierung durchgeführt wurden. Darüber hinaus verfolgten die Ministerien die regierungsunabhängigen Untersuchungen der Institute sehr genau. Je länger der Krieg andauerte, desto mehr vertrauten die Behörden bei der qualitativen und quantitativen Untersuchung von Meinungen und Stimmungen der britischen Zivilbevölkerung zwar auf die Analysen der Aufklärungsabteilung (›Home-Intelligence‹) des Informationsministeriums, welcher wiederum der ›Wartime Social Survey‹ zugeordnet war. Doch beide Einrichtungen arbeiteten bei ihren Umfragen auf beachtlichem methodischen Niveau.[24]

An diese, wenngleich junge Tradition knüpfte man bei der Konzeption der Besatzungspolitik und während der unmittelbaren ›post-surrender‹-Phase im Rahmen des ›Information Services Control-Branch‹ nicht an,[25] offenbar weil es unter den britischen Militärs und politischen Beamten Vorbehalte, vielleicht sogar mangelndes Verständnis für den Nutzen der Meinungsforschung insofern gab, als man die zivile Aufklärung und ihre Verfahren als hinreichend betrachtete.[26] Von einiger Bedeutung dürfte ferner gewesen sein, daß die Stabsabteilung für die psychologische Kriegsführung der 21. Heeresgruppe gegenüber der ihr vorgesetzten ›Psychological Warfare Division‹ Eigenständigkeit beansprucht und kaum mit ihr zusammengearbeitet hatte. Einem Lagebericht des ›Foreign Office‹ von Anfang Juli 1945 zufolge hatte der von Brigadegeneral Alfred Geoffrey Neville geleitete Stab die PWD mehr oder weniger boykottiert und sich zur Kooperation in erster Linie mit Londoner Dienststellen verpflichtet gefühlt, mit dem ›Political Intelligence Department‹ des Außenministeriums und dem ›Directorate of Political Warfare Intelligence‹ der PWE.[27] Der Austausch von Aufklärungsmaterial und -erkenntnissen zwischen dem anglo-amerikanischen Oberkommando und der 21. Heeresgruppe war minimal,[28] und das betraf offenbar auch die Studien der PWD-Aufklärungsabteilung, obschon an ihnen eine Reihe britischer Sozialwissenschaftler, wie etwa der Psychiater Henry Victor Dicks, an prominenter Stelle mitgearbeitet hatten.[29]

Als unmittelbare Folge des britischen Eigenwillens, so resümierte der eben erwähnte Lagebericht, hatte sich ein schwerwiegender Planungsrückstand für den Aufbau und die Arbeit der britischen Informationskontrolle während der ersten Phase der Militärverwaltung in Deutschland ergeben. Davon blieb schließlich auch die Aufklärung nicht verschont. Ende Oktober 1945 stellte ein PR/ISC-Rundschreiben dazu lakonisch fest, daß der Umfang des Aufklärungsmaterials, das man in Bünde über die ISC-Tätigkeit erhalte, schlicht mangelhaft sei.[30]

Hinzu kam endlich, daß sich die Binnenorganisation der ›Control Commission‹ insofern schon bald als hinderlich herausstellte, als die Tätigkeit der Aufklärungs-Stäbe ihrer einzelnen Abteilungen weder untereinander noch mit der ›Intelligence-Division‹ abgestimmt war, vielmehr »interdepartmental jealousies« eine konstruktive Zusammenarbeit verhinderten.[31] Doch war es gerade die im August 1945 eingerichtete ›Intelligence Division‹, die in personeller wie in theoretischer und methodischer Hinsicht unmittelbar an die sozialwissenschaftlichen Studien anknüpfte, die von der PWD auf der Grundlage von Kriegsgefangenen-Befragungen durchgeführt worden waren.[32]

Die ›Intelligence Division‹ verfügte über eine Unterabteilung mit der Bezeichnung ›German Personnel Research Branch‹, die wiederum für zwei große Komplexe zuständig war und dafür entsprechende Arbeitsbereiche bildete. Auftrag des ›Personality Assessment Department‹ war es, für die Schlüsselpositionen der neu aufzubauenden deutschen (Selbst-) Verwaltung geeignete Führungskräfte zu ermitteln und sie auf ihre politische Vergangenheit und demokratische Einstellung hin zu überprüfen. Der zweite Arbeitsbereich, das ›Social Survey Department‹, erhielt den Auftrag, »durch sorgfältig durchgeführte Enquêten zu Verständnis und Kontrolle der sozialen Entwicklung« in der britischen Zone beizutragen. Dazu wurden bis zum Jahresende 1946, als man den ›German Personnel Research Branch‹ aus finanziellen Gründen wieder auflöste, fünf umfangreiche Studien angefertigt, von welchen allein drei einen Wirtschaftszweig betrafen, dem die Militärregierung aus ökonomischen wie politischen Gründen größte Bedeutung beimaß: Dem Ruhrbergbau und den Bergleuten.[33] Der Beginn der Aufklärungstätigkeit der PR/ISC-Group vollzog sich unabhängig von diesen Enquêten und das methodische Wissen des ›Social Survey Department‹ wurde erst im Laufe des Jahres 1947 für die Meinungsforschung in der britischen Zone systematisch genutzt.

3.

Tatsächlich waren die Anfänge der durch den ›Information Services Control‹-Branch geleisteten Aufklärung recht bescheiden. Bei ihrem Arbeitsbeginn befaßten sich in den Korpsbezirken jeweils nur ein oder zwei Offiziere mit diesen Aufgaben, die in Bünde wiederum ein Kontroll-Offizier koordinierte.[34] Seit Juni/Juli 1945 stellten die Information Control Units ihre Erkenntnisse aus »flüchtigen« Kontakten mit deutschen Zivilisten, mitunter auch mit deutschen Redakteuren in wöchentlichen Berichten zusammen. Deren bisweilen ausschweifende Räsonnements lieferten ein Indiz dafür, wie schwierig es im Chaos der Nachkriegsmonate war, einigermaßen verläßliche, einschlägige Informationen zu sammeln, und daß man sich andererseits erst noch in die Materie einarbeiten mußte. Auch funktionierte die Abstimmung mit der PR/ISC-Zentrale, deren Leitung Alec Bishop im Juli 1945 übernahm, anfangs kaum. Diese Schwierigkeiten verdeutlichte nachdrücklich die »Intelligence Summary«, die in Bünde ab Mitte September 1945 vierzehntäglich auf der Grundlage der Berichte aus den Korpsbezirken zusammengestellt wurde: Einerseits handelte es sich um qualitativ recht unterschiedliche Erkenntnisse über eine Palette von untereinander nicht abgestimmten Gegenständen und Problemen, die wohl in erster Linie zur Unterrichtung der Korpskommandeure bestimmt waren und somit kein geschlossenes Bild über die gesamte Zone vermitteln konnten; auf der anderen Seite dokumentierte die »Intelligence Summary«, daß in den Regionen offenkundig Doppelarbeit geleistet wurde, eine klare Aufgabenteilung zwischen der PR/ISC-Aufklärung und den anderen, mit diesen Aufgaben ebenfalls beauftragten Abteilungen der ›Control Commission‹ und ihrer ›Intelligence Division‹ fehlte. Wie in den übrigen Arbeitsbereichen der britischen Medienkontrolle war der Übergang vom militärischen Eroberungs- zum besatzungspolitischen Verwaltungsauftrag mit erheblichen Problemen belastet.

Der Direktor des ›Information Services Control‹-Branch, W.A.L. Gibson, bildete deshalb bereits im Oktober innerhalb der ISC-Aufklärung einen kleinen Stab, der wenig später die Bezeichnung ›Public Opinion Research Section‹ (PORS) erhielt. Doch sollte diese Bezeichnung nicht über die wirklichen Verhältnisse hinwegtäuschen. PORS verfügte anfangs nur über einen »shoe-string«-Etat und bestand aus nicht mehr als sechs Offizieren. Zu ihrem Leiter wurde F.E.F. (›Johnny‹) Johnston ernannt, ein britischer Major, der schon zu Beginn des Krieges in deutsche Gefangenschaft geraten war, keinerlei Aufklärungs-Erfahrung oder gar Kenntnisse über Meinungsumfragen besaß sondern lediglich den Vorzug, fließend Deutsch zu sprechen. In dieser Hinsicht unterschied er sich nicht wesentlich von seinen Mitarbeitern,[35] die wiederum in den Korpsbezirken regionale PORS-Dependancen aufbauen und ihre Erkenntnisse wöchentlich nach Bünde übermitteln sollten. Um das Verfahren zu vereinheitlichen und um adäquate Informationen aus jedem Korpsbezirk zu erhalten, mußten sich die PORS-Offiziere an einem groben Schema orientieren, das u. a. folgende Kategorien enthielt: (a) *Presse und Rundfunk:* (1) Reaktionen der deutschen Journalisten auf Redaktionspolitik, Layout und journalistischen Stil, sowie auf alle übrigen Probleme, insbesondere soweit sie die Herstellung und Verbreitung betreffen; (2) Kommentare und Meinungen, die Deutsche in (zufälligen) Gesprächen äußerten (mit Angabe von Alter, Geschlecht und Beruf der Gesprächspartner); (3) unveröffentlichte Leserbriefe sowie Hörerpost für ›Radio Hamburg‹, ›Radio Köln‹ und die BBC[36]; (b) *Veröffentlichungen:* ausgewählte öffentliche Bibliotheken sollten gebeten werden, monatliche Übersichten der ausgeliehenen Bücher anzufertigen, um dadurch Hinweise auf einen Wandel der Lektürepräferenzen zu erhalten.[37]

Dieses Schema wurde wenige Wochen später durch einen monatlich in Bünde erstellten Leitfaden ersetzt, dessen Fragen wesentliche Gesichtspunkte der neu aufgebauten Medieneinrichtungen, ihrer Angebote sowie der Medienpolitik abdeckte und an Hand dessen in den Korpsbezirken vorzugehen war. Dazu konnten die PORS-Offiziere deutsche Mitarbeiter anstellen und unterweisen. Denn aus methodischen Gründen meinte man, daß in der deutschen Zivilbevölkerung die Einstellung verbreitet sei, Mitgliedern der ›Control Commission‹, noch dazu in Uniform, entweder unsachgemäße oder überhaupt keine Auskünfte zu geben.[38]

Von standardisierten Umfragen war freilich noch nicht die Rede. Die nach Bünde berichteten Erkenntnisse betrafen überwiegend ausgewählte ortsspezifische Verhältnisse, die keinen verläßlichen Überblick über den jeweiligen Korpsbezirk lieferten, geschweige denn eine Verallgemeinerung auf die *gesamte* britische Zone zuließen. So wurden beispielsweise Beobachtungen über Zuschauerreaktionen auf britische und deutsche Filme meist in Kinos in Hamburg, Berlin und Hannover angestellt, gelegentlich auch in einigen weiteren niedersächsischen und schleswig-holsteinischen Städten; ländliche Filmtheater blieben dagegen unberücksichtigt und erst im März 1946 folgten kurze Einschätzungen aus nordrheinischen und westfälischen Kinos. Dennoch gewährten gerade die »Film-Reports« manchen, wenngleich groben Einblick in die damalige Psyche der Zuschauer. Der erste Bericht über die britische Wochenschau ›Welt im Film‹ faßte zusammen: »News reels have been showing for some weeks now and seem to be greeted with enthusiasm everywhere – as long as they do not depict events which are uncomfortable warlike.«[39] Zudem enthielten die »Summaries« zahlreiche Monita publizistischer Details, wie etwa im Februar 1946, als man feststellte, daß an ›Welt im Film‹ am häufigsten die thematische Zusammenstellung, die Aufnahmetechnik der Filmberichte und ihre mangelnde Aktualität kritisiert werde, sich hingegen »alte« Ausgaben deutscher und amerikanischer Wochenschauen einiger Beliebtheit erfreuen würden.[40]

Ganz ähnliche Qualität besaß auch der erste umfangreichere, Mitte November 1945 aus Beobachtungen und Gesprächen im 8. und im 30. Korpsbezirk zusammengestellte Bericht über Hörgewohnheiten, Programmeinschätzungen und Stellungnahmen zum Empfang des ›Nordwestdeutschen Rundfunks‹ (NWDR). Er resümierte: Das Programm sei beliebt; der NWDR werde wahrscheinlich häufiger gehört als das sowjetisch-kontrollierte ›Radio Berlin‹, wobei in vielen Fällen ausschlaggebend sei, daß der Hamburger Rundfunk in der britischen Zone besser zu empfangen ist. Die »überwiegende Mehrheit« höre *täglich* Rundfunk, entweder am eigenen Gerät oder bei Freunden, und zwar bevorzugt in der Zeit zwischen 20 Uhr und 22 Uhr. Das am weitesten verbreitete Empfangsgerät sei der Volksempfänger. Der Mangel an Rundfunkgeräten sei brisant. Die Situation werde sich in naher Zukunft noch verschlimmern, weil viele Geräte reparaturbedürftig, Ersatzteile aber nicht zu erhalten seien. Die »überwiegende Mehrheit« betrachte den NWDR als zuverlässige Nachrichtenquelle, hingegen sei man mit dem Umfang der Nachrichten weniger zufrieden und Meldungen aus den anderen Zonen, insbesondere aus der sowjetisch besetzten, beurteile man als mangelhaft. Die Meinungen zur Präsentation der Nachrichten seien sehr unterschiedlich. Während einige Hörer die Meldungen als zu nüchtern, kühl und langweilig bezeichneten, hätten andere eingewandt, »man würde wie ein Kind« angesprochen. Sehr verbreitet sei schließlich der Wunsch nach mehr klassischer und leichter Musik, hingegen würde Jazz vehement abgelehnt.[41]

Wie dieses Beispiel verdeutlicht, enthielten die zu Beginn der PORS-Ägide zusammengestellten Berichte zahlreiche Mutmaßungen, die mitunter ziemlich unpräzise ausfielen, dennoch auf bisweilen unzulässige Weise verallgemeinert wurden und auch darum manchmal von einem Monat auf den anderen über ein und denselben Gegenstand widersprüchliche Erkenntnisse hervorbrachten. Gleichwohl markierte die Einrichtung von PORS einen grundsätzlichen Funktionswandel der Meinungserkundung in der britischen Zone. Nicht mehr die *militärischen* Sicherheitsinteressen bildeten das Motiv, sondern immer deutlicher ein *besatzungspolitischer* Verwertungszusammenhang. Schon am 20. Oktober 1945 ließ Gibson die Information Control Units wissen, die Reaktionen der Deutschen seien von großer Bedeutung, weil »sie den Maßstab bilden, mit welchem der Erfolg des ›Information Services Control‹-Branch gemessen und an Hand dessen die künftige [ISC-]Politik formuliert werden könnte«.[42]

Wahrscheinlich auf dieses Verwertungsinteresse ist es zurückzuführen, daß die regionalen PORS-Einrichtungen bereits im Winter 1945 dazu übergingen, sich die in Bünde formulierten Fragen unmittelbar von der deutschen Bevölkerung beantworten zu lassen. Damit begann der Versuch, durch Umfragen in den Korpsbezirken oder in kleineren Verwaltungseinheiten (etwa in den Großstädten) ein vorrangig *repräsentatives* Meinungsbild zu ermitteln, was man durch nicht begründete, überdimensional groß angelegte Stichproben zu erzielen hoffte. Gleich die erste in diesem Zusammenhang nachweisbare, statistisch ausgewertete Umfrage veranschaulichte trotz ihrer offensichtlichen Mängel die mögliche Bedeutung der Umfragen als Mittel der ISC-Politik. In der Zeit von 1. November bis 20. Dezember 1945 waren in Hamburg 5585 Erwachsenen vier Fragen zu Medienbewertung und -nutzung gestellt worden. Dabei stellte sich u. a. heraus, daß lediglich 27 Prozent der Befragten glaubten, die Nachrichten in den Zeitungen seien sachlich und wahr. »This is the discouraging, but direct and inevitable consequence of twelve years of propaganda feeding«, lautete der Kommentar der No. 8 ISC-Unit, »the public simply cannot believe that news can be presented without distortion, exaggeration or obvious lies.«[43]

Es muß jedoch betont werden, daß sich diese Umfragen in der britischen Zone in zwei ganz entscheidenden Punkten von denjenigen etwa zur gleichen Zeit in der amerikanischen Zone durchgeführten unterschied. Während die ›Opinion Survey Section‹ der amerikanischen Militärregierung ihre Umfragen auf einem hohen, sozialwissenschaftlich fundierten methodischen Niveau begann und nicht auf Gegenstände der Medienpolitik beschränkte, verfuhr die britische ›Public Opinion Research Section‹ bei ihrer ausschließlich auf Fragen zur Medienpolitik konzentrierten Tätigkeit aus Mangel an einschlägigem Wissen und Erfahrung nach dem pragmatischen »learning by doing« – Prinzip. Somit begann im Winter 1945 eine bis in das Jahr 1947 reichende Experimentierphase, während der versucht wurde, die anfangs gravierenden verfahrenstechnischen Probleme – etwa bei der Formulierung von Fragen und Variablen, bei der Stichproben-Bildung oder bei der Grundauszählung der Anworten und bei der Bewertung der Befunde – zu erkennen und zu bewältigen, einmal abgesehen von der offenkundigen Schwierigkeit, in den ISC-Units in dieser Hinsicht einen gleichmäßigen Standard zu schaffen.

Welchen Einfluß die Befunde dieser ersten, um die Jahreswende 1945/46 durchgeführten Umfragen auf die Medienpolitik des ISC-Branch hatten, ist aus den verfügbaren Quellen nicht zu ermitteln, zumal da nur in wenigen Fällen erkennbar wird, mit welcher Absicht man die Fragen stellte. Prinzipielle medienpolitische Entscheidungen wurden durch die Umfrageergebnisse jedenfalls nicht tangiert.[44] Zudem vermitteln manche damalige Bewertungen der empirischen Befunde dem heutigen Leser den Eindruck, daß politisch unbequeme Phänomene weniger in ursächlichem Zusammenhang mit der britischen Medienkontrollpolitik in Deutschland gedeutet, sondern eher als Spätfolgen der nationalsozialistischen Propaganda verstanden wurden. Solches tendenziell affirmatives Verständnis der Meinungsforschung dokumentierte sich noch in einer anderen Dimension. Wenn sich nämlich eine Erfolgsbestätigung erkennen (oder konstruieren) ließ, war die Versuchung offenbar ziemlich groß, die Befunde überzubewerten. Im April 1946 wurden im 1. Korpsbezirk 326 Erwachsene gefragt, ob sie mehr Jazz im Rundfunkprogramm zu hören wünschten. Lediglich 3 Prozent bejahten die Frage, 60 Prozent plädierten hingegen für weniger Jazz. Das Votum der 19- bis 30-Jährigen wich insofern vom Gesamtresultat ab, als sich 10 Prozent von ihnen für mehr Jazz aussprachen. »This is a hopeful sign«, kommentierte Gibsons Stellvertreter. »The ›liberal‹ influence of jazz is a good medicine. It may prove to be one of the most effective elements in debunking the SIEGFRIED psychology, and democracy may yet be borne to the Germans on the wings of boogie woogie.«[45]

4.

»Es ist jetzt beschlossen worden, bestimmte Fragen, die für den ›Information Services Control‹-Branch von Interesse sind, zum Gegenstand statistischer Umfragen zu machen. Sie werden nach dem Vorbild der bekannten Gallup-Umfragen durchgeführt, und zwar von ausgebildeten Statistikern«. Das wurde in der »Monthly Summary No. 3« mitgeteilt, die Mitte Juni 1946 von Bünde aus in 188 hektographierten Exemplaren innerhalb der ›Control Commission‹ sowie an verschiedene Dienststellen der amerikanischen und der französischen Militärregierung versandt wurden.[46]

Die Entscheidung der ›Public Opinion Research Section‹, künftig repräsentative Umfragen in der britischen Zone durchzuführen, hing mit einen personellen Wechsel an der PR/ISC-Spitze zusammen: Im April 1946 übernahm Michael Balfour als Nachfolger von W. A. L. Gibson die Leitung des ISC-Branch. Der Brigadegeneral, heute ein renommierter britischer Historiker, war seit März 1939 zunächst Mitarbeiter in der ›General Division‹ des Londoner Informationsministeriums und seit April 1942 Assistant Director des ›Directorate of Political Warfare Intelligence‹ der ›Political Warfare Executive‹ gewesen, ehe er im Oktober 1944 zum anglo-amerikanischen Oberkommando versetzt und zum stellvertretenden Leiter der Aufklärungsabteilung der ›Psychological Warfare Division‹ ernannt wurde. Bereits während seiner Tätigkeit im MoI vertraut gemacht mit Problemen der Umfragetechnik und der Zufallsstichprobe, kannte Balfour Verfahren und Befunde der PWD-Umfragen sehr genau und war deshalb besonders daran interessiert, die Befragungen in der britischen Zone dem Niveau der Meinungsforschung seiner amerikanischen Kollegen von der ›Opinion Survey Section‹ anzugleichen, mit welchen er engen Kontakt pflegte.[47]

Balfour und Johnston veranlaßten in den Korpsbezirken den Ausbau eines, gemessen an den Zeitumständen erstaunlich dichten Netzwerks deutscher Mitarbeiter und legten offenbar großen Wert auf die Unterweisung der Interviewer.[48] Auffallend war das Bemühen um repräsentative Umfragen. Da bis zur ersten gesamtdeutschen Volkszählung nach dem Kriegsende, die Ende Oktober 1946 stattfand,[49] keine verläßlichen Kenntnisse über die deutsche Bevölkerung und ihre Sozialstruktur vorlagen, ging man von einer geschätzten Zahl von 20 Millionen Einwohnern in der britischen Zone aus. Dafür hielt man eine Stichprobengröße von 2000 bis 3000 Personen für angemessen, obschon das verwendete Sample gelegentlich erheblich größer war. Wie in der amerikanischen Zone wurde die Stichprobe an Hand der Lebensmittelkartenverzeichnisse gezogen und dabei versucht, das Verhältnis zwischen Stadt- und Landbevölkerung sowie verschiedene Merkmale (u. a. Geschlecht, Alter, Beruf, Konfession) zu berücksichtigen. Balfour und Johnston arbeiteten meist selbst die Fragen für zonenweite Umfragen aus und entwickelten standardisierte Fragebögen. Jedoch konnten die PORS-Einheiten in den Korpsbezirken und später in den Ländern der britischen Zone darüber hinaus eigene Umfragen veranstalten. Die ausgefüllten Fragebögen wurden in die Zentrale nach Bünde zurückgesandt, wo man die Antworten auf Lochkarten übertrug, die Grundauszählung mit einer Hollerithmaschine vornahm und meistens nach den soziodemographischen Merkmalen der Befragten aufbrach. Die Befunde einer oder mehrerer Befragungen wurden endlich in monatlichen Berichten (»Reports«) zusammengefaßt.[50] Dieses Verfahren sowie die Begründungen der gestellten Fragen dokumentierte erstmals ausführlich der sogenannte, Anfang Dezember 1946 abgeschlossene »Social Survey«, der Befunde aus 17 Fragen abermals zu Mediennutzung und -bewertung enthielt.[51]

Auch wenn Gültigkeit und Verläßlichkeit der Umfragen wegen verschiedener methodischer Unzulänglichkeiten von Balfour eher zurückhaltend eingzeschätzt wurden,[52] blieb wenigstens die Pressepolitik, an deren Konzeption und Durchführung Balfour als Direktor des ISC-Branch der PR/ISC-Group maßgeblich beteiligt war, seit Anfang 1947 offenbar nicht mehr unbeeindruckt von den Befunden. So erbrachte der eben angeführte »Social Survey« aus einer Befragung von 3935 Erwachsenen in der britischen Zone auf die Frage »Would you rather read (a) a party paper, (b) a non party paper?« mit dem Votum von 78,1 Prozent für eine parteiungebundene Zeitung eine klare Absage an die lizenzierten parteiorientierten Blätter. Und eine der wichtigsten Umfragen von PORS, bei der im Frühjahr 1947 4805 Erwachsene in der britischen Zone erneut nach ihrer Medienbewertung befragt wurden, ergab nach Einschätzung der Bünder Meinungsforscher nach knapp zwei Jahren britischer Informationspolitik in Deutschland ein insgesamt deprimierendes Meinungsbild, wie es die Antworten auf die beiden ersten Fragen beispielhaft verdeutlichen mögen:

Frage 1: Was meinen Sie, wieviele der in den Zeitungen veröffentlichten Nachrichten sind wahr?

alle	2,0 %
die meisten	21,6 %
ungefähr die Hälfte	40,0 %
einige	26,2 %
keine	4,6 %
keine Meinung	5,6 %

Frage 2: Glauben Sie, daß Ihnen Presse, Rundfunk und Filme[53] ausreichende Nachrichten über die Politik bieten?

Ja	49,0 %
Nein	36,7 %
keine Meinung	14,3 %.[54]

Diese Ergebnisse und die niedrige Akzeptanz der parteinahen Zeitungen veranlaßten schließlich die britische Militärregierung, zwar nicht den Lizenzierungsmodus grundsätzlich zu ändern, doch in der zweiten Lizenzierungsphase im Jahre 1948 parteiunabhängige Blätter zuzulassen.[55]

Da PORS bei der Auswertung der Umfrage-Ergebnisse keine Korrelationen erstellte,[56] wird man nur darüber spekulieren können, ob sich in den Meinungen über die Glaubwürdigkeit der Zeitungsnachrichten auch der bereits seit Frühjahr 1946 beobachtete Stimmungsumschwung in der britischen Zone niedergeschlagen hatte. Die enormen Leistungen der Militärregierung bei der Bewältigung der unmittelbaren Kriegszerstörungen und ihre Bemühungen um die Wiederherstellung der Infrastruktur in der britischen Zone während der ersten Nachkriegsmonate trugen zu einer grundsätzlich pro-britischen Einstellung der Bevölkerung und zu der bis Anfang 1946 verbreiteten Auffassung bei, wonach die britische Zone »als die für die Deutschen am besten geführte erschien.«[57] Um so gravierender mußte sich der Stimmungswandel ausnehmen, dessen Anlaß hauptsächlich mit den Kürzungen der Lebensmittelrationen im März 1946 in Zusammenhang gebracht, der indes schon zuvor beobachtet worden war.[58]

Bereits in der »Monthly Summary« von Mitte April 1946 führte Gibson die neue Rubrik »The Mood of the German People« ein. Sie sollte den Gesamteindruck der Auswerter über die Stimmung in der deutschen Bevölkerung wiedergeben und somit quasi die Folie bieten, auf der die einzelnen Umfrageergebnisse zu verstehen waren. Von Monat zu Monat registrierte diese Rubrik eine wachsende anti-britische Einstellung der Deutschen, die sich im besonderen gegen die Militärregierung richtete. Dabei glaubte man jedoch bald erkannt zu haben, daß die schlechte Ernährungslage nur eine von vielen Ursachen bildete. In einem düsteren Stimmungsbild versuchte die »Monthly Summary No. 5« Anfang August 1946, die wesentlichen Gründe zusammenzutragen:

»The serious deterioration in the food situation, the exhaustion of the population's cash reserves, the impossibility of obtaining clothing and of replacing consumer goods, little hope of emigration to more promising lands, the pressure of population in the British Zone, the acute housing shortage, the possible subdivision of Germany into at least east and west Zones, lack of a peace treaty – all these and more have bitten deeper into the confused and apathetic German mind. A wide and general growth of cynicism, hopelessness and the attendant bitterness has been remarkably noticeable. (...) Mil[ilitary] Gov[ernment] is being repeatedly compared with the Nazis«.[59]

Auf den Stimmungsumschwung dürfte es ganz entscheidend zurückzuführen sein, daß die Umfragen der ›Public Opinion Research Section‹ seit Balfours Mitwirkung nun auch Gegenstände des Besatzungsalltags, der Deutschland- und Besatzungspolitik, ihrer Ziele und Maßnahmen thematisierten und die Fragen zu Medienpolitik, -nutzung und -bewertung merklich in funktionaler Beziehung zu dem offensichtlichen Problem standen, wie die deutsche Bevölkerung – zumal unter den erschwerten Bedingungen des beginnenden Ost-West-Konflikts – über Ausmaß und tatsächliche Ursachen der Misere in der britischen Zone aufgeklärt, der britische Standpunkt in der Öffentlichkeit verdeutlicht und das Image von Besatzungsmacht und -verwaltung in der deutschen Bevölkerung verbessert werden könnten.

Immerhin zeigten die entsprechenden, ab Spätherbst vorliegenden Umfrageresultate,[60] wie wenig erfolgreich die ›Control Commission‹ und insbesondere die PR/ISC-Group bei ihrem Bemühen blieben, den Deutschen die Ursachen der Besatzungsrealität verständlich zu machen[61] und die richtigen Antworten zu finden auf den – vermeintlichen oder tatsächlichen – Unterschied zwischen den schon während des Krieges veröffentlichten, politischen Versprechungen und den daran geknüpften Erwartungen einerseits sowie der subjektiv wahrgenommen Wirklichkeit auf der anderen Seite. Die dem heutigen Leser eher amüsant erscheinenden, gleichwohl untrügerischen Indizien des sich verschärfenden Stimmungsklimas bildeten die kursierenden Witze.[62] Bitterernste Indikatoren dagegen stellten Themen, Aussagen und Verbreitung der allerorten grassierenden Gerüchte dar, auf die – offenbar auf Balfours Veranlassung hin – seit August 1946 die monatlichen Berichten aus Bünde ausführlich eingingen und die einen Zusammenhang zwischen der sich seit Winterbeginn dramatisch verschlechternden Versorgung der Bevölkerung mit Grundnahrungsmitteln, Kleidung und Heizmaterial und der sich vertiefenden Skepsis, wenn nicht gar Ablehnung der britischen Demokratisierungspolitik signalisierten.[63] Im November 1946 wurden erstmals 1421 Menschen in Hamburg und Schleswig-Holstein nach ihren größten Sorgen und Schwierigkeiten gefragt. 84 Prozent nannten »physische Schwierigkeiten« (in dieser Reihenfolge: Lebensmittel, Heizmaterial, Beschäftigung, Kleidung u. a.) und der Kommentar dazu lautete: »In the eyes of the majority of people enough food is the shibboleth of democracy and if food is insufficient, democracy is impossible.«[64]

Vier Monate nach den Urteilssprüchen im Nürnberger Kriegsverbrecherprozeß, mitten im bitterkalten Winter 1946/47, mußte man in Bünde mit unverhohlener Ratlosigkeit feststellen, in welchem Ausmaß sich die Stimmung der Deutschen verschlechterte: »It is significant to notice the increasing frequency with which conditions in Germany, general or particular, are compared to those in concentration camps with the implication that the penalties inflicted should be the same in both cases. The BBC in its wartime promises is portrayed as lying as badly as Goebbels, the British are a pack of hypocrites and the Germans are a much maligned and badly wronged people. It seemes incredible, looking back to the first half of 1945, that in less than two years the German people should be managing to convince themselves, it is not them but the Allies who are to blame.«[65]

Die Ratlosigkeit dürfte indes ebenso aus der Einsicht resultiert haben, daß Zusammenhänge, Dimensionen und Trends des Einstellungs- und Meinungswandels in der deutschen Bevölkerung mit dem methodischen Instrumentarium, das PORS anwendete, kaum angemessen erforscht werden konnten. Jedenfalls hatte sich die Erkenntnis, daß die öffentliche Meinung einen entscheidenden Faktor der Besatzungspolitik darstellte, inzwischen auch an der Spitze der Militärverwaltung durchgesetzt. Auf Grund der äußerst prekären innenpolitischen Lage war in der politischen Leitung der ›Control Commission‹ ein offensichtlich hoher Beratungsbedarf entstanden, der es angezeigt erscheinen ließ, eine sozialwissenschaftlich abgesicherte Meinungsforschung in der britischen Zone zu forcieren.

Doch mochte es für die unter den politischen Beamten der ›Control Commission‹ verbreitete Einstellung bezeichnend gewesen sein, daß hierzu – anders als in der amerikanischen Militärregierung – keine institutionelle Zusammenfassung von Umfrageplanung und -durchführung beabsichtigt war. In seinem Memorandum »The Necessity for a Survey of Public Opinion« vom 3. Dezember 1946 empfahl der stellvertretende Präsident der ›Governmental Sub-Commisson‹, Austin H. Albu, zwar die Einrichtung eines eigenen ›Public Opinion Research Branch‹. Wie der von Albu entwickelte Auftrag dieser Einrichtung zeigt, sollte es sich dabei jedoch ausschließlich um eine Koordinations- und Beratungsstelle handeln: »(1) Abstimmung und Bewertung von Berichten über die öffentliche Meinung aus allen Dienstbereichen der ›Control Commission‹ sowie die Herausgabe einer vierzehntäglichen Zusammenfassung; (2) Verfahrensvorschläge zur Verbesserung des Informationsstandes über die öffentliche Meinung; (3) Beratung des stellvertretenden Militärgouverneurs über die Meinungen der deutschen Bevölkerung, über ihre Reaktionen auf bereits in Kraft gesetzte Maßnahmen der Militärregierung sowie über die sozialen Folgen künftig beabsichtigter Maßnahmen; (4) Vorschläge für die Einführung der neuesten wissenschaftlichen Verfahren der Meinungsforschung und Schulungen in allen mit Umfragen befaßten Abteilungen der ›Control Commission‹; Einrichtung eines entsprechenden Beratungsbüros.«[66]

Nach diesem Konzept wurde der ›Public Opinion Research Branch‹ am 5. April 1947 mit Sitz in Herford eingerichtet und unmittelbar der ›Governmental Sub-Commission‹ nachgeordnet. Nach einer weiteren Umorganisation der ›Control Commission‹ ein halbes Jahr später und nach der Übernahme der ehemaligen PR/ISC-›Public Opinion Research Section‹ wurde die in ›Public Opinion Research Office‹ umbenannte Institution auch für die Durchführung von Umfragen zuständig. Damit begann in der britischen Zone eine neue Phase der Meinungsforschung.[67]

Anmerkungen

Bei meinen Recherchen erhielt ich vielfältige Informationen, Einschätzungen und Unterstützung. Besonderen Dank schulde ich den Professoren Michael Balfour (Oxford), Hans Braun (Trier), Friedrich P. Kahlenberg (Koblenz) und Kurt Koszyk (Dortmund) sowie Franz Bauske (Köln) und – last but not least – Klaus Wagner (Münster).

Sämtliche zitierten Akten befinden sich im Public Record Office (Kew). Auf diesen Nachweis wird daher in den folgenden Anmerkungen verzichtet; aufgeführt werden jeweils lediglich die Aktenbezeichnungen.

1 [Austin H. Albu]: »The Necessity for a Survey of Public Opinion« (3. 12. 1946). FO 1056/556
2 Vgl. Walter J. Schütz: Zwischen quantitativer und qualitativer Leserforschung. Zur Situation der Leserschaftsanalyse der deutschen Publikumszeitschriften. In: Publizistik 1. Jg. (1959), Nr. 2, S. 79–96
3 Vgl. Anna J.Merritt/Richard L.Merritt (Eds.): Public Opinion in Occupied Germany. The OMGUS-Surveys, 1945–1949. Urbana et al.: University of Illinois Press 1970
4 Vgl. dazu auch Friedhelm Neidhardt: Forschung über Meinungsforschung. In: ZA-Informationen 21 (November 1987), S. 18–28; Heinz H. Fischer/Franz Bauske: Einstellungen zum amerikanischen »reorientation program«. Exemplarische Beschreibung eines HICOG-Reports. In: ZA-Informationen 15 (November 1984), S. 53–57
5 Vgl. Barbara Marshall: German Attitudes to British Military Government, 1945–1947. In: Journal of Contemporary History 15. Jg. (1980), Nr. 4, S. 655–684; Josef Foschepoth: Zur deutschen Reaktion auf Niederlage und Besatzung. In: Josef Foschepoth/Rolf Steininger (Hrsg.): Die britische Deutschland- und Besatzungspolitik 1945–1949. Paderborn: Ferdinand Schöningh 1985, S. 151–165; Hans Braun (u. a.): Die sozialwissenschaftliche Forschung im Rahmen der britischen Besatzungspolitik in Westdeutschland zwischen 1945 und 1949. 2 Bde. Trier 1989; Hans Braun (u. a.): Die Sozialforschung im Rahmen der britischen Besatzungspolitik. Eine Datenquelle zur Erhellung der Lebensbedingungen im Nachkriegsdeutschland. In: Tel Aviver Jahrbuch für deutsche Geschichte 19. Jg. (1990), S. 461–476; David Welch: Priming the Pump of German Democracy. British »Re-education« Policy in Germany after the Second World War. In: Ian D. Turner (Ed.): Reconstruction in Post-War Germany. British Occupation Policy and the Western Zones 1945–1955. Oxford et al.: Berg Publishers 1989, S. 215–238
6 Im Grunde handelte es sich dabei um eine ressortspezifische Fortführung der operativen Aufklärung nach dem Waffenstillstand, unter die während der Kampfhandlungen der Frontnach-

richtendienst, die Befragung von Kriegsgefangenen und die Auswertung von erbeuteten Dokumenten fiel. Zur Begriffsexplikation vgl. Winfried B. Lerg: Alliierter Psychokrieg am Niederrhein 1944/45. Aus den Erinnerungen eines Vernehmungsoffiziers. Ein Beitrag zur Kommunikatorgeschichte. In: Kurt Koszyk/Volker Schulze (Hrsg.): Die Zeitung als Persönlichkeit. Festschrift für Karl Bringmann. Düsseldorf: Droste Verlag 1982, S. 195–230; 224

7   Mit den Zielen der britischen Deutschland- und Besatzungspolitik haben sich seit Mitte der 70er Jahre, als die amtlichen Quellen der Londoner Behörden und der Militärregierung für die Forschung freigegeben wurden, zahlreiche zeithistorische Studien befaßt. Einen guten Überblick bieten die Sammelpublikationen von Claus Scharf/Hans-Jürgen Schröder (Hrsg.): Die Deutschlandpolitik Großbritanniens und die britische Zone: 1945–1949. Wiesbaden: Steiner 1979 und von Josef Foschepoth/Rolf Steininger (Hrsg.): Die britische Deutschland- und Besatzungspolitik 1945–1949. Paderborn: Ferdinand Schöningh 1985. Verwiesen sei ferner auf die beiden grundlegenden Darstellungen von Lothar Kettenacker: Krieg zur Friedenssicherung. Die Deutschlandplanung der britischen Regierung während des Zweiten Weltkriegs. Göttingen: Vandenhoek & Ruprecht 1989 sowie von Albrecht Tyrell: Großbritannien und die Deutschlandplanung der Alliierten 1941–1945. Frankfurt/Main: Alfred Metzner 1985. Wichtige Studien über die an der Besatzungspolitik beteiligten britischen Behörden publizierten Frank S.V. Donnison: Civil Affairs and Military Government. Central Organisation and Planning. London 1966 sowie Ulrich Reusch: Die Londoner Institutionen der britischen Deutschlandpolitik 1943–1949. In: Historisches Jahrbuch 100. Jg. (1980), S. 318–423. – Speziell mit der Medienpolitik für Deutschland befassen sich Kurt Koszyk: Pressepolitik für Deutsche 1945–1949. Geschichte der deutschen Presse. Bd. IV. Berlin: Colloquium Verlag 1986 und Arnulf Kutsch: Unter britischer Kontrolle. Der Zonensender 1945–1948. In: Wolfram Köhler (Hrsg.): Der NDR. Zwischen Programm und Politik. Beiträge zu seiner Geschichte. Hannover: Schlüter'sche Verlagsanstalt 1991, S. 83–148

8   »Control Commission for Germany (BE) to War Office« (25. 9. 1944) [mit zwei Anhängen: »A. Control Commission for Germany (British Element). Information Services Control. Proposed War Establishment«; »B. Control Commission for Germany (British Element). Information Services Control Branch. Functions of Sections«]. FO 936/125

9   FO 371/39054
    Detaillierte Pläne für Neuaufbau und -organisation der deutschen Publizistik wurden seit Mitte 1944 von der ›Psychological Warfare Division‹ entwickelt; vgl. vor allem: »PWD Outline Plan for Operation ›Talisman‹« [First Draft] (3. 8. 1944); [›Talisman‹] »Memorandum No. 15. Psychological Warfare Requirements and Plan« (31. 8. 1944); »Provisional Directive for Psychological Warfare and Control of Information Services in Germany« (14. 9. 1944). FO 898/400; PWD/SHAEF: »›Eclipse‹ Memorandum No. 15. Psychological Warfare Requirements and Plan« (4. 12. 1944). FO 371/46702

10 Bezeichnend für diese Planungen war, daß der erste Organisationsentwurf keinen Dienstbereich für die Politik der Pressezensur (›Press Censorship Section‹) vorsah. Er wurde erst einen Monat später in den Plan aufgenommen. Vgl. »Control Commission for Germany (BE) to War Office« (24. 10. 1944). FO 936/125

11 Vgl.: »Mr. Harvey« [Ungezeichnete Aktennotiz für den Under-Secretary für das German Department des Foreign Office, Oliver Harvey] (9. 7. 1945). FO 898/401

12 Vgl. Jochen Thies: What is going on in Germany? Britische Militärverwaltung in Deutschland

1945/46. In: Claus Scharf/Hans-Jürgen Schröder (wie Anm. 7), S. 29–50; Ullrich Schneider: Grundzüge britischer Deutschland- und Besatzungspolitik. In: Zeitgeschichte 9. Jg. (1981), Nr. 3, S. 73–89; Ullrich Schneider: Zur Deutschland- und Besatzungspolitik Großbritanniens im Rahmen der Vier-Mächte-Kontrolle Deutschlands vom Kriegsende bis Herbst 1945. In: Militärgeschichtliche Mitteilungen 31. Jg. (1982), Nr. 1, S. 77–112; Ullrich Schneider: Nach dem Sieg: Besatzungspolitik und Militärregierung 1945. In: Josef Foschepoth/Rolf Steininger (wie Anm.7), S. 47–64; Ulrich Reusch: Das Besatzungsregiment der Briten. Planung, Politik und Praktiken (1943/45 – 1950). In: Geschichte, Politik und ihre Didaktik 13. Jg. (1985), S. 181–188

13 Vgl. Chief of Staff [d. i. A. Galloway], HQ 21. Army Group: »Status of Information Control« (16. 7. 1945). FO 1056/20 und 1056/25; s. a. W.[illiam] H.[enry] A.[lexander] Bishop: »Note on Information Control Units« (ohne Datum; ~ Mai 1946). FO 1056/23. – Gleichwohl übten die Kommandeure der Korpsbezirke während der ersten Wochen der Militärverwaltung in der Zone auf die Information Control Units beachtlichen Einfluß aus, insbesondere so weit es die lokale Pressepolitik betraf; zu den pressepolitischen Prioritäten der Korpskommandeure vgl. Kurt Koszyk (wie Anm. 7), S. 132

14 Vgl. »Control Commission for Germany (BE) to War Office« (19. 6. 1945) [mit 5 Anhängen]. FO 936/125 – Nach dieser Entscheidung wurde der ›No. 5 Public Relations Service‹ (einschließlich die zu ihm gehörende ›Public Relations Car Company‹) sowie die ›No. 5 Army Film and Photo Section‹ der 21. Heeresgruppe in die PR/ISC-Group integriert.
Vgl. ferner: Jochen Thies (wie Anm. 12), S. 37 f.; Kurt Koszyk (wie Anm. 7), S. 134; –: The Dual Responsibility of PR/ISC. Avoiding the Mistakes Made after 1918. In: British Zone Review 1. Jg. (1945/47), Nr. 8 (4. 1. 1946), S. 22–23

15 Die Ursachen für den Wandel der britischen Medienpolitik sind vor allem darin zu suchen, daß wesentliche Voraussetzungen, von welchen die Nachkriegsplanungen ausgingen, sich wenigstens kurzfristig als kaum realisierbar erwiesen. Dazu hatte die von den Sowjets seit Mai 1945 in Berlin betriebene Medienpolitik beigetragen, aber auch die französische Abneigung, zentrale Medieneinrichtungen unter Vier-Mächte-Kontrolle zu schaffen, wie es die anglo-amerikanischen Planungen insbesondere für den Rundfunk vorsahen. Vgl. Lawrence Raymond Hartenian: Propaganda and the Control of Information in Occupied Germany. The U.S. Information Control Division at ›Radio Frankfurt‹, 1945–1949. Ann Arbor, Mich.: University Microfilms Internat. 1985; Harold Hurwitz: Die Eintracht der Siegermächte und die Orientierungsnot der Deutschen 1945–1946. Köln: Verlag Wissenschaft und Politik 1984; Kurt Koszyk (wie Anm. 7); Arnulf Kutsch (wie Anm. 7)

16 Die binnenorganisatorische Ausfächerung in Funktionsgruppen wurde wenig später um eine fünfte, für Einrichtung und Tätigkeit der britischen Informationszentren ›Die Brücke‹ zuständige Gruppe erweitert. Hinzu kamen Kontrolleinheiten bei verschiedenen Medieneinrichtungen. Vgl. dazu auch das Schaubild am Ende dieses Beitrages.

17 »Control Commission for Germany (BE) to War Office« (19. 6. 1945) (wie Anm. 14)

18 Vgl. dazu die Übersicht in [Austin H. Albu]: »The Necessity for a Survey of Public Opinion« (3. 12. 1946). FO 1056/556

19 So hieß es beispielsweise in einem Schreiben der ›Political Division‹ (CCG) an die Intelligence-Group am 14. 11. 1945: »Die destruktivsten Gerüchte, die jetzt im Umlauf sind, verfolgen die politische Absicht, die Alliierten zu spalten. (...) Wir nehmen an, daß PR/ISC her-

ausfindet, welche Informationsmittel genutzt werden könnten, um die Alliierten in der Öffentlichkeit zusammenzubringen und denjenigen, die diese Gerüchte verbreiten, den Boden zu entziehen.« FO 1049/154

20 Vgl.dazu besonders: »Information and Intelligence Services for Germany and Austria« [Protokoll einer Besprechung von Vertretern des Außenministeriums, Kriegsministeriums, der CCG und des Schatzamts am 30. 5. 1945 in London] (5. 6. 1945). FO 936/125

21 Frederick W. Williams: Foreword. In: Anna J. Merritt/Richard L. Merritt (Eds.) (wie Anm. 3), S. XX. Allerdings ist bisher noch nicht im Einzelnen untersucht worden, ob das von Williams behauptete Interesse für die Meinungsforschung in der Militärregierung tatsächlich vorhanden war und welchen Einfluß die Umfrageergebnisse auf die Besatzungspolitik hatten.

22 Vgl.: Anna J. Merritt/Richard L. Merritt (Eds.) (wie Anm. 3); Frederick W. Williams: German Opinion and American Isolationism. In: The Public Opinion Quarterly 17. Jg. (1947), Nr. 2, S. 179–188; Leo P. Crespi: The Influence of Military Government Sponsorship in German Opinion Polling. In: International Journal of Opinion and Attitude Research 5. Jg. (1950), Nr. 2, S. 151–178 sowie den daran anschließenden Methodendiskurs zwischen Frederick W. Williams und Leo P. Crespi, Ebenda, Nr. 3, S. 415–418; Leo P. Crespi: America's Interest in German Survey Research. In: Empirische Sozialforschung. Meinungs- und Marktforschung. Methoden und Probleme. Frankfurt/Main: Institut zur Förderung öffentlicher Angelegenheiten 1952, S. 215–217;

Vgl. neuerdings: Hans Braun/Stephan Articus: Sozialwissenschaftliche Forschung im Rahmen der amerikanischen Besatzungspolitik 1945–1949. In: Kölner Zeitschrift für Soziologie und Sozialpsychologie 36. Jg. (1984), Nr. 4, S. 703–737; Heinz H. Fischer/Franz Bauske: Die Anfänge der empirischen Sozialforschung in Deutschland nach dem Kriege. Die OMGUS-, HICOG- und EMBASSY-Studien. In: ZA-Informationen 14 (Mai 1984), S. 28–31; Heinz H. Fischer: Trends in German Public Opinion. Längsschnittstudien unter amerikanischer Leitung im Nachkriegsdeutschland. In: ZA-Informationen 16 (Mai 1985), S. 74–78; Heinz H. Fischer: Das Amerikabild in der deutschen Bevölkerung nach dem Zweiten Weltkrieg. Eine Untersuchung auf der Basis der OMGUS- und HICOG-Berichte. 2 Teile. In: ZA-Informationen 17 (November 1985), S. 51–60; ZA-Informationen 18 (Mai 1986), S. 56–57; Norbert Frei: Startkontrolle. Eine amerikanische Meinungsumfrage zur ›Frankfurter Rundschau‹ vom August 1945. In: Publizistik 30. Jg. (1985), Nr. 2–3, S. 216–228; Winfried B. Lerg: (wie Anm. 6); Winfried B. Lerg: Morris Janowitz 1919–1988. In: Publizistik 35. Jg. (1990), Nr. 1, S. 104–114

23 Die Forschung über die britische »re-education«-Politik ist in den zurückliegenden Jahren erheblich intensiviert worden. Eine Einschätzung aus britischer Sicht veröffentlichten kürzlich David Welch: The political re-education of Germany after World War II: a need for a reappraisal? In: German History Jg. 1987, Nr. 4, S. 23–45 sowie Michael Balfour: Re-education in Germany after 1945: Some further considerations. Ebenda Jg. 1987, Nr. 5, 24–34

24 Vgl. dazu INF 1/263; 1/266–269; 1/273; 1/278–279; 1/293 sowie Michael Balfour: Propaganda in War 1939–1945. Organisations, Policies and Publics in Britain and Germany. London et al.: Routledge & Kegan Paul 1979, S. 72 ff.; ferner: Joseph R. Starr: Research activities of British political parties. In: The Public Opinion Quarterly 1. Jg. (1937), Nr. 4, S. 99–107

25 Schriftliche Auskunft von Michael Balfour (13. 2. 1989)

26 Diese Einstellung offenbarten noch die höchst zwiespältigen Antworten auf eine Umfrage über den Nutzen der Ergebnisse der Meinungsforschung in der britischen Zone, die das ›Public Opinion Research Office‹ (PORO) im Juni 1948 unter den Dienststellen der ›Control-Commission‹ veranstaltete. So antwortete etwa der Chief Manpower Officer (Land Nordrhein-Westfalen): »The papers presented by PORO are often interesting. To be quite frank, however, they seldom tell us anything we do not already know pretty well; and to us their utility is not commensurate with the time required to read them.« FO 1056/556

27 Vgl.: »Mr. Harvey« (wie Anm. 11);
In diesem Zusammenhang sei erwähnt, daß die Richtlinien für Aufbau, Auftrag und Verfahren der Aufklärungsabteilungen der Information Control Units, die das Mitte April 1945 von der ›Psychological Warfare Division‹ ausgegebene ›Handbuch für die Kontrolle der deutschen Informationdienste‹ festlegte, ausdrücklich nicht für die britischen Verbände galten. Vgl. The Psychological Warfare Division, Supreme Headquarters Allied Expeditionary Force. An Account of its Operations in the Western European Campaign, 1944–1945. Bad Homburg 1945, S. 237–241

28 In seiner Darstellung über die ›Psychological Warfare Division‹ gelangte Daniel Lerner, einer der damaligen Mitarbeiter in der Aufklärungsabteilung von PWD, zu dem Urteil: »The Canadian and British armies assembled under 21st A[rmy] G[roup] reflected faithfully, in the field of sykewar, the attitude of their headquarters as a whole toward SHAEF. They sent the higher headquarters little information, asked it for little advice, and acted on its orders more or less as they pleased. Their sykewar chief, Brigadier Neville, like his commander Marshal Montgomery, tended to ›run his own show‹«. Daniel Lerner: Sykewar. Pschychological warfare against Germany, D-Day to VE-Day. New York: George W. Stewart 1949, S. 56.
Das Verdikt deckt sich mit einer Beschwerde, die der stellvertretende Leiter der PWD-›Intelligence Section‹, der Brite Michael Balfour, an das ›Foreign Office‹ richtete: »All through the winter [1944/45] only about 1 per cent of the intelligence reaching PWD from P[sychological] W[arfare] teams in the field has emanated from 21 Army Group«. »Michael Balfour (PWD/SHAEF) to Political Intelligence Department/Foreign Office« (22. 6. 1945). FO 898/401

29 Ausführlicher dazu Hans Braun (wie Anm. 5) und Winfried B. Lerg (wie Anm. 6)

30 »Information Services Control Branch to Information Control Units« (20. 10. 1945). FO 1056/21

31 Vgl. Barbara Marshall (wie Anm.5), S. 658;
Abgesehen von den Aufklärungs-Stäben beobachtete vor allem der ›Public Safety Branch‹ der ›Internal Affairs and Communications Division‹ Stimmungen und Meinungen der deutschen Bevölkerung. Der im Dezember 1945 eingerichtete ›Survey Branch‹ dieser Abteilung führte darüberhinaus eine ganze Reihe sozialstatistischer Erhebungen durch, u. a. über die Ernährungslage in der britischen Zone. Vgl. u. a. FO 1005/1845; 1014/38, 240, 490; 1050/250–251, 619

32 Vgl. G.P.R.B. [= German Peronnel Research Branch]:A study of German mentality. In: British Zone Review 1. Jg. (1945/47), Nr. 26 (14. 9. 1946), S. 1–2; James R. White: Public Opinion. In: British Zone Review 2. Jg. (1948/49), Nr. 8 (31. 1. 1948), S. 16

33 Vgl. German Personnel Research Branch: »Social Survey No. 1: Attitudes of Germans to Coal Mining«; »Social Survey. Report No. 2: Medical Report on the Standard of Health of

1059 Employes of Krupp«; »Social Survey. Report No. 3: A Report on the Attitudes of Rejected University Students, 31. 12. 1946«; »Social Survey. Report No. 4: The Coal-Miner and His Family. A Study in Incentives, 31. 12. 1946«; »Social Survey. Report No. 5: The Life and Working Conditions of the Mining-Trainee, 31. 12. 1946«. FO 1005/1738, 1049/535 und 1056/562

34 Vgl. »Information and Intelligence Services for Germany and Austria« (wie Anm. 20)
35 Mündliche Auskunft von Michael Balfour (3. 3. 1989, Oxford). In wenigstens zwei Korpsbezirken wurde die Aufgabe von den Intelligence-Offizieren übernommen. Vgl.auch Barbara Marshall (wie Anm. 5), S. 658; F.E.F. J[ohnston]: Public Opinion. Probing the German Mind. In: British Zone Review 1. Jg. (1945/47), Nr. 36 (1. 2. 1947), S. 5
Die Namen der – wie sie bald hießen – ›Public Opinion Research Officer‹ in den ISC-Units der Korpsbezirke konnten erst für die Zeit ab 1947 ermittelt werden. Doch kann mit großer Wahrscheinlichkeit angenommen werden, daß Heth S.A. White (Lieutenant) im 1., sowie K.A. Cottam (Major) im 8. Korpsbezirk diese Aufgaben schon Anfang 1946 wahrnahmen. Cottam (* 7. 5. 1913 Rotherham, Yorkshire), der einzige POR-Offizier, zu welchem sich in den Akten Personalangaben fanden, war nach dem Erwerb des Bachelor of Arts seit 1937 als Submanager Export bei John Brown Ltd. in Sheffield und seit 1938 als Senior German Master am Polytechnical London tätig. Nach eigenen Angaben promovierte er am 3. 9. 1939 an der Universität Königsberg zum Dr. phil. [die Angabe und das Dissertationsthema konnten jedoch v. Verf. nicht verifiziert werden]. Vom 19. 9. 1939 bis zum 29. 10. 1945 diente er im britischen Heer und wechselte dann im Rang eines Majors in die ›Control Commission (BE)‹.
36 Deutsche Hörerbriefe an die BBC mußten ab Mitte Oktober 1945 an eine Deckadresse beim Bürgermeisteramt in Bad Oeynhausen gerichtet werden, wo sie zunächst von der Aufklärungs-Abteilung der Kontroll-Kommission ausgewertet und dann nach London weitergeleitet wurden.
37 »Information Services Control Branch to Information Control Units« (20. 10. 1945) [mit einem Anhang]. FO 1056/21; der explizite Hinweis auf »Gespräche« mit deutschen Zivilisten findet sich erstmals in diesem Dokument, nachdem die strikte »Non-Fraternisation«-Politik, die die britischen Besatzungsoffiziere zu befolgen hatten und die eigentlich solche Kontakte ausschloß, offiziell im Juli 1945 gelockert worden war.
38 »Information Services Control Branch to Information Control Units« (17. 11. 1945). FO 1056/21; ISC-Branch: »Intelligence Summary No. 8« (For period ending 10. 1. 1946), S. 4 f.; »Intelligence Summary No. 10« (For period ending 6. 2. 1946), S. 1. FO 1005/1739
39 Vgl. auch: »The cultural and sporting parts of ›Welt im Film‹ are the most popular. Berliners regard this as an occasion to let off steam: for example the appearance of a Russian on the screen wearing a watch was greeted with shouts of ›That's my watch‹« ISC-Branch: »Intelligence Summary No. 6« (For period ending 30. 11. 1945), S. 3. FO 1005/1739
40 Vgl.: ISC-Branch: »Intelligence Summary No. 10« (For period ending 6. 2. 1946), S. 5f. FO 1005/1739
Trotz ihrer Ortsspezifika bieten diese Berichte der historischen Rezeptionsforschung wertvolle Hinweise. Verwiesen sei besonders auf »1. Corps District. Information Services Control: Weekly Report« No. 15 (8. 9. 1945); No. 17 (24. 9. 1945); »30. Corps District. Information Services Control: Report« (17. 9. 1945) mit Stellungnahmen von Redakteuren zu den britischen overt-paper ›Norddeutsche Zeitung‹, ›Nordwest Nachrichten‹ und ›Neue Rheinische

Zeitung«. FO 371/46933 – 46935 sowie ISC-Branch: »Monthly Summary No. 2« (For period ending 18. 4. 1946)«, »Monthly Summary No. 3« (For period ending 1. 6. 1946)« und »Monthly Summary No. 4« (For period ending 4. 7. 1946) mit Stellungnahmen deutscher Leser zu den ersten, in der britischen Zone lizenzierten Zeitungen. FO 1005/1753

41 Vgl. ISC-Branch: »Intelligence Summary No. 5« (For period ending 14. 11. 1945), S. 4f. FO 1005/1739

42 »Information Services Control Branch to Information Control Units« (20. 10. 1945) (wie Anm. 37) Diesen Wandel machte zudem die neue Publikations-Serie deutlich, die seit März 1946 in Bünde unter dem Titel »Monthly Summary« zusammengestellt wurde und damit jeden Hinweis auf einen ›Intelligence‹-Zusammenhang vermied.
In den folgenden Monaten und Jahren kam es zwischen der PR/ISC-Meinungsforschung und der von ihr meist als »our friends« bezeichneten ›Intelligence Division‹ der Kontroll-Kommission zu gelegentlichen Spannungen, die auf eine mangelnde Kompetenzabgrenzung zurückgingen. Der dabei mitunter angeschlagene rüde Ton sei an einem Schreiben des Group Headquarters (Itzehoe) an PR/ISC (Land Schleswig-Holstein) vom 13. 8. 1947 belegt, in welchem es hieß: »Please investigate the territory for which your sleuths are responsible and issue such instructions as you think fit. There appears to be some duplication.« FO 1006/337.
Ende Juli 1947 wurde auf einer PORO-Konferenz in Bünde sogar beschlossen, deutsche »fieldworker«, die auch für die ›Intelligence Divison‹ tätig waren, sofort zu entlassen. Vgl.: »Decisions taken at POROs Conference, 23. July« (24. 7. 1947). FO 1056/555

43 ISC-Branch: »Intelligence Summary No. 8« (For period ending 10. 1. 1946), S. 4f. sowie ›Appendix A‹. FO 1005:1739
Die erste nachweisbare Umfrage fand in Ploen statt, wo der Aufklärungsoffizier der ›No. 8 Information Control Unit‹ in der dritten Septemberwoche 1945 durch die örtliche Konfirmationsklasse 1000 Fragebögen mit 13 Fragen zu Inhalt, Umfang und Erscheinungsweise des overt-paper ›Lübecker Post‹ verteilen ließ. Die Auswertung der insgesamt 311 vollständig ausgefüllten Bögen besorgte ein – namentlich nicht genannter – Professor der Universität Kiel. Hierzu und zur Zusammenfassung der Befunde vgl. Information Services Control Branch: »Intelligence Summary No. 4« (3. 11. 1945). FO 1005/1739
Mitte Dezember 1945 plante die ›Berlin Information Control Unit‹ in der ehemaligen Reichshauptstadt offenbar eine Umfrage über Nutzung und Bewertung der Zeitungen. Überliefert ist der 15 Fragen umfassende »Suggested Questionnaire« in FO 1056/26

44 Ein besonders auffälliges Beispiel dafür ist die Lizenzierung parteinaher Zeitungen in der britischen Zone, die bis in das Jahr 1947 fortgesetzt wurde, obwohl es schon seit Anfang 1946 unzweideutige Hinweise dafür gab, daß die Bevölkerung diesen Pressetyp mehrheitlich ablehnte. Vgl.: Information Control Branch: »Monthly Summary No. 1« (For period ending 18. 3. 1946). FO 371/55798
Dieser Trend verstärkte sich im Laufe des Jahres 1946. So hieß es in der »Monthly Summary No. 4« (For period ending 4. 7. 1946): »The political affiliation of a paper seems to be no guide to its popularity, rather the reverse. Very few Germans, except the zealots, have any confidence in their present political parties as such – hence the popularity of any non-party newspaper and the insistent cry for more objectivity.« Einen Monat später fiel die Einschätzung der Stimmung noch drastischer aus: »That the papers are outspokenly political in character is disliked by the fairly large percentage of people who, not knowing parties, see the

devil himself in them and who had hoped for a press unfettered by political parties.«»Monthly Summary No. 5« (For period ending 7. 8. 1946) FO 1005/1753.
In der amerikanischen Zone lagen die Verhältnisse ähnlich. Eine dort und in West-Berlin in den letzten drei Juni-Wochen 1946 durchgeführte Befragung von 8029 Erwachsenen über ihre Einstellung zu den Lizenzzeitungen ergab: »A large majority (77 %) of newspaper readers preferred papers with no political party domination«. Anna J. Merritt/Richard L. Merritt (Eds.) (wie Anm. 3), S. 102f.

45 ISC-Branch: »Monthly Summary No. 3« (For period ending 1. 6. 1946), S. 26 FO 1005/1753; die Frage wurde bei späteren Umfragen nicht wiederholt.
46 FO 1005/1753; PR/ISC: »Objects and duties of ISC-Branch« (ohne Datum; ~ November 1946). FO 1056/31
47 Schriftliche Auskunft von Michael Balfour (13. 2. 1989); zu den Kontakten gehörte auch der regelmäßige Austausch der Umfrageergebnisse, vgl. FO 1056/130
48 Anfang Dezember waren für PORS bereits sieben britische Offiziere (drei in Bünde sowie je einer in den Korpsbezirken und in Berlin) und 250 deutsche Interviewer tätig. »Public Opinion Research« (6. 12. 1946). FO 1056/31; Listen der deutschen Mitarbeiter befinden sich in den Beständen FO 1056/543 und 1056/554
49 Vgl. J.W.N.: Counting the people. In: British Zone Review 1. Jg. (1945/47), Nr. 25 (31. 8. 1946), S. 4; die Ergebnisse sind zusammengefaßt in PORO: »Report No. 1 Population Statistics for the British Zone of Germany« (21. 5. 1947) [Serie »Full Length Reports«]. FO 1056/544
50 Schriftliche Auskunft von Michael Balfour (13. 2. 1989); ferner ISC-Branch: »German Reaction Report No. 11« (For period ending 29. 12. 1946), S.8. FO 371/64516; H.[eth] S.A. W.[hite]: What the Germans think today. In: British Zone Review 1. Jg. (1945/47), Nr. 25 (31. 8. 1946), S.1–2; F.E.F. J[ohnston] (wie Anm. 35), S. 5; Braun et al. (wie Anm. 5), S. 474f.
51 ISC Branch: »Survey of German Public Opinion No. 1 [10]« (For period ending 1. 12. 1946). FO 1056/93
52 Schriftliche Auskunft von Michael Balfour (13. 2. 1989)
53 Gemeint sind Wochenschauen
54 ISC-Branch: »German Reaction Report No. 14« (For period ending 20. 4. 1947). FO 371/64516 [Übersetzung durch d. Verf.].
Es ist zu berücksichtigen, daß zum Zeitpunkt der Umfrage – die exakten Interviewdaten sind nicht überliefert – die »Zeitungen« in der britischen Zone jeweils nur mit zwei Ausgaben pro Woche erschienen, und daß etwa 38 Prozent der Befragten angaben, kein Rundfunkgerät zu besitzen.
Eine ähnliche Umfrage zur Medienbewertung wurde im Vorfeld der Moskauer Außenminister-Konferenz im Juni 1947 unter 6000 Einwohnern der britischen Zone durchgeführt. Die Grundauszählung auf die Frage, ob die zur Information über die Konferenz benutzten Mittel umfassend und glaubwürdig berichten, ergab:

	Zeitungen	Rundfunk		Zeitungen	Rundfunk
umfassend	41,1 %	50,0 %	glaubwürdig	25,6 %	28,3 %
nicht umfassend			unglaubwürdig	45,4 %	40,6 %
genug	47,7 %	37,3 %	weiß ich nicht	29,0 %	31,1 %
weiß ich nicht	11,2 %	12,7 %			

ISB-Branch: »German Reaction Report No. 16« (For period ending 20. 6. 1947). FO 371/64516 [Übersetzung durch d. Verf.].

55 Vgl. Kurt Koszyk (wie Anm. 7), S. 160 ff, 229 ff.; Gerd Meier: Die Lizenzzeitungen in der britischen Besatzungszone. Voraussetzungen und Wirkungen. Magisterarbeit Universität Bielefeld vom November 1990, S. 113ff.

56 In dieser Hinsicht unterschied sich das methodische Niveau deutlich von den Umfragen der ›Opinion Survey Section‹ der amerikanischen Militärregierung. So wurden etwa die Antworten einer am 1. 5. 1947 in der amerikanischen Zone abgeschlossenen Umfrage über »Confidence in news in present-day Germany«, die wesentlich positivere Voten als in der britischen Zone ergab, korreliert mit der Einstellung der Befragten zum Nationalsozialismus. Dabei ermittelte man als generelles Fazit: »The more one was inclined to suspect the postwar news, the greater the sympathy for the idea of National Socialism.« vgl. Anna J. Merritt/Richard L. Merritt (wie Anm. 3), S. 158f.

57 Jochen Thies (wie Anm. 12), S. 38; vgl. ferner ausführlich Michael Balfour: Vier-Mächte-Kontrolle in Deutschland 1945–1946. Düsseldorf: Droste Verlag 1959 sowie Barbara Marshall (wie Anm. 4), S. 656; Josef Foschepoth (wie Anm. 5), S. 159ff.

58 Vgl. beispielsweise: »Political Intelligence Department-Directive on Information and Publicity to Germany and Austria for Week Beginning 23. 2. 1946: ›In Germany democracy tends to be associated with conditions of disaster, disorder and defeat. Memories of dictatorship are for most past memories of better times‹«. »War Office to PR/ISC« (21. 2. 1946). FO 946/5

59 ISC-Branch: »Monthly Summary No. 5« (For period ending 7. 8. 1946), S. 1. FO 1005/1753

60 Vgl. ausführlich dazu Barbara Marshall (wie Anm. 5). Der Ausweitung der Gegenstände entsprechend, wurde der Titel der Monatsberichte mit den Umfrageergebnissen aus Bünde im Herbst 1946 in »Public Opinion Summary« umbenannt.

61 Vgl. Kurt Koszyk (wie Anm. 7), S. 164 ff.; Peter Rzeznitzeck: Von der Rigorosität in den Pragmatismus. Aspekte britischer Presse- und Informationspolitik im Nachkriegs-Deutschland (1945–1949). Diss.phil. Universität Düsseldorf vom 24./25. 10. 1989, S. 103 f.; Michael Thomas: Deutschland, England über alles. Rückkehr als Besatzungsoffizier. Berlin: Wolf Jobst Siedler 1984, S. 234 ff.; s. a. Macfee Kerr: What's wrong with British administration? Some reasons for the decline of our popularity in the Zone. In: British Zone Review 1. Jg. (1945/47), Nr. 23 (3. 8. 1946), S. 13

62 Beispielsweise wurde im Oktober 1946 folgender Witz erzählt:» Tuennes meets Schael, who is carrying a wireless set under his arm. Tuennes: ›What's the matter with your radio?‹ Schael: ›Kaputt – It could just stand Goebbels but now it has had too much.‹« ISC-Branch: »Monthly Summary No. 8« (For period ending 25. 10. 1946), S. 17. FO 1005/1753

63 Vgl. auch M. L. G. B.[alfour]: Rumours. In: British Zone Review 1. Jg. (1945/47), Nr. 23 (3. 8. 1946), S. 1–2

64 ISC-Branch: »Public Opinion Summary No. 9« (For period ending 27. 11. 1946), S. 25. FO

1005/1753; die Frage war vermutlich nach dem entsprechenden Vorbild aus den Umfragen in der amerikanischen Zone gestellt worden.

65 ISC-Branch: »German Reaction Report No. 12« (For period ending 28. 1. 1947), S. 3; vgl. auch M. L. G. B.[alfour]: In Germany today. The mood of the people. In: British Zone Review 1. Jg. (1945/47), Nr. 34 (4. 1. 1947), S. 4

66 [Austin H. Albu:] »The Necessity for a Survey of Public Opinion« (3. 12. 1946). FO 1056/556

67 Vgl. dazu besonders FO 1056/550 – 556; Hans Braun (et al.) (wie Anm. 5)

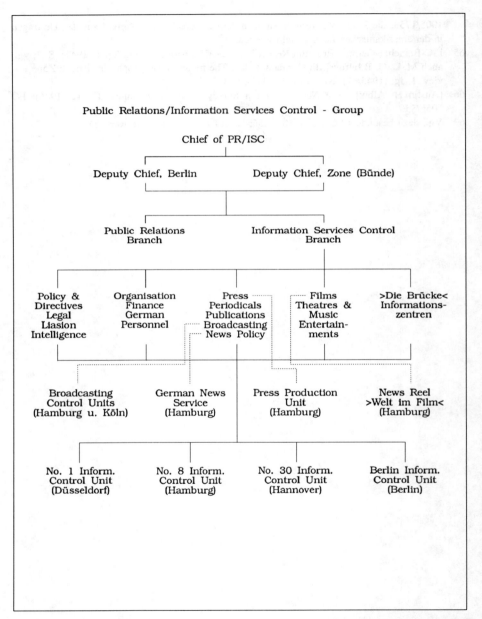

Stand: Oktober 1945

Gertrude J. Robinson

Der Einfluß der Frauenforschung auf die nord-amerikanische Kommunikationswissenschaft
Erste Ansätze

Die komplexe Beziehung zwischen Kommunikationswissenschaft und feministischer Forschung ist schwer zu entwirren. Gleichwohl hat eine ganze Reihe von Wissenschaftlerinnen damit begonnen, in grundlegenden Forschungen den theoretischen Einfluß beider Disziplinen aufeinander zu untersuchen. Unter ihnen sind Lana Rakow, Paula Treichler, Ellen Wartella und Brenda Dervin aus den Vereinigten Staaten zu nennen wie auch Helen Baehr aus Großbritannien und ich aus Kanada.[1] An anderer Stelle habe ich mich über mehrere Gründe für diese Schwierigkeit geäußert. Hier nur soviel: In erster Linie ist der Sachverhalt maßgebend, daß Kommunikationsforschung »interdisziplinär« zusammengesetzt ist, Wissenschaftler aus verschiedenen Disziplinen zusammenarbeiten, um verwandten Problemen der Kommunikationswissenschaft nachzugehen, wie Stephen W. Littlejohn es ausdrückt.[2] Dieser »interdisziplinären« Wissenschaft fehlt eine Geistesgeschichte, welche die verschiedenen theoretischen Ansätze in der Kommunikationswissenschaft identifiziert und sowohl nach ihren philosophischen Grundlagen als auch nach ihrem historischen Erscheinen ordnet.[3]

Eine solche Geistesgeschichte könnte zeigen, daß Kommunikationswissenschaft sowie die Ansätze älterer Frauenforschung in den letzten zwanzig Jahren einen Wandel erfahren haben. Dieser Wandel besteht darin, daß die frühere Frauenforschung davon ausging, die Variable »Sex« biologisch zu definieren und nicht von der Variablen »Geschlecht« (»gender«) zu unterscheiden. Die feministische Auffassung dagegen stützt sich auf die Einsicht, daß sich jede menschliche Interaktion auf mehreren Ebenen abspielt, der biologisch sexuellen und der sozial konstituierten, symbolischen Ebene mit ihren differenzierten Rollen und Verhaltenserwartungen von Frauen und Männern, und somit weitreichende Implikationen für die Kommunikationsforschung enthält.

Um diese unterschiedlichen theoretischen Ansätze besser herauszuarbeiten und sie historisch einzuordnen, werden wir die Studien, die auf biologischen Unterschieden basieren, »Sex«-Forschung nennen. Dagegen bezeichnen wir diejenigen, die sich mit der sozialen Konstruktion von »weiblichen« und »männlichen« Unterschieden und ihrem Einfluß auf die kommunikative Situation beziehen, als Ansätze der »Geschlechts-Differenzierung«. Wann diese Ansätze in der nord-amerikanischen Kommunikationswissenschaft auftauchten, wer diese Studien einführte und wie weit sie unseren heutigen wissenschaftlichen Bereich beeinflussen, sind die Hauptfragen, die in diesem Bericht erörtert werden sollen.

1. Der Beginn der Frauenforschung auf der Basis der Theorie von der »Sexuellen Differenz« (1966–1977)

Die erste Frauenforschung im Kommunikationsbereich findet man in den sechziger Jahren, ausgelöst von der »zweiten Welle« in der modernen nord-amerikanischen Frauenbewegung. In diesem Anfangsstadium gab es nach Alison Jagger und Paula S. Rothenberg[4] vier unterschiedliche Ansätze, die die Rolle der Frau in der Gesellschaft untersuchten. Alle vier nahmen ihren Ausgangspunkt von dem untergeordneten Status der Frau in der Gesellschaft und fragten, wie und warum dieser entstanden ist. Die Ansätze setzten dabei voraus, daß »Sex« eine biologisch begründete, unkomplizierte Variable sei, mit deren Hilfe die Unterschiede in sozialem Status und im Verhalten zwischen Frauen und Männern geklärt werden könnten.

Liberale Feministinnen wie Betty Friedan[5] zeigten, wie die Ideologie des »Unterschieds« in die soziale Wirklichkeit, die Frauen aus der öffentlichen Sphäre ausschloß, übertragen wurde. Radikale Frauenforscherinnen wie Kate Millet belegten, daß Ausschluß von Frauen in jeder Gesellschaft praktiziert und durch die Herrschaft eines patriarchalischen Systems aufrecht erhalten wird. Es ist hierarisch geordnet und in ihm werden Frauen nur geringe ökonomische und soziale Rechte eingeräumt. Traditionelle Marxisten klärten die entwickelte Beziehung zwischen »Sex« und den Klassenunterschieden in kapitalistischen Gesellschaften und vermerkten dazu mit Nachdruck, hier würden die Frauen in doppelter Hinsicht ausgebeutet: Einmal als schlecht bezahlte Arbeitskraft, zum anderen als eine Art Familieneigentum.[6] Sozialistische Marxisten begannen ihrerseits die Frage zu erörtern, ob verschiedene Gesellschaftssysteme (kapitalistische und sozialistische) unterschiedliche Arten von patriarchalischen »Praktiken« entwickelt haben und ob Frauen in der Dritten Welt, deren Situation sehr unterschiedlich ist, von den Erfahrungen der europäischen und nord-amerikanischen Frauen lernen könnten.

Im Rahmen der Kommunikationswissenschaft führten diese gesellschaftsbezogenen Ansätze zu zwei größeren Fragekomplexen: Studien über sexuelle Unterschiede und deren Einfluß auf Frauen in Medienberufen sowie über die symbolische Darstellung der Frau in den Medienangeboten. Die Untersuchungen über »Sex«-Unterschiede konzentrierten sich auf die unterschiedliche Teilhabe der Frauen am Sozial- und Arbeitsleben wie auf die Status-Unterschiede zwischen weiblichen Berufsjournalisten und ihren männlichen Kollegen.[7] Im Gegensatz dazu untersuchte die »Darstellungs«-Forschung die medienvermittelten Bilder und ihre Wirkungen und sie zeigte, daß der Medieninhalt die vorherrschende soziale Ideologie von der weiblichen Inferiorität legitimierte.

Dieser Forschungszweig wird in den USA als »Image- und Repräsentationsforschung« umschrieben, weil auch hier vorausgesetzt wird, daß sie eine unproblematische biologische Variable darstellt.[8] Wenig wußten wir zu jener Zeit darüber, daß diese kritischen Forschungsansätze, die »Sex« als »vorgegeben« annahmen, ihrerseits obsolet waren, weil sie auf einer Reihe von unangemessenen Allgemeindarstellungen aus dem 19. Jahrhundert fußten. Diese schließen nach Rosalind Rosenberg den Glauben an ein geschlechtliches Individuum ein, dessen sexuell bestimmte Arbeitsteilung ein Ergebnis von biologischen Gesetzmäßigkeiten ist. Dazu gehört auch die Vorstellung, daß Mann und Frau gegnerische Interessengruppen bilden und schließlich, daß die Kernfamilie eher ein natürliches als ein kulturell erzeugtes menschliches Phänomen darstelle.[9] Denn auch den Studien, die »Sex«-Unterschiede bei Frauenrollen in den Medien feststellten, fehlte der sozio-politische Kontext, in dem Frauen leben, und sie führten aus diesem Grunde zu oberflächlichen Hypothesen und irregeleiteten Forschungsstrategien.[10] Selbst die verschiedenen neo-marxistischen Wissenschaftszweige, die eine Wiedergeburt nach den Studentenrevolutionen in Nord-Amerika und in Europa erfuhren, sind den theoretischen Unzulänglichkeiten nicht entgangen. Allein ihre theoretische Einordnung der Familie als Produktionsgemeinschaft verfehlt, die Kernrolle dieser Institution als Mittlerin von Sprache und Identität einzuschätzen.[11]

2. Kritik der Ansätze der »Sexuellen Differenz«

Feministische Wissenschaftlerinnen übten zwei Arten von Kritik an der früheren Forschung über »Frauen und Medien«. Jean B. Elshtain bezweifelte die Angemessenheit der Übersetzung von »Sex« als Rolle mit der Begründung, eine solche Übersetzung tendiere dazu, die Erfahrungen von Frauen geringer zu gewichten, sie zu vereinheitlichen und damit zu entpolitisieren.[12] Die zweite Kritik weist darauf hin, daß die Variable »Sex« nicht mit den Auswirkungen einer patriarchalischen Gesellschaftsideologie belastet werden kann.

Wir wissen heute, daß das weibliche Personal in den Medienorganisationen von Nord-Amerika und Europa seiner Berufsstellung nach zu einer Minderheit gehört, die sich zumeist in den niedrigeren Rängen drängt mit entsprechend niedriger Bezahlung.[13] Untersuchungen über das Sozialprofil von U.S.-amerikanischen und kanadischen Journalistinnen in Presse und Rundfunk in den siebziger Jahren ergaben: Journalistinnen sind überwiegend unverheiratet (66 Prozent) im Gegensatz zu ihren männlichen Kollegen, die in überwältigender Mehrheit verheiratet sind (71 Prozent).[14] Die Gründe für diesen Unterschied liegen in der patriarchalischen Familienstruktur, die von Frauen erwartet, daß sie eine doppelte Rolle spielen, eine Rolle, die häufig unvereinbar ist mit den langen Arbeitszeiten in den Medien. Was sich hier zeigt, deuten die feministischen Theoretiker Helena Lopata und Barrie Thorne so: »Geschlecht ist nicht rollenspezifisch. Vielmehr scheint es eine übergreifende Identität wie eine Art Selbstgefühl zu verleihen, das alle gesellschaftlichen Rollen durchdringt. Geschlecht an sich ist Teil eines komplexeren Zusammenhangs von Beziehungen, das jede gesellschaftliche Interaktion strukturiert.«[15]

Die »Sex«-Forschung wurde zudem kritisiert, weil sie die Auswirkungen der patriarchalischen Gesellschaftsideologie ignorierte sowie die Art, wie diese Ideologie das soziale Leben strukturiert. Obwohl die »Sex-Rollen«-Forschung die Barrieren für die Medienkarriere von Frauen entdeckte, wie z. B. die Schwierigkeiten von Frauen bei Einstieg, Beförderung und Entlohnung, war diese Forschung nicht im Stande, die ideologischen Wurzeln dieser Barrieren zu finden, die sich von den Differentialen der Organisationsgewalt herleiten.

Eine Studie der ›Canadian Broadcasting Corporation‹ (CBC) aus dem Jahre 1975 fand heraus, daß sich die stereotype Vorstellung männlicher Manager über weibliche Berufstätigkeit als mächtige, Abschreckung gegen den Aufstieg von Frauen erwies.[16] Interviews enthüllten, daß männliche leitende Angestellte deswegen nicht bereit waren, Rundfunkjournalistinnen eine Chance zum Aufstieg zu geben, weil sie vermuteten, diese Frauen seien, falls erforderlich, nicht bereit, ihren Wohnsitz zu wechseln. Dementsprechend würden sie keine Nachtschicht übernehmen können und wollen, wären gefühlsmäßig instabil und daher nicht für Positionen im höheren Management geeignet.[17]

Diese Beispiele illustrieren, wie der symbolische Bereich der Sinngebung alle Arbeitsbedingungen direkt tangiert und systematisch zu einer Diskriminierung von Frauen als Minderheit unter den Journalisten führt. Selbst bis in die späten siebziger Jahre boten weder feministische noch kommunikationswissenschaftliche Studien eine überzeugende Theorie der Medien als ideologische Apparaturen an. Das »positivistische« theoretische Gebäude der »Sex«-Unterschiede übersah die Wirkungen des Sexismus im gesellschaftlichen und ideologischen Kontext – mit eingeschlossen die Produktionsweise der Medien wie ihre politischen Organisationsstrukturen.[18] Frauen und ihre Belange wurden entweder im Lichte männlicher Vorstellungen einer Beschützerrolle in der privaten Sphäre gesehen oder als das »Andere« des Mannes empfunden.[19] Beide Forschungsansätze scheiterten an der Erklärung, was Geschlecht auf der persönlichen wie auf der gesellschaftlichen Ebene bedeutet.

3. Neue Forschungsansätze in den 80er Jahren auf der Grundlage von Geschlechtsunterschieden und kulturellen Faktoren

Seit Beginn der 80er Jahre haben eine Reihe von Wissenschaftlern mit unterschiedlichen theoretischen Ansätzen danach geforscht, was Geschlecht »bedeutet«. Unter ihnen sind englische Kultursoziologen aus Birmingham, amerikanische Theoretiker wie Suzanne Kessler und Wendy McKenna, ein symbolischer Interaktionist wie Erwin Goffman und verschiedene Phänomenolgen wie etwa Gaye Tuchman.[20] Sie alle haben die Vielfalt der Theorie und der methodischen Ansätze für das Studium dieser Fragestellung verbreitet. Sie stimmen überein in der Vorstellung, daß Menschen nicht nur fertige Produkte einer biologischen Evolution sind, sondern darüber hinaus Geschöpfe, die mit Symbolen leben, die Konzepte entwerfen und nach einem Sinn suchen. Die auf diese Weise geschaffene Kultur besteht aus einem System von Gewohnheiten, Werten und Ideen über die Welt, das bedeutsam zu einem Ganzen, dem »way of life« zusammengeronnen ist.[21] Kultur, so meint Clifford Geertz, kann nicht wie eine Naturwissenschaft studiert werden. Sie muß ein hermeneutisches Interpretations-Element enthalten, um den jeweiligen Sinn erklären zu können. Als Konsequenz gewannen semiotische und phänomenolgische Ansätze ein Übergewicht in der Sozial- und Kommunikationstheorie von 1980 an, wie Anthony Giddens bemerkt. Sie bereicherten den Wissensstand beider Zweige – die feministische wie die Kommunikationsforschung.

Den Kern dieser Theorieevolution bildete der linguistische Einfluß von Ferdinand de Saussure, der eine Reihe von Schlüsselkonzepten entwickelte. Unter ihnen finden sich die Unterscheidung zwischen Sprache und Rede, die Herrschaftsnatur des Zeichens, der dreigeteilte Bedeutungsprozeß und der Sachverhalt, daß Sprachcodes auf »fehlendem Wissen« aufgebaut sind. Dieses »fehlende Wissen« wird von der allgemeinen Vernunft getragen, die soziales Verhalten verständlich wie auch möglich macht.[22]

Beide Wissenschaftszweige, kulturelle Kommunikation[23] wie feministische Wissenschaft, haben dargetan, daß Geschlecht eine komplexe Variable ist, die nicht abstrahiert werden kann. Sie ist vielmehr eine kulturell geschaffene Variable, die nur durch die Verknüpfung mit gesellschaftlichen Kategorien ihren Sinn erhält. In Lana Rakows eleganter Diktion heißt das: »Geschlecht ist beides, etwas, was wir tun und etwas, mittels dessen wir denken.«[24] In der kommunikativen Situation bedeutet »Geschlecht« sowohl die symbolische Aktivität wie die Aktivität, die wir als Frauen und Männer in einer sozialen Situation aufbringen, um anderen zu ermöglichen, uns als Frauen und Männer einzuordnen.

Auf der Bedeutungsebene notieren Marilyn Frye und andere: Geschlecht wird wirksam auf drei verschiedene Arten: Als klassifiziertes System, als strukturierende Struktur und als Ideologie.[25]

Geschlecht als klassifiziertes System weist gegenwärtig Frauen in ein beherrschendes, sie unterordnendes Kastensystem, aufrecht erhalten dadurch, daß von Frauen ständig verlangt wird, ihre Unterordnung zu bekunden und sie in Handlungen umzusetzen. Diese Kennzeichnung des Unterschiedes findet sich überall und schafft den Eindruck, er gehöre entscheidend und fundamental zu allem menschlichen Leben. Die duale Natur des Geschlechts als etwas, was wir tun und etwas, mit dem wir denken, zeigt sich in vier verschiedenen Arten klassifizierter Tätigkeiten, die dazu helfen, das Herrschafts-/Unterwerfungs-/Klassensystem aufrecht zu erhalten. Unter ihnen fungiert die »Zuweisung des Geschlechts« als Einordnung eines Individuums bei seiner Geburt zu einem Geschlecht. Sodann die »Geschlechtsattribution«, die ein Individuum in einer sozialen Situation in eine Geschlechtsklassifizierung einordnet. Weiter die Geschlechtsrollen-»Ausübung«, die sich auf das Verhalten »wie eine Frau« bezieht. Und endlich die »Geschlechtsidentität«: Hier werden die Gefühle, die man hat, entweder als weiblich oder als männlich identifiziert.[26] Diese klassifizierten Kategorien stellen ein Mittel dar, um die schwer faßbaren geschlechtsverwandten Aspekte professionellen Verhaltens zu untersuchen, die bis heute der allgemeinen Aufmerksamkeit entgangen sind. Die Geschlechtsattribution »untergeordnet« führt zu Unterschieden im Rollen- wie im Berufsverhalten von weiblichen und männlichen Journalisten.

Die Kategorien »weiblich« und »männlich« werden als strukturierende Struktur zum Beschreiben, Definieren und Kategorisieren von Vielem aus der Alltagswelt gebraucht, von Belebtem wie Unbelebtem. Die Strukturierung der Struktur des Denkens wird in erster Linie durch Metaphern erreicht (Gerechtigkeit = weiblich) und die Begriffsvertauschung (Mann = menschlich). Metaphern sind besonders wirksam, denn sie präsentieren Fakten, die zu einer Kategorie gehören, in der Sprache eines anderen. Levi Strauss hat gezeigt, wie die kulturell vermittelte Struktur von Geschlechtsbeziehungen als Modell dient für andere Strukturen einer symbolischen Ordnung. Beispielsweise zeigte er, wie die Beziehungen zwischen Mann und Frau in unserer Kultur, aber auch in anderen Kulturen, Modell für Gegenüberstellungen bieten wie Natur/Kultur, Sonne/Mond oder Tugend/Laster.

Kürzlich haben eine Reihe von Kommunikations- und feministischen Forschern begonnen, den Einfluß von Geschlechtsmodellen auf das Image von Frauen in der Populärkultur zu untersuchen. Sie zeigen, wie die sogenannten weiblichen Genres angeschwärzt werden,[27] aber auch das Vergnügen, das Frauen an bestimmten Fernsehprogrammen finden. Nicht nur, daß Frauen weniger anerkannt werden in Situationskomödien des Fernsehens und in Hörfunkprogrammen,[28] auch ihr Gefallen an Rock, Video, Filmen,[29] Liebesromanen[30] sowie an gewissen Arten der Volksmusik[31] usw. werden als weniger wertvoll eingestuft als das Vergnügen von Männern an Sport und Krimis.

Noch weniger wird die Verwendung des Geschlechtsbegriffs als Modell für die Strukturierung von Denkprozessen verstanden. Hier haben Susan Hekmann wie auch andere Phänomenologen die Dichotomien erforscht, auf denen die Erkenntnislehre der Aufklärung beruht. Dabei handelt es sich u. a. um die Dichotomien Subjekt/Objekt, rational/irrational, Vernunft/Gefühl, die sie von Grund auf als falsch beurteilt.[32] Anti-Fundamentalisten hinterfragen die Idee des rationalen Modells, nach dem Wissen stets eine absolute Grundlage haben muß, die durch einen Abstraktionsprozeß von der sozialen Welt gewonnen wird. Phyllis Rooney geht in ihrer Kritik noch einen Schritt weiter hin zu dem Problem, das sie mit »Geschlechtsvernunft« bezeichnet und das der Erkenntnislehre der Aufklärung zugrunde liegt. In diesem Schema wird Vernunft mit männlichen Charakterzügen assoziiert, Unvernunft dagegen mit weiblichen Zügen. Sie argumentiert, es sei nicht das Problem, ob Frauen vernünftig argumentieren können, sondern ob nicht die Parameter einer rationalen Methode die volle Kraft der weiblichen Stimme beeinträchtigen würden. Nach Rooney – um sie zu zitieren – »lautet die Frage, ob wir nicht unter dem Einfluß von herrschenden Vorstellungsbildern (Metaphern) versucht sind, unsere Analysen in vereinfachende Strukturen zu bringen, die mit Widersprüchen und Paradoxen arbeiten, Elemente, die in erster Linie mit dem Rahmen zu tun haben, durch den wir dieses Problem sehen, jedoch nicht mit den eigentlichen Problemen.«[33]

Diese Linie der Analyse steht in engem Zusammenhang mit derjenigen von phänomenologischen, symbolischen, interaktionistischen Wissenschaftlern innerhalb der Tradition der Kommunikationswissenschaft, die sich mit den Vorstellungen beschäftigt haben, auf denen die wichtigsten Strukturen des Alltagslebens basieren. Die Psychologin Mary F. Belensky u. a. fanden, daß die Art, wie Frauen wissen, nicht allein durch die unterschiedlichen Sozialisationsmuster von Männern und Frauen geprägt ist, sondern auch durch die unterschiedlichen Sozialistionsmuster des Bewußtseins, die sich durch das Leben um 1980 in Nord-Amerika als »Frau-Sein« ausgeprägter entwickelt haben als durch das als »Mann-Sein«.[34] Nach Nannerl Keohane u. a. stammt dieses unterschiedliche Bewußtsein aus drei Quellen des Wissens. Die erste nennt sie »weibliches Bewußtsein«. Es enthält das Bewußtsein von sich selber als Objekt der Aufmerksamkeit von seiten einer anderen Person. Die zweite Quelle, von ihr als »frauliches Bewußtsein« bezeichnet, bezieht sich auf die herkömmliche konservative Erfahrung von Frauen als Lebensspender- und -erhalterinnen, als Nährende und Ernährende. Als drittes endlich führt sie das »feministische Bewußtsein« an, das sich auf Grund der Reflektion über die asymmetrische Verteilung von Macht und Chancen zwischen Mann und Frau entwickelt und differenziert hat, je nach den Situationen, die ihr Leben geprägt haben.[35]

Kommunikations- und Kulturwissenschaftler werden die Beziehungen zwischen diesen drei Bewußtseinsebenen der populären Kultur hinsichtlich der Programmpräferenzen und der Nutzungsarten zu erkunden haben. Ähnlich wie Carol Gilligan sollten sie wohl auch herausfinden, ob die geschilderten Bewußtseinsstile zu unterschiedlichen Wertsystemen von Frauen im Gegensatz zu denen von Männern geführt haben. Gilligan entdeckte zwei unterschiedliche weibliche Definitionen von »Gerechtigkeit«: Frauen leiteten diesen Begriff aus der Familie ab, in der jeder nach seinen Bedürfnissen beurteilt wird; die Männer dagegen interpretierten diesen Begriff legalistisch und nach Kriterien der Fairness. Die Aufarbeitung anderer ethischer Begriffe im Hinblick auf die Geschlechtsunterschiede sorgt für quälenden Stoff zum Nachdenken.[36] Zusammen betrachtet, lassen diese Ergebnisse den Schluß zu, das weibliche Wertsystem könnte seinen Ursprung in einem Standpunkt der Erkenntnis haben, der unterschiedlich orientiert ist und sich nunmehr anschickt, das männliche Vorrecht zu bestreiten, die Struktur des menschlichen Denkens zu bestimmen.[37]

In den achtziger Jahren beschäftigten sich englische kulturwissenschaftliche Studien mit zwei Hauptproblemen, einmal mit der Beziehung zwischen Ideologie und geschlechtlicher Ungleichheit, zum anderen mit dem besonderen Verhältnis von Frauenstimmen im Mediendiskurs.[38] Die letzteren erforschten, welche Stimme Frauen in einem patriarchalischen Mediensystem haben, in dem »bevorzugte Ansichten« in einem männlich bestimmten Diskurs vorherrschen. Die ›Birmingham Women's Study Group‹ entdeckte, wie auch viele andere Wissenschaftler, daß der Weiblichkeitskult die Wirkung hat, die Position der Frauen an den Rand zu drängen, sowohl was ihre Medienproduktion betrifft als auch durch die Art, wie Beiträge von Frauen in der Öffentlichkeit behandelt werden.[39] Meine eigenen Forschungen, wie Fraueninitiativen in Fernsehnachrichten behandelt werden, machten deutlich, daß weibliche Fernsehredakteure in unverhältnismäßigem Umfang von 60 Prozent über Frauenthemen berichten und daß solche Nachrichten erst an dritter Stelle erscheinen. Diese nachgeordnete Position sowie die Tatsache, daß diesen Nachrichten ein geringerer zeitlicher Umfang eingeräumt wird, ist ein deutliches Indiz dafür, daß diese Themen als weniger wichtiger eingeschätzt werden.

Das Beharren der Feministinnen auf der Vorstellung, daß Frauen eine besondere Beziehung zu den Medien haben, hat zudem zu einem Überdenken des Begriffsfeldes der »Professionalität« geführt sowie der Kriterien, aus denen sich diese ableitet. Solch ein Überdenken sollte erkunden, ob »Objektivität« Empathie ausschließen soll, ob die privilegierte Rolle des Journalisten, soziale Ereignisse zu »benennen«, die Verantwortung einschließt, für die sozial nicht Privilegierten Sorge zu tragen, und ob es nicht erwünscht wäre, jede Aussage respektvoll zu behandeln, auch diejenigen, die von sozialkritischen Gruppen gemacht werden.[40] Else Fabricius Jensen konnte nachweisen, daß dänische Fernsehjournalistinnen ihre Arbeit anders als ihre männlichen Kollegen betreiben: So behandeln sie Menschen, die sie in den Nachrichten interviewen, als gleich und nicht etwa als untergeordnet. Auch wählen sich diese Journalistinnen bei der Konstruktion einer Story andere, neue Gesichtspunkte aus, während sie im übrigen nach den gleichen professionellen Regeln arbeiten wie ihre männlichen Kollegen.[41]

4. Ausblick: Die Zukunftsprognose für feministische Ansätze in der nord-amerikanischen Kommunikationsforschung

Da sich die Kommunikationsforschung in der grauen Zone zwischen den Sozial- und den Geisteswissenschaften befindet, ist sie theoretisch offener für hermeneutische Fragestellungen als etwa die Wirtschaftswissenschaften oder die Psychologie.[42] Unser Beweismaterial zeigt, daß heute mehr Kommunikationsforscher als früher im Feld der Interdisziplinarität vom Feminismus mit seiner kritischen Befragung überkommener Wahrheiten gelernt haben. Diese Forscher sind überwiegend Frauen und sie stammen ihrer Ausbildung nach in erster Linie von post-marxistischen, interaktionistischen und phänomenologisch-kritischen Traditionen ab. Zunehmend läßt sich nachweisen, daß die Kommunikationsforschung, die sich seit den achtziger Jahren auf eine feministische Perspektive einläßt, schneller und in breiterem Umfange veröffentlicht wird. Ja, Lana Rakow meint sogar, daß »feministische Wissenschaft« zu einem gängigen Schlagwort geworden ist.

Trotz dieser Entwicklungen bleibt die Frage offen: Wie weit sind feministische Kommunikationsforscher in ihrem Felde vorgedrungen? Verschiedene Indizien zeigen, daß sie keinen Einfluß haben. Obwohl auf ihren Wert in führenden Veröffentlichungen aufmerksam gemacht wird, erscheinen feministische Äußerungen über Kommunikationsprobleme überwiegend in Spezial-Zeitschriften, in denen sie als »spezielles Interesse« stigmatisiert werden, als etwas, das nur Frauen interessiert. Feministische Fragestellungen sind auch verbannt von der breiten fachlichen Debatte über das theoretische »Ferment im Feld«. Auch unter den fünf beispielhaften Essays im ersten Band des kürzlich veröffentlichten Werkes »Rethinking Communication«[43] ist keine feministische Stimme zu finden. Sie erscheint lediglich im zweiten Band, in dem Caren J. Deming ihre Titelfrage »Muß das Geschlechts-Paradigma sich selber helfen?« mit »ja« beantwortet.[44]

Warum wurde das feministische Interesse an der Prüfung und Herausforderung der Macht der Geschlechtskonstruktion von der gesamten Sozialforschung nicht breiter aufgenommen? Verschiedene Forscher habe vielfältige Gründe dafür angeführt. Der augenscheinlichste Grund ist wahrscheinlich der Mangel an weiblichen Kommunikationsforschern, vor allem der älteren Generation. Diese Lage der Dinge veranlaßte Lana Rakow zu dem Vorschlag, die Sichtbarkeit feministischer Wissenschaft könne am besten durch eine Koalition zwischen »älteren liberalen Feministinnen« und der jüngeren Generation von Forscherinnen gefördert werden, die sich mit neuerer feministischer Literatur beschäftigt haben.[45] Andere haben argumentiert, daß die Abwesenheit des feministischen Standpunktes ganz einfach ein weiteres Beispiel dafür darstellt, auf welche Weise der Status der Ungleichheit sich im akademischen Leben wiederholt. Auch hier werden feministische Kolleginnen und ihre Ideen durch Schweigen »exkommuniziert«. Wieder andere sehen diese Entwicklung als ein Ergebnis der starken Interdisziplinarität der Kommunikationsforschung an, die im Kern theoretisch eher »weich« ist. Endlich schreiben noch andere es dem tiefen Einfluß zu, den das Problem des Geschlechtsunterschiedes auf alle Denkrichtungen der letzten drei Jahrhunderte gehabt hat. Diese Denkrichtungen machen es leicht, Überlegungen über Geschlechtsprobleme von der theoretischen Tagesordnung zu verbannen.

Da alle diese Erklärungen wahrscheinlich stimmen, sollten wir uns fragen, was in unserem interdisziplinären Fach durch das Ignorieren der feministischen Erkenntnisse verloren geht. Die hier vorgelegte Analyse hat gezeigt, daß die beiden Studien, die den Geschlechtsbegriff nur als reine Variable ansehen, nach den vorliegenden Ergebnissen als falsch beurteilt werden müssen. Denn sie übersehen, daß es sich bei dem Geschlechtsbegriff um ein komplexes und ein strukturierendes Element allen menschlichen Lebens handelt. Zudem ist wohl klar geworden, daß sich der feministische Ansatz als wesentlich erwiesen hat für die Umstrukturierung der Kommunikationswissenschaft. Das Plädoyer für die entscheidende Rolle der feministischen Wissenschaft wurde auf drei überzeugende Gründe gestützt. Brenda Dervin hat dargetan, die feministische Frauenforschung ersetze eine »fehlende« Perspektive, welche die Erfahrungen einer Hälfte der Menschheit umfaßt, die zur Zeit nicht berücksichtigt werden.[46] Lana Rakow fügt hinzu: Feministische Frauenforschung sei schon deswegen als wichtig anzusehen, weil sie helfen kann, die traditionellen Grenzen zwischen den verschiedenen Bereichen der Kommunikationsforschung zu überbrücken, wie etwa zwischen der Sozio-Linguistik, der Sprachkommunikation, der interpersonalen, der organisatorischen und der Massenkommunikation, die ständig durch nicht zusammenpassende Theorien und Methoden auseinander getrieben werden.[47] Andrea Press and Caren J. Deming bemerken endlich, daß feministische Kritik insofern weiter geht als andere kritische Anätze, »als sich diese für ein Neubedenken bisheriger Annahmen, Methoden und Wissensgrundlagen einsetzt, auf denen Kommunikationsforschung beruht.«[48]

Der hier zusammengetragene historische Nachweis verleiht diesen Ansprüchen Glaubwürdigkeit. Er zeigt, daß eine Bewegung stattgefunden hat, fort vom simplen, biologisch definierten »Sex«-Begriff, hin zu einem kulturell gearteten Geschlechtsbegriff, der auf Forschungen über die Beziehungen von Frauen und Medien während der letzten vierzig Jahre beruht. Er zeigt aber auch, daß das Neubedenken von Kommunikationsforschung zu nicht mehr als zu einem leeren Versprechen führen kann, wenn nicht Kommunikationswissenschaftler bereit sind, als Akteure im sozialen Feld, als Kenner einer handlungsreichen Sprache und auch als durch ihr Geschlecht bestimmte Individuen den eigenen Bereich neu zu ordnen.

Anmerkungen

Ich danke Marianne Grewe-Partsch (Universität Koblenz-Landau, Abteilung Landau) für die sorgfältige Übersetzung dieses Textes.

1. Vgl. Lana Rakow: Feminist Approaches to Popular Culture: Giving Patriarchy it's Due. In: Communications 9. Jg. (1986), Nr. 1, S. 19–42; Lana Rakow: Rethinking Gender Research in Communication. In: Journal of Communication 36. Jg. (1986), Nr. 4, S. 11–26; Paula Treichler/Ellen Wartella: Interventions: Feminist Theory and Communication Studies. In: Communications 9. Jg. (1986), Nr. 1, S. 1–18; Brenda Dervin: The Potential Contribution of Feminist Scholarship to the Field of Communication. In: Journal of Communication 37. Jg. (1987), Nr. 4, S. 107–120; Helen Baehr: The Impact of Feminism on Media Studies: Just Another Commercial Break? In: Medie/Kultur (Copenhagen) Jg. 1986, Nr. 4, S. 132–145; Gertrude J. Robinson: The Feminist Paradigm in Historical Perspective. In: Medie/Kultur (Copenhagen) Jg. 1986, Nr. 4, S. 113–131; s. a. Gertrude J. Robinson: Feminism and Communication Studies. In: Huguette Dagenaus/D. Piche (Eds.). Women and Development. Montreal McGill Queens Press (forthcoming)
2. Stephen W. Littlejohn: On Overview of Contributions to Human Communication Theory from other Disciplines. In: Frank E.X. Dance (Ed.): Human Communication Theory. New York: Holt, Rinehart and Winston 1967, S. 243–286; S. 243
3. Vgl. Gertrude J. Robinson: Here be Dragons: Problems in Charting the U. S. History of Communication Studies. In: Communications 10. Jg. (1988), Nr. 1, S. 97–119; S. 99
4. Vgl. Alison Jagger/Paula S. Rothenberg: Feminist Frameworks: Alternative Theoretical Account of Relations Between Women and Men. New York: McGraw Hill 1983
5. Vgl. Betty Friedan: The Feminine Mystique. New York: Dell Publ. 1963
6. Vgl. Margaret Eichler: Ten Theses on Sex in the Economy. Toronto: McLelland & Stewart 1978
7. Vgl. Gertrude J. Robinson: Women Journalists in Canadian Dailies: A Social and Professional Profil. Montreal: McGill Working Papers in Communications 1975
8. Vgl. Lana Rakow: Rethinking Gender Research in Communication (wie Anm. 1), bes. S. 11–14
9. Vgl. Rosalind Rosenberg: Beyond Separate Sphere: Intellectual Roots of Modern Feminism. New Haven: Yale University Press 1982, S. 33
10. Vgl. Norene Z. Janus: Research on Sexroles in the Mass-Media: Toward a Critical Approach. The Uses of Literacy. London: Penguin 1977, S. 20
11. Eileen Saunders: Women in Canadian Society. In: D. Forces/ S. Richter (Eds.): Social Issues: Sociological Views of Canada. Toronto: Prentice Hall 1983
12. Vgl. Jean B. Elshtain: Public Man. Private Women. Princeton, N. J.: Princeton University Press 1981
13. Vgl. Susan Crean: Piecing the Picture Together: Women and the Media in Canada. In: Canadian Women's Studies Association 8. Jg. (1987), Nr. 1 (Spring), S. 15–29
14. Vgl. Gertrude J. Robinson (wie Anm. 7), S. 81
15. Helena Lopata/Barrie Thorne: On the Term »Sex-Roles«. In: Signs 3. Jg. (1978), Nr. 3, S. 717–721

16 Vgl. Canadian Broadcasting Corporation: Women in the CBC. Montreal: CBC 1975
17 Vgl. Gertrude J. Robinson: The Future of Women in Canadian Media. In: McGill Journal of Education 12. Jg. (1977), Nr. 1, S. 124–132; S. 125
18 Vgl. Norene Z. Janus (wie Anm. 10), S. 20
19 Vgl. Cathy Schwichtenberg: Feminist Cultural Studies. In: Critical Studies in Mass Communication 1989, Nr. 6, S. 202–208; S. 205
20 Vgl. Suzanne Kessler/Wendy McKenna: Gender. An Ethnomethodological Approach. New York: John Wiley 1978; Erwin Goffman: Gender Advertisements. Cambridge, Mass.: Harvard University Press 1979; Gaye Tuchman [et al.] (Eds.): Hearth and Home: Images of Women in the Mass Media. New York: Oxford University Press 1978; ferner: Gertrude J. Robinson/William Straw: Semiotics and Communications Studies: Points of Contact. In: Melvin Voigt (Ed.): Progress in Communications Science. Vol. 4. Norwood: Ablex Publishing Co. 1982, S. 91–144; s.a. Linda Putnam: In Search of Gender: A Critique of Communication and Sex Role Research. In: Women's Studies in Communication 1982, Nr. 5, S. 1–9; Penelope Brown: Oppression Dichotomies: The Nature/Culture Debate. In: Elizabeth Withelegg [u. a.] (Eds.): The Changing Experience of Women. Oxford: Basil Blackwell with Open University 1982, S. 389–399
21 Vgl. Clifford Geertz: The Interpretation of Cultures. New York: Basic Books 1973, S. 100
22 Vgl. Anthony Giddens: Central Problems in Social Theory. Berkeley: University of California Press 1983, S. 253
23 Vgl. Clifford Geertz (wie Anm. 21)
24 Lana Rakow: Rethinking Gender Research in Communication (wie Anm. 1), S. 20 f.
25 Vgl. Marilyn Frye: The Politics of Reality: Essays in Feminist Theory. Trumansburg, N.Y.: Grossing Press 1983, S. 21 f.
26 Vgl. Suzanne Kessler/Wendy McKenna (wie Anm. 20), S. 168
27 Vgl. Lana Rakow (wie Anm. 1)
28 Vgl. Helen Baehr/Michele Ryan: Shut up and Listen: Women and Local Radio. London: Comedia 1984
29 Vgl. Ann Kaplan: Rocking Around the Clock. London: Methuen 1987
30 Vgl. Janice Radway: Identifying Ideological Seams: Mass Culture, Analytical Method, and Political Practice. In: Communications 9. Jg. (1986), Nr. 1, S. 93–123
31 Vgl.: Angela McRobbie: Settling Accounts with Subcultures: A Feminist Critique. In: Screen Education 34. Jg. (1982), S. 37–49
32 Vgl. Susan Hekman: Feminization of Epistemology: Gender and the Social Sciences. In: Maria J. Falco (Ed.): Feminism and Epistemology. New York: Hayworth Press 1987, S. 65–83
33 Phyllis Rooney: Gendered Reason: Sex Methaphor and Conceptions of Reason. Iowa City: Department of Philosophy [unpublished paper], S. 22 f.
34 Mary F. Belensky [u. a.]: Women's Ways of Knowing: The Development of Self, Voice and Mind. New York: Basic Books 1986, S. 15
35 Vgl.: Nannerl Keohane/Michelle Rosaldo/Barbara Gelp: Feminist Theory and Critique of Ideology. Chicago: University of Chicago Press 1982, S. IX–XI
36 Vgl. Carol Gilligan: In a Different Voice. Cambridge, Mass.: Havard University Press 1982
37 Vgl. Mary E. Hawksworth: Feminist Epistemology: A Survey of the Field. In: Maria J. Falco (wie Anm. 32), S. 115–127; S. 123

38 Vgl. Helen Baehr (wie Anm.1), S. 141
39 Vgl. Gertrude J. Robinson: The Media and Social Change: Thirty Years of Magazine Coverage of Women and Work (1950–1977). In: Atlantis 8. Jg. (1980), Nr. 2, S. 87–113
40 Vgl. Gisela Brackert: Reflections on Women and Media. In: Gertrude J. Robinson/Dieta Sixt (Eds.): Women and Power: Canadian and German Experiences. Montreal: McGill Studies in Communications and Goethe-Institut 1990, S. 90–96, S. 91; vgl. ferner Margaret Gallagher: Myth and Reality in Women's Broadcasting: Ten Years of Equal Opportunity. In: Medie/Kultur (Copenhagen) Jg. 1986, Nr. 4, S. 197–219
41 Vgl. Else Fabricius Jensen: Television Newscasts in a Women's Perspective. Stockholm: Nord-Publication 1982, S. 15; ferner Liesbet van Zoonen: Rethinking Women and the News. University of Amsterdam. [Unpublished paper presented at the IAMCR Conference, Delhi, India, August 1986]; Candace West/D. Zimmerman: Small Insults: A Study of Interruptions in Cross-Sex Conversation Between Unacquainted Persons. In: Barrie Thorne [et al.] (Eds.): Language, Gender and Society. Rowley, Mass.: Newbury House, S. 103–116
42 Vgl. Andrea Press: The Ongoing Feminist Revolution. In: Critical Studies in Mass Communication 1989, Nr. 6, S. 196–202; S. 196
43 Vgl. Brenda Dervin [et al.] (Eds.): Rethinking Communication. 2 Vols. Volume 1: Paradigm Issues; Volume 2: Paradigm Exemplars. Newbury Park: Sage 1989
44 Vgl. Caren J. Deming: Must Gender Paradigmas Shift for Themselves? In: Brenda Dervin [et al.] (Eds.) (wie Anm. 43) Vol.2, S. 162–165
45 Vgl. Lana Rakow: Feminist Studies: The Next Stage. In: Critical Studies in Mass Communication 1989, Nr. 6, S. 209–215; S. 210
46 Vgl. Brenda Dervin: The Potential Contribution of Feminist Scholarship to the Field of Communication (wie Anm. 1)
47 Vgl. Lana Rakow: Rethinking Gender Research in Communication (wie Anm. 1), S. 24
48 Vgl. Andrea Press (wie Anm. 42), S. 198; Caren J. Deming (wie Anm. 44), S. 162

Vicente Romano

Zeit und Rundfunk

1.

Zu den zahlreichen Zwängen, denen man als Mensch unterworfen ist, zählt auch die Zeit. Wer beschwert sich heutzutage nicht über Zeitnot und denkt über das nach, was er gerne machen würde, wenn er mehr Zeit hätte und frei über seine Zeit verfügen könnte. Einer der Widersprüche der entwickelten Industriegesellschaften liegt genau darin, daß allem Anschein nach die Menschen trotz geringerer Arbeitszeit über weniger Freizeit verfügen und damit weniger Zeit zur freien Verfügung haben, um das zu unternehmen, was sie mögen. Nach diesen Überlegungen ist die Forderung frei verfügbarer Zeit heute ein entscheidender Bestandteil jeder emanzipatorischen und jeder politischen Anstrengung. Die derzeitigen Lebens- und Arbeitsbedingungen sollen jedenfalls dahingehend geändert werden, daß sich die Lebensqualität jedes einzelnen und nicht nur einer Minderheit verbessert. Unabhängig von der zukünftigen Entwicklung der sozialen Verhältnisse ist es notwendig, eine Analyse der Zeit, genauer eine Analyse der verschiedenen Zeiten in Erwägung zu ziehen, um Gegensätze und Verbesserungsvorschläge zu erkennen.

Eine deutliche und offensichtliche Dichotomie liegt zwischen der Lebenszeit und der Kalenderzeit. Die subjektive Lebenszeit ist – dem Alter entsprechend – eine biologische Zeit und keine Kalenderzeit, die vom Datum bestimmt wird. Genau diese Kalenderzeit übt symbolischen Einfluß auf den einzelnen aus, indem sie bestimmte Rituale prägt. Zu ihnen zählen in der entwickelten Industriegesellschaft u. a. die großen und die kleinen Ferienzeiten, die festen und gleitenden Arbeitszeiten und die vom Kalender bestimmte Festlegung des Alters durch den Staat (Schulalter, Volljährigkeit und Rentenalter). Befolgung oder Mißachtung der Arbeitsriten resultieren über die materielle Existenzgarantie hinaus ebenfalls aus Anschauungen. Es heißt zum Beispiel, der Arbeitslose sei sozial nutz- und wertlos. Aus der Arbeitslosigkeit resultiert die Isolierung des nicht im Erwerbsleben stehenden Menschen. Seine Identität mit der Arbeitswelt läßt sich nicht einfach an irgendeinem beliebigen Arbeitsplatz wiederherstellen. Das Gleichgewicht des

Arbeitslosen verliert den zeitlichen Bezug und steht nicht mehr in Einklang mit dem von außen diktierten Gleichgewicht. Die Folgen sind Orientierungslosigkeit, Unsicherheit und Angst.[1] Zu den entscheidenden sozialen Konsequenzen der Arbeitslosigkeit zählt die Zerstörung der Zeitstruktur und damit der Verlust einer zentralen Ordnungs- und Orientierungsachse des menschlichen Erlebens.

Die Entwicklung, die bis in unsere heutigen Rituale hineinreicht, ist klar erkennbar. Anfänglich handelte es sich um ein religiöses Ritual mit weitgehender Übereinstimmung der rituellen Pflichten mit den natürlichen Mächten. So wurden genaue Termine zunächst in Klöstern eingerichtet, später von der Miliz übernommen und im Maschinenrhythmus zuletzt in die Wirtschaft eingeführt. Mit der Ausweitung der ökonomischen Aktivitäten erreichte die ursprünglich liturgische Minuziösität eine unterschiedliche Qualität. Der Kampf der Gewerkschaftsbewegung mit der Zeit oder die Einführung des Taylor-Systems, das durch Rationalisierung der Arbeit dient, verdeutlichen diese Tendenzen. Es zeigt sich eine Dichotomie zwischen Zeitgewinn als Kampf für die Freiheit auf der einen und Zeitverlust durch geregelte Termine, um die Produktion anzukurbeln, auf der anderen Seite. Beide Ziele erscheinen unerreichbar, und sie bleiben weiterhin ein Thema bei der Erörterung über eine bessere Lebensqualität.

Heute ist das Ritual der Industriearbeit die synchronische Voraussetzung für unsere Kultur. Daher kann es nicht weiter verwundern, daß die Diskussion über Arbeitszeiten die Gemüter so erhitzt. Nach Harry Pross verfolgt das Ritual der Industriegesellschaft dasselbe Ziel wie der religiöse Ritus: Bestimmte soziale Handlungen werden an bestimmten Zeitperioden festgemacht und die Mitglieder der Gesellschaft werden zur Einhaltung dieser Strukturen gezwungen.

Der Rhythmus geregelter Zeitabläufe erzeugt Sicherheit in den Unstetigkeiten der subjektiven Arbeitszeit. Die Störung der organischen Rhythmen, etwa der täglichen Routine, erzeugt Unsicherheit beim Individuum, indem die geistige Intuition gestört und der einzelne auf kurze oder lange Sicht von seinen Zielen abgebracht wird. Wer sich nur nach den Jahreszeiten und nach der meteorologischen Zeit richtet, der verliert nicht so leicht die Orientierung wie die Person, deren Verfassung durch den Terminkalender bestimmt wird (die Amerikaner bezeichnen diesen Sachverhalt als »timing«).

Genau betrachtet, handelt es sich hierbei um eine der negativen Formen der fehlenden Freizeit, nämlich um die Unfreiheit. Es handelt sich vordergründig nicht nur darum, daß der Mensch keine Zeit mehr hat für das, was er gern machen möchte, und daß er verpflichtet ist, seine Zeit zu verkaufen, um leben zu können. Vielmehr ist die Zerstückelung der subjektiven Lebenszeit zugunsten der Rituale in unserer Gesellschaft ein – entsprechend den jeweiligen Lebensbedingungen der Individuen – sich ständig wiederholender Angriff.

Der professionell aufgedrängten Kommunikation müde, die stets jegliche Spontaneität unterdrückt, kehrt der Arbeiter der elektronischen Gesellschaft zermürbt und bedrängt nach Hause zurück und schaltet das Fernsehgerät an. Nach der Arbeit verlangt er nach etwas völlig anderem: Erlebnisse, Anreiz, Aktion und Illusion. Da der Rezipient abgespannt ist, ist er empfänglich für Anregungen und Ablenkung. Die durch Entbehrungen erzeugte Angst scheint für eine Weile zu verschwinden. Der Mensch glaubt sich vor dem Fernsehgerät zu erholen: Sein Held – sei es der Cowboy oder der Polizist – zeigt ihm, wie Probleme in einer Stunde gelöst werden. Die emotionalen Defizite des Rezipienten sind so mit illusorischen Mitteln zufriedengestellt worden. Er hat sich zwar abgelenkt, aber nicht erholt, ist nicht zu Kräften gekommen. Die tiefsten Ängste aus der unbefriedigenden Arbeit, Ängste im Sexualleben oder im gesellschaftlichen Umfeld sind noch immer vorhanden. Die Routine der Anpassung läßt den einzelnen einmal mehr wie einen ewigen Versager und damit unzufrieden erscheinen. So hat man nicht gewonnen, weder für die Selbstbestätigung, noch für die Selbstverwirklichung. Der Selbstdisziplin würde man vielleicht etwas abgewinnen, wenn die Beteiligten (Arbeiter, Hausfrauen etc.) über Zeit und Energie verfügten, um die anspruchsvolleren Sendungen zu sehen, die erst nach Mitternacht angeboten werden, zu einer Sendezeit, in der alles ausgestrahlt wird, was den Befürwortern einer routinierten Fernsehnutzung für das Massenpublikum in der Hauptsendezeit (20 bis 23 Uhr) zu anstrengend erscheint.

Im Fernsehritual zeigt sich der Widerspruch, daß die Programme, die einen Beitrag zur Weiterentwicklung der Individualität und somit zum Humanismus leisten, jenen vorbehalten bleiben, die später zu Bett gehen können, weil sie über ihre Zeit eigenständig verfügen können. Die Unterhaltungsindustrie – auch als Abenteuer-, Kultur- oder Bewußtseinsindustrie bezeichnet – verwirklicht ihre Ziele auf Kosten der Ängste, der emotionalen Defizite und der subjektiven Lebenszeit von Abermillionen von Fernsehzuschauern. Auf einem Niveau, das mit dem Begriff »Tele-Abfall« umschrieben wird und Programminhalte niedrigster Qualität beinhaltet, integriert diese Art der Unterhaltung die Menschen in die Gesellschaft. Ein Beleg für diesen kulturpessimistischen Gedanken liefert die Programmstruktur der 13 Kanäle des spanischen Fernsehens in der Woche vom 22. bis 28. März 1992. Insgesamt 192 Spielfilme (davon 136 in den fünf Kanälen mit nationaler Verbreitung) und des privaten Senders ›Telemadrid‹ und 100 Stunden Unterhaltungssendungen (nur in den fünf Kanälen mit nationaler Verbreitung), zu denen die zahlreichen nordamerikanischen Gewaltserien und billige Situationskomödien, die »Telenovelas« zählen, wurden in der genannten Woche ausgestrahlt.

Die Symptome der Suche des Fernsehzuschauers nach den jedesmal stärker werdenden Stimuli – Anpassung statt Erziehung, der Schock als kultureller Wert – sind nicht mehr als einige Vorgaben für die differenzierte Definition der subjektiven Lebens-/Biozeit durch die Fernsehriten und die Rituale des täglichen Lebens.

Furcht und Angst erzeugen keine Freiheit und das Fehlen von Freiheit verursacht wiederum Angst. Das Fernsehritual, das die Rezipienten in sicherer Umgebung, nämlich zuhause und gleichzeitig im Netz fremder Interessen, gefangen hält, ist nicht die Lösung gegen den Teufelskreis der Unfreiheit und Angst. Die eigentliche Gefahr des Fernsehens besteht darin, daß es den Rezipienten zur Passivität verleitet, und eine Furcht vor der eigenständigen Teilnahme am öffentlichen Leben zu beobachten ist. So erscheint eine weitere Dichotomie zwischen Arbeitszeit und Freizeit. Erstere ist zwangsläufig aktiv, die zweite nicht notwendigerweise, aber in der Praxis passiv, zumindest für die große Mehrheit der Bevölkerung. Dieser passive Charakter der Freizeit hemmt eine mögliche Entfaltung der Persönlichkeit.[2]

Die Internationalisierung des Medienmarktes und die hochentwickelte Kommunikationstechnik führten zur Verbindung der Kontinente untereinander. Gleichzeitig wird die Macht derjenigen vergrößert, die über die Medien verfügen. Heute ist es fast unmöglich, Distanz zum nächsten Nachbarn zu bewahren. Parallel dazu ist es in der technisierten Gesellschaft undenkbar, der multinationalen Unterhaltungsindustrie oder dem Monopol der Nachrichtenagenturen zu entfliehen. Die aufkommenden öffentlichen Gesprächsthemen, die Mode und die Kommunikationstechniken geraten alle in ein »elektronisches Netz«. Im Gegensatz zu früheren Medienimperien, die ihre Präsenz durch Nachrichtensysteme, Bilder, Gebäude und Mode deutlich machten, erreicht der elektronische Imperialismus heute jeden Haushalt.

Im Zuge kultureller Umwälzungen ist ein entscheidendes Merkmal der letzten Jahrzehnte darin zu sehen, daß alle audiovisuellen Medien ausschließlich der Verbreitung massenmedial vermittelter Inhalte und nicht der Kommunikation dienen. Nach Bertolt Brecht ist der Rundfunk ein reiner Distributionsapparat und nicht ein Kommunikationsapparat. Wenn von Kultur die Rede ist, geht es immer um die Möglichkeit der Selbstverwirklichung der Menschheit. Und das Hauptanliegen der Kultur besteht darin, was die Menschen aus ihrem Leben machen, wie sie leben und arbeiten. Daher geht die Kulturanalyse von den Lebens- und Arbeitsbedingungen und von den Möglichkeiten für eine vielseitige Entwicklung der Persönlichkeit aus. Bezogen auf Gegenwart und Vergangenheit kann u. a. folgende Veränderung in der Lebensweise der Bevölkerung festgestellt werden: Eine markante Trennung zwischen Arbeits- und Ruhetag in Zeit, Raum und im Bewußtsein; bezogen auf Mobilität und städtische Lebensform, auf das Konsumverhalten, die wachsenden Forderungen nach Erziehung, auf Produktions- und Wettbewerbsmentalität und die bessere Wiederherstellung der Arbeitskraft.

Die Bedeutung dieser Veränderungen läßt folgendes Resümee zu: Die fundamentalen Sozialisationsinstanzen einer Gesellschaft müssen sich zu Gunsten der Entwicklung der Individualität entfalten können. Für den größten Bevölkerungsteil ist die momentane Lebensweise durch die wechselseitige Beziehung zwischen Arbeit und Freizeit geprägt, das heißt zwischen Produktion und Reproduktion. Substantielles Merkmal ist die radikale Trennung zwischen Arbeitszeit und Freizeit.

2.

Traditionell und im Bewußtsein der Menschen verwurzelt wird die Freizeit als die Zeit gesehen, die täglich übrigbleibt nach Abzug der Arbeitszeit (dazu muß die Zeit des Arbeitsweges vom Wohnort zum Arbeitsplatz einbezogen werden, die in großen Städten wie Madrid zwei Stunden überschreiten kann) und der Zeit, die der notwendigen Ruhepause gewidmet ist, der Wiederherstellung der Kräfte und der Regeneration.

Eine erste, wenn auch völlig ungenügende Nuancierung dieses tradionellen Freizeitverständnisses muß erfolgen, da die zur Verfügung stehende Freizeit nicht für alle gleich ist. Das ist kein strikt quantitatives Problem, sondern beinhaltet Fragen des Freizeitverhaltens, das in direktem Zusammenhang mit Einkommen, Bildungsstand und gesellschaftlichem Status steht. Die aufgezeigte klassische Defintion von Freizeit reicht nicht aus. Um die richtige Begriffsbestimmung zu finden, muß zunächst danach gefragt werden, ob wirklich eine Freizeit existiert und zwar nicht nur für eine Minderheit (ökonomische und/oder kulturelle Eliten), sondern für die Mehrheit der Bevölkerung.

Im Verständnis der traditionellen Definition von Freizeit existiert diese für alle Menschen in mehr oder weniger großem Umfang und in unterschiedlicher Ausgestaltung. Bei genaueren Überlegungen und Differenzierungen – m. E. nach einer logischeren und rationelleren Bestimmung von Freizeit – muß berücksichtigt werden, daß Individuen sich unter unserer Herrschaft und Kontrolle befinden, d. h. in der eigenen, von uns organisierten Zeit und im Gegensatz zur Arbeitszeit (geregelt durch das private oder staatliche Unternehmen). Berücksichtigt man die unentbehrliche Regenerationsphase, um Arbeitszeit, die unter gewissen Einschränkungen nicht veränderbar ist, zu überwinden sowie schließlich die organisierte und manipulierte oder anderen zum Vorteil gereichende Zeit des Müßiggangs, die zur Definition der Freizeit dazuhört, dann stellt sich die berechtigte Frage, ob es wirklich eine Freizeit gibt (wenigstens für einen großen Teil der Mitglieder einer Gesellschaft, speziell für Frauen).

Eine These lautet, daß die Freizeit – erzeugt als eigene Zeit und nicht als von anderen organisierte, vorbereitete und realisierte Zeit – minimal ist oder für die Mehrheit praktisch nicht existiert. Ausgehend von dieser These zeigt sich bezüglich der wesentlichen Merkmale, die Müßiggang im Sinne von verschwendeter Zeit in der entwickelten Industriegesellschaft beeinflussen, daß gefordert werden muß, diese »irre« Zeit zu überwinden und die Herrschaft über Zeit wie eine befreiende Aufgabe zurückzufordern.

Die genannte radikale Trennung zwischen Arbeitszeit und Müßiggang – in Zeit, Raum und Bewußtsein – führt zu einer Dichotomie, die aufgrund der nicht schlüssigen Beschreibung von Gegensätzlichkeiten irreführend ist. Die vielfältigen Aktivitäten der Menschheit, die nicht eindimensional reduziert werden müssen, erscheinen nicht in einer komplementären Form und entsprechend ihrer Kapazitäten (des Müßiggangs und der Arbeit), sondern als geschlossene und absolute, aufeinander bezogene Gegensätze. Zugleich führt diese Situation logischerweise zu einer Spaltung des Individuums, sie erschafft in ihrem Inneren einzigartige kulturelle Normen. Da im Mittelpunkt gesellschaftlicher Zielsetzungen immer der Mensch steht, müssen auch, bezogen auf die Freizeit der Menschen, autonome Absichten verfolgt werden. In der Realität präsentiert sich Freizeit wie eine Befreiung der Arbeit, unter der Voraussetzung, daß die Arbeitszeit wie ein (biblischer) Fluch erscheint. Selbstverständlich ist dieser Gedanke nicht unbedingt auf jeden Arbeitstyp übertragbar, sondern nur auf eine ungeregelte Arbeit. Es handelt sich um eine typische gesellschaftliche Erscheinung, da Arbeit sich für den Menschen in eine Realität ohne Sinn verwandelt, es sei denn, es geht um das Überleben oder um materiellen Wohlstand. Die Industrialisierung und die damit verbundene Umsetzung des Kapitals haben die traditionelle Arbeitswelt aufgelöst und führen zu einer größer werdenden Spaltung in der Arbeitsbevölkerung. Die entwickelte Industriegesellschaft läßt sich durch die fehlenden eigenen kulturellen Organisationen, mangelnde Solidarität und den stark ausgeprägten Individualismus erklären.

Natürlich wird das Leben nach der Arbeit unterbewußt nicht als Leben einer unterprivilegierten Klasse verstanden. Die Freizeit erscheint vielmehr wie ein Raum der Ausgewogenheit, der Verschwendung, der alten Klassenbarrieren und des Aufstiegs der Mittelklasse, während die entlohnte Arbeit wie eine Unterordnung von Normen im Interesse der Unternehmen erscheint, um sich das Leben in der Freizeit zu erlauben. Auch bei näherer Betrachtung des Freizeitverhaltens der Bevölkerung zeigt sich, daß die Freizeit gekennzeichnet ist von Zwängen, fremden Bestimmungen und Ängsten. Die Wagenreparatur, das Waschen und Nähen der Kleidung, die Betreuung der Kinder und das Führen des Haushalts sind in der Freizeit verrichtete Aktivitäten mit dem Ziel, das Lebensniveau zu halten. Die begrenzte Freizeit wird ärmer. Hinzu kommt, daß die Stunden, die als Freizeit verbleiben, vor allem vor dem Fernsehgerät verbracht werden, in Spanien durchschnittlich dreieinhalb Stunden pro Kopf und Tag.

So wird die Dichotomie zwischen Arbeitszeit und Freizeit aufgehoben, denn es ist auch die verschwendete Zeit der anderen und nicht ausschließlich die eigene Zeit, für die man selbst verantwortlich ist. Nur durch die Beendigung dieser »doppelten Verschwendung« wird es möglich sein, diesen gesellschaftlichen Bruch aufzulösen, um die materielle und geistige Basis für eine Selbstverwirklichung des Individuums zu realisieren.

Unter den momentanen Bedingungen ist das Zuhause der Raum, wo sich die Aktivitäten des täglichen Müßiggangs realisieren lassen. Eine neue Dichotomie in der Beziehung zwischen Ruhepause und Arbeit. Die verschwendete Arbeitsaktivität wird in kollektiver Form durchgeführt, während die Freizeit auf individuellem Niveau oder in der familiären Atmosphäre erfolgt. Diese Reduktion des Individuums auf eine familiäre Existenz isoliert den einzelnen Menschen von anderen und schließt so eine kollektive Befreiung aus.

Die Freizeit ist auch eine Zeit der Passivität. Nicht, weil es unbedingt so sein müßte – ideal wäre eine Freizeit voller Aktivitäten –, sondern weil die Realität so aussieht.

Es scheint, als ob die Entwicklung der neuen Techniken – und insbesondere der neuen Kommunikationsmedien (Fernsehen, Video, etc.) – sich in Wirklichkeit als »Trägheitsgesetz« herausstellen wird. Ein großer Teil der Freizeit wird verbraucht, indem der Rezipient Mitteilungen jeder Art erhält, ohne sich in irgendeiner Weise an der Ausführung derselben zu beteiligen. Daraus resultiert folglich eine neue Trennung zwischen Arbeitszeit und Freizeit. Die erste ist notwendigerweise aktiv, die zweite ist nicht notwendigerweise, aber praktisch passiv, wenigstens für einen Großteil der Bevölkerung. Denkt man an die mögliche Entwicklung der Persönlichkeit, dann erweist sich dieser passive Charakter als ein starkes Hemmnis für die Persönlichkeitsentfaltung.

Sehr eng verbunden mit dieser Passivität, gekennzeichnet durch Nicht-Beteiligung bei der Rezeption, ist die Tatsache, daß das passive, isolierte, nicht integrierte Individuum sich an materiellen Werten orientiert und sich nicht durch soziale Beziehungen bereichert. Man ist das, was man hat und nicht das, was man weiß. Die Werbeindustrie sowie die Zeitschriften befördern ein solches passives Konsumverhalten, das einen neuen Aspekt in der Struktur der Mußezeit darstellt. Der Mensch ist vor allem ein Gesellschaftsmensch, nicht ein isoliertes Individuum unter Objekten. Andererseits können die zwischenmenschlichen Beziehungen, die es in einer kollektiven Nutzung der Freizeit geben würde, einen Impuls für die Verwirklichung und Selbstverwirklichung der Menschen sein, solange wie diese zwischenmenschlichen Beziehungen Aktivitäten und Erfahrungen des menschlichen Wesens übermitteln.

Folgerichtig ist die Alternative zu diesem Freizeitverhalten, das auf Kosten der emotionalen und kognitiven Entbehrungen der Mehrheit geht, eine Förderung der persönlichen Beziehungen, da personale Kommunikation im Gegensatz zu medial vermittelter Kommunikation für den einzelnen bereichernd ist. Erst durch die Kommunikation der Menschen untereinander konstituiert sich Gesellschaft.

Eine vielseitige und harmonische Entwicklung der Persönlichkeit verlangt nicht nur eine Orientierung an der Arbeitszeit, sondern auch ein sozial notwendiges Quantum an Freizeit. Diese Freizeit muß im Gegensatz zur entfremdeten die eigene Zeit sein, die aktiv und kreativ – in Übermittlungsprozessen und im Erfahrungsaustausch – der individuellen und sozialen Entwicklung förderlich ist.

3.

Trotz der vielfältigen und gerechtfertigten Kritik am Rundfunk könnte dieses Medium einen beachtlichen Beitrag zu der dargelegten Entwicklung leisten. Die Einführung des privaten Fernsehens hat nicht zu einer Verbesserung der Programmqualität geführt, sondern eher das Gegenteil bewirkt. Der öffentliche Rundfunk hat im Wettbewerb mit den privaten Anbietern nach und nach an Bedeutung verloren. Dieser Wettbewerb hat sich nicht in einem Anstieg der Erlöse niedergeschlagen, sondern eher in zurückgehenden

Werbeeinnahmen. Vom »Sponsoring« der Programme erfolgte der Übergang zum »Product Placement«, zur direkten Plazierung der Produkte in den Sendungen. Angesichts dieser Programmverflachung beginnen die Zuschauer, durch »Zapping« oder durch »zafin«[3], wie man seit einiger Zeit in Spanien sagt, einzelnen Programmen auszuweichen. Diese Ablehnung kann zugleich den mittelmäßigen Erfolg erklären, den der lokale Rundfunk zur Zeit in Spanien erfährt, vor allem der lokale Hörfunk. Der lokale und öffentliche Rundfunk versucht den Deregulationstendenzen im Rundfunkbereich entgegenzuwirken. Als Folge verliert der Medienkonsum nach und nach seinen passiven Charakter und nimmt eine aktive Rolle an. Auf Grund der lokalen Stellung des Rundfunks läßt sich die Privatisierung des Kommunikationsraums aufhalten, da zur Artikulierung der allgemeinen und täglichen Nöte und Interessen der Stadtbevölkerung ein Forum verschiedener Meinungen zugelassen wird.

Trotz aller Einschränkungen könnte für die aktive Gesellschaft ein viel größerer Nutzen aus dem Rundfunk entstehen. Es geht praktisch um eine bessere Ausnutzung der existierenden öffentlichen und kollektiven Ressourcen, sowohl bezogen auf die Infrastruktur als auch auf die Nutzungsmöglichkeiten. Auf diese Weise könnte der Medienkonsum nach und nach den Charakter der passiven Teilnahme verlieren und eine aktive Rolle zugewiesen bekommen. Bevor es für das öffentliche Fernsehen die Möglichkeit gab, seine Kapazitäten zu nutzen und auszuschöpfen, wurde das Privatfernsehen eingeführt. Die Privatisierung gleicht einer Enteignung des Bürgers und bewirkt eine Einschränkung der öffentlich zugänglichen Massenmedien. Hauptkriterium für die privaten Anbieter ist die finanzielle Retabilität und nicht der gesellschaftliche Nutzen. Diese Einschränkung des Rundfunksystems bedeutet, die Lernprozesse in der demokratischen Gesellschaft zu vermindern. Bei der öffentlichen Meinung handelt es sich um die öffentliche Meinung von wenigen, die das Privileg haben zu publizieren, da sie Zugang zu den Medien besitzen.

Möglichkeiten, die Uniformität zu sprengen und die Zeit zu füllen mit selbstverantwortlichen Aktivitäten, die zu einer Verbesserung der Lebensqualität führen, sowie mit der Erkundung der eigenen Umwelt, bietet der Rundfunk. Nach der Abschaffung des Francoregimes und der Einführung der politischen Demokratie sind in Spanien Rundfunkeinrichtungen jedweder Art entstanden, die sich als »alternativ« präsentieren. Unter ihnen heben sich besonders die lokalen Sender hervor. Das massive Aufkommen des Lokalfunks in Spanien ist im Zusammenhang mit dem demokratischen Übergang zu sehen, als Ausdruck der gemeinschaftlichen, gesellschaftlichen, regionalen und nationalen Bewegungen. Denn nicht nur in der Politik, sondern auch in der Kommunikation und in der Kultur hofften die Bewegungen, andere, fundamentale Wege zur Verwirklung ihrer Sichtweisen zu finden.

Ungeachtet der bisherigen Entwicklung und der Perspektiven ist die kommunikative und kulturelle Bewegung um den lokalen Rundfunk noch zu wenig entfaltet, um verschiedene Probleme zu lösen, etwa die Definition des Sendermodells, die Verwaltung, die Finanzierung, die Organisation des Programmablaufs oder die redaktionelle Professionalität. Die gegenwärtige Situation ist widersprüchlich und behindert die weitere Entwicklung. Dennoch kann man schon einige Merkmale erkennen, die sich in ein Modell des differenzierten lokalen Rundfunks umsetzen lassen. Nach allem was man weiß, ist dieses Rundfunkmodell geprägt durch (1) Vermittlung, (2) Partizipation und (3) Kontextualisierung.

(1) Der Lokalfunk läßt sich durch zwei Koordinaten definieren: Das Rathaus als repräsentative Einrichtung und die Gemeinschaft als soziale Institution. Wenn der Lokalfunk ausschließlich auf die Interessen des Rathauses reagiert, wird er zu einem offiziellen Sprachrohr. Wenn der Lokalfunk ausschließlich die Interessen der Gemeinschaft repräsentieren möchte, läuft er Gefahr, sich zum Sprachrohr gesellschaftlich dominierender Gruppen zu machen. Der Lokalfunk befindet sich mithin zwischen zwei Machtlinien, deren Beziehung untereinander institutionalisiert werden müssen, um gemeinschaftliche Ziele zu erreichen; beispielsweise dadurch, daß man neben den vorhandenen Aufsichtsgremien (kommunale Repräsentanten; Verwaltungsrat, Intendant) einen Programmbeirat bildet, in welchem sich die verschiedenen Gruppierungen der Gemeinschaft wiederfinden.

(2) Die Partizipation der Gemeinschaft an der Programmgestaltung des Lokalfunk ist fundamental, damit er völlig neue kommunikative Ziele in Spanien erreichen kann: Die Sicherung und Entwicklung der Demokratie, die Förderung des gemeinschaftlichen Zusammenlebens und seiner kulturellen Merkmale, die Verbesserung der Lebensqualität sowie die Belebung sozialer Aktivitäten. Diese Partizipation stützt sich auf die theoretische und politische Gewißheit, daß die Menschen an der Suche nach Antworten auf ihre realen Bedürfnisse teilnehmen müssen, um so eine effiziente humane und soziale Entwicklung zu fördern.

Gesellschaftliche Partizipation ist die organisierte Tätigkeit einer Gruppe mit dem Ziel, Nöte und Forderungen zu formulieren, gemeinsame Interessen zu verteidigen, bestimmte wirtschaftliche, soziale, kulturelle oder politische Absichten zu erreichen. Selbstverständlich kann Partizipation weder angeordnet noch durch eine einzige Handlung erreicht werden. Vielmehr handelt es sich um einen Prozeß, der den Umständen entsprechend motiviert und in der Praxis gefördert werden muß durch auf die gemeinschaftlichen Ziele verpflichtete Kommunikatoren.

Empirisch lassen sich verschiedene Partizipationstufen ausmachen, u. a. die *Zugehörigkeit* zu Gruppierungen, Vereinigungen, formalen und informellen Organisationen; die aktive oder passive *Beteiligung* sowie die *Teilnahme* durch konzertierte und direkte Aktionen. Diese Stufen, Stadien eines fortschreitenden Prozesses, müssen berücksichtigt werden bei der Förderung von Partizipation. Sie vollzieht sich dann am besten, wenn sie freiwillig und bewußt erfolgt. Der Lokalfunk ist also ein offener Prozeß, eine Einrichtung, die durch die Interaktion mit der Gemeinschaft wächst. Das erfordert nicht bloß Absichtserklärungen, sondern die Definition der politischen, strategischen, konkreten Aktionen.

(3) Lokalfunk muß nicht »provinzieller Rundfunk« sein, der sich nur mit Ereignissen innerhalb der städtischen Grenzen beschäftigt. Er muß vielmehr über lokale und über regionale, nationale sowie internationale Ereignisse berichten. Lokalfunkjournalisten müssen lernen zu beobachten und zu erklären, wie sich das Internationle im Nationalen niederschlägt und das Nationale im Regionalen und Lokalen. Zweifellos muß man dabei berücksichtigen, daß bei der Artikulation dieser unterschiedlichen Stufen der Hauptakzent auf das lokale Geschehen gelegt wird, denn hier werden die sozialen Gegensätze deutlich und hier spielt sich das Geschehen ab, das der Lokalfunk begleitet.

Zusammengefaßt kann man sagen, daß sich das neue Kommunikationsmittel, der Lokalfunk, in seiner soziokulturellen Gemeinschaft zu artikulieren versucht. Das beinhaltet einerseits das Bemühen, die Nöte der Gemeinde und ihre Organisation in einem sozialen Entwicklungsprogramm zu erklären, andererseits die Reflexion und die Suche nach Alternativen für die soziale Verwendung des lokalen Rundfunks – immer in Beziehung zu den übrigen Kommunikationsmitteln, den Institutionen, den Räumen und den vorhandenen kulturellen Praktiken in der Gemeinschaft.

Setzt man den absoluten Vorrang des audiovisuellen Konsums in der Freizeit der Bürger als gegeben voraus, so ist nicht nur die Quantität unwichtig, sondern auch die Qualität, der Inhalt der Zeit. Deshalb ist es vorteilhaft, die Verwendung der Zeit aus der Perspektive dessen, was man macht, und aus der Sicht, wie man etwas macht, zu untersuchen. In dieser Hinsicht hat der Rundfunk noch eine Menge zu sagen und zu tun.

Anmerkungen

1 Vgl. Harry Pross: Essay über symbolische Gewalt. Berlin: Kramer 1981
2 Vgl. Vicente Romano: Freizeit und Massenmedien. In: Harry Pross/Claus-Dieter Rath (Hrsg.): Rituale der Medienkommunikation. Gänge durch den Medienalltag. Berlin/Marburg: Guttandin & Hoppe 1983, S. 101–111
3 Von zafare = entfliehen

Winfried Schulz

Die Tranformation des Mediensystems in den Achtzigern
Epochale Trends und modifizierende Bedingungen

1. Exposition

Der Wandel der Mediensysteme

Schon heute ist klar, daß in den achtziger Jahren die Mediensysteme in Europa und speziell auch in der Bundesrepublik einen Wandel durchgemacht haben, der mit den großen historischen Umbrüchen im ausgehenden 15. Jahrhundert, in der zweiten Hälfte des 19. Jahrhunderts und nach 1945 vergleichbar ist. Das läßt sich sehr deutlich an vier epochalen Trends ablesen, die man schlagwortartig kennzeichnen kann als: Technischer Wandel, System-Expansion, Privatisierung und Internationalisierung. Diese Trends bedingen und beeinflussen sich wechselseitig.

Der *technische Wandel* ist auf die Anwendung einer Reihe neuer Technologien und deren spezifische Weiterentwicklung im Bereich der Massenkommunikation zurückzuführen. Dadurch wurden herkömmliche Verfahren der Produktion und Speicherung, der Distribution und des Empfangs von Medienangeboten verändert und durch neue Techniken ergänzt wie z. B. Kabel- und Satellitenrundfunk, Bildschirmtext und Videotext, Digitalradio und HDTV (High Definition Television), Video, CD und DAT (Digital Audio Tape). Neben diesen Neuerungen im Bereich der audiovisuellen Medien wurden auch die Produktionsprozesse bei den Printmedien – Textverarbeitung und -speicherung, Satz- und Druck – durch neue Techniken revolutioniert. Ähnlich weitreichende Veränderungen haben bei den Nachrichtenagenturen durch Einführung der elektronischen Textverarbeitung und -speicherung sowie deren Integration mit elektronischen Datenbanken stattgefunden.

Unmittelbare Folge des medientechnischen Wandels ist eine *System-Expansion,* wie sie freilich – wenn auch in sehr viel schwächerer Form – seit jeher für die Massenkommunikation typisch ist. Durch die Einführung neuer Techniken werden nämlich im allgemeinen die herkömmlicher Medien nicht substituiert, sondern nur ergänzt, wobei es dann zu einer funktionalen Differenzierung des Medienangebots kommt.[1] Die herkömmlichen Medien verlieren solche Funktionen, die von den neuen Medien besser wahrgenommen werden können; jene können allerdings bei einer geschickten Konzentration auf ihre spezifischen Leistungen und Vorzüge durchaus weiter existieren. Die Entwicklung hat z. B. gezeigt, daß Zeitung, Zeitschrift und Kino mit dem Aufkommen von Radio und Fernsehen nicht vom Markt verschwanden, sondern u. a. in ihrer Reichweite – etwa auf bestimmte Zielgruppen – beschränkt wurden. Insgesamt verbreitete sich daher das Angebot an Kanälen, an Mitteilungen und damit auch an Wahlmöglichkeiten für die Nutzer. Fraglich ist jedoch, ob ein Mehr an Medien auch ein Mehr an wirklichen Alternativen und an Informationsvielfalt bringt.

Eine sich selbst verstärkende Expansion scheint spezifisch für das Massenkommunikationssystem zu sein. Während in den meisten Wirtschaftssektoren Wachstumsprozesse durch die Knappheit von Ressourcen ihre natürlichen Grenzen haben, scheint dies für die Informationsindustrie nicht oder nur in sehr viel geringerem Maße zu gelten. Information ist ihrer Natur nach keine endliche Ressource, sondern vervielfältigt sich – im Gegenteil – ständig selbst durch ihre Herstellung, Verbreitung und Nutzung. Nachrichten provozieren Kommentare, Hintergrundberichte, Dementies und Folgemeldungen; politische Propaganda und Public Relations veranlassen die Kontrahenten zu Gegenpropaganda und eigenen PR-Kampagnen; Werbung zwingt auch die Wettbewerber zu Werbeaktivitäten, andernfalls verlieren sie Marktanteile; erfolgreiche Zeitschriftengründungen und Buchpublikationen veranlassen die konkurrierenden Verlage zu Gegengründungen oder Imitationen; erfolgreiche Filme, Fernsehshows, Musik-Hits lösen eine Welle von Nachahmungen wie auch von Folgekommunikation aus, vor allem Werbung und Promotions. Diese Beispiele illustrieren, daß expandierenden Mediensystemen die Tendenz zu weiterer und beschleunigter Expansion immanent ist.

Das dritte Trendmerkmal, *Privatisierung,* scheint ebenso universell wie die übrigen den Wandel der europäischen Mediensysteme zu kennzeichnen, und zwar nach den politischen Umbrüchen der vergangenen Jahre in besonders ausgeprägtem Maße auch die Medien in den osteuropäischen Ländern. Unter Privatisierung verstehen wir eine Medienpolitik, die den Spielraum von Marktkräften und privatem Unternehmertum gegenüber dem Staatseinfluß und öffentlichen Interessen vergrößert. Privatisierung ist, wie Murdock[2] darstellt, ein vielschichtiges Phänomen. In der ursprünglichen Form bedeutet Privatisierung die Überführung von staatlichem in privates Eigentum, etwa durch Verkauf von Besitzanteilen an öffentlichen Institutionen. Ein Beispiel dafür ist die Privatisierung der ›British Telekom‹. In einer Epoche, die durch Einführung neuer Techniken gekennzeichnet ist, kommt jedoch eine andere Form der Privatisierung häufiger vor: Der

Staat überläßt die Nutzungsrechte für neue Techniken (z. B. Frequenzen, Satellitenkanäle) privaten Interessenten und gestattet ihnen die Finanzierung durch Werbung.
Ein wesentliches Ziel der Privatisierung ist die Stärkung des Wettbewerbs bzw. die Neueinführung von Wettbewerb auf Märkten, die in der Vergangenheit durch staatliches oder öffentliches Monopol bestimmt waren (»Liberalisierng«). Mit der Privatisierung werden daher in der Regel auch Wettbewerbsbeschränkungen und kartellrechtliche Vorschriften, die Konzentration verhindern sollen, gelockert. Infolgedessen nehmen Tendenzen der Konzentration von Medienunternehmen und private Marktmacht zu. Vielfach führt Privatisierung auch zu einer Kommerzialisierung des öffentlichen Sektors, etwa durch die Zulassung bzw. Ausweitung von Werbung im öffentlich-rechtlichen Rundfunk. Eine weitere Folge der Privatisierung nennt Murdock »Denationalization«, d. h. der partielle Entzug von nationaler Kontrolle über das Eigentum an der Kommunikationsindustrie und damit ein Zuwachs an Einfluß für internationale Medienmulties.

Damit ist auch eine der Ursachen für das Trendmerkmal benannt, das im allgemeinen mit dem Schlagwort *Internationalisierung* gekennzeichnet wird. Doch sind es nicht allein die transnationalen Kapitalbeteiligungen und Unternehmensgründungen, die zur Internationalisierung der Mediensysteme führen. Mindestens ebenso bedeutsam sind internationale Koproduktionen z. B. bei Film und Fernsehen, internationaler Programmaustausch, internationale Vermarktung von Informations- und Unterhaltungsangeboten, internationale Werbeaktivitäten sowie transnationale Ein- bzw. Abstrahlungen von Radio und Fernsehen (»spill-over«). Der Prozeß der Internationalisierung wird ferner gefördert durch internationale rechtliche Regelungen für den Medienbereich, etwa durch die Fernsehrichtlinie der Europäischen Gemeinschaft und internationale Urheberrechtsregelungen. Zu nennen sind hier ferner die teils freiwilligen, teils über internationale Organisationen vereinbarten Regelungen für technische Normen, Frequenz- und Satellitennutzungen.

Die treibenden Kräfte

Der hier knapp skizzierte Wandel wurde durch das Zusammentreffen mehrerer Faktoren, und zwar sowohl technischer wie politischer und wirtschaftlicher Natur, in Gang gesetzt und beschleunigt.

Wesentliche Impulse für den technischen Wandel gingen von der Entwicklung der Computer-, Laser-, Satelliten-, Kabel- und Antennentechnologien aus. Die Entwicklung dieser Techniken und deren Integration ist hauptsächlich ein Ergebnis der wissenschaftlich-technischen Anstrengungen für die Hochrüstung während des kalten Krieges – wie es auch in historischen Zeiten schon immer einen engen Zusammenhang zwischen Militärtechnik einerseits und Informations- und Kommunikationstechnik andererseits gab. Es war nur eine Frage der Zeit, bis dann die enormen technischen Fortschritte schließlich in den siebziger und achtziger Jahren auch die zivile Kommunikation revolutionierten. Dabei ist neben dem Transfer vom militärischen zum zivilen Bereich auch eine zunehmende Grenzaufhebung zwischen professioneller Kommunikation und Freizeitkommunikation, ferner zwischen Telekommunikation, Massenkommunikation und Unterhaltungselektronik zu beobachten.[3] Die dadurch erzielten Synergie-Effekte haben den technischen Wandel weiter beschleunigt.

Wesentliche Impulse erhielt die Entwicklung auch dadurch, daß viele Regierungen den Kommunikationssektor – Telekommunikation, Massenkommunikation wie auch Unterhaltungselektronik – als Feld für eine aktive Technologie- und Wirtschaftspolitik neu entdeckten. Diese Entdeckung fand in Europa – im Unterschied etwa zu Japan – erst relativ spät, in den meisten Ländern erst in den ausgehenden siebziger und beginnenden achtziger Jahren statt. Folge der Umorientierung von einer ausschließlich kulturpolitischen zu einer auch oder sogar primär technologie- und wirtschaftspolitischen Betrachtung des Kommunikationssektors war zum einen die finanzielle Förderung von Forschung, Entwicklung und Implementation neuer Medientechniken mit öffentlichen Mitteln, um damit der nationalen Medienindustrie Vorteile zu verschaffen; dadurch wurde der technische Wandel begünstigt.

Zum anderen definierten viele europäische Länder ihre medienpolitischen Ziele und Prioritäten neu. In der Vergangenheit dominierten eher kulturpolitische Ziele wie Meinungsfreiheit, künstlerische Qualität, Berücksichtigung öffentlicher Interessen, soziale Integration, Schutz von Minderheiten, Jugendschutz, Bewahrung der kulturellen Identität und regionaler Eigenständigkeit. Diese wurden inzwischen von den Werten des technisch-ökonomischen Systems überlagert oder verdrängt, Werten wie Fortschritt, Wettbewerb, Wachstum, Effizienz, Marktgerechtigkeit und Publikumsakzeptanz.

Diese Umorientierung ist sehr deutlich am Prozeß der Privatisierung und seinen Zielsetzungen zu erkennen: Tolerierung oder aktive Förderung privaten Unternehmertums im Kommunikationssektor, Betonung des Wettbewerbsprinzips, des Strebens nach medientechnischem Fortschritt und medienwirtschaftlichem Wachstum. Ein Sonderfall der medienpolitischen Umorientierung ist die Entwicklung in den zentral- und osteuropäischen Ländern, die sich der kommunistischen Diktatur und Zentralverwaltungswirtschaft entledigt haben und die nun für ihr Mediensystem die Werte und Zielsetzungen übernehmen, die in Westeuropa vorherrschen. Damit unterliegen dort die Mediensysteme einer Veränderung, die ebenfalls durch die vier Trends technischer Wandel, Privatisierung, Internationalisierung und System-Expansion zu charakterisieren ist, aber noch viel tiefgreifendere Folgen hat als in den anderen europäischen Ländern.

Neben den politischen Faktoren hat auch die wirtschaftliche Entwicklung in den Achtzigern den Wandel der Mediensysteme beeinflußt. Von der günstigen Konjunktur in den entwickelten Industrienationen profitierten fast alle europäischen Länder (ausgenommen die des ehemaligen Ostblocks); viele gewannen darüber hinaus zusätzliche Vorteile durch ihre Mitgliedschaft in der Europäischen Gemeinschaft bzw. durch den

Beitritt zur Gemeinschaft. Darüber hinaus hat eine auf Wachstum (und oft auf Staatsverschuldung) angelegte Wirtschaftspolitik auch den Kommunikationssektor stimuliert.

Wirtschaftliche Prosperität schafft Kaufkraft und damit Nachfrage nach Medienprodukten, sie führt vor allem zu verstärkter Aktivität der Werbungtreibenden und sichert somit den Medienunternehmen hohe Erlöse aus der Werbung und aus dem Absatz ihrer Produkte. Damit waren in den achtziger Jahren besonders günstige Voraussetzungen gegeben für Investitionen in neue Techniken, für die Wahrnehmung von Marktchancen im Zuge der Privatisierung, für internationale Beteiligungen und Kooperationen, insgesamt also für eine Expansion der Mediensysteme.

Ein Modell für die Analyse der Konsequenzen

Diese epochalen Trends wirkten sich in den einzelnen europäischen Ländern unterschiedlich aus. Die Unterschiede sind im wesentlichen durch die strukturellen Besonderheiten der nationalen Mediensysteme bedingt, z. B. durch ihre historische Entwicklung und die aus ihr überkommenen Traditionen, Normen und Organisationsstrukturen; durch die spezifische nationale Medienpolitik der Regierung und anderer den nationalen Mediensektor bestimmender Akteure; durch Art und Ausmaß medienrechtlicher Regelungen; durch die Organisation von Presse und Rundfunk, von Telekommunikation und Unterhaltungsindustrie; darüber hinaus auch durch spezifische Merkmale von Wirtschaft, Technik und Kultur in den einzelnen Ländern. Ein wesentlicher modifizierender Faktor ist die jeweilige Größe des Landes und das Maß verfügbarer Ressourcen. Darüber hinaus spielt es eine Rolle, ob sich ein Land im europäischen Zentrum oder in der Peripherie befindet.

Der Wandel der Mediensysteme ist also am zutreffendsten durch ein Interaktionsmodell zu beschreiben, das aus drei Hauptkomponenten besteht: 1. den epochalen Trends, 2. den modifizierenden nationalen Bedingungen, die miteinander interagieren, und 3. der daraus resultierenden tatsächlichen Entwicklung des jeweiligen nationalen Mediensystems.

Dieses Interaktionsmodell bietet einen fruchtbaren Ansatz zur Beschreibung einzelner Mediensysteme wie auch für die Analyse ihrer Unterschiede und Spezifika im internationalen Vergleich. Für beide Vorgehensweisen, sowohl für die Charakterisierung des Wandels einzelner Systeme wie auch für den internationalen Vergleich des Wandels, bieten sich jeweils zwei Perspektiven an. Bei der ersten Perspektive werden die Indikatoren für die epochalen Trends in einzelnen nationalen Mediensystemen herausgearbeitet. Bei der zweiten Perspektive wird, nach einer international vergleichbar angelegten Kriterienliste, der Einfluß modifizierender nationaler Bedingungen auf die epochalen Trends untersucht.

Im folgenden soll der hier vorgeschlagene Ansatz am Mediensystem der Bundesrepublik Deutschland erprobt werden. Dabei werden zunächst die spezifischen Ausprägungen der epochalen Trends charakterisiert und danach die besonderen nationalen Bedingungen herausgearbeitet, die trendverstärkend und trendabschwächend gewirkt haben. Daraus werden die Eigenarten der Transformation des deutschen Mediensystems deutlich.

2. Epochale Trends

Technischer Wandel

In den achtziger Jahren sind in der Bundesrepublik auf breiter Front neue Medientechnologien eingeführt worden. Dadurch haben sich die Bedingungen der Produktion, der Distribution und des Empfangs von Medienangeboten, aber auch die Inhalte der Medien selbst und deren Nutzung verändert. Sehr eindrucksvoll ist die Entwicklung am Beispiel der Implementation des Breitbandkabelnetzes erkennbar. Innerhalb nur einer Dekade ist es gelungen, mehr als 65 Prozent aller Haushalte mit einem Kabelanschluß zu versorgen. Über das Kabelnetz können bis zu 24 TV-, 27 UKW- und 16 Digitalradio-Programme empfangen werden. Die Erweiterung auf 38 TV- und 30 UKW-Kanäle steht unmittelbar bevor. Wie in den meisten europäischen Ländern, kann ein großer Teil der Fernsehprogramme auch über Satelliten empfangen werden. Als sichtbar wurde, daß der High-Power-Rundfunksatellit TV-SAT teils gescheitert, teils technisch überholt war, hat sich die Deutsche Bundespost bemüht, mit zwei Medium-Power-Satelliten des Projekts »Kopernikus« für einen Ersatz zu sorgen und den Erfolg der Medium-Power-Satelliten nicht allein dem kommerziellen Projekt »Astra« zu überlassen. Zur Überraschung vieler Beobachter hat die Bundespost darüber hinaus zusätzliche Frequenzen für die terrestrische Abstrahlung von Hörfunk- und Fernsehprogrammen in mehr als 100 Städten bereitgestellt. Sie werden von den neu hinzugekommenen privaten Anbietern genutzt.

Mehr als 40 Prozent aller Haushalte sind inzwischen mit einem Videorecorder ausgestattet. Seit Beginn der achtziger Jahre sind Bildschirmtext und Videotext bundesweit verfügbar. Die Compact Disk ist ein großer geschäftlicher Erfolg und heute – sieben Jahre nach ihrer Markteinführung – das führende Tonträgermedium.

Mikroelektronik und Datenverarbeitung haben die Arbeitsweise der Journalisten und auch die Produktion in den Presseverlagen revolutioniert. Eine Umfrage bei Tageszeitungen im Jahr 1988 zeigte, daß bereits zu diesem Zeitpunkt 85 Prozent aller Publizistischen Einheiten mit elektronischen Redaktionssystemen arbeiteten.[4] Auf den Basisdienst der ›Deutschen Presseagentur‹ kann inzwischen über eine On-Line-Datenbank zugegriffen werden, die permanent mehr als eine halbe Million Meldungen bereithält. Ähnliche technische Verbesserungen gibt es bei allen anderen internationalen Agenturen.

Wachstum

Nahezu alle Medien in der Bundesrepublik expandieren, wenn auch mit unterschiedlichen Wachstumsraten. Am stärksten hat in den achtziger Jahren die Zahl der Radio- und Fernsehprogramme zugenommen. 1980 boten alle öffentlich-rechtlichen Anstalten zusammen sieben Fernseh- und 31 Radioprogramme an. Innerhalb einer Dekade hat sich die Zahl der Fernsehprogramme verdoppelt und die Zahl der Radioprogramme mehr als vervierfacht. Der Zuwachs ist überwiegend auf den Wandel zum dualen Rundfunksystem, d. h. die Zulassung privater Veranstalter zurückzuführen. Weiterhin stark angestiegen ist die Auflage der Publikumszeitschriften, wie schon in den Dekaden vorher. Die Auflage der Tageszeitungen stagniert seit Ende der siebziger Jahre, liegt aber heute doch deutlich höher als 1970. Die Zahl der selbständigen Zeitungsverlage ist jedoch rückläufig, während die Zahl der politischen Redaktionen seit Mitte der siebziger Jahre praktisch konstant geblieben ist, die Zahl der Lokalausgaben in letzter Zeit sogar leicht zugenommen hat.[5]

Da sich die meisten Medien teilweise oder überwiegend durch Werbung finanzieren, ist die Entwicklung des Werbemarktes ein einfacher, aber aussagefähiger Indikator für das Wachstum des Mediensystems. Während 1981 der Gesamtumsatz für alle Werbeträger 12,9 Millionen DM betrug, war er bis 1990 auf 24,5 Millionen DM gestiegen. Das entspricht einer Wachstumsrate von 90 Prozent.

Privatisierung und Kommerzialisierung

Die Wende in der Medienpolitik, die mit dem Regierungswechsel im Oktober 1982 – der Ablösung der sozialdemokratisch geführten Regierung durch eine konservativ-liberale Koalition – eingeleitet wurde, wirkte sich am stärksten auf den Rundfunk aus. Während es bis dahin ein Monopol des öffentlich-rechtlichen Rundfunks gab, werden seit 1984 auch private Radio- und Fernsehveranstalter zugelassen. Zugleich entwickelten sich, teils geduldet, teils (wie in Bayern) gefördert, »Cross-Media-Ownerships«, d. h. Presse und Rundfunk übergreifende Beteiligungen und Konzentrationen, und zwar sowohl bundesweit wie auch auf einzelnen lokalen Märkten. Die Stellung privater Unternehmen, vor allem die Marktmacht der großen Medienkonzerne wurde dadurch weiter gestärkt. Der Umfang der Werbung in Radio und Fernsehen nahm erheblich zu, Werbung und Programm werden immer seltener strikt getrennt, wie es die Gesetze eigentlich vorschreiben. Die Programme, vor allem die der privaten Veranstalter, sind stärker auf den einfachen Geschmack möglichst großer Auditorien zugeschnitten, Informationssendungen immer häufiger mit Unterhaltung zu »Infotainment« versetzt.

Ein folgenreiches Beispiel für die Privatisierung ist die Aufteilung der ›Deutschen

Bundespost‹ in drei selbständig geführte Unternehmen und die damit verbundene Einschränkung des Postmonopols durch das Poststrukturgesetz 1989.

Internationalisierung

Die Tendenz zur Internationalisierung geht von technischen, ökonomischen und politischen bzw. rechtlichen Faktoren aus.[6] Vor allem durch die Medium-Power-Satelliten und die Verbesserung der Antennen- und Empfangstechnik ist es seit einigen Jahren möglich, eine größere Zahl von Fernsehprogrammen aus dem Ausland zu empfangen. Einige ausländische Programme werden auch in die Kabelnetze eingespeist. Die Satellitentechnik hat neue Kanäle bereitgestellt für internationale Programmkooperationen, beispielsweise für die deutsch-österreichisch-schweizerische Kooperation 3Sat, für einen europäischen Kulturkanal (»ARTE«) und Nachrichtenkanal.

Zwar ist das Angebot an ausländischen Fernsehprogrammen im Vergleich zu den meisten europäischen Ländern in Deutschland verhältnismäßig gering,[7] doch hat der Umfang des importierten Materials in den achtziger Jahren erheblich zugenommen. Dies ist im wesentlichen eine Folge der Einführung des privaten Fernsehens, das sich in ganz erheblichem Maße auf dem internationalen Programm-Markt bedient. Während der Anteil ausländischer Produktionen an allen Fiktion-Programmen im öffentlich-rechtlichen Fernsehen zwischen 43 und 64 Prozent liegt, beträgt er beim privaten Fernsehen 91 bis 98 Prozent.[8]

Wirtschaftliche Interessen sind vorherrschend bei den Internationalisierungstendenzen im Pressewesen. So haben die deutschen Großverlage ›Bauer‹, ›Burda‹, ›Springer‹ und vor allem ›Bertelsmann‹ (mit dem angeschlossenen ›Gruner+Jahr-Verlag‹) in den letzten Jahren ihre Aktivitäten zunehmend auf das Ausland ausgeweitet. Versuche ausländischer Verleger, auf dem deutschen Markt Fuß zu fassen, wie etwa Robert Maxwell mit der ›Berliner Zeitung‹, waren demgegenüber wenig erfolgreich.

Die politische Entscheidung für einen Europäischen Binnenmarkt und für eine stärkere politische Integration Europas hat direkte und indirekte Auswirkungen auf die Mediensysteme. Zu den indirekten gehört, daß Kapitalbeteiligungen an Medienunternehmen über Ländergrenzen hinweg begünstigt werden. Am auffälligsten ist das an den Aktivitäten des Italieners Silvio Berlusconi und der luxemburgischen CLT (›Compagnie Luxembourgeoise de Télédiffusion‹). Direkt wirken sich länderübergreifende rechtliche Regelungen aus, mit denen die nationale Souveränität auf dem Mediensektor eingeschränkt und die Medienrechtsnormen international vereinheitlicht werden. Deutlichstes Beispiel ist hierfür die Rundfunkrichtlinie der EG-Kommission. Deren Folgen für das deutsche Mediensystem wurden gerade an der zum 1. Januar 1992 in Kraft getretenen Novellierung des Rundfunkstaatsvertrags deutlich.

3. Modifizierende Bedingungen

Zwar ist die Transformation der Mediensysteme in allen europäischen Ländern durch die epochalen Trends gekennzeichnet, die wir hier am Beispiel der Bundesrepublik Deutschland näher charakterisiert haben. Doch schließt das Unterschiede zwischen den Ländern in Bezug auf Richtung und Geschwindigkeit des Wandels nicht aus – im Gegenteil: Die epochalen Trends werden jeweils durch die strukturellen Besonderheiten der nationalen Systeme modifiziert, in einigen Ländern nur geringfügig, in anderen dagegen stark. Es kommt dabei teils zu einer Trendverstärkung, teils zu einer Trendabschwächung. Dadurch werden auch die von den Trends hervorgerufenen Probleme teils verschärft, teils vermindert.

Trendverstärker

Wirtschaftswachstum

Seit Beginn der achtziger Jahre wuchs die Wirtschaft der Bundesrepublik stetig, die Zuwachsrate des Bruttosozialprodukts lag regelmäßig über der Inflationsrate, die längere Zeit zu den niedrigsten der Welt gehörte. Die wirtschaftliche Prosperität sorgte für Einkommenssteigerungen der privaten Haushalte, die sich damit mehr Ausgaben für Information und Unterhaltung leisten konnten. Dadurch wurden das Wachstum des Mediensystems und die Implementation neuer Techniken gefördert. So stiegen die Ausgaben für Massenmedien eines Vier-Personen-Arbeitnehmerhaushalts mit mittlerem Einkommen von 82,96 DM im Jahre 1980 auf 130,76 im Jahre 1990. Der Anteil der Ausgaben für Massenmedien am privaten Verbrauch ist mit 3,40 (1980) bzw. 3,79 Prozent (1990) allerdings nach wie vor gering.

Einen stärkeren Effekt auf das Wachstum des Mediensystems hat die Expansion des Werbemarktes, die im wesentlichen eine Folge des Wirtschaftswachstums ist. Der ununterbrochene Werbeboom verstärkt zugleich die Tendenzen der Kommerzialisierung – mit all den negativen Begleiterscheinungen, wie sie auch in anderen europäischen Ländern zu beobachten sind.[9] Seit längerem schon ist zu beobachten, daß immer mehr Medienangebote auf den Markt kommen, die vorrangig oder ausschließlich als Werbeumfeld dienen. Die Publikumsnachfrage muß dann durch Gratisverteilung (wie z. B. bei den lokalen Anzeigenblättern) oder durch spektakuläre und triviale Inhalte (wie bei Publikumszeitschriften und vielen der privaten Radio- und Fernsehprogramme) künstlich geschaffen werden.

Die großen Werbeetats drängen zunehmend auch auf unkonventionellen und nicht legalen Wegen in die Medien. Sponsoring, Product Placement, Schleichwerbung und offene oder getarnte Produktionsbeteiligungen von Werbetreibenden nehmen zu, vor allem beim Fernsehen. Ein Beispiel, das publik wurde, ist die von der Zeitschrift ›Forbes‹ enthüllte Beteiligung verschiedener Weinbauern an den Produktionskosten einer Fernsehserie über europäische Weinanbaugebiete (»Die Weinmacher«), die in 16 Folgen zu bester Sendezeit am Sonntagnachmittag im öffentlich-rechtlichen Fernsehen (ARD) lief.

Die vorherrschende medienpolitische Doktrin

Die Regierung Helmut Kohl hat bei der Ablösung der sozialdemokratisch geführten Regierung die medienpolitische Wende zum Programm erhoben. In der Regierungserklärung vom 13. Oktober 1982 wurden für den Mediensektor mehr Wachstum, Privatisierung, Internationalisierung und die Einführung neuer Technologien angekündigt. Diese Ziele sind seitdem konsequent verfolgt worden, flankiert durch die Medienpolitik der in den Achtzigern ebenfalls konservativ regierten Bundesländer Bayern, Baden-Württemberg, Niedersachsen und Rheinland-Pfalz.

Die Verfassung der Bundesrepublik begrenzt allerdings den medienpolitischen Entscheidungsspielraum der Bundesregierung. Als Instrumentarium kann sie vor allem die Telekommunikationspolitik sowie forschungs-, wirtschafts- und technologiepolitische Instrumente einsetzen. Die Investitionen in den Ausbau des Telekommunikationssystems wurden denn auch zum wichtigsten Mittel, um die medienpolitische Wende durchzusetzen. So hat die Deutsche Bundespost in den achtziger Jahren annähernd mehr als neun Milliarden DM in den Ausbau des Breitbandkabelnetzes investiert.[10] Erhebliche Summen verschlangen die Satelliten-Projekte, mit großem Aufwand wurde das Bildschirmtext-System aufgebaut, und beträchtliche Mittel in die Fortentwicklung des Telefonnetzes zur ISDN-Tauglichkeit gesteckt.

Alle diese Maßnahmen initiierten oder beschleunigten vor allem den technischen Wandel des Mediensystems, begünstigten aber auch die Trends zu mehr Wachstum, Kommerzialisierung und Internationalisierung.

Die Macht der Konzerne

Ähnliche trendverstärkende Wirkungen üben die Multi-Medien-Konzerne aus, vor allem wenn sie auch international tätig sind. Schon vor den achtziger Jahren sind in der Bundesrepublik mehrere Medienunternehmen durch eine erfolgreiche Produktpolitik, professionelles Marketing, geschickte Kapitalbeteiligungen und Unternehmensgründungen zu erheblicher Größe und Marktmacht aufgestiegen. Ihr Einfluß war zumeist auf den Printsektor begrenzt. Erst in den Achtzigern dehnten sie diesen auf die audiovisuellen Medien aus und entwickelten sich zu Multis. Dabei sind zwei Typen von Konzernen

entstanden, einerseits solche mit vorwiegend lokalen und regionalen Aktivitäten, andererseits solche mit vorwiegend bundesweiten und internationalen Aktivitäten.
Der Gigant unter den Medienmultis ist ›Bertelsmann‹ mit einem jährlichen Konzernumsatz von rd. 14,5 Mrd DM und einem Gewinn von 540 Mio DM (1990/91). ›Bertelsmann‹ macht fast zwei Drittel seines Umsatzes im Ausland und war noch bis vor kurzem, bis zur Fusion der amerikanischen Riesen ›Time‹ und ›Warner‹, der größte Medienkonzern weltweit. Geschäftliche Basis des Konzerns sind Buch- und Schallplattenclubs, Musik- und Videoproduktionen (nach Übernahmen von ›Ariola‹ und RCA) und die Publikumszeitschriften des ›Gruner+Jahr-Verlags‹ (darunter so erfolgreiche Titel wie ›stern‹, ›Brigitte‹, ›Capital‹ und ›Geo‹). In den achtziger Jahren hat sich ›Bertelsmann‹ dann stark bei privaten Radio- und Fernsehanbietern engagiert, u. a. bei RTLplus.[11]

Auch die anderen bedeutenden Konzerne – ›Bauer‹, ›Burda‹, ›Holtzbrinck‹, ›Kirch‹, ›Sebaldus/Gong‹ und ›Springer‹ – entwickeln sich zu Multi-Media-Unternehmen mit internationalem Engagement. Besonderes Aufsehen erregten 1988 die Beteiligungen der WAZ-Verlagsgruppe an den größten Tageszeitungen in Österreich (›Neue Kronen-Zeitung‹, ›Kurier‹).[12] Die WAZ-Gruppe (mit dem wichtigsten Objekt ›Westdeutsche Allgemeine Zeitung‹, der auflagenstärksten Regionalzeitung im westlichen Teil der Bundesrepublik) gehört zu einer Kategorie von Medienunternehmen, die ihre starke Stellung durch Vorherrschaft auf lokalen bzw. regionalen Märkten erworben haben. Ein Teil von ihnen ist in den letzten Jahren auch in den privaten lokalen Hörfunk eingestiegen. Dadurch sind, vor allem in Süddeutschland, verbreitet Doppel-Monopole entstanden.[13]

Öffnung nach Osten

Durch den Fall des »Eisernen Vorhangs« und die Öffnung und zugleich auch Kommerzialisierung der osteuropäischen Mediensysteme boten sich Ende der Achtziger für die deutschen Medienunternehmen schlagartig neue Märkte und Betätigungsfelder. Sie sind dadurch sprunghaft gewachsen und haben ihren nationalen wie internationalen Einfluß ausgedehnt. Allein schon durch den Anschluß der DDR vergrößerte sich das potentielle Publikum – und damit langfristig auch das potentielle Werbeaufkommen – für viele Zeitschriften und Rundfunkprogramme um mehr als 25 Prozent.

Eine Reihe weiterer Faktoren ist günstig für eine Medienkolonisierung Osteuropas durch deutsche Verlage und Rundfunkorganisationen: Ihre Kapitalkraft, ihr technisches und organisatorisches Know-how; ihr Standortvorteil durch die geographische Lage; historisch gewachsene Beziehungen, die erst durch die Nazis und dann durch die Kommunisten unterbrochen wurden; ein relativ hoher Bevölkerungsanteil in Osteuropa mit (wenigstens passiven) Kenntnissen der deutschen Sprache.

Der ostdeutsche Zeitungsmarkt wird inzwischen fast vollständig von westdeutschen

Verlagen kontrolliert. Die Westverlage verfolgten drei verschiedene Strategien zur Eroberung des ostdeutschen Marktes: 1. Einige boten ihre westdeutschen Ausgaben unverändert in Ostdeutschland an, andere gründeten neue ostdeutsche Lokalausgaben; 2. einige wenige Verlage gründeten neue Zeitungen; 3. vor allem große Westverlage übernahmen Anteile oder gleich das ganze Unternehmen von Ostverlagen, insbesondere von den auflagenstarken SED-Bezirkszeitungen und von den Zeitungen der Blockparteien.[14]

Trenddämpfer

Die föderale Ordnung

Die föderale, dezentrale Struktur des Systems der Massenkommunikation in der Bundesrepublik ist einer der Faktoren, die einen dämpfenden Einfluß auf die epochalen Entwicklungstrends haben. In der Systemstruktur wirkt einerseits der traditionell kleinteilige, regional geprägte Aufbau Deutschlands nach, andererseits ist die föderale Ordnung ein Organisationsziel gewesen, das die alliierten Siegermächte für das Nachkriegsdeutschland vorsahen.

Ihren Ausdruck findet die Systemstruktur zum Beispiel in der lokalen bzw. regionalen Gebundenheit der Tagespresse. Die größte Bedeutung hat die föderale Ordnung jedoch für den Rundfunk und damit teilweise auch für die neuen Medien, weil sie für diesen Sektor auch verfassungsrechtlich verankert ist. Die öffentlich-rechtlichen Rundfunkanstalten sind, von Ausnahmen abgesehen, rechtlich und organisatorisch den Bundesländern zugeordnet. Das gilt im wesentlichen auch für den neu entstandenen privaten Rundfunk, wenn hier auch stärkere Abweichungen von diesem Prinzip zugunsten des kommerziellen Fernsehens zu verzeichnen sind. Auf der anderen Seite ist in einigen Bundesländern das Prinzip gleichsam auf die Spitze getrieben worden, indem dort für den privaten Rundfunk eine lokale Zuordnung vorgeschrieben wurde – so in Bayern und Nordrhein-Westfalen, mit Einschränkungen in Baden-Württemberg; allerdings gibt es inzwischen starke Tendenzen, die diesem Prinzip entgegenwirken.

Aufgrund der föderalen Ordnung muß über grundlegende Veränderungen im Bereich von Rundfunk und neuen Medien, soweit diese länderübergreifend sind, erst eine Einigung zwischen allen Bundesländern herbeigeführt werden. Da die Regierungen der Bundesländer zum Teil divergierende medienpolitische Auffassungen haben, kann ein solcher Einigungsprozeß durchaus mehrere Jahre dauern.

Die dezentrale Struktur wirkt also schon in zeitlicher Hinsicht retardierend auf Veränderungen des Mediensystems. Wachstumsprozesse und Prozesse des technischen Wandels werden gebremst, Tendenzen der Kommerzialisierung und der Internationalisierung werden abgeschwächt, weil am Einigungsprozeß immer auch politische Kräfte beteiligt sind, die das Gemeinwohl vor wirtschaftlichen Interessen, die regionale vor der internationalen Orientierung begünstigen.

Die Verrechtlichung

Wie alle gesellschaftlichen Bereiche, so unterliegen auch die Massenmedien in der Bundesrepublik sehr weitgehenden rechtlichen Regelungen. Eine Vielzahl von Gesetzen legt ihre Organisation fest, ihre Privilegien und Schranken, die Wettbewerbsverhältnisse und die Tätigkeit der Journalisten. Schon in der Verfassung ist ein Ordnungsgerüst für das Mediensystem vorgegeben, um dessen Auslegung und Weiterentwicklung sich das Bundesverfassungsgericht von Anfang an sehr aktiv bemüht hat.

Die seit jeher gewohnte starke Verrechtlichung bringt es mit sich, daß auch jeder noch so geringfügige Wandel des Mediensystems sofort über Gesetze geordnet wird. Es erstaunt so manchen Ausländer, daß in der Bundesrepublik selbst der Bereich des privaten Rundfunks über rund ein Dutzend Gesetze und Staatsverträge normiert wurde. Da viele dieser Vorschriften weitgehend den Regelungen entsprechen, wie sie für den öffentlich-rechtlichen Rundfunk gelten, wurden die Tendenzen der Kommerzialisierung des privaten Rundfunks abgeschwächt. Zugleich bremsen Zulassungsanforderungen und Werberegelungen das Wachstum des privaten Rundfunks. Einen wachstumshemmenden Effekt haben ferner Konzentrationsbeschränkungen in den Rundfunkgesetzen und – speziell für die Presse – im Kartellgesetz.

Es ist in der Bundesrepublik üblich, Veränderungen des Mediensystems zunächst eine rechtliche Grundlage zu geben. Allein diese Reihenfolge wirkt sich auf expansive Tendenzen dämpfend aus. Einen ähnlichen Effekt hat das mitunter komplizierte Gesetzgebungsverfahren, bedingt durch die föderale Staatsstruktur. Entwicklungen wie in einigen anderen Ländern, z. B. in Italien, Frankreich oder den Niederlanden, wo sich private Rundfunkanbieter im rechtsfreien Raum oder illegal etablierten und (wenn überhaupt) erst nachträglich legalisiert wurden, wären in Deutschland völlig undenkbar.

Das widerspenstige Publikum

Obgleich das Angebot an Presseerzeugnissen, Radio- und Fernsehprogrammen und neuen Medien in den achtziger Jahren erheblich zugenommen hat, entwickelten sich Nachfrage und Nutzung der Medien durch das Publikum außerordentlich träge. Langfristige Untersuchungen des Medienverhaltens zeigen eine nur relativ geringe Ausweitung des Zeitbudgets für Mediennutzung, trotz eines starken Zuwachses an Freizeit im gleichen Beobachtungszeitraum.[15] Selbst in Kabelhaushalten, in denen mehr als 20 Fernsehprogramme empfangen werden können, liegt die Fernsehnutzungsdauer mit 167 Minuten täglich (1990) nur geringfügig über dem Durchschnittswert für die Bevölkerung ab 14 Jahre insgesamt (156 Minuten). Diese Differenz ist noch dazu, wie intensivere Untersuchungen gezeigt haben, überwiegend auf besondere sozio- und psychographische Merkmale der Kabelhaushalte zurückzuführen.[16]

Bei den Publikumszeitschriften hat es zwar einige erfolgreiche Neueinführungen gegeben; aber der deutsche Markt gilt als weitgehend gesättigt, der Markteintritt ist äußerst kostspielig geworden und kann nur noch von den wenigen Großverlagen gewagt werden.[17] Zwar geben die Bürger heute für Massenkommunikation mehr Geld aus als vor zehn oder zwanzig Jahren, gemessen in absoluten Beträgen, aber der relative Anteil am privaten Verbrauch ist innerhalb gewisser Schwankungsbreiten praktisch konstant geblieben.

Weder die Erwartungen der Apologeten neuer Medien, noch die Befürchtungen der Kritiker sind eingetreten. Stattdessen haben, von Ausnahmen (wie CD und Telefax) abgesehen, die neuen Medien durchweg Akzeptanzprobleme. Zum größten Flop wurde Bildschirmtext, der sechs Jahre nach der bundesweiten Einführung gerade 200.000 Teilnehmer hat. Trotz erheblicher Marketinganstrengungen der Bundespost erreicht die Anschlußdichte beim Kabelfernsehen (d. h. der Anteil der angeschlossenen zur Basis der anschließbaren Haushalte) eben 50 Prozent. Für Anschlüsse an das ISDN-Netz, dessen Ausbau die Post mit großen Investitionen vorangetrieben hat, gibt es bisher so gut wie keine Nachfrage.

Die reservierte und distanzierte Haltung des Publikums gegenüber Neuerungen im Mediensystem begrenzt nicht nur die Chancen des Wachstums. Sie setzt auch der Kommerzialisierung allein schon dadurch Schranken, daß nicht jedes beliebige Programm oder Presseprodukt die Reichweiten erzielt, um als Werbeträger erfolgreich zu sein. Vor allem die Privatradios haben zum Teil die schmerzliche Erfahrung gemacht, daß Akzeptanz nicht einfach durch Popmusik und Dampfplauderei zu erzielen ist. Das Publikum leistet es sich gerade bei zunehmendem Angebot, wählerischer zu sein. Außerdem ist es durch die Programme der öffentlich-rechtlichen Sender seit vielen Jahren an Qualität gewöhnt.

Von den privaten Radiostationen schreiben denn auch viele nach Jahren noch immer rote Zahlen; sie haben der öffentlich-rechtlichen Konkurrenz zwar Marktanteile abgenommen, deren dominierende Stellung aber kaum gefährdet. Immerhin – die großen privaten Fernsehveranstalter konnten inzwischen erhebliche Marktanteile gewinnen und, da sie vor allem die von den Öffentlich-Rechtlichen nicht befriedigte Nachfrage nach Werbezeit abdecken, große Gewinne machen.

An der Entwicklung des privaten Fernsehens wird freilich auch deutlich, daß die Unelastizität des Publikumsverhaltens nicht notwendigerweise dem Status quo zugute kommt. Da das Publikumsinteresse sowie dessen Zeit- und Geldbudgets ganz offensichtlich eng begrenzt sind, nimmt mit zunehmendem Medienangebot die Konkurrenz um diese knappen Ressourcen zu. Das kann dann durchaus auch zu Einbußen bei den herkömmlichen Medien führen, wenn sie den Verlockungen der Newcomer nichts Attraktives entgegenzusetzen haben. Wenn der Wettbewerb, wofür einige Anzeichen sprechen, vor allem über massenattraktive und triviale Angebote ausgetragen wird, kann sich die begrenzte Aufnahmebereitschaft des Publikums auch als Nachteil erweisen.

Gegen ein allzu pessimistisches Szenario sprechen aber einige gesellschaftliche Trends, die der Einführung neuer Medien und der Ausweitung vor allem von anspruchslosen, kommerziellen Unterhaltungsangeboten entgegenwirken. Das Bildungsniveau ist in der Bundesrepublik innerhalb der letzten beiden Dekaden ganz erheblich gestiegen. Höhere Bildung bedeutet Ausweitung des Interessenhorizonts, und damit steigen auch die Ansprüche an die Qualität von Information und Unterhaltung. Höhere Bildung, erhebliche Einkommenssteigerungen und der Wandel gesellschaftlicher Werte haben das Interesse an aktiven, mobilen Freizeitbeschäftigungen und an Geselligkeit im Freundes- und Bekanntenkreis, in der Kneipe und im Verein gesteigert, die Begeisterung für passive Medienunterhaltung zugleich gedämpft. Die Faszination des Fernsehens ist längst geschwunden. Die Generationen, die mit dem Fernsehen aufgewachsen sind, wurden nicht zu Abhängigen, sondern zu distanzierten Nutzern. Eine insgesamt eher antimoderne Stimmung und ein kritisches Verhältnis zu Wissenschaft und Technik kennzeichnen die Post-Postmoderne und bieten – jedenfalls in den Neunzigern – keine besonders günstigen Voraussetzungen für die Entwicklung neuer Medien.

4. Coda

Die Entwicklung der Mediensysteme in den achtziger Jahren kam schließlich überraschend. Noch ausgangs der siebziger Jahre schien das Interesse für den Wandel der Massenkommunikation eine Angelegenheit von Zukunftsforschern und notorischen Utopisten zu sein, die unter dem Stichwort »neue Medien« ein scheinbar weltfremdes Thema lancierten. Der seit längerem prophezeite grundlegende Wandel schien auszubleiben.

Seitdem und nur innerhalb einer Dekade haben sich die meisten europäischen Mediensysteme grundlegend gewandelt oder befinden sich zur Zeit in einem Prozeß raschen Wandels. Durch den Fall des »Eisernen Vorhangs« haben diese Entwicklungen nun auch die Länder in Zentral- und Osteuropa erfaßt. Die Rückkopplungseffekte, die daraus resultieren, sind zur Zeit noch nicht absehbar. Schwer prognostizierbar ist im Augenblick auch noch, ob der Weg der Europäischen Gemeinschaft zu einer politischen Union dem Wandel der Mediensysteme in den neunziger Jahren neue Impulse geben wird.

Aufgrund ähnlicher politischer, wirtschaftlicher und technischer Rahmenbedingungen gibt es ausgeprägte Gemeinsamkeiten in der Entwicklung der europäischen Mediensysteme, die sich in vier epochalen Trends ausdrücken, nämlich technischer Wandel,

System-Expansion, Privatisierung und Internationalierung. Auf der anderen Seite ist jedoch auch nicht zu übersehen, daß der Einfluß nationaler Besonderheiten dem Wandel der Mediensysteme in den einzelnen Ländern einen jeweils eigenen Charakter gibt. Am Beispiel der Bundesrepublik Deutschland haben wir versucht, dies zu verdeutlichen.

Die Bedeutung der nationalen modifizierenden Bedingungen würde sich noch wesentlich besser in einer international vergleichenden Analyse darstellen lassen. Eine vergleichende Analyse von Mediensystemen brächte viele zusätzliche Vorteile. Im Vergleich lassen sich nicht nur die *Spezifika* eines bestimmten Mediensystems genauer herausarbeiten, sondern auch die *Gemeinsamkeiten* verschiedener Systeme. Der Vergleich liefert darüber hinaus mehr Anhaltspunkte für eine *Erklärung* von Besonderheiten und Gemeinsamkeiten. Und vor allem liefert er bessere Kriterien zur Bewertung des Wandels und seiner Konsequenzen. Das hier entwickelte Modell würde sich gut für eine vergleichende Analyse des Wandels eignen.

Anmerkungen

1 Vgl. Winfried B. Lerg: Verdrängen oder ergänzen die Medien einander? Innovation und Wandel in Kommunikationssystemen. In: Publizistik 26. Jg. (1981), Nr. 2, S. 193–201
2 Vgl. Graham Murdock: Redrawing the Map of the Communications Industries: Concentration and Ownership in the Era of Privatization. In: Marjorie Ferguson (Ed.): Public Communication. The New Imperatives. Future Directions for Media Research. London: Sage 1990, S. 1–15
3 Vgl. Claudia Mast: Medien und Alltag im Wandel. Konstanz: Universitätsverlag 1985
4 Vgl. Siegfried Weischenberg: Neue Technik in Redaktionen von Tageszeitungen. In: Journalist 39. Jg. (1988), Nr. 3, S. 41–48
5 Vgl. Walter J. Schütz: Deutsche Tagespresse 1991. In: Media Perspektiven Jg. 1992, Nr. 2, S. 74–81
6 Vgl. Jürgen Wilke: Regionalisierung und Internationalisierung des Mediensystems. In: Aus Politik und Zeitgeschichte. Beilage zur Wochenzeitung Das Parlament Jg. 1990, Nr. B 26 (22.6.), S. 3–19
7 Vgl. Preben Sestrup: Transnationalization of Television in Western Europe. London: John Libbey 1990
8 Vgl. Udo Michael Krüger: Positionierung öffentlich-rechtlicher und privater Fernsehprogramme im dualen System. Programmanalyse 1990. In: Media Perspektiven Jg. 1990, Nr. 5, S. 303–332
9 Vgl. Denis McQuail/Karen Siune (Eds.): New Media Politics. Comparative Perspectives in Western Europe. London: Sage 1986, S. 153f.
10 Vgl. Runar Woldt: Mythos Kabel. Zwischenbilanz eines »neuen Mediums«. In: Media Perspektiven Jg. 1989, Nr. 10, S. 589–605
11 Vgl. Horst Röper: Formation deutscher Medienmultis 1990. In: Media Perspektiven Jg. 1990, Nr. 12, S. 755–774

12 Vgl. Heinz Pürer: Österreichs Mediensystem im Wandel. Ein aktueller Lagebericht. In: Media Perspektiven Jg. 1988, Nr. 11, S. 673–682
13 Vgl. Horst Röper: Stand der Verflechtung von privatem Rundfunk und Presse 1989. In. Media Perspektiven Jg. 1989, Nr. 9, S. 533–551
14 Vgl. Horst Röper: Die Entwicklung des Tageszeitungsmarktes in Deutschland nach der Wende in der ehemaligen DDR. In: Media Perspektiven Jg. 1991, Nr. 7, S. 421–430
15 Vgl. Marie-Luise Kiefer: Massenkommunikation 1990. In: Media Perspektiven Jg. 1991, Nr. 4, S. 244–261
16 Vgl. Max Kaase: Fernsehen, gesellschaftlicher Wandel und politischer Prozeß. In: Max Kaase/Winfried Schulz (Hrsg.): Massenkommunikation. Theorien, Methoden, Befunde. Opladen: Westdeutscher Verlag 1989 (= Kölner Zeitschrift für Soziologie und Sozialpsychologie. Sonderheft 30), S. 97–117
17 Vgl. Jürgen Wilke (wie Anm. 6)

Marianne Ravenstein

Zum Verhältnis von Kommunikationswissenschaft und Rundfunkpolitik
Die Planung zukünftiger Kommunikation

Seit den achtziger Jahren befinden sich die beiden Rundfunkmedien, der Hörfunk und das Fernsehen, in der Bundesrepublik Deutschland in einer Phase dynamischer Veränderungen. Auf Seiten der Angebote sind sie unmittelbar auf Entwicklungen insbesondere der Übertragungs- und der Empfangstechniken zurückzuführen. Darüber hinaus wurden und werden die Veränderungen auch von medienpolitischen Zielen bestimmt, die eine Viel(falt)zahl von Hörfunk- und Fernsehprogrammen sowie den Wettbewerb zwischen öffentlich-rechtlichen und privaten Anbietern zu fördern trachten.

Durch den internationalen Trend zu einer stärkeren Pluralisierung der Rundfunkordnungen sind in allen westlichen Ländern grundlegende Auffälligkeiten bei der Fortentwicklung von Hörfunk und Fernsehen zu beobachten. Dabei handelt es sich vor allem um die Komplementierung der vorhanden Organisationen. Die Gründe dafür mögen von Land zu Land verschieden sein, doch gemeinsam ist allen Veränderungen die Ablösung einer bisher dominant »monopolen« durch eine plurale, »oligopole« Ordnung. Bei seiner Entstehung wurde der Rundfunk entweder als Staatsbetrieb (wie in Deutschland), als öffentlicher Betrieb (wie in Großbritannien) oder als Privatbetrieb (wie in den USA) organisiert. Bereits nach dem 2. Weltkrieg, verstärkt jedoch in den sechziger und siebziger Jahren, wurden die vorherrschenden Betriebsformen durch jeweils andere, sogenannte »alternative« Organisationsformen differenziert. Dieser Wandel bei den elektronischen Medien in Europa bedeutet eine entscheidende Umbruchphase, die für alle Beteiligten möglichst verläßliche Informationen und Prognosen über die weitere Entwicklung und ihre Folgen erforderlich macht.

1. Kommunikationswissenschaftliche Beratung der Rundfunkpolitik

Naturgemäß werden die aktuellen Fragestellungen der Kommunikationsforschung nachhaltig von der Entwicklung des Rundfunksystems und von dem Interesse bestimmt, diese Entwicklung zu beschreiben und mit theoretisch-systematischen Kategorien zu analysieren. Technische und organisatorische Veränderungen der Rundfunkmedien werden von der Wissenschaft wahrgenommen, zu prognostizieren und zu planen versucht. »Voraussetzung dafür ist der Wandel der geisteswissenschaftlich orientierten Publizistikwissenschaft zur sozialwissenschaftlich bestimmten Kommunikationswissenschaft mit empirischen Methoden«.[1]

Da der Rundfunk in den letzten Jahren von besonders hoher technologischer Dynamik erfaßt und verändert worden ist und seine Bedeutung auf dem Wege der Umwandlung der Industriegesellschaft zur Informationsgesellschaft immer höher eingestuft wurde, sah sich der Staat zunehmend veranlaßt, für die entsprechenden ordnungspolitischen Maßnahmen auch die Dienste der Wissenschaft zu beanspruchen. Nicht zuletzt die Angleichung der publizistischen Strukturen und Funktionen, die Bewirtschaftung der Medien sowie die technische Optimierung der Kommunikationsnetze führte dazu, daß Mittel für eine anwendungsorientierte Medienforschung bereitgestellt wurden. Auch bei Fragen der zukünftigen Entwicklung des Rundfunks muß immer nach der Erklärungs- und Steuerungsrelevanz sozialwissenschaftlichen Wissens für gesellschaftliche Problemfelder gefragt werden.

Parallel zu der intensiven Beschäftigung der Kommunikationswissenschaft (als sozialwissenschaftlicher Disziplin) mit der Implementierung und den Auswirkungen sogenannter »Neuer Medien« wurden im Fach immer vernehmlicher Problematik, Effizienz und Effektivität solcher Forschungsschwerpunkte erörtert. Wie stellen sich Kommunikationswissenschaftler den unmittelbaren Herausforderungen, die von Rundfunkpolitik und -praxis ausgehen?

Prognosen über die künftige Rundfunkentwicklung bleiben notgedrungen unsicher. Insbesondere die mit den Prognosen verbundenen Bewertungen sind angreifbar und umstritten. »Auffällig ist (...) an der öffentlichen Diskussion, daß die Befürworter kommerziellen Rundfunks sich nicht der Mühe unterziehen, genaue Strukturanalysen zu versuchen und anzugeben, worauf sie ihre optimistischen Prognosen stützen. Da die gegenwärtige Entwicklung im Rundfunkbereich mit dominanten Interessen harmonisiert, werden inhaltliche Rechtfertigungen und komplexe Folgeanalysen offenbar nicht mit hinreichendem Nachdruck abgefordert«.[2] Mit den Kabelpilotprojekten in den achtziger Jahren erlangte die Kommunikationswissenschaft »gewissermaßen staatsöffentliche Anerkennung als Mitgestalterin der Medienzukunft«.[3] Prognosen im Bereich der neuen Kommunikationstechnologien waren und sind »in«. Obwohl sich bisher noch niemand die Mühe gemacht hat, zu überprüfen, welche der in den letzten zwanzig Jahren vorhergesagten kommunikationstechnologischen Entwicklungen auch tatsächlich eingetreten sind, liegt die Vermutung nahe, daß die Realität, vor allem die wirtschaftliche Realität, die meisten Prognosen schon zum Zeitpunkt ihrer Formulierung eingeholt hat.

2. Prognosen und normative Zielvorstellungen

Vorliegende Prognosen zur Rundfunkentwicklung sind dadurch gekennzeichnet, daß sie gegenwärtig feststellbare Tendenzen schlicht fortschreiben. Die Inhalte der Prognosen werden bestimmt vom ökonomischen Kalkül einerseits und von den technischen Möglichkeiten auf der anderen Seite. Die Interdependenz zwischen Rundfunksystem und umgebendem Sozialsystem bleibt in den Prognosen jedoch unangesprochen – sieht man von programmatischen Erklärungen einmal ab.[4] Die Folgen der künftigen Rundfunkstruktur etwa für das publizistische Handeln bleiben in den Voraussagen unberücksichtigt. Es handelt sich vornehmlich um explorative Voraussagen, denen die notwendige Ergänzung durch normative Zielvorstellungen fehlt.

Auch wenn sie einen identischen Sachverhalt zum Gegenstand haben, können Aussagen über in die Zukunft weisende rundfunkpolitische Fragen hinsichtlich ihres Geltungsbereichs ganz unterschiedlichen Charakter besitzen, nämlich 1. erklärenden, 2. prognostizierenden oder 3. wertenden Charakter. Soll der Wissenschaftler bei seiner Prognose über künftige Rundfunkentwicklungen »nur« Informationen geben oder auch präskriptiv formulierte Empfehlungen?[5] Da als Voraussetzung für Kommunikationsplanung und -prognosen normative Zielsetzungen als erforderlich erachtet werden, sollten sich kommunikationswissenschaftliche Prognosen an den Möglichkeiten in Form einer explorativen Vorausschau und an den Zielvorstellungen in Form einer normativen Vorausschau orientieren. Winfried B. Lerg fordert publizistische Zielvorstellungen für einen Zukunftsentwurf über Leistung und Wirkungsgrad der Medien. Die Formulierung von Zielvorstellungen wertet er als besondere Qualität des prognostischen Denkens: »Das wichtigste Unterscheidungsmerkmal zwischen einem Vorhaben und einer Vorhersage, zwischen einem Plan und einer Prognose ist in der besonderen Qualität des prognostischen Denkens zu sehen, in der Zielvorstellung«.[6] Gesicherte Voraussagen sind demnach nur dann zu erwarten, wenn sowohl explorative Daten als auch normative Konzepte in einem »prognostischen Regelmodell«[7] integriert werden.

Es sollte ein besonderes Merkmal von Aussagen zur Zukunft des Kommunikationssystems sein, daß dem prognostizierten System Funktionen, Aufgaben und Bedeutungen zugeschrieben werden, die in der Gegenwart nur andeutungsweise oder überhaupt noch nicht festzustellen sind. Forschungslogisch birgt zum Beispiel die Evaluierung neuer Kommunikationstechniken, die nicht auf dem Vergleich mit dem status quo basiert, erhebliche Validitätsprobleme. Denn eine ausschließliche Erfassung und Beschreibung der Akzeptanz neuer Kommunikationsformen ist gewissermaßen maßstabslos und läßt offen, ob und in welchem Ausmaß eine operationale Zielsetzung erreicht worden ist.

Die Schwierigkeiten sozialwissenschaftlicher Prognosen über die Zukunft von Massenmedien und -kommunikation resultieren aus dem hohen Grad an Komplexität des zu untersuchenden Objektbereichs: Welche Variablen sollen einbezogen, welche können vernachlässigt werden? Welches sind die aussagekräftigsten Indikatoren für solche Variablen und deren Veränderungen? Die Kommunikations-, insbesondere die Medienprognostik bieten für den Rundfunk als Untersuchungsgegenstand auch deshalb noch immer ein wenig überzeugendes Bild,»weil Mediensysteme hochkomplexe und vielfältig determinierte Systeme sind, deren Entwicklung schon aus diesem Grunde sehr schwer vorauszusagen ist«.[8]

Die Zukunft moderner Gesellschaften hängt in hohem Maße von Antizipation und Verbreitung technologischer, sozialer, ökonomischer und kultureller Innovationen ab. Mit Hilfe der Delphi-Technik, einem aus dem Gebiet der »intuitiven« Wissenschaften entlehnten prognostischen Verfahren zur Gewinnung von Expertenurteilen, kann ein kollektiver Antizipationsprozeß erreicht werden, dessen Ziel die Erstellung eines umfassenden, für einen festgelegten Zeitraum geltenden Zukunftsbildes darstellt. Das gilt auch für die Perspektiven des öffentlich-rechtlichen Rundfunks im dualen Rundfunksystem. So gewährleistet die Delphi-Technik die Erfüllung zentraler, nämlich antizipatorischer, instrumenteller, normativer und adaptiver Kommunikationsfunktionen, beispielsweise bei der zukunftsbezogenen Entscheidungsfindung über Innovationen. In das methodische Instrumentarium der antizipatorischen Zukunftsgestaltung sind verschiedene Techniken zur Ideenfindung und zur zukunftsorientierten Problemfindung eingegangen.[9]

Die rasche Entwicklung von Massenmedien und -kommunikation erzeugt mehr Probleme, als von der Wissenschaft bearbeitet werden können.»Die Folge ist, daß die Ansätze für die Forschung nicht immer sehr systematisch, oft ad hoc gewählt sind, die Bearbeitungstiefe bei verschiedenen Fragen sehr unterschiedlich und die Entwicklung von Theorien und Methoden uneinheitlich ist«.[10]

In der Diskussion über die Wünschbarkeit neuer Medientechnologien bleiben viele Fragen offen. Verantwortlich dafür sind zunächst die methodischen Mängel der wissenschaftlichen Prognose sowie die vielbeklagten Erkenntnislücken der Tatsachenforschung. Hinzu kommt, daß diese Problemstellung normative Aspekte enthält, deren Klärung die Wissenschaft einfach überfordert. Die Beurteilung bereits festgestellter oder künftig zu erwartender (Aus-)Wirkungen des Rundfunks auf die Menschen verlangt eine Auseinandersetzung mit der Frage, welche medial vermittelten Kommunikationsformen sozialverträglich sind. Angesichts der umfassenden gesellschaftlichen Bedeutung des Rundfunks bieten normative Appelle an das Verantwortungsbewußtsein von Kommunikatoren und Rezipienten allein jedoch keine hinreichende Garantie für eine geordnete, den individuellen und sozialen Bedürfnissen gleichermaßen zuträgliche Entwicklung der Medien – wie der Rundfunkstruktur. Es bedarf vielmehr eines ergänzenden, rechtlich verbindlichen Rahmens, also einer Medienpolitik, die soziale Ordnungsnotwendigkeiten des Rundfunks erkennt, um kommunikationspolitische Probleme zu lösen, da von einem Kausalzusammenhang zwischen Kommunikationspolitik und Medienentwicklung ausgegangen werden muß. Medienpolitische Entscheidungen bestimmten und bestimmen die institutionelle Einbindung der Medien insgesamt wie auch die verschiedenen Elemente der Medienkommunikation. Bei der häufig kritisierten Konzeptionslosigkeit der Medienpolitik »reagiert man offensichtlich auf Zukunft, ohne zu versuchen, in die Zukunft zu agieren«.[11] Die medienpolitische Realität ist demnach so beschaffen, daß Sachzwang-Logik, scheinbare technische Rationalität und die Hoffnung auf die gestaltende Kraft des Marktes die medienpolitischen Entscheidungen dominieren.

3. Lehrstück: Wissenschaftliche Begleitung der Kabelpilotprojekte

Gerade vor dem Hintergrund der medienpolitischen Vorentscheidungen zur Öffnung des Rundfunkmarktes für private Anbieter wurde bereits im Vorfeld der vier Kabelpilotprojekte debattiert, ob die Entwicklung der Werbemärkte überhaupt ein wirtschaftliches Überleben vieler Privatanbieter zuließ. Überlegungen wurden angestellt über mögliche Lizenzierungs- und Kontrollverfahren für den Privatfunk. Kontroverse Erörterungen gab es zudem über die Öffnung des Rundfunks hin zu einem »Bürgermedium«. Dabei setzte man mancherlei Erwartungen vor allem in die »Offenen Kanäle«. Die Genesis jedes der vier Kabelpilotprojekte[12] machte hingegen die einseitige Auslegung der Rundfunkgesetze nach wirtschaftsrechtlichen (Vielfalts-) Kriterien deutlich. Schon in den vier medienpolitischen Modellversuchen zeigte sich das grundsätzliche Spannungsverhältnis zwischen den medienökonomischen Rentabilitäts-, Konzentrations- und Werbefinanzierungs-Imperativen einerseits und den verfassungsrechtlichen Vorgaben zur Sicherung von Rundfunk- und Meinungsfreiheit auf der anderen Seite.

Das Beispiel der Kabelpilotprojekte machte deutlich, daß in der Bundesrepublik Deutschland die Nachfrage nach wissenschaftlicher Politikberatung enorm angestiegen ist und auch die anwendungsbezogene Kommunikationsforschung einen beachtlichen Bedeutungszuwachs erfahren hat. Zu Beginn der achtziger Jahre konnten sich jedenfalls die vier Kabelpilotprojekte öffentlicher Aufmerksamkeit sicher sein, denn in Ludwigshafen, München, Berlin und Dortmund sollte stellvertretend für die ganze Bundesrepublik die Medienzukunft erprobt werden. Das erste Kabelpilotprojekt Ludwigshafen/Vorderpfalz begann am 1. Januar 1984 und galt als wichtiger »Schritt auf dem Weg in die Kommunikationsgesellschaft von morgen«. Es folgten die Pilotprojekte in München (Sendebeginn: April 1984), Dortmund (Sendebeginn: Juni 1985) und in Berlin (Sendebeginn: August 1985). Auf der Grundlage systematisch zu variierender Versuchsanordnungen sollten durch die vier Projekte relevante, ursächliche Zusammenhänge erschlossen werden, um aus ihnen mögliche Schlußfolgerungen für ein zukünftiges Kommunikationssystem ziehen zu können.

Die ›Kommission für den Ausbau des technischen Kommunikationssystems‹ (KtK) hatte schon 1976 in ihrem »Telekommunikationsbericht« festgestellt: »Da die Errichtung eines bundesweiten Breitbandverteilnetzes wegen des Fehlens eines ausgeprägten und drängenden Bedarfs heute noch nicht empfohlen werden kann und da neue Inhalte – auch solche, die nicht Rundfunk sind – erst der Entwicklung bedürfen, werden zunächst Pilotprojekte (Modellversuche) mit Breitbandkabelsystemen empfohlen«.[13] Die jeweiligen Versuchsgesetze sollten die Möglichkeit eröffnen, vor weiteren medienpolitischen Festlegungen praktische Erfahrungen mit neuen Programmangeboten und neuen Organisationsformen zu sammeln und Vorschläge auf der Grundlage wissenschaftlicher Ermittlungen zu unterbreiten, auf denen kommunikationspolitische Entscheidungen hätten aufbauen können.

Anlage, Ablauf und Auswertung der zahlreichen wissenschaftlichen Begleitstudien zu den Kabelpilotprojekten müssen unter der einschränkenden Bedingung gesehen werden, daß kein realer Markttest für Kabelfernsehen stattgefunden hat, durch den Antworten auf die von der KtK gestellten Fragen nach dem Bedarf für Kabelfernsehen hätten gefunden werden können. Die Projekte waren kein Akzeptanztest für die Anschlußbereitschaft der Bevölkerung an das Breitbandverteilnetz, sondern hatten ihren Schwerpunkt in der Erprobung neuer Programme unter den Bedingungen subventionierter Anschlußvoraussetzungen. In erster Linie waren nicht Studien aus dem Umfeld der Technologiefolgenabschätzung oder einer theoretisch komplexen Wirkungsforschung gefragt, sondern marktverwertbare Daten über Inhalte, Nutzung und Bewertung der Programmangebote.

Beispielsweise betonen die Mitglieder der Begleitforschungskommission für das Kabelpilotprojekt Dortmund in ihrem Abschlußbericht, daß ihr umfassendes Forschungskonzept von Anfang an darauf angelegt war, »Politikberatung nicht durch kurzfristige Stellungnahmen zu einzelnen Fragen im Gesetzgebungsverfahren zu leisten, sondern für leitende und übergreifende Aspekte zur Gestaltung der gesellschaftlichen Kommunikation zwar fallspezifische, dennoch aber möglichst umfassende, wissenschaftlich hinreichend gesicherte Ergebnisse zur Verfügung zu stellen«.[14] Im Gegensatz zu dieser Zielsetzung standen – so die Kommission – »kürzerfristige Interessen an eher pragmatischen Einzelfragen im Vordergrund des Interesses«. Denn schon vor dem Beginn der Kabelpilotprojekte und während der Laufzeit der Modellversuche fanden wichtige Einschnitte durch die Medienpolitik statt. Der vorwiegend standortpolitisch motivierte Wettlauf der Bundesländer um die vielbeschworenen »Medien der Zukunft« führte zur Verabschiedung von Mediengesetzen, die mögliche Ergebnisse der Pilotprojekte vorwegnahmen und in ihrer übereinstimmenden Tendenz die Entscheidung des Bundesverfassungsgerichts zur Sanktionierung des »dualen« Rundfunksystems vorbereiteten. Die

Kabelpilotprojekte bilden daher gewissermaßen die »Keimzelle« des dualen Rundfunksystems in der Bundesrepublik Deutschland.

Die Geschichte der vier Kabelpilotprojekte macht deutlich, daß es in den medienpolitischen Modellversuchen nicht um die Beantwortung der Frage ging, ob bestimmte Kommunikationstechnologien eingeführt werden, sondern wie sie eingeführt werden. Ihres ursprünglichen Versuchscharakters beraubt, kann man die Pilotprojekte, jedenfalls was vollzogene medienpolitische Entscheidungen und fortbestehende Tendenzen betrifft, zu den zahlreichen Versuchen zählen, Bestimmungen und Organisationsprinzipien des Rundfunks in der Bundesrepublik zu revidieren. Dennoch haben die Projekte erste Hinweise auf absehbare Entwicklungen auf Seiten der Programmanbieter geliefert, ferner auf die Funktionsweise von Konkurrenzmechanismen im Rundfunk, auf mögliche Veränderungen der bisher gültigen Programmstandards sowie schließlich auf Funktionsverschiebungen des Fernsehens insgesamt. So haben sie zwar kaum die Aufgabe erfüllt, für die sie eigentlich eingerichtet worden waren. Aber sie haben den Blick geschärft für die »neuralgischen« Stellen des dualen Systems.

Die Untersuchungsgegenstände, die zum Beispiel von der Begleitforschung in Dortmund berücksichtigt wurden, veranschaulichen, daß man sich für ein Forschungskonzept entschieden hatte, das klassische Felder der Kommunikationswissenschaft wie Anbieter, Angebote und Nutzung/Auswirkungen aufgriff. Ergänzt wurde das Untersuchungsdesign um spezifische Rahmenbedingungen für das Kabelpilotprojekt sowie übergreifende Rahmenbedingungen für die weitere Medienentwicklung.

In der deutschen Rundfunkgeschichte ist von Sozialwissenschaftlern wohl noch nie eine medientechnische Innovation mit einem ähnlich hohem Aufwand erforscht worden wie die Einführung des Kabelfernsehens – und das mit einem durchaus zweifelhaften Verhältnis zwischen Aufwand und Ertrag. Es soll an dieser Stelle nicht zum wiederholten Male der nahtlose Übergang von der sogenannten Versuchsphase hin zur gesetzlichen Konsolidierung privater Programmveranstalter beklagt werden. Dennoch darf man nicht übersehen, daß die Befunde der Begleitforschung über die Pilotprojekte hinaus Grundlagenwissen bereitstellten für die weitere medienpolitische Diskussion über die praktische Ausgestaltung der durch die Mediengesetzgebung vorgeprägten, neuen Strukturen, aber etwa auch für den Umgang mit Kommunikationstechnologien im Alltag. Immerhin betonte die wissenschaftliche Sachverständigenkommisssion für das Kabelpilotprojekt Dortmund zu ihrem Selbstverständnis, daß die Begleitforschung auch ohne direkten Einfluß auf den politischen Handlungsprozeß wichtige aufklärende und kritische Funktionen wahrnehmen könne.

Obwohl die medienpolitischen Entscheidungen unabhängig von der Arbeit in den Kabelpilotprojekten getroffen wurden, blieben die gewonnenen Forschungserkenntnisse bei der weiteren Ausgestaltung der Rundfunkstrukturen nicht ganz unwirksam.[15] So wiesen viele Berichte der Wissenschaftler auf die wirtschaftlichen Probleme und die daraus folgenden Hemmnisse für den privaten Rundfunk hin. Im Rahmen der Feldversuche erprobte man beispielsweise Kooperationsformen von Presse und Rundfunk sowie die Möglichkeiten eines »Offenen Kanals«. Doch muß der Bilanz von Franz Ronneberger zugestimmt werden, der die gesamte Projektarbeit als »weitgehend theorielos« bewertet: »So blieb insbesondere die Frage nach Kriterien für soziale und kulturelle Verträglichkeit unbeantwortet«.[16]

Nach Vorlage der Abschlußberichte der wissenschaftlichen Begleitkommissionen für die Kabelpilotprojekte in München[17] und Ludwigshafen/Vorderpfalz[18] kann man feststellen, daß die Mittel für die Begleitforschung zu den neuen Informations- und Kommunikationstechnologien überwiegend für die Erhebung von Nutzungs- und Akzeptanzdaten verwendet wurden, nicht aber für Wirkungsstudien zur Untersuchung der sozialen Technikfolgen. Für das Kabelpilotprojekt Dortmund kann dieser Vorwurf nur bedingt erhoben werden. Denn die weitgehend unabhängige, nur mit Wissenschaftlern besetzte Dortmunder Kommission[19] ließ mit einem breit gefächerten Methodenarsenal auch die sonst vernachlässigten Untersuchungsfelder und schwerpunktmäßig das Nutzerverhalten sozialer Gruppen (u. a. Familien, Kinder, ältere Menschen) bei einem erweiterten Programmangebot beobachten und analysieren. Methodisch verband alle Forschungsprojekte die Anwendung quantitativ-statistischer Verfahren mit sehr stark gewichteten qualitativen Elementen. Tatsächlich erreichte man in den unterschiedlichen Begleitstudien eine vielfältige und flexible Anwendung der sozialwissenschaftlichen Verfahren. Die dem Dortmunder Forschungsdesign zugrundeliegenden Überlegungen schöpften den komplexen Diskussions- und Erkenntnisstand der interdisziplinären Medienforschung in der Bundesrepublik aus. In ihrem Abschlußbericht betonten die Sachverständigen 1989, daß sie sich nach mehr als vierjähriger Arbeit in ihrer Ausgangshypothese bestätigt sahen, »daß Medienpolitik sich verstärkt als integratives Politikkonzept aus Medienordnungs-, Technologie-, Wirtschaftsstruktur-, Wissenschafts-, Bildungs- und Sozialpolitik darstellen sollte«.[20]

4. Zukünftiger Beratungsbedarf

Die folgenden abschließenden Erläuterungen dienen dem Zweck, ohne Anspruch auf Vollständigkeit einen knappen Einblick in Hauptprobleme der gegenwärtigen Kommunikationsforschung, zugespitzt auf den Rundfunk, zu geben.

Bei den Forschungsprojekten zur Analyse der zukünftigen Rundfunksituation wird es sich insofern um Akzeptanzuntersuchungen handeln müssen, als es jeweils um die forschungsleitende Frage geht, wie sich Personen und/oder Institutionen im dualen Rundfunksystem und im Hinblick auf das erweiterte Programmangebot verhalten (wobei im Verhaltensbegriff mögliche Wirkungen impliziert sind). Solche Studien erscheinen nur als Zeit-Längsschnitt-Untersuchungen sinnvoll, da Akzeptanzverhalten in soziale Veränderungen und Prozesse eingebunden ist. Die Forderung nach Langzeitstudien, und zwar neben Paneluntersuchungen auch dynamische Feldexperimente sowie Trendanalysen mit kontinuierlichen Zeitreihenmessungen, wird in der gegenwärtigen Forschungspraxis noch zu selten umgesetzt.

Daneben bleiben traditionelle Fragen der Medienforschung relevant, etwa die Frage nach den Auswirkungen des Rundfunks auf das Individuum, die Familie, auf die politische Willensbildung. Die von der Entwicklung der neuen Informations- und Kommunikationstechniken ausgehende und von der Medienpolitik vermehrt gefragte Erforschung der Zusammenhänge zwischen Angebot und Nachfrage bei technisch vermittelter Individual- und Massenkommunikation kann als neues Feld der Mediennutzungsforschung bezeichnet werden.

Ferner gilt es zu untersuchen, ob die schon jetzt zu beobachtende Wissenskluft (»knowledge gap«) und die kulturelle Segmentierung der Bevölkerung zunehmen werden.[21] Über viele der vorliegenden Forschungsarbeiten zu solchen aktuellen rundfunkpolitischen Problemen muß man feststellen, daß sie thematisch zwar vielfältig angelegt, leider aber disparat sind. Sie behandeln recht unterschiedliche Fragen, die sich nur selten in kontinuierliche Forschungsrichtungen einfügen oder diese begründen.

Veränderte Anforderungen an den öffentlich-rechtlichen Rundfunk, die sich aus dem sozialen Wandel hierzulande und in den westlichen Industrienationen ergeben, lassen eine genaue Analyse und Prognose des Rundfunksystems nach der deutschen Vereinigung als vordringlich erscheinen. War die rundfunkpolitische Debatte in den letzten zehn Jahren vom Aufbau der dualen Ordnung bestimmt, so stellen sich heute – nach der Wiedervereinigung der beiden deutschen Staaten – die Fragen vorwiegend im Zusammenhang mit der weiteren Ausgestaltung des gesamtdeutschen, auf der Zusammenführung zweier über vierzig Jahre unterschiedlich organisierter und sozialisierter Teilsysteme basierenden Rundfunks. Auch wenn mittlerweile weitreichende rechtliche Grundlagen in Kraft gesetzt worden sind,[22] ist doch die Ausgestaltung der Rundfunkstruktur auf Grund absehbarer politischer Veränderungen längst noch nicht abgeschlossen.

Einen entscheidenden Aspekt bei der genaueren Untersuchung der Zusammenhänge zwischen ökonomischen und publizistischen Prozessen stellt die Entdeckung der wachsenden Indifferenz der gesellschaftlichen Kommunikationsvorgänge dar. Ganz ähnlich wie bei der Produktion von Massengütern, stellt sich bei der Produktion von Masseninformation eine Homogenitätstendenz ein. Diese grundsätzliche Unterschiedslosigkeit ist das Schlüsselsignal für Wettbewerbsinformation, für einen vollkommenen Kommunikationsmarkt. Die Homogenitätstendenz läßt sich unter vier Gesichtspunkten beschreiben: Durch die sachliche Unterschiedslosigkeit der Informationsangebote, der Medienprodukte, durch die personelle Unterschiedslosigkeit der Informationsnachfrage, durch die räumliche Unterschiedslosigkeit (flächendeckende Geschlossenheit) der Rezipienten und Rezipientenaggregate oder Zielgruppen sowie durch die zeitliche Unterschiedslosigkeit (Gleichzeitigkeit rund um die Uhr) der Informationsumsätze. Die komplexen

Auswirkungen dieser Homogenitätstendenzen erfordern langfristig angelegte Forschungsprojekte. Die voranschreitende Kommerzialisierung des Rundfunks in den westeuropäischen Industriestaaten entspricht der allgemeinen Tendenz, die öffentliche Kommunikation den Mechanismen des Marktes zu unterwerfen. Aufgrund verschiedener, allgemein anerkannter Funktionsmängel des Marktmechanismus' sind damit sehr problematische gesellschaftspolitische Konsequenzen verbunden. Bei diesen Veränderungen im Mediensystem, die erst durch technische Innovationen, politische und rechtliche Veränderungen sowie ökonomische Notwendigkeiten möglich wurden, ist die Internationalisierung des Mediensystems nur ein Kennzeichen für grundlegende Wandlungsprozesse. Ein systematischer internationaler Vergleich von Strukturen und Prozessen vermittelter Kommunikation wäre daher wünschenswert. Die Kommunikationswissenschaft kann sich dabei der vergleichenden Methode bedienen und versuchen eine Folgenabschätzung vorzunehmen, die sich an europäischen und außereuopäischen Entwicklungen orientiert. Auch wenn die direkte Übertragung von Erfahrungen aufgrund der höchst unterschiedlichen Rahmenbedingungen in einzelnen Ländern kaum möglich ist, können analogiefähige Auslandserfahrungen wertvolle Hinweise auf die Zukunft des Rundfunks in Deutschland und in Europa liefern.[23]

Ein Vergleich der Rundfunksysteme wird möglich durch die Zusammenschau der zu einzelnen Kategorien erhobenen oder ermittelten Daten. Ein solcher Darstellungsrahmen hat zunächst heuristischen Wert, indem er die Ermittlung der beschreibenden Daten hervorbringt. In Verbindung mit der Logik des Vergleichs bekommen die vorderhand beschreibenden Daten im darstellenden Kategorialrahmen erklärende Qualität. Beim Vergleich wird der Darstellungsrahmen zu einem Deutungsrahmen für internationale Rundfunksysteme. Unterschiedliche Merkmale der Rundfunksysteme werden nicht nur aufgeführt, sie können auch erklärt werden.

Außer durch die Internationalisierung der Kommunikationsinfrastruktur sind Mediensysteme geprägt durch:
- quantitative Erweiterungs- und Ergänzungsprozesse, die dazu führen, »daß bestehende Medienleistungen häufiger sowie in Varianten und Kombinationen in potentiell allen Kommunikationsräumen (von lokalen bis zum transnationalen Raum) angeboten werden mit der Konsequenz einer zunächst ›grenzenlosen‹ Angebotsfülle (...), eines Überangebots, das dem Rezipienten Orientierungsprobleme beschert und ordnungspolitische Regelungen erschwert«;[24]
- individualkommunikative Strukturen, die in das Rundfunksystem vordringen;
- die Trennung der Kommunikationsinhalte von den Vermittlungswegen.[25]

Eine wissenschaftliche Folgenabschätzung dieser Entwicklung hat zu prüfen, ob und wieweit auch zukünftig unterschiedliche wirtschaftliche Organisationsformen und Angebotsprofile im Rundfunksektor (wirtschaftlich) trag- und lebensfähig sind. Als Prämisse einer solchen Prognose muß gelten, daß der Rundfunk national wie international auch eine kulturelle und soziale Aufgabe wahrzunehmen hat und Medienpluralität parallel zum wirtschaftlichen Funktionieren der Medienindustrie sichergestellt werden muß. Bemühungen um eine europaweite Forschung werden bisher überwiegend von Werbeagenturen und Media-Planern getragen und beschränken sich zur Zeit hauptsächlich auf die Ermittlung von Reichweiten und die Berechnung der Wirtschaftlichkeit.

Den Landesmedienanstalten in der Bundesrepublik Deutschland, zuständig für Zulassung und Kontrolle privat veranstalteter Rundfunkprogramme, wird – in unterschiedlicher Form und Schwerpunktsetzung – auch die Aufgabe zugeschrieben, die Folgen, die sich aus der Einführung weiterer Rundfunkprogramme ergeben, kontinuierlich wissenschaftlich untersuchen zu lassen.[26] Beispielsweise soll die ›Landesanstalt für Rundfunk Nordrhein-Westfalen‹ (LfR) die Veranstaltung von Rundfunk, die Weiterverbreitung von herangeführten Rundfunkprogrammen und neue Kommunikationsdienste einschließlich neuer Programmformen und -strukturen im Rahmen ihrer Aufgabenstellung regelmäßig durch unabhängige Einrichtungen der Kommunikationsforschung untersuchen. 1989 hat die LfR zunächst einen Forschungsschwerpunkt im Bereich des lokalen Rundfunks gesetzt. Denn mit dem Landesrundfunkgesetz für Nordrhein-Westfalen wurden die Grundlagen für ein Rundfunkmodell geschaffen, das gerade hinsichtlich des lokalen Rundfunks und der sogenannten »15-Prozent-Regelung« eine Novität im deutschen Rundfunkrecht darstellt.

Der Forschungsschwerpunkt lokaler Rundfunk umfaßt einen komplexen Auftrag. Notwendig ist eine spezifische Ist-Erhebung von Medienangebot, Mediennutzung, infrastrukturellem Kommunikationsangebot und der Wirtschaftsstruktur lokaler Radios in ausgewählten Verbreitungsgebieten. Die Funktionsweise des »Zwei-Säulen-Modells«[27] in Nordrhein-Westfalen, der Entstehungsprozeß und die Arbeitsmodelle ausgewählter Kulturinitiativen im Bereich der »15-Prozent-Gruppen« zählen derzeit zu den Gegenständen der LfR-Forschungsprojekte. Bei den Fragen des Lokalfunks in Nordrhein-Westfalen sind Projektionen auf Programmkonzepte und Programmanforderungen eines Lokalradios immer im Spannungsfeld von normativen Aspekten und ökonomischen Notwendigkeiten anzusiedeln. Die Parameter der Lokalfunkentwicklung in den deutschen Bundesländern und im analogiefähigen Ausland müssen vollständig ermittelt, beschrieben und bewertet werden. In erster Linie geht es dabei um Programmstrukturen, Programmkooperation, Werbekombinationen, die intermediäre und intramediäre Wettbewerbssituation sowie um besondere Merkmale des lokalen Hörfunks. Zugleich soll die Diskussion über einen Idealtyp des partizipations- und integrationsorientierten Bürgerrundfunks beschrieben und systematisch bewertet werden.

Die im Auftrag der Landesmedienanstalten durchgeführten Forschungsprojekte dienen in erster Linie einer Evaluation von Regelungen, die in den Mediengesetzen zu finden sind, und der sich aus jenen ergebenden Konsequenzen. Der Wissenschaft wird die Aufgabe zugewiesen, den Entscheidungsbedarf für die Akteure in den Rundfunkeinrichtungen, für Politik und Administration aufzeigen. Aus dieser Erwartungshaltung und der

Rollendefinition können dann Schwierigkeiten erwachsen, wenn der Auftraggeber möglichst konkrete Entscheidungshilfen anstrebt, der Wissenschaftler sich hingegen nicht ausschließlich auf tagesaktuelle Probleme festlegen läßt und Lösungen grundsätzlicher Natur anbietet.

Eine weitere Zielsetzung der Kommunikationswissenschaft besteht darin, im Falle negativ bewerteter Entwicklungen Interventionsmöglichkeiten aufzeigen zu können. Als ein wesentlicher Bestandteil der kommunikationswissenschaftlichen Studien zur künftigen nationalen oder internationalen Rundfunkstruktur ist daher die Entwicklung von Handlungsoptionen anzusehen, die auf insgesamt geringere negative und/oder stärkere positive Effekte zielen.

Durch die von ihnen vergebenen Forschungsaufträge bekunden die Landesmedienanstalten ihren Willen zur verstärkten Zusammenarbeit von Politik und Wissenschaft, zumal da heute gerade rundfunkpolitische Entscheidungen legitimationsbedürftig sind. Allerdings werden Kommunikationswissenschafter, die sich zur Beratung der Rundfunkpolitik bereit erklären, häufig mit diesem Legitimationsbedürfnis konfrontiert und dadurch der Gefahr einer Instrumentalisierung ausgesetzt.[28] Trotzdem eröffnet sich der Kommunikationswissenschaft durch solche Kooperation die Chance, bei rundfunkpolitischen Planungsprozessen Problemfelder zu orten, die aus zu kurz greifender, vornehmlich medienökonomischer Perspektive für den zukünftigen Rundfunk möglichweise ignoriert würden.

Der Kommunikationsforschung stellen sich in diesem Zusammenhang viele wichtige Fragen. So wird es ihre Aufgabe sein, das Programmangebot des dualen Rundfunks zu beobachten, zu analysieren und weiterhin nach den Auswirkungen unterschiedlicher Formen der Programmfinanzierung zu fragen sowie nach dem politischen und ökonomischem Einfluß der Veranstalter und Dritter. Ferner ist es notwendig, die Entwicklung der privaten Rundfunkanbieter zu beobachten, sowohl mit Blick darauf, wer sich von ihnen behauptet, als auch wie ihre Angebotsleistung beschaffen ist. »Insgesamt hat eine (...) begleitende analytische Betrachtung der Entwicklung zur Aufgabe, die Bedingungen eines lebensfähigen Programmangebots auf der Grundlage marktwirtschaftlicher Prinzipien namhaft zu machen. Dabei geht es insbesondere auch darum zu ermitteln, welche Bedingungen mit Rücksicht auf die allgemeinen Programmaufgaben des Rundfunks gegebenfalls politisch herstellbar sind«.[29]

Als wichtige Bedingung und wesentliches Moment bei der Etablierung eines neuen Rundfunkanbieters ist die Diffusion des neuen Programms in einer vorgefundenen Medienangebotsstruktur und Nutzungssituation zu beachten. Parallel zur systematischen Analyse der Entwicklung neuer Anbieter und ihrer Programme und als notwendige Voraussetzung für weiterführende Forschungsprojekte muß für alle relevanten Untersuchungsbereiche der Ist-Zustand vor Sendebeginn eines neuen Programmangebots (»status quo ante«) festgehalten werden, um mögliche Veränderungen registrieren zu können. Die Prüfung der Frage, wie sich die Situation des Rundfunks darstellt (deskriptive Ebene), ist notwendige Voraussetzung für kommunikationswissenschaftliche Empfehlungen (wertende und interpretative Ebene), wobei normative Zielvorstellungen für ein zukünftigen Rundfunksystem wünschenswert sind.

Anmerkungen

1 Franz Ronneberger: Medienforschung und Medienentwicklung von der Nachkriegszeit bis heute. In: Rundfunk und Fernsehen 39. Jg. (1991), Nr. 1, S. 7–16; S. 10
2 Wolfgang Hoffmann-Riem: Tendenzen der Kommerzialisierung im Rundfunksystem. In: Hans Bredow-Institut (Hrsg.): Rundfunk und Fernsehen 1948–1989. Ausgewählte Beiträge der Medien- und Kommunikationswissenschaft aus 40 Jahrgängen der Zeitschrift ›Rundfunk und Fernsehen‹. Baden-Baden/Hamburg: Nomos Verlagsgesellschaft 1990, S. 251–269; S. 267
3 Franz Ronneberger (wie Anm. 1), S. 11
4 Vgl. in diesem Zusammenhang Will Teichert/Karsten Renckstorf: Zur Zukunft von Massenkommunikation und Massenmedien: aus sozialwissenschaftlicher Perspektive. In: Publizistik 19. Jg. (1974) Nr. 2, S. 133–147
5 Das Begriffspaar präskriptiv/explikativ beschreibt den Unterschied zwischen vorschreibenden, normativen und damit wertenden Aussagen einerseits und beschreibenden, die Eigenschaften von Objekten feststellenden, wertungsfreien Aussagen andererseits.
6 Winfried B. Lerg: Publizistische Zielvorstellungen. Leistung und Wirkungsgrad der Medien in der Zukunft. In: Uwe Magnus (Hrsg.): Massenmedien in der Prognose. Konzepte und Modelle für die Zukunft. Berlin: Verlag Volker Spiess 1975, S. 111 – 127; S. 112
7 Vgl. Winfried B. Lerg: Gegenstand und Methode publizistischer Zukunftsforschung. In: Franz Dröge/Winfried B.Lerg/Michael Schmolke: Publizisten zwischen Intuition und Gewissheit. Assen: Van Gorcum 1970, S. 27–40
8 Ulrich Saxer: Lokale Rundfunk-Versuche. Vorstudie zum Design der Versuchsphase und zu den vorgesehenen Begleituntersuchungen gemäß der Verordnung über lokale Rundfunk-Versuche (RVO) vom 7. Juni 1982. Aarau, Frankfurt am Main und Salzburg: Verlag Sauerländer 1983, S. 5
9 Vgl. in diesem Zusammenhang Udo Michael Krüger: Die Antizipation und Verbreitung von Innovationen. Entwicklung und Anwendung eines kommunikationsstrategischen Konzeptes unter besonderer Berücksichtigung der Delphi-Technik. Phil. Diss. Köln 1975
10 Max Kaase/Winfried Schulz: Perspektiven der Kommunikationsforschung. In: Max Kaase/Winfried Schulz (Hrsg.): Massenkommunikation. Theorien, Methoden, Befunde. Opladen: Westdeutscher Verlag 1989 (= Kölner Zeitschrift für Soziologie und Sozialpsychologie. Sonderheft 30), S. 9 – 27, S. 10
11 Winfried B. Lerg: Kommunikationsprognose. Die Aufgaben publizistischer Zukunftsforschung. In: ZV + ZV 67. Jg. (1970), Nr. 16–17, S. 648–652, S. 650
12 Vgl. Marianne Ravenstein: Probeläufe? Die vier Kabelpilotprojekte als Wegbereiter für das duale Rundfunksystem. In: Unsere Medien – Unsere Republik Jg. 1991, Nr. 8, S. 21–24

13 Kommission für den Ausbau des technischen Kommunikationssystems (KtK): Telekommunikationsbericht. Bonn: Verlag Hans Heger 1976, S. 119
14 Presse- und Informationsamt der Landesregierung Nordrhein-Westfalen (Hrsg.): Abschlußbericht [der Wissenschaftlichen Kommission des Landes Nordrhein-Westfalen zur Begleitung des Modellversuchs mit Breitbandkabel]. Düsseldorf 1989, S. 48 (Begleitforschung des Landes Nordrhein-Westfalen zum Kabelpilotprojekt Dortmund, Band 19, Teil 1)
15 Für das Kabelpilotprojekt Dortmund ist hervorzuheben, daß es sich bei den vom ›Westdeutschen Rundfunk‹ in Dortmund veranstalteten Programmen um den Versuch eines tatsächlichen Akzeptanztestes für lokale Programme im Sinne der KtK gehandelt hat. Allerdings muß auch hier die Frage erlaubt sein, ob andere – laut Vorschaltgesetz einzuspeisende – Programme und die terrestrisch verbreiteten Angebote nicht auf wesentlich stärkere Nutzungschancen bei den Zuhörern und Zuschauern treffen. Die Begleitforschungskommission bewertete den Kabelfunk Dortmund dennoch als »erfolgreiches Experiment lokalen Rundfunks in öffentlich-rechtlicher Trägerschaft«.
16 Franz Ronneberger (wie Anm. 1), S. 12
17 Vgl. Bayerische Staatskanzlei (Hrsg.): Kabelpilotprojekt München. Bericht der Projektkommission. München 1987
18 Vgl. Wissenschaftliche Begleitkommission zum Versuch mit Breitbandkabel in der Region Ludwigshafen/Vorderpfalz: Zweiter Zwischenbericht an die Landesregierung Rheinland-Pfalz. Berlin und Offenbach: VDE-Verlag 1986
19 Mitglieder der Kommission waren Franz Arnold (Bonn), Dieter Baacke (Bielefeld), Wolfgang Brüggemann (Dortmund), Gerd G. Kopper (Dortmund), Bernd-Peter Lange (Osnabrück), Winfried B. Lerg (Münster), Ulrich Pätzold (Dortmund), Spiros Simitis (Frankfurt/Main) und Axel Zerdick (Berlin).
20 Presse- und Informationsamt der Landesregierung Nordrhein-Westfalen (Hrsg.): Abschlußbericht [der Wissenschaftlichen Kommission des Landes Nordrhein-Westfalen zur Begleitung des Modellversuchs mit Breitbandkabel]. Düsseldorf 1989, S. 17 (Begleitforschung des Landes Nordrhein-Westfalen zum Kabelpilotprojekt Dortmund, Band 19, Teil 1)
21 Vgl. Reinhold Horstmann: Medieneinflüsse auf politisches Wissen. Wiesbaden: Deutscher Universitätsverlag 1991; s. a. Heinz Bonfadelli: Zeit als Determinante von Medienwirkungen: Das Beispiel der Diffusions- und Wissenskluft-Forschung. In: Walter Hömberg/Michael Schmolke (Hrsg.): Zeit, Raum, Kommunikation. München: Ölschläger 1992, S. 139–155
22 Am 31. August 1991 schlossen alle 16 Bundesländer den Staatsvertrag über den Rundfunk im vereinten Deutschland, der seit dem 1. Januar 1992 in Kraft ist.
23 Vgl. Hans J. Kleinsteuber/Volkert Wiesner/Peter Wilke: Public Broadcasting im internationalen Vergleich. Analyse des gegenwärtigen Stands und Szenarien einer zukünftigen Entwicklung. In: Rundfunk und Fernsehen 39. Jg. (1991), Nr. 1, S. 33–54
Diese komparative Analyse der Dualisierungsprozesse in den Ländern der Europäischen Gemeinschaft und in den beiden außereuropäischen Referenzländern Australien und Kanada zeigt mit Hilfe eines »optimistischen« und eines »pessimistischen« Szenarios die Bandbreite der möglichen Entwicklungslinien des öffentlichen Rundfunks in Deutschland und Europa auf. Die eher optimistische Entwicklungsprognose geht davon aus, daß sich Europa seinen verwurzelten »public-servive«-Traditionen weitgehend treu bleibt und den Rundfunk mittelfristig nicht gänzlich kommerziellen Interessen unterordnet. Die pessimistische Sichtweise

stützt sich auf die Erfahrungen in Australien und Kanada, wo die öffentlichen Anbieter kontinuierlich Reichweiten, Finanzmittel und politische Unterstützung verloren haben.
24 Claudia Mast: Medienmärkte – grenzenlos? Chancen und Risiken transnationaler Medienangebote. In: Walter A.Mahle (Hrsg.): Medien in Deutschland. Nationale und internationale Perspektiven. München: Ölschläger 1991, S. 39–52; S. 39
25 Die Bindung der Medieninhalte an die jeweiligen Möglichkeiten ihrer Herstellung und Verbreitungstechnik entfällt schrittweise, da z. B. die klassische Abgrenzung zwischen Rundfunk- und Fernmeldesatelliten nicht mehr besteht.
26 Die ›Bayerische Landeszentrale für neue Medien‹ (BLM), die ›Hamburgische Anstalt für neue Medien‹ (HAM) und die ›Landesanstalt für Rundfunk Nordrhein-Westfalen‹ (LfR) dokumentieren die bisher durchgeführten Forschungsprojekte in eigenen Schriftenreihen. Vgl. Bayerische Landeszentrale für neue Medien (Hrsg.): BLM-Schriftenreihe. München: Reinhard Fischer Verlag [Seit Januar 1989 wurden 17 Bände veröffentlicht.] Hamburgische Anstalt für neue Medien (Hrsg.): Schriftenreihe der HAM. Berlin: VISTAS [Seit 1991 wurden 5 Bände veröffentlicht.]
27 Das in Nordrhein-Westfalen entstandene Lokalfunkangebot steht unter der besonderen Prämisse des sogenannten »Zwei-Säulen-Modells«. Einerseits ist damit eine privatwirtschaftliche Finanzierung angesprochen, andererseits sind mittlerweile die Rahmenbedingungen so entwickelt, daß dieses Lokalfunkmodell von einem ausgeprägten ökonomischen Wettbewerb bewahrt werden soll.
28 Vgl. Klaus Schönbach: Funktionen und Folgen akademischer Forschung für Rundfunkanstalten. Versuch eines systematischen Erlebnisberichts. In: Dieter Roß/Jürgen Wilke (Hrsg.): Umbruch in der Medienlandschaft. München: Ölschläger 1991, S. 89–91
29 Uwe Hasebrink: Begleitforschung zur Medienentwicklung. Fragestellungen und Vorschläge für künftige Untersuchungen am Beispiel Hamburg. Hamburg: Verlag Hans-Bredow-Institut 1987, S. 6

James G. Stappers

A Disappearing Landscape in European Media Ecology

The typical character of the Dutch media landscape, always a cause of amazement and merriment among foreigners, originated from the situation in Dutch society up till the middle of this century. The broadcasting system is probably the most complicated in the world because it reflects a complex society that was still flourishing when television was introduced. Broadcasting has always been a political matter. In 1965 the Government could not agree on a proposal for admitting some form of commercial television, and without the proposal ever getting to Parliament, and without the efforts of the opposition, the Cabinet was forced to resign.

1. The beginning of Dutch broadcasting

Dutch society was characterized, not by a division in antagonistic classes, but by »verzuiling«, literally: »pillarization«. The lines deviding the pillars were present in all parts and aspects of society. In the beginning of the 20th century the three large »pillars« were formed by the catholics, who encompassed approximately one third of the population, the protestants[1] and the social democrats, each somewhat under thirty per cent. There was a good explanation for these »pillars« to aspire toward some degree of autonomy-within-their-own-circle, because they were the groups that had become, or were enjoying their first successes in their quest for emancipation. The Dutch nation had been governed as a liberal-protestant nation, and other groups had certainly been oppressed. And even if this oppression no longer existed, notable arrears were still apparent. There were only a few catholic or orthodox protestant judges, high army officers, high civil servants etc. To overcome their arrears, the »pillars« organized themselves; they had their own political parties, but also their own labour unions, their own co-operative societies, their own sport clubs (until the occupation in 1940 even separate soccer competitions). The members tended to have most of their social contacts within their own group, and this sometimes led to a degree of isolation. Not only were there hospitals, insurance associations, and social work organizations based on the ideological divisions, there were even goat-breeding societies based on the respective religious denominations. This last type of organization is often mentioned as an indication of the absurdities the system had led to. Of more importance was that in 1917 the »pillars« had managed to obtain the same rights for religious schools as existed for neutral schools, or more correctly, equal rights for their own specific types of schools as compared to state or community-administered schools. So each group had their own schools, in some cases even universities, that they administrated themselves.

The pillarization was a very successful means of emancipation. The organizations that initially existed on voluntary contributions from their members were no longer dependent on such funding. Catholic and protestant schools were paid for from regular tax money. They were supervised by the Department of Education, were controlled as to their educational standards, and at the same time, were not hindered in their ideological aims. In short, the severe division eventually led to a high degree of organized and official tolerance.

Of course not everybody was content. Not everyone belonged to one of the three groups, and so there existed, to some extent, a fourth »pillar«, a »neutral« or »general« pillar, which also maintained some provisions of its own. Not everything could be divided into four approximately equal parts. Not all the pillars were active in all areas. There was no social-democratic employers organisation, just as there was no neutral labor union. In some respects the social democrats *were* neutral, since they were not a religious group, but in others – for example politics – they were of course not neutral at all. On the other hand the Christians not only formed churches, but also organized themselves in political parties.

One major problem with the pillarization system was that the groups were based on quite different kinds of principles. The »rest-group« was all but homogeneous, and was formed small religious denominations, but also by a scala of political parties from conservative through liberal to communist. But in general, the »pillars« were both successful and powerful. Of course such groups had their own media, their own newspapers to start with. And in 1923-24 they founded their own radio organizations: KRO (catholics), NCRV (mainstream protestants) and VARA (social democrats). Especially in the media the disparity of the system became apparent. Some of the old quality newspapers were originally »liberal« in a political sense, were certainly without religious connections and sometimes showed traces of antipapism, and they were read by the elite of all groups. In broadcasting, the oldest organization (HDO) was »neutral«, but its aim had not been to form the fourth (or even the first) pillar, but to become a kind of Dutch BBC, advocating »unpillarized« broadcasting. In later times, the heir of this broadcasting organization, AVRO, was sometimes treated as a »fourth pillar«, although it never had been one, because it did not constitute the broadcasting branch of a large subgroup of the population. And it was more of a bourgeois than a liberal organization. Its members came from all parts of society. A smaller liberal-protestant organization, VPRO, was established. In fact they too would have preferred a national broadcasting system, not unlike the BBC, but they felt as long as they could not lick the present system, they would make the best out of it by joining it.

By the middle of the twentieth century extensive changes took place in society, in the media landscape and in the political constellation. Secularization was one important aspect: a majority of the population was less and less an ardent member of whichever church as had once been. This and other causes led to weaker ties between religious denomination and political preference. Many people no longer felt the need to be organized in religious organizations, or to send their children to religious schools. One pillar after the other began to crumble. For instance, the large catholic and protestant political parties, that still held two thirds of the votes in the forties, could only count on approximately one third of the vote after they fused into one »Christian democratic« party.

The media went through the same developments as everywhere else. The early flourishing of many regional and local newspapers tended towards a network of one-paper cities; the number of national newspapers diminished because of the competition of regional newspapers on the advertising market. Where there had formerly been two or three newspapers, was now room for only one, and logically the newspaper in question had to become neutral, or at least not be a newspaper in accordance with the old lines of division. Even when it was the former catholic newspaper that eventually survived, it was no longer an explicitly catholic newspaper, and certainly not one with an editorial policy consonant with the religious viewpoints of the church or the political viewpoints of the Christian democratic party. The time was ripe for a change in the broadcasting system. Dutch broadcasting was basically a kind of public service broadcasting, in which, since World War II, technical equipment, wavelengths and time, were shared by several organizations that provided programming on two, and later three, four and five, radiostations and two television stations.

The way this was done had several advantages, as broadcasters from other countries observed much more readily than Dutch politicians. The Dutch scheme of different organizations, based on ideological differences absolves the public broadcasting organization from the obligation of bringing and safeguarding a »balanced« program (like e.g. West Germany or Austria). In some countries such safeguards have led to conflicts due to assumed partiality, not allotting or receiving equal time, etc. and to solutions for the problems by appointing personnel according to their political affiliation, and by excluding controversial matters from the programming.

The Dutch scheme not only allowed »unbalanced« items, it was based on the supposition that if there was a lot of partiality, the total would be reasonably impartial. If one view is not heard in a certain program, there were enough other programs by other organizations in which such a view could be aired. But what was considered an advantage in the eyes of the neighbours, was seen quite differently by the opponents of the system. As is so often the case in politics, the advantages of one system were compared with the disadvantages of another system (just like the advocates of the Dutch system compared its advantages mainly with the disadvantages of the alternatives).

2. An »open« system

In the sixties the political opposition to the »club scheme« grew. Around this time VPRO changed from a protestant-minister-dominated broadcasting group into a progressive broadcasting organization, catering to the culturally upper echelons with quality programming of acknowledged high quality which was provocative and which triggered discussion. A new, »open« scheme was formulated in a new broadcasting law, enabling new groups to enter broadcasting, provided they had enough support among the population. Against the expectation of many, this restriction was not severe enough to keep out newcomers. Only one of the three newcomers was »new« in the sense that they stood for something which was perhaps not represented in broadcasting up till then: a small minority of fundamentalist protestants established the EO. The other newcomers TROS and VERONICA did not represent any ideological subdivision, but stood for more fun and games in the airwaves. Originated as by-products or spin-offs of the by then outlawed pirate radio and television stations, they introduced a programming that no longer was based on the conviction that something ought to be brought to the attention of the population as a whole or of a substantial sub-group. For the first time in broadcasting audience size was the most important goal. Large audiences would supposedly foster large memberships and large memberships formed the deciding factor in the allotment of broadcast time.

This way all the disadvantages of commercial broadcasting were introduced, but without its main advantage: money. A separate foundation (STER) had been set up by the Government, it held the monopoly for selling advertising time. In order to avoid mutual influence between programming and advertising (»osmosis«), advertising spots were located before and after news broadcasts (one supposed news to be more or less immune to such influences). Between 1967 and 1986 advertising was restricted to these moments. In 1987 blocks of television commercials, located between, not within programs were introduced (the so called »floating blocks«). The income of television and radio advertising was added to the funds collected from television and radio licences (the normal source of income for public broadcasting in Europe), but in the first four years from 1967 40 per cent of the money was reserved for newspapers, as compensation for the loss of income. Because the publishers were not allowed to start operation on the broadcasting market in order to make up for their losses, this measure was thought to be a reasonable compromise. At the same time the price of broadcasting advertising was kept low, so as not to make the situation difficult for the press. To show actual losses was therefore very difficult, but the money was gratefully accepted nevertheless.

3. The cable

In the mid-seventies the cable was introduced. This may seem strange because the Netherlands is a flat country, and reception of television signals should normally occur without problems. But the Netherlands is not only flat, it is relatively small as well. People soon discovered that collective antenna systems gave them not only a good reception of the two Dutch stations, but also, depending on where one lived, of the two, later four, Belgian stations (half of which are in Dutch language), three or four German stations, some French, and three to four stations from England. Since Dutch cinemas have always shown movies in the original version with subtitles, the viewers were used to hearing foreign languages. A large percentage of the population speaks or understands these foreign languages to some degree or at least believe they do, and for many programs such understanding is not even necessary. Subsequently cable became very popular, due to the expansion of the television menu it offered. Many of these arguments apply to Belgium as well, where the reception of British and French programs is even easier. The situation of smaller countries in this matter is very different from that of larger countries like France, Germany or Britain, where watching foreign television was and is less common. In the European countries that have a small population and a separate language, the means for producing their own tv-programming are restricted, certainly when compared to the larger European countries, where the population is counted in tens of millions, and the language is shared with neighbouring countries.

Therefore cable was first of all introduced to do what could already be done without cable: receiving the national programs and those that came from across the border, but the cable provided a lot more of it and a little bit better quality. However, once the cable was there, it could also be used for the distribution of satellite and local programming. In 1974 six experiments in local television started. They had very low budgets. In the smaller communities they were rather successful: there were forms of public broadcasting, organized and executed by volunteers mainly, with some notably well-watched programs of a political nature, such as full-length live transmissions of community council meetings. The volunteer formula worked rather well, and many other communities wanted to start local television or at least local radio were that to become possible.

Local programming, in which programs were often repeated, found sizeable, but not enormous audiences, and meant a challenge for community workers. But such developments (the development rather than the programs) meant competition for the Dutch programs, new opportunities for Dutch advertisers, new threats to newspaper publishers, and new possibilities for those who wanted to reform the system. Reforms were proposed, compromises reached, and a new legislation appeared.

4. The problems summarized

As indicated previously, the complex ecology of the Dutch media landscape leads to strange measures. Factors which complicate matters are:
   – Broadcasting time is allotted to organizations according to the size of their membership. An A-broadcasting organization has more than 450.000 members, a B-organization more than 250.000 and a C-organization more than 100.000. After forty percent of air time has been allocated to the cooperative body NOS for common productions and ten percent to special groups like churches, time is divided at a rate of A:B:C = 5:3:1. Though one can become a member for Fl 10,– a year, the full membership includes subscription to a tv and radio magazine, which one needs, if one requires more information than the newspapers are permitted to print. Publishing such magazines is very profitable. The broadcasting organizations hold the copyright to the program information, something newspapers have always been opposed to. Opponents of the pillarized broadcasting systems maintain that membership is not based on the wish to support radio or television programs but on the desire to obtain a magazine. Such arguments are not without merit, though they probably do not have as much merit as those who use the arguments think they have. It is of course a complicated affair, one which cannot be tested and then retracted easily.
   – Media policy may be a hot political issue, but it is not a basis for building coalitions. The Christian democrats (CDA) have been in the Government as long as one can remember, sometimes with the right wing liberals (VVD), at other times with the social democrats (PvdA). The Christian democrats have old ties with the catholic and protestant broadcasting organizations (KRO and NCRV) and are protagonists of a system of public broadcasting, not unlike the present system. The social democrats have their old ties with the broadcasting organization (VARA) and even if these ties have weakened, they are not in favour of a more commercial type of broadcasting. The VVD-liberals have no special connections with any broadcasting organization. They are generally in favour of free enterprise, and thus are also in favour of a more commercial system of broadcasting. Other, usually smaller political parties have, when to the left little affection for the existing broadcasting organizations, and when to the right, like the orthodox protestants, either favour the EO or do not like television at all.
   – The broadcasting organizations on the other hand, certainly appreciate the support of political friends, but have no interest in being identified too strongly with the political

parties. For instance, KRO certainly would like all catholics to support them, even those who have loosened their ties with the church, and those who do not vote for the Christian democrats. These two categories are very large; »the catholic part of the population« is around 1990 a cultural category, not so much a religious or a political one. VARA would certainly openly characterize itself as left-wing by nature, but has never had anything against members from other political parties than the social-democrats; and more recently, did not suffer as much from the fact that the social democrats lost adherents as fast as the churches had done previously. The same reasoning goes for most broadcasting organizations.

– The broadcasting laws were designed to protect the specific broadcasting organizations, and no other organization or business could become involved in broadcasting. Newspaper and magazine publishers not only experience strong competition from television in the advertising market and in the struggle for the consumer's attention, but they also know how to make their feelings public. The blessings of a diversified press, and a democracy's need for multiformity of strong and healthy newspapers are treated like dogmas in the Netherlands, as if freedom of speech is served exclusively by newspapers and the market mechanism. The newspapers have managed to have their importance accepted, without having to prove, or even defend this status. (It is not the author's intention to doubt their importance, however there is no satisfactory reason why that position should not from time to time be defended, in order to acquire and evaluate new arguments, new insights and better comparisons with other media. Nor is there a good reason why it should be taken for granted that the press should by definition be compensated in the case of developments on the broadcasting world. Cinemas certainly suffered considerably from the growth of television but they never got any privileged treatment.)

– There is a strong pressure to expand the opportunities for broadcasted advertising, as this is supposed to be important for business in general. Advertisers are not particularly interested in one broadcasting system or an other. They want as many attractive time slots as possible in which to put their messages. Dividing time over a large number of organizations causes fragmentary programming. A substantial amount of time is squandered, and even if this might serve the purposes of one ideology, it does not create the massive audiences that advertisers request.

– The advancement of Europe and the growing number of satellite stations created better, easier and »less illegal« new possibilities for advertising and commercial broadcasting. The fact that European legislation has had more of an eye for economic competition than for cultural identity has had a large influence on developments. This not only means competition for viewers but at the same time competition for advertisers' money.

– The licence fee in the Netherlands is among the lowest in Europe (less than three quarters of the German, less than half of the Austrian, Belgian or Danish); Parliament could easily provide more money for broadcasting by adjusting the amount to European standards, but politicians dislike taking measures in which it immediately becomes clear that the citizen has to pay. They prefer pointing out other ways of obtaining money, such as sponsoring and advertising.

– The official view is that the media should reflect all aspects of public and cultural life. Democracy requests freedom of expression and freedom to receive information, and in order to realise this, pluralism of opinions, views etc. should be secured. There is a strong feeling against a purely commercial broadcasting system, in which the main objective is the selling of audiences to advertisers. Broadcasting should serve cultural and educational purposes as well as provide information and entertainment. Since the financial means are restricted, Dutch public broadcasting should be protected against those who have the money to compete by bringing popular programs at all times. Of course it has to be avoided that the advertisers' money goes to other stations and that Dutch broadcasting will not be able to benefit from it.

– However, even if a majority is ready to uphold the existing system, at least to some degree, the system has a lot of adversaries for the reasons explained above. In general, the matter will be decided based on political arguments, and these turn into compromises before they can be empowered. The ›Scientific Council for Government Policy‹ published a report in 1982 based on and accompanied by several studies. The recommandations and the supporting studies only played a minor role in the formulation of a new policy. Political arguments, and not cultural policy, weigh heaviest.[2]

5. A new media law

Broadcasting legislation can no longer encompass a mere addition of two articles to the telegraph law as was the case in 1928; in 1966 a broadcasting law was developed, the so-called media law, even though it mainly concentrated on broadcasting. The new media law of 1988 was designed for a period of ten to twenty years and brought important changes in the administrative body of Dutch broadcasting. The co-ordinating organization NOS (›Nederlandse Omroep Stichting‹ = Dutch Broadcasting Foundation) was divided into a »program foundation« in which the broadcasting organizations occupy a majority of seats, and into a »facilities firm« which entered the market independently to compete with existing production companies.

The use of cable was regulated. The franchise-holder (very often the municipality) of a cable net is obliged to transmit the programs of Dutch stations to all subscribers, and also the programs in Dutch of the Belgian national network. Foreign programs, that could be received by subscribers, if they were to use regular individual antennas, may be distributed, but only if they are legally broadcasted in their country of origin. Other programs (from satellite stations) are acceptable. Should they contain commercials, then the advertising must be organized in the same way as in the Netherlands (= attended to by a separate corporate body, distinguishable from the program as such, no broadcast on Sundays, no more than five per cent of the total time, and the proceeds must go into program-production). Should any program not be in accordance with these regulations, then the transmission is still acceptable, provided the advertising is not specifically directed to the Dutch public. Direct broadcasts (sound only) of parliament or provincial or local councils are always permitted, as is the transmission of pay-television, provided that it is organized by a third party, not the franchise-holder of the cable net.

The important point here is of course further specification of »advertising, directed to the Dutch public«. This is considered to be certainly the case if the commercial is during or directly before or after a program or a set of connected programs in the Dutch language or subtitled in Dutch. The minister is entitled to make exceptions in the case of Belgian programs, broadcast for and directed to the Dutch speaking public in Belgium.

An important chapter of this Media Law regulates the adopted measures to support print media. The already existing Press Fund (›Bedrijfsfonds voor de Pers‹) is mentioned, and the flow of money from radio and television to this fund is ensured. The money should come from advertising and not from the licence fees (the rest of the advertising money is to be put in one fund together with the licence fees, and from then on no difference is made between the sources of income) and is to be used to support print media. The media in question should, to a large extent contain news, analysis, commentary, and background information relevant to political opinion formation; have an independent editorial staff, have journalistic independence recorded in a charter; appear regularly, at least monthly; be generally available and for sale; not be published by the Government or be related to the membership of associations, churches or other organizations. Support is given for a limited time: viable media, ensuring a plurality of opinions should be given a chance, even if the times are not in their favour as a result of commercial competition by television.

6. Recent development

The new media law may have been meant for twenty years, but in less than five years it was clear that it would never give the protection intended. Two candidates for commercial television for the Dutch public presented themselves in May 1989: Véronique, having connections with CLT/RTL in Luxemburg – and TV 10, a star-net, boasting the appearance of all the stars that had been made popular on Dutch television, in programs produced by a large independent producer. Both would make use of a so-called U-turn construction; their programs may have been made in the Netherlands, they would be put on the air outside the country. The ›Commisariat for the Media‹ decided in October that

Véronique was indeed a foreign station, and could be accepted on the cable, but that TV10 was not. At the end of the year Véronique had started, later the name was changed to RTL4, and after the first few months a contract made possible the appearance of the former TV10 galaxy in RTL4's programs. In a very practical way this manoeuvre closed the door for further candidates, because few investors assumed that the market would allow a second competitor. On the other hand, it had made commercial television in the Netherlands a fact.

So the dual system (public and commercial broadcasting side by side) was a reality, before broadcasting organizations, Parliament or the Cabinet were ready for it. The new Government which had been formed in 1990 had announced that it would allow and even stimulate such a dual system. Some of the broadcasting organizations had shown a certain willingness »to go commercial«, TROS and VERONICA in a rather outspoken fashion. Some of the others had, by way of a reaction to that willingness and probably just to be extra certain, not dismissed such a future move. The question was, would such organizations receive a dowry from the Government, should they leave the existing broadcasting order, and form a commercial station, together with for example publishers? Would they be given or would they keep a wave-length (that would probably have to be one of the three now in use), or would they have to take refuge on the cable, which was certainly possible, but not particularly attractive.

The so-called commission Donner was established to formulate an expert report on the juridical aspects, especially with regard to the European laws on economic competition. When the conclusion arrived, it was a rather disappointing one. It certainly did not give any of the concerned parties reasons to be hopeful. The commission concluded that under certain specific conditions the existing public stations could acquire some protection, but that any organization which left, would have to compete with other applicants in the market. Any guarantee would, in all probability, prove to be illegal.

At the same time, the Minister of Culture was putting pressure on broadcasters to reorganize. Since the Ministry held the purse-strings it was very serious pressure. Several advisors had been brought in among which organization advisors like McKinsey. The conclusions, which were accepted by the Government, advised more cooperation. The three channels should be assigned to fixed combinations of program-making organizations, and all three channels should bring attractive programming. A previous suggestion, namely that TROS and VERONICA together should somehow form a money-making channel (»verdiennet«), by allowing a less strict imposition of the programming rules, was in conflict with the stringent conditions under which public broadcasting could claim protection. While some were still thinking about whether to leave the public order and join commercial broadcasting, the last two B-organizations began campaigns to increase their membership. Both EO and VPRO seem to have succeeded in their attempts. There now are eight A-broadcasting organizations, plus the NOS which have to be divided across three channels, and which have to start cooperating. In return for the fulfillment of these conditions they will receive a ten year permit. They will have to spend part of the money they earn as organization on programs, especially since the membership dues are to be raised from the now nominal fl 10,– to fl 25,–. The total funding will then be 61 per cent from licence fees, 37 per cent from advertising and 10 per cent contribution from the broadcasting organizations.

At the same time there have been other developments at other broadcasting levels. Apart from the national level, regional broadcasting (regional radio is grosso modo one for each province) and local broadcasting (local broadcasting is a matter of the communities) have expanded. One should note that compared with neighbouring countries, large agglomerations are usually divided into several communities. There is some doubt as to whether a small country can afford three levels of broadcasting, but since the provinces are very unlike each other, and the communities show even more differences, everyone can pick the example that suits his argument. Following an experimental stage, local radio and television (mainly by cable) exist, and more recently advertising being allowed provided the income from advertising is shared with the local newspaper. Few newspapers are purely local, they serve regions which do not coincide completely with the provinces. Whether this is the entrance the newspaper publishers wanted to have in commercial broadcasting is doubtful, but it keeps away the competition, and there have hardly been debates on the principles of cross-ownership. The developments may lead to a form of networking, since publishers were not promised a nation-wide FM radio channel, as was no one else. Local television is operating as small shoestring operations with varying success: a form of public broadcasting, mainly run by volunteers. It is not a money-making operation. It could perhaps become one in cities like Amsterdam, with close to a million inhabitants. Perhaps it will be one day. An even more important victory for the advertising world is that after twenty five years, advertising in radio and television is now allowed on Sundays.

7. Today and tomorrow

One cannot describe in a short article all that has taken place in the course of governmental reaction to the new media. It certainly is impossible to recapitulate the decades of discussions that preceded the present legislation. The recent new legislation consists clearly of emergency measures to cope with too many problems at once. On the one hand, more advertising has been introduced in order to avoid advertising money to leave the country; the old system has been weakened to accommodate its enemies. On the other hand, the old system is being protected without dealing with its weaker points. It is thought sufficient to tell a number of autonomous organizations, who derive their right of existence from their being different from one another, to cooperate. This should result in attractive programs, which will gather so many viewers and listeners that advertisers will gladly pay for the privilege to be placed between the programs. The Government has decided that public broadcasting should and can compete with commercial broadcasting. The Minister wrote to Parliament »public broadcasting that provides a broad and high-quality supply [of programs], is also a suitable medium for the advertising business community«. As one of the broadcasting directors noted: should we succeed to do as well as commercial broadcasting, we will have to be satisfied with an income from advertising, because it will seem we need no more than that to accomplish our tasks; should we not succeed, we will not be worthy of any other income, therefore we will have to be satisfied with what we get from advertising. We can't win, either way we will become some kind of commercial broadcasters.

What the role of public broadcasting should be according to the Minister of Culture is, to say the least, remarkable. »The most important task of public broadcasting is, before anything else, to bring valuable programs to the attention of a large audience« she wrote to Parliament in June 1991.[3] In other countries, public broadcasting is expected to serve the audience as a whole with its total programming, not necessarily to get a large audience-share at any specific time. This attitude has affected the views that broadcasters hold. One curious aspect of Dutch broadcasting has always been the very low occurrence of repeat programming. Newspaper critics have often spoken very depreciatingly of any repeat but at a time when it is exceptional for a program to get 20 per cent of the audience, one might think that perhaps another chance should be offered to the 80 per cent who did not see the program. One difficulty has been, that such repeats are inexpensive if they are shown within 24 hours. That is the next day and in the Dutch system that means another organization. Of course minor changes in arrangements could fix that, and daytime programming for example for people who have worked the evening- or night shift, may be something a *public broadcasting* has a duty to provide. When the organizations at last had solved their problems and were willing to start daytime television, the Minister provided research which showed that the majority of the population preferred improvement of the programming to daytime programming.[4] Recently the chairman of one of the organizations remarked that apart from the above-mentioned problems, it was possible that repeating a prime-time program the next day might keep viewers away the first day. This statement, which may be correct, sheds a curious light on how the task of public broadcasting is seen. It illustrates that for some of the persons responsible, their thinking has already chosen the road towards commercial broadcasting. This was evident in a recent speech from the Minister of Culture. Mentioning a recent report on information-technology, she said »only technical, communication-sociological and juridical aspects are treated; what makes it run, is left unclear. And in my view, the hand that moves it all is the economic interest of all concerned.«[5]

Dutch broadcasting started in a time of pillarization. Sociological aspects dictated what happened. In a political sense, the broadcasting system needed a change because it was based upon the thought that it should reflect society which it no longer did. The present system probably reflects society more than its opponents maintain,[6] but that does not mean that it is recognized as such. One might hope that as the sociological situation no longer colours the organizing of broadcasting, cultural considerations might take over. Public broadcasting should bring that which should be brought, say that which should be said, and not necessarily that which can be paid for.

In an international comparison it is worthwhile to explain how a small country tries to maintain some degree of cultural independence, while living with a few giants next door and a very big giant across the sea. Such a comparison also offers an opportunity to explain how every situation and every set of measures should be looked at from both the point of view of history and of the particular way in which the landscape got its form. The Dutch broadcasting system occupies a unique and curious position in the world. Originated with radio, it was easily accepted for television, and now it was certainly ripe for change. Opponents wanted to rob the obsolete »pillars« from the power they still enjoyed. Others wanted better opportunities to run commercial stations or to make better use of commercial possibilities. The two latter groups were accommodated. The »pillars« tried to protect themselves against the first category of opponents. But by opening up the system many participants who did not really fit were let in, so that one could argue, that what was meant as openness, was in fact an unintentional undermining of the system. (One could also argue that the introduction of advertising within public broadcasting, and not the admission of competition as in the BBC-IBA formula, delivered the original blow). The so-called »social current article« (stromingsartikel) in the law, that said new broadcasting organizations should be given equal rights, provided they represent a »stroming«, an identifiable social group, that did not yet have admission to the airwaves. But the ineffectiveness of the article became obvious when it proved impossible to stop the introduction of TROS and VERONICA (not without political and juridical struggles) was not stopped by it. The »criterium of numbers« (getalscriterium) that organizations should have extensive support in society and that it should be reflected in the number of members, also proved ineffective. It is possible nowadays to get hundreds of thousands to join. How serious their attachment is, and to what, remains to be seen. There is reason now to fear that future historians will see that the benefits of the Dutch public broadcasting have disappeared, because the advantages of the commercial system have been compared with the disadvantages of the pillarized system. The curious Dutch system had some advantages that foreigners saw quite clearly. Unfortunately it did not have the right kind of friends at home.

Notes

1 »Orthodox protestant« is not the most correct label for this group, because it would define them only in a religious sense. They were the so-called »kleine luyden«, »the small people«, poor, lower class (mainly calvinistic) protestants. Those who had not been in power up till then.
2 An anecdote can explain a great deal. In 1974 the experiments started with local broadcasting were among the earliest in Europe. The author has been involved in the research on this topic for many years and has met many parliamentarians who were interested in what was happening, whether they favored such developments or not. We saw literally dozens of them who came with questions, from all parts of Europe but never from the Netherlands. Our only opportunity for meeting a few of them in relation to this topic was at a forum where three Dutch parliamentarians were (also) invited to speak on local broadcasting: one was at the last moment unable to attend, one did not contribute to the discussion at all, and the third one spoke at some length – but on regional broadcasting.
3 »... de belangrijkste taak van de publieke omroep (...), die immers voor alles is: het onder de aandacht brengen van waardevolle programm's bij een breed publiek«, *Publieke Omroep in Nederland,* Brief van de minister van Welzijn, Volksgezondheid en Cultuur aan de Voorzitter van de Tweede kamer der Staten Generaal, 6 juni 1991, p. 5.
4 »Een publieke omroep die een breed en hoogwaardig aanbod wil verzorgen, is tevens een geschikt medium voor het adverterend bedrijfsleven«, Ebenda, p. 7.
5 »De economische invalshoek komt vaak niet goed tot zijn recht. Dat is treffend te zien in het VOC-rapport van Arnbak c. s. van enige jaren geleden, waarin de economische ›drive‹ geheel ontbreekt. Alleen de techniek en de communicatie-sociologie en juristerij worden beschreven. Waardoor alles beweegt, blijft echter onduidelijk. En volgens mij is de hand die het geheel in beweging houdt het economisch belang van betrokkenen.«, Toespraak namens de minister van Welzijn, Volksgezondheid en Cultuur, 8e Kabel-TV Congres, Amsterdam 20 mei 1992.
6 Membership of a broadcasting organization today is no longer the same as was »belonging to a certain ›pillar‹«, but the differences between members of different organizations still exist, more than is generally realized. In the research on values and norms by Albert J. A. Felling c.s. differences between the members of different organizations, in social and cultural characteristics and in dispersion over regions were traceable not only for the »old« organizations, as might be explained from tradition. Even the membership of new organizations showed different profiles.

References

Kees Brants/Walter Kok: The Netherlands: An end to openness? In: Journal of Communication 28. Vol. (1978), No. 3, p. 90–95
Commissie Etherfrequenties en Commerciele Omroep: Verdeel ›de‹ frequenties, verander ›de‹ omroep. 's Gravenhage, februari 1992

Albert J. A. Felling/Jan Peters/Osmund Schreuder: Profiel Gevraagd. Omroepen en hun Achterban. Baarn 1983

Kees van der Haak: Broadcasting in the Netherlands. London 1977

Denis McQuail/Karen Siune (Eds.): New Media Politics. Comparative Perspectives in Western Europe. London, Beverly Hills 1986

Frank J. Olderaan/Nicolas W. Jankowski: The Netherlands: The cable replaces the Antenna: In: Lee B. Becker/Klaus Schönbach (Eds.): Audience Responses to Media Diversification: Coping with Plenty. Hillsdale 1988, p. 29–50

James G. Stappers/Frank J. Olderaan/Pieter G. M. de Wit: The Netherlands: Emergence of a new medium. In: Nicolas W. Jankowski/Ole Prehn/James G. Stappers (Eds.): The People's Voice: Local Radio and Television in Europe. London 1992, p. 91–104

James G. Stappers: Telecommunication deregulation and privatisation: A perspective from the Netherlands. In: Prakash M. Shinghi/Janice Hanson (Eds.): Advances in Telematics. Vol. I. New York 1991, p. 177–185

Joan Hemels

Aktuelle Entwicklungen im niederländischen Rundfunksystem im Kräftespiel zwischen Entsäulung und Kommerzialisierung

Professor Dr. Hendricus Johannes Prakke, der das Institut für Publizistik der Westfälischen Wilhelms-Universität Münster von 1960 bis 1969 als Direktor leitete, war hocherfreut, als er von der Festschrift für seinen Lieblingsschüler erfuhr. Henk Prakke, geboren im Jahre 1900, bat mich, diesen Beitrag auch in seinem Namen, begleitet von den besten Wünschen, beizusteuern.

Einführung

Noch vor wenigen Jahren bedeuteten Rundfunkgeschichtsschreibung und eine auf aktuelle Entwicklungen bezogene Rundfunkforschung in den Niederlanden zwangsläufig eine Auseinandersetzung mit den Begriffen »Versäulung« und »Entsäulung«. Schon in den zwanziger Jahren, als das Rundfunksystem entstand, verfügten weltanschauliche und konfessionelle Strömungen jeweils über ein relativ selbständiges Netzwerk gesellschaftlicher, politischer und kultureller Institutionen. Katholische, protestantische, sozialdemokratische und liberale oder freisinnig-liberale Schulen, Vereine, Gewerkschaften, Zeitschriften und Zeitungen kennzeichneten unterschiedliche Welten in einer Nation. Stärkster Ausdruck dieses als »Versäulung« bezeichneten gesellschaftlichen Organisationsmusters und zugleich ideologisches Bindemittel für die Säulen waren die verschiedenen Rundfunkorganisationen.[1] Die Säulengesellschaft der Emanzipationszeit der Katholiken, einiger protestantischer Gruppen und der Sozialdemokraten seit dem Ende des 19. Jahrhunderts führte zu einem von Pluralität und Partikularismus gekennzeichneten Rundfunksystem. Die meisten politischen und weltanschaulichen Strömungen in der niederländischen Bevölkerung waren darin vertreten. Außerdem fanden auch andere Institutionen (Kirchen, weltanschauliche Gesellschaften, politische Parteien, ethnische Minderheiten, Bildungsorganisationen usw.) hierin mit kleineren Rundfunksendern relativ einfach einen Platz.

In einer (historisch-)soziologischen Studie, die sich besonders mit der Situation des niederländischen Rundfunks beschäftigte, wurden noch zu Beginn der achtziger Jahre fünf verschiedene »Gruppenidentitäten« in den Niederlanden festgestellt, die sich in den Rundfunkverhältnissen widerspiegelten. Die Soziologen kamen zu dem Schluß, daß von einer einigermaßen einheitlichen nationalen niederländischen Identität nicht die Rede sein kann.[2] Nachdem die mit dem Idealismus der ersten Nachkriegsjahre unternommenen Versuche zur Beseitigung der politischen und gesellschaftlichen Trennungslinien zwischen den verschiedenen Bevölkerungsgruppen gescheitert waren, setzte sich in den sechziger Jahren die Entsäulung durch. Die versäulte Grundlage der politischen Parteien, des Bildungs- und des Rundfunksystems blieb in den letzten Jahrzehnten jedoch weitgehend intakt. Dagegen veränderte sich der Charakter der Rundfunkorganisationen und deren Programme stark. Die spezifische Profilierung der fünf alten Organisationen war immer schwieriger zu erkennen. Zwei neue Rundfunkorganisationen, die sich selbst als neutral bezeichneten, förderten die vor allem beim Fernsehen spürbar werdende Neigung, das gesamte Fernseh- und Hörfunkpublikum ansprechen zu wollen. Nur eine neugegründete Rundfunkorganisation kann als klassisch versäult eingestuft werden und widerspricht dadurch der Tendenz zum entsäulten und damit auch säkularisierten Rundfunksystem. Diese Organisation ist streng calvinistisch und orthodox-evangelisch.

1. Abneigung gegen kommerziellen Rundfunk

Im Rahmen des fortschreitenden Prozesses der Entsäulung und der Säkularisierung muß die Geschichtsschreibung des Umbruchs der Rundfunkstruktur in den Niederlanden Ende der achtziger und Anfang der neunziger Jahre sicherlich weiter unter dem Gesichtspunkt der Auflösung der fünf traditionellen Identitäten betrachtet werden. Eine zusätzliche Dimension ergibt sich aus der Tatsache, daß das Rundfunksystem in diesen Jahren nur mit Blick auf die Kommerzialisierung zu verstehen ist. Dabei sollte man die schon seit Mitte der sechziger Jahre wirksam gewordenen Folgen der Entsäulung übrigens nicht vernachlässigen.

Kommerzieller Rundfunk und kommerzielle Rundfunkprogramme haben in den Niederlanden überhaupt keine Tradition und sind politisch seit jeher äußerst umstritten. Am 26. Februar 1965 führte die Diskussion über die Einführung des kommerziellen Rundfunks zu einer politischen Krise: Das Kabinett unter dem Vorsitz des Christdemokraten Victor G.M. Marijnen trat zurück. Schon damals bestanden die Liberalen auf einem kommerziellen Fernsehen, bei dem die Programmkosten ausschließlich durch Werbeeinnahmen bestritten und darüber hinaus noch Gewinne erwirtschaftet werden sollten.

Die Christ- und Sozialdemokraten lehnten diese »amerikanische« Art der Rundfunkgestaltung kompromißlos ab.

Das neu angetretene Kabinett gelangte zu einer Lösung, die kommerzielles Fernsehen gesetzlich untersagte. Mit der Ätherwerbung wurde stattdesssen eine unabhängige Stiftung (STER) beauftragt, die diese Werbung in Hörfunk und Fernsehen unter strengsten Bedingungen durchführen, die Interessen der werbetreibenden Wirtschaft wahrnehmen und somit die Finanzierung des relativ teuren niederländischen Rundfunksystems dauerhaft gewährleisten sollte. Dieses nichtkommerzielle System gegenüber dem kommerziellen Rundfunk zu schützen, blieb bis heute das wichtigste Ziel dieser restriktiven Medienpolitik. Gewisse kommerzielle Einflüsse auf die privatrechtlichen Rundfunkorganisationen konnten jedoch nicht verhindert werden. Die zunehmende Konkurrenz der kommerziellen Rundfunkanbieter wird diese Tendenz in den nächsten Jahren weiter verstärken. Am Ende dieses Beitrags werde ich auf diese Schlußfolgerung noch zurückkommen. Zu diesem Zweck möchte ich verschiedene Kommerzialisierungstendenzen schildern. Sie alle stellen einen neuen Impuls für die Strukturveränderungen des niederländischen Rundfunks dar, deren Folgen für die nahe Zukunft kaum abzusehen sind. Der negativ beladene Begriff »Kommerzialisierung« wurde in den rundfunkpolitischen Debatten im niederländischen Parlament und in den Mediendiskussionen zu einem Schlagwort, das auf drei Entwicklungen hinweist.

Erstens wird Kommerzialisierung mit marketingorientiertem Denken in Verbindung gebracht, insbesondere bezogen auf die Programmgestaltung. Im Wettbewerb der Medien kommt es nach Claudia Mast beim effizienten Marketing von Rundfunkunternehmen »darauf an, Kombinationen von Medienleistungen (Kommunikationsraum, Zeit, Inhalt) zu finden, die angesichts der technischen, publizistischen, ökonomischen und rechtlichen Determinanten wettbewerbsfähig sind«.[3] Nicht nur kommerzielle Rundfunkanbieter, sondern auch öffentlich-rechtliche und sonstige nicht-kommerzielle Rundfunkorganisationen niederländischer Prägung können auf Dauer der Versuchung kaum widerstehen, mit ihren Programmleistungen primär auf große oder größere Marktanteile beim Publikum zu zielen. Dabei werden die Präferenzen und Wertungen von Zuschauern und Hörern (quantitative und vor allem qualitative Daten über Wünsche, Bedürfnisse, Motive und Einflüsse auf das Medienverhalten[4]) als Ausgangspunkt der Programmpolitik gewählt.

Zweitens bezieht man Kommerzialisierung auf eine Erweiterung der Werbesendezeit in den Programmen nicht-kommerzieller Rundfunkorganisationen, die im Wettbewerb mit einem oder mehreren kommerziellen Fernsehunternehmen höhere Einnahmen für wettbewerbsfähigere Programmleistungen benötigen. Diese Entwicklung ist gerade auch in den Niederlanden besonders auffällig.

Drittens wird Kommerzialisierung als fördernder Faktor bei der Entwicklung eines dualen Rundfunksystems verstanden, mit einer ständigen Konkurrenzsituation einer oder mehrerer kommerzieller Rundfunkunternehmen. In den Niederlanden setzte diese

Epoche des Dualismus im Rundfunk tatsächlich bereits am 2. Oktober 1989 ein, und zwar ausgehend von Luxemburg.

Die erste Kommerzialisierungsentwicklung wird häufig eher als »pseudo-kommerziell« bezeichnet und trifft meistens mehr oder weniger auf nicht-kommerzielle und kommerzielle Anbieter zu. Gerade auch in den Niederlanden, wo die Rundfunkorganisationen Sendezeit und Mittel aufgrund ihrer Mitgliederzahl zugeteilt bekommen, trägt zum Beispiel die Besessenheit auf Einschaltquoten dazu bei, daß die spezifische Färbung der Programme der einzelnen Rundfunkorganisationen kaum mehr erkennbar ist. Auf diese Pseudo-Kommerzialisierung des Rundfunks soll in diesem Aufsatz deshalb nicht näher eingegangen werden. Dagegen sollen die zweite und dritte Kommerzialisierungstendenz im überregionalen niederländischen Rundfunksystem behandelt werden.

2. Das Ende des werbefreien Sonntags

Am 2. Februar 1992 wurde zum ersten Mal in der Geschichte des niederländischen Rundfunks Fernsehwerbung am Sonntag ausgestrahlt. Am gleichen Tag entstand mit der Hörfunkwerbung eine weitere neue Werbemöglichkeit. Als am 2. Januar 1967 Fernseh-, und am 1. März 1968 Hörfunkwerbung eingeführt wurde, gab es dafür einige wichtige gesetzliche Beschränkungen. Erstens trennte die zum Zweck der Rundfunkwerbung gegründete Anstalt STER die Werbung streng vom normalen Programm. Zweitens wurde das vielleicht so »unsäglich niederländische« Hochhalten der Sonntagsruhe auch im Bereich der Ätherwerbung gehandhabt. Es galt: »never on sunday«.

In den siebziger Jahren, als Werbung generell unter gesellschaftlichen Druck geriet, setzte sich Jan Nico Scholten, christdemokratisches Mitglied der Zweiten Kammer (entspricht dem Deutschen Bundestag), für eine generelle Abschaffung der Rundfunkwerbung ein. Er erreichte jedoch lediglich ein Verbot, das am 1. Januar 1978 wirksam wurde und Werbesendungen vor und nach den 19 Uhr-Nachrichten untersagte. Jugendschutz vor den »verheerenden Folgen der Fernsehwerbung im Bereich des Konsums und der Umwelt« führte er als Argument an, das von einer Mehrheit der Abgeordneten übernommen wurde.

»Neue Einsichten«, zu denen fast alle sozialdemokratischen Abgeordneten dann gelangten, sorgten bereits 1981 für einen Meinungsumschwung bei einer Mehrheit der Zweiten Kammer und für die Wiederkehr der Werbesendungen am frühen Abend. Die 1982 getroffenen Koalitionsvereinbarungen räumten der STER-Werbung grundsätzlich noch mehr Sendezeit ein. In den achtziger Jahren verdrängte man die Erinnerung an die Werbefeindlichkeit in politischen Kreisen völlig. Die Politiker der größeren Parteien gerieten ohne große Diskussionen in den Bann eines Denkens, das Fernsehen primär als ein Instrument zur Revitalisierung der Wirtschaft sieht und nicht als ein ausschließlich oder überwiegend kulturpolitisches Mittel. Als am 1. Januar 1988 das Mediengesetz in

Kraft trat, wurde die Werbesendezeit auf 5 Prozent der gesamten Sendezeit festgelegt. Noch im gleichen Jahr brachten die EG-Kommission und der Europarat 15 Prozent als Limit ins Gespräch. Inzwischen wurde 1991 6,5 Prozent der gesamten Fernsehsendezeit für die STER-Werbung reserviert. Dennoch: Der Sonntag sollte nach 1982 noch zehn Jahre vom Werbewirbel verschont bleiben. Obwohl die Unvermeidlichkeit der Rundfunkwerbung schnell zum politischen Allgemeingut geworden war, blieb das Prinzip des werbefreien Tags des Herrn vorläufig ein Tabu. Erst 1992 mußte es der Kommerzialisierungstendenz im Rundfunkbereich weichen. In der Zweiten wie in der Ersten Kammer gab es kaum noch Widerstand, als 1991 die Gesetzesvorlage zum kommerziellen Rundfunk diskutiert wurde. Dabei gelangte auch die Werbung am Sonntag auf die politische Tagesordnung.

In der Zweiten Kammer weigerten sich am 28. Mai 1991 noch alle christlichen Abgeordneten der vier christlichen Parteien, dem Gesetzentwurf Vorschub zu leisten. Diese beachtliche Minderheit war in der Ersten Kammer am 17. Dezember 1991 auf nur sechs Gegenstimmen zusammengeschmolzen. Die überwiegende Mehrheit der Abgeordneten sah sich inzwischen ohne große Begeisterung dazu gezwungen, der Realität dieser schwierigen Situation des nicht-kommerziellen, als »öffentlich« bezeichneten Rundfunks ins Auge zu sehen. »Öffentlicher Rundfunk« wurde in den Niederlanden so allmählich synonym zum »public broadcasting« in Großbritannien, dem üblichen Terminus für nichtkommerziellen Rundfunk. Er sollte also nicht in Bezug auf die Rechtsperson der Rundfunkorganisationen als »öffentlich-rechtlich« verstanden werden.

3. Ein Überfall aus Luxemburg

Unerwartet und vor allem unerwünscht wurde das niederländische Rundfunksystem von Luxemburg aus untergraben, als die luxemburgische Fernsehgesellschaft ›Compagnie Luxembourgeoise de Télédiffusion‹ (CLT) am 2. Oktober 1989 unter dem Namen RTL-Véronique damit begann, über das ausgedehnte niederländische Kabelnetz Werbefernsehen anzubieten. Inzwischen nennt man diesen vierten Kanal im niederländischen Fernsehen RTL4. Seit Februar 1992 besitzt VNU, der größte Zeitschriftenverlag der Niederlande, der auch Zeitungen und Lehrbücher herausbringt, 38 Prozent der Anteile an RTL4.[5] Gerade in den Niederlanden, ebenso wie im Nachbarland Belgien, wurde in den siebziger und frühen achtziger Jahren die Verkabelung schnell vorangetrieben. Diese rundfunktechnische Neuerung bot eine Möglichkeit, die man nicht vorhergesehen hatte: Die harte Konkurrenz kommerzieller ausländischer Fernsehprogramme. Ausländische Programme, können direkt über Kabel oder über Satellit weitergegeben und empfangen werden.

Die rasche Verbreitung des Kabels (1992 sind beinahe 85 Prozent aller niederländischen Haushalte an ein Kabelsystem angeschlossen) wurde schon 1978 ein bedrohlicher und seitdem in der Medienpolitik unterschätzter Faktor für das so behütete öffentliche Rundfunksystem. Die Reaktion seitens der Politik war defensiver Natur und sogar naiv, da man glaubte, die europäische Entwicklung an den niederländischen Grenzen mit einer nationalen rechtlichen Regelung aufhalten zu können. Erst der Erfolg des luxemburgischen Senders seit Ende 1989 verunsicherte die Medienpraktiker und Medienpolitiker.

Inzwischen waren im Sommer 1986 Koalitionsvereinbarungen mit weitreichenden Folgen für die Rundfunkentwicklung geschlossen worden. Die christdemokratischen und liberalen Koalitionspartner der derzeitigen Regierung einigten sich auf einen Kompromiß, der den existierenden Rundfunkorganisationen eine kommerzielle Tätigkeit ermöglicht. Wenn zumindest drei Rundfunkorganisationen dem Grundsatz der Nicht-Kommerzialität nicht länger entsprechen möchten, so sollte ihnen die Möglichkeit geboten werden, ein kommerzielles Fernseh- und ein kommerzielles Hörfunknetz (im UKW-Bereich) zu betreiben. Auch unter den neuen Bedingungen des am 1. Januar 1988 in Kraft getretenen Mediengesetzes gab es bis Anfang 1992 immer wieder einzeln oder zu zweit auftretende Rundfunkorganisationen, die ihre kommerziellen Ambitionen mehr oder minder lautstark kundtaten. Diese Mitteilungen fanden dann zwar jedesmal viel Beachtung in der Presse, aber tatsächlich hat sich noch keine Rundfunkorganisation zu einem solchen Schritt entschlossen: Die Sicherheit des bestehenden öffentlichen Rundfunksystems mit gesicherten Einnahmen wird scheinbar doch dem Abenteuer, auf eigenen Beinen stehen zu dürfen, vorgezogen.

Im Zusammenhang mit dem Beginn des luxemburgischen Werbefernsehens in den Niederlanden steht das herkömmliche niederländische Rundfunksystem tatsächlich vor einigen tiefgreifenden strukturellen Veränderungen. Ob es sich sogar »in der Endphase seiner Agonie«[6] befindet, läßt sich nur vermuten: Die Rundfunkstrukturen sind in den Niederlanden tief verwurzelt. Die historischen Ausgangspunkte der Nicht-Kommerzialität und der Pluriformität werden mit kommerziellen Interessen konfrontiert, die dem Rundfunk nur schrittweise zugänglich gemacht werden. Lediglich im Falle des luxemburgischen kommerziellen Senders wurde auf erschreckende Weise durch die Hintertür in dieses geschützte Rundfunksystem eingedrungen, was, so empfand man es jedenfalls, einem Überfall gleichkam.

4. Nicht länger Rücken an Rücken

Haben niederländische Kommunikationswissenschaftler und Medienpraktiker bis zum Ende der achtziger Jahre die neue Rundfunkordnung in der Bundesrepublik Deutschland mit ihrem Dualismus von öffentlich-rechtlichen und privaten Anbietern noch kaum als Vorbild für zukünftige Entwicklungen in den Niederlanden gesehen, so ist man inzwischen eines anderen belehrt. Die vergleichbare Entwicklung eines dualen Rundfunksystems in der Bundesrepublik und in den Niederlanden sorgte in den niederländischen

Medien und in medienpolitischen Veröffentlichungen für zunehmendes Interesse an bundesdeutschen Lösungen. Deshalb könnte eine Erläuterung der niederländischen Problematik im Gegenzug für bundesdeutsche Leser von Nutzen sein.

Mein Kollege an der Amsterdamer Universität, der Germanist Alexander von Bormann, erinnerte 1989 in Bezug auf das Verhältnis der Deutschen und der Niederländer an ein Bild, das von dem niederländischen Gegenwartsautor Harry Mulisch stammt. Sie seien zwei Nachbarn, die eng aneinander säßen, freilich Rücken an Rücken: Der eine schaue gen Westen, der andere gen Osten. Das stimmt weitgehend. Die Unvertrautheit, Andersheit, Fremdheit der Kultur des Anderen ist viel, viel größer, als die geographische Nähe und die historische Verbindung es vermuten ließen, lautet von Bormanns Kommentar.[7]

Dies ist sicherlich ein Thema für sich. Hier ist es nur als Erinnerung an die Arbeit anzuschneiden, die namentlich Professor Dr. Hendricus Johannes Prakke, aber nicht nur er, in den sechziger Jahren und darüber hinaus am Münsteraner Institut für Publizistik leistete. Gute Nachbarschaft zwischen den Niederlanden und dem Deutschland der Nachkriegszeit war für Prakke gleichermaßen ein Gebot der Stunde und eine Herausforderung, gemäß seiner Devise »homo res sacra homini« (Der Mensch sei dem Menschen etwas Heiliges). Sein Nachfolger auf dem Münsteraner Lehrstuhl, Winfried B. Lerg, weiß besser als kein anderer, wie sehr Prakke sich bemüht hat, ein Brückenbauer und Gesprächspartner zwischen den Rücken an Rücken Sitzenden zu sein.

5. Vielfalt im Rahmen des Mediengesetzes

Das niederländische Rundfunksystem ist gerade wegen seiner Vielfalt bemerkenswert. Diese Schlußfolgerung kann man besonders ausländischen Veröffentlichungen entnehmen. Der Amerikaner Donald R. Browne zeigte sich jedoch 1989 schon kritisch, als er über das niederländische »broadcasting system« vorsichtig feststellte: »Certainly that structure is very different from any other in the world, but there are some doubts on the part of several Dutch observers as to whether the system merits the praise it has received, or whether it will be able to adjust to changes in society and in technology.«[8]

Browne konnte in seinen Marginalien ebensowenig über das europäische Abkommen des Europarats vom 5. Mai 1989 über grenzüberschreitendes Fernsehen referieren wie über die Richtlinie des EG-Rates vom 3. Oktober 1989 zur Koordinierung bestimmter Rechts- und Verwaltungsvorschriften der Mitgliedstaaten über die Ausübung der Fernsehtätigkeit.[9] Gerade auf Grund dieser Richtlinie durften die Niederlande ›Luxemburg‹ den Beitrag zum niederländischen Fernsehangebot nicht verweigern. Die Anfang 1988 neu definierte niederländische Medienpolitik wurde dadurch kurzfristig eingeholt.

Das niederländische Rundfunksystem ist im Mediengesetz (»Mediawet«) geregelt. Dieses Gesetz, das am 1. Januar 1988 in Kraft getreten ist, enthält Bestimmungen über

Gestaltung und Übertragung von Hörfunk- und Fernsehprogrammen, über Rundfunkgebühren sowie über die Unterstützung der Presseorgane. Folgende Grundsätze sind im Mediengesetz verankert:
- Freie Meinungsäußerung, Informationsfreiheit und Meinungsvielfalt in Rundfunk und Presse sind, auch im Interesse einer gut funktionierenden Demokratie, zu gewährleisten.
- Kulturelle Errungenschaften der Niederlande sind zu schützen, die Möglichkeiten, niederländisches Kulturgut vor allem in Hörfunk und Fernsehen zu präsentieren, sind zu erweitern.
- Individuelle Präferenzen und Wünsche des Publikums sind zu berücksichtigen.

Für die Organisation des überregionalen Rundfunks blieben die Zielsetzungen des alten Rundfunkgesetzes (»Omroepwet«), das 1969 wirksam geworden war, richtungsweisend. Stichwörter in diesem Zusammenhang sind: Offenheit, Pluriformität, Unabhängigkeit von kommerziellen Interessen und Zusammenarbeit. Das Rundfunkgesetz schaffte die dafür erforderlichen Voraussetzungen, und diese Linie findet ihre Fortführung im Mediengesetz. So wird außer den acht großen Rundfunkorganisationen auch weiterhin verschiedenen gesellschaftlichen, religiösen und weltanschaulichen Gruppierungen Sendezeit zugeteilt.

6. Offenheit und Zusammenarbeit

Bis zum Jahre 1965 existierte ein historisch gewachsenes, in sich geschlossenes System autonomer Rundfunkorganisationen, die auf weltanschaulichen Prinzipien basierten. Danach kam es zu einer Öffnung dieses Systems. Unter bestimmten Voraussetzungen konnten seitdem neue Rundfunkorganisationen, religiöse Gemeinschaften, im Parlament vertretene politische Parteien und andere Interessenträger Sendezeit erhalten, soweit sie mit ihren Sendungen kulturelle, religiöse und geistige Bedürfnisse befriedigten, die von anderen Gruppierungen nur unzureichend abgedeckt waren. Neue Rundfunkorganisationen sind die ›Televisie en Radio Omroep Stichting‹ (TROS), die ›Veronica Omroep Organisatie‹ (VOO), die beide politisch und weltanschaulich neutral sind, sowie der ›Evangelische Omroep‹ (EO), der für eine orthodox-evangelische Gesinnung steht. 1965 gab es bereits die katholische Rundfunkorganisation KRO, die sozialdemokratische Rundfunkorganisation VARA, die evangelische Rundfunkorganisation NCRV, die allgemeine, bürgerlich-liberale Rundfunkorganisation AVRO und die freisinnig-protestantische Rundfunkorganisation VPRO, die 1968 in die nicht-religiöse, progressiv-avantgardistische ›Omroepvereniging Vpro‹ umgewandelt wurde. Die Struktur der nicht-kommerziellen, weltanschaulich gebundenen, privatrechtlich verfaßten Rundfunkorganisationen wurde frühestens in der zweiten Hälfte der sechziger Jahre vorsichtig im Frage gestellt. Die ›Niederländische Rundfunkprogrammstiftung‹ (›Nederlandse Omroepprogramma

Stichting‹/NOS) regelt gesetzlich die Zusammenarbeit zwischen den acht Rundfunkorganisationen, denen Sendezeit zugeteilt wurde. Die NOS strahlt darüberhinaus ein sogenanntes Gemeinschaftsprogramm aus, das gesellschaftliche, kulturelle, religiöse oder geistige Bedürfnisse befriedigen soll, die in den Programmen der Rundfunkorganisationen weitgehend unberücksichtigt bleiben. Zusätzlich bietet die NOS besonders geeignete Programme, wie Nachrichtensendungen und Sportveranstaltungen, als Gemeinschaftssendungen an. Zumindest ein Fünftel der NOS-Sendezeit ist für kulturelle Programme vorgesehen. Ein Programmrat, der sich jeweils zur Hälfte aus Vertretern der acht Rundfunkorganisationen und aus Vertretern repräsentativer kultureller Einrichtungen zusammensetzt, berät die NOS-Leitung bei der Zusammenstellung ihrer Programme.

Für ihre Fernsehprogramme erhält die NOS doppelt soviel Sendezeit wie eine Rundfunkorganisation der Kategorie A, das bedeutet, wie eine Rundfunkorganisation mit mindestens 450.000 Mitgliedern. Ab dem 1. Oktober 1992 werden zum ersten Mal in der Rundfunkgeschichte alle Rundfunkorganisationen dieser höchsten Kategorie angehören. Seit der Einteilung der Fernsehsendezeit am 1. Oktober 1991 verfügt die NOS für ihre eigenen Fernsehprogramme über 23 Stunden Sendezeit pro Woche. Für Bildungsprogramme mit kulturellen Minderheiten als Zielgruppe, für die Olympischen Spiele, für besondere Ereignisse usw. bekommt die Stiftung zusätzlich noch knapp über 1.017 Stunden Fernsehzeit pro Jahr zugeteilt. Die Hörfunksendezeit der NOS muß mindestens der Sendezeit einer Rundfunkorganisation der Kategorie A entsprechen, sie darf diese jedoch auch um bis zu 50 Prozent übersteigen. Im Rahmen der Sendezeiteinteilung vom 1. Oktober 1991 bekam eine Rundfunkorganisation der Kategorie A insgesamt 64 Stunden und 20 Minuten und die NOS 85 Stunden und 34 Minuten Hörfunksendezeit pro Woche zugewiesen. Für Bildungsprogramme, die sich an kulturelle Minderheiten richten, und für Nachrichtensendungen für die Agrarwirtschaft und Schiffahrt wurden der NOS zusätzlich noch weitere drei Stunden und 20 Minuten Hörfunksendezeit pro Woche zugeteilt.

7. Privatrechtliche Grundlage als Prinzip

Sollte die NOS als Institution eine Zusammenarbeit der ansonsten unabhängigen Rundfunkorganisationen bewirken, so kann entsprechend den Bestimmungen des Mediengesetzes auch diesen Organisationen, wenn sie gewisse Voraussetzungen erfüllen, Sendezeit für überregionale Programme zugewiesen werden. Seit Inkrafttreten des Mediengesetzes wird diese Entscheidung nicht mehr von dem für Rundfunk zuständigen Minister für Gemeinwohl, Volksgesundheit und Kultur, sondern vom Medienkommissariat (›Commissariaat voor de Media‹) mit Sitz in der Rundfunkstadt Hilversum getroffen. Ein Großteil der rundfunkpolitischen Aufgaben, die bislang bei dem oben ge-

nannten Ministerium lagen, wurde der neugegründeten Institution Medienkommissariat übertragen. Dazu gehört zum Beispiel die Überwachung der Einhaltung verschiedener gesetzlicher Bestimmungen und Vorschriften über Hörfunk, Fernsehen, Abonnentenfernsehen, elektronischer Zeitung und Btx.[10] Folgende Voraussetzungen müssen erfüllt sein, bevor eine überregionale Rundfunkorganisation Sendezeit für überregionale Programme zugewiesen bekommt:
- Die Organisation muß Rechtspersönlichkeit im Sinne des Privatrechts sein. Seit dem 1. Januar 1990 bedeutet diese Voraussetzung, daß die Rundfunkorganisation ein demokratisch verwalteter »Verein« mit Mitgliedern, jährlicher Mitgliederversammlung usw. im Sinne des Gesetzes sein soll.
- Das Hauptziel der Organisation muß in der Ausstrahlung von Hörfunk- und Fernsehprogrammen bestehen.
- In ihrem Programm müssen die vier wichtigsten Kategorien mit einem gewissen Mindestanteil vertreten sein: Information 25 Prozent, Bildung 5 Prozent, Kultur 20 Prozent und Unterhaltung 25 Prozent Für die restlichen 25 Prozent werden keinerlei Auflagen gemacht.
- Sie muß bestimmte gesellschaftliche, kulturelle, religiöse oder geistige Strömungen repräsentieren und kulturelle, religiöse und geistige Bedürfnisse der Bevölkerung befriedigen.
- Sie darf weder der Gewinnerzielung dienen, noch Dritte bei der Erzielung von Gewinnen unterstützen.
- Sie muß bei ihrer Antragstellung als Rundfunkorganisation mindestens 150.000 Mitglieder haben.

Das Medienkommissariat kann auch Rundfunkorganisationen, die sich noch in der Anwärterschaft befinden, bereits Sendezeit zuteilen, sofern sie mindestens 60.000 (1969 : 15.000) Mitglieder haben und die weiteren, oben genannten Anforderungen erfüllt sind. Außerdem wird erwartet, daß sich das Programmangebot der Anwärter von dem der anderen Rundfunkorganisationen unterscheidet und so zur Vielfalt im Rundfunk beiträgt.

Für die Aufteilung der überregionalen Sendezeit wird im Mediengesetz ein Unterschied zwischen Rundfunkorganisationen der Kategorie A (mindestens 450.000 Mitglieder), der Kategorie B (300.000 bis 450.000 Mitglieder) und der Kategorie C (150.000 bis 300.000 Mitglieder) gemacht. Die für die überregionalen Rundfunkorganisationen zur Verfügung stehende Sendezeit wird unter den Kategorien A, B und C im Verhältnis 5:3:1 aufgeteilt mit einer Mindestsendezeit im Fernsehen von 2,5 Stunden pro Woche. Eine Anwärterorganisation erhält für die Dauer von maximal zwei Jahren drei Stunden Sendezeit pro Woche im Hörfunk und/oder die Hälfte der einer Rundfunkorganisation der Kategorie C zustehenden Sendezeit im Fernsehen.

Die Betonung der Mitgliederzahlen als Grundlage für die Sendezeit bot seit Inkrafttreten des Rundfunkgesetzes 1969 Anlaß zu einer Jagd auf Mitglieder und »Sympathisanten«. Dabei spielen die insgesamt zehn so attraktiv wie möglich gestalteten und dennoch sehr preiswerten Programmzeitschriften der acht großen Rundfunkorganisationen eine wichtige Rolle (Gesamtauflage 1990: 4,6 Mio Exemplare pro Woche; Gewinn 1990: insgesamt 23 Mio Gulden). Zwei Rundfunkorganisationen geben neben oder statt einer Programmzeitschrift im Großformat ein Programmheftchen im Kleinformat zu einem sehr geringen Preis heraus. Mit Hilfe des Angebots an Programmzeitschriften, regelmäßigen Preisnachlässen und eventuell (kleinen) Präsenten werden ständig neue Abonnenten und damit automatisch neue Mitglieder geworben. Außerdem existiert die Möglichkeit, für nur zehn Gulden pro Jahr als volles Mitglied eingetragen zu werden. Man kann mit Recht behaupten, daß sich die nichtkommerziellen Rundfunkorganisationen auf diese Weise des öfteren semikommerzieller Methoden bedienen.[11]

Rundfunkorganisationen der Kategorie A stehen (nach dem Stand am 1. Oktober 1991) 14 Stunden und acht Minuten Fernsehsendezeit pro Woche zur Verfügung. Diese Tatsache bringt eine bedeutende Schwäche des öffentlichen Rundfunks gegenüber dem kommerziellen Sender RTL4 ans Licht. Eine niederländische Rundfunkorganisation vom nichtkommerziellen Typ kann niemals jeden Abend eine Folge einer beliebten Serie ausstrahlen, da sie schlichtweg nicht jeden Abend und schon gar nicht immer zur gleichen Zeit über Sendezeit verfügt. Außerdem komplizieren die Ansprüche der Sendeberechtigten auf günstige Sendezeiten die Zusammenstellung eines einheitlichen oder gerade auch eines gemischten Programmangebots pro Sender. Lediglich der dritte Fernsehkanal, seit April 1988 auf Sendung, besitzt von Anfang an als Kultursender ein bestimmtes Profil. Er ist der NOS und den übrigen Sendeberechtigten ohne eigene Mitglieder vorbehalten.

Die Mitgliederzahlen der acht überregionalen Rundfunkorganisationen am 1. Januar 1992 sind der folgenden Übersicht zu entnehmen.

Rundfunkorganisation	Mitgliederzahl	Gesinnung
VOO (Veronica Omroep Organisatie)	1.031.000	neutral
AVRO (Algemene Omroepvereniging AVRO)	726.123	neutral
TROS (vorher: Televisie Radio Omroep Stichting)	682.030	neutral
KRO (Vereniging Katholieke Radio Omroep)	620.097	katholisch
VPRO (Omroepvereniging Vpro)	602.353	neutral*
NCRV (Nederlandse Christelijke Radio Vereniging)	562.903	evangelisch
VARA (Omroepvereniging Vara)	560.223	neutral**
EO (Vereniging De Evangelische Omroep)	550.465	orthodox-evangelisch
Insgesamt	5.335.194***	

* bis Ende 1968 freisinnig-protestantisch; ** bis Ende der achtziger Jahre sozialdemokratisch; *** Insgesamt 400.788 Mitglieder mehr als am 1. Januar 1991. VPRO und EO bemühten sich 1991 erfolgreich um mehr Mitglieder, mit dem Ziel, 1992 eine Rundfunkorganisation der Kategorie A zu werden.

8. Die Finanzierung des überregionalen Rundfunks

Der überregionale Rundfunk in den Niederlanden wird aus den sogenannten allgemeinen Rundfunkmitteln finanziert. Diese Mittel stammen aus den Rundfunkgebühren, die alle Besitzer eines Radio- und/oder Fernsehgeräts zahlen müssen, und aus den STER-Werbeeinnahmen. Die Rundfunkorganisationen verfügen außerdem über eigene Einkünfte aus dem Verkauf ihrer Programmzeitschriften, aus (kontrolliertem) Programmsponsoring und aus den Beiträgen ihrer Mitglieder.

Am liebsten würde die Ministerin für Gemeinwohl, Volksgesundheit und Kultur, Hedy d'Ancona, die Rundfunkorganisationen so bald wie möglich nur noch zu einem Drittel des Etats aus den Rundfunkgebühren bezuschussen. Die restlichen zwei Drittel müßten dann durch STER-Werbeeinnahmen, Sponsoring und durch Mitgliedsbeiträge aufgetrieben werden. Aus dem Verlag der Programmzeitschriften stammende Einnahmen, deren Umsatz sich 1990 auf insgesamt 312,5 Millionen Gulden belief, sind auf die Dauer nicht gesichert, da die Programmangaben, so erwartet man es in juristischen Kreisen, aufgrund des europäischen Rechts früher oder später urheberrechtlich nicht mehr geschützt sein werden. An diesem Monopol wurde bereits Anfang 1992 vergebens gerüttelt, als die Wochenzeitung ›De Krant op Zondag‹ auf gerichtlichem Weg versuchte, eine gleichberechtigte Behandlung mit den Tageszeitungen und den mindestens zweimal pro Woche erscheinenden Nachrichtenzeitungen durchzusetzen.[12] Diese Zeitungen dürfen die Programmangaben übrigens nur pro Tag abdrucken. Am 2. Februar 1992 veröffentlichte die ›De Krant op Zondag‹ probeweise ein Programmheft als Magazinbeilage zur Zeitung. Die Herkunft der Programminformationen blieb unklar.

Die Rundfunkgebühren sind in den Niederlanden, verglichen mit fast allen anderen europäischen Ländern, außerordentlich niedrig. Zahlte man 1989 zum Beispiel in Österreich für den Farbfernseh- und Hörfunkempfang insgesamt 384 Gulden und in Belgien 322 Gulden, so betrugen die Gebühren in den Niederlanden 168 Gulden (inklusive zehn Gulden für Regionalhörfunk) pro Jahr. Dieser Betrag kann nicht so einfach erhöht werden. Der für Rundfunk zuständige Minister unterbreitet den Abgeordneten der Zweiten Kammer nicht gerne den Vorschlag zur Erhöhung der Rundfunkgebühren, denn das macht ihn bei den Wählern natürlich weniger beliebt. Bis zum Beginn des kommerziellen Senders RTL4 entwickelten sich die STER-Werbeeinnahmen seit der beschränkten Erweiterung der Werbesendezeit so günstig, daß eine Erhöhung der Rundfunkgebühren nicht in Frage kam. Am 1. Januar 1992 folgte nach vier Jahren zum ersten Mal wieder eine Erhöhung von vier Gulden pro Jahr, um den Verlust an STER-Werbeeinnahmen auszugleichen.

RTL4 erreichte zwischen dem 2. Oktober und dem 31. Dezember 1989 einen Umsatz von 20, und 1990 von 187 Millionen Gulden. Das hatte negative Folgen für die Einkünfte des STER, der zum ersten Mal in seiner Geschichte mit einem Einkommensverlust, und zwar von 27 Millionen Gulden, konfrontiert wurde. Die Brutto-Einnahmen des STER beliefen sich im Jahr 1990 für die Hörfunkreklame auf 109 und für die Fernsehreklame auf 437 Millionen Gulden. Für das Jahr 1991 rechnet der STER mit einem Brutto-Umsatz von insgesamt 426 und RTL4 von 486 Millionen Gulden.

9. Zu einem offiziellen dualen System

Im Jahr 1991 konnte die Behandlung des Gesetzentwurfes für kommerziellen Kabel-Rundfunk gerade noch abgeschlossen werden. Das Mediengesetz (Art. 167) wurde mit Inkrafttreten dieses Gesetzes dahingehend verändert, daß nationaler kommerzieller Kabel-Rundfunk nicht länger verboten ist. In einer am 27. Januar 1992 an Ministerin Hedy d'Ancona erteilten Empfehlung behaupten drei juristische Experten, daß damit auch der Weg für kommerziellen Rundfunk im Äther frei ist.[13] Im Frühjahr 1992 wurde eine generelle Verwaltungsanweisung veröffentlicht, in der die Ministerin angibt, welchem Procedere sich die Anwärter für kommerziellen Rundfunk unterziehen müssen. 34 Firmen hatten sich bereits angemeldet. Zehn dieser Anmeldungen beziehen sich sowohl auf Hörfunk als auch auf Fernsehen, fünf ausschließlich auf Fernsehen und neunzehn ausschließlich auf Hörfunk. Unter den Antragstellern befindet sich auch das größte Zeitungsunternehmen der Niederlande, die ›De Telegraaf‹-Holding, die sowohl kommerziellen Hörfunk als auch kommerzielles Fernsehen veranstalten möchte.

Am 8. Juli 1992 wurde die Einführung des kommerziellen Äther-Rundfunks in den Niederlanden gesetzlich ermöglicht. Zwei Tage später, am 10. Juli, wurde die erste offizielle Lizenz für niederländischen kommerziellen Kabel-Hörfunk an ›Radio Noordzee Nationaal‹ vergeben, das auf Grund dieser Rechtslage am 13. Juli seine Sendungen begann. Vier Tage darauf, am 17. Juli, bekam ›Filmnet‹, Anbieter von »paytv«, als erster Bewerber eine Lizenz für niederländisches kommerzielles Kabel-Fernsehen. ›Filmnet‹, das 100.000 Abonnenten hat, wird ab Herbst 1992 jedoch nur eine Stunde pro Tag Werbung für sein Abonnenten-Fernsehangebot senden. Die Lizenzen gelten für zehn Jahre. Drei kommerzielle Kabel-Hörfunk – Sender ausländischer Herkunft dürfen ihre Programme ausnahmsweise seit dem 6. März 1992 über sog. Restfrequenzen und nur bis zum Ende des Jahres als regionalen Hörfunk terrestrisch in drei Sendegebieten verbreiten. Die Niederlande haben damit ein offiziell zustande gekommenes duales System mit öffentlichem und kommerziellem Rundfunk im Äther. Rundfunkanstalten, die das öffentliche System freiwillig verlassen, werden bei der Zuweisung von Frequenzen keinen Anspruch mehr auf eine Vorzugsbehandlung erheben können. Das wäre gemäß der Empfehlung der drei Juristen an die Ministerin unvereinbar mit dem im europäischen Recht verankerten Grundsatz des freien Wettbewerbs. Gerade dieser Rechtsgrundsatz der Brüsseler »Eurokraten« fungierte als Brecheisen für die letztendliche Anerkennung des kommerziellen Äther-Rundfunks in den Niederlanden, obwohl diese Tatsache sowohl vom Ministerium wie von den öffentlichen Sendeanstalten in Hilversum immer abgestritten wurde. Weiter ist die juristische Expertenkommission der Meinung, daß die Einführung des kommerziellen Äther-Rundfunks Konsequenzen für die besondere Stellung und die Vorrechte des öffentlichen Rundfunks nach sich ziehen muß. Der öffentliche Rundfunk müßte erneut begründet und gerechtfertigt werden. Die Grundlage dafür sollte sein: Eine deutliche Unterscheidung zwischen öffentlichem und kommerziellem Rundfunk und deutliche programmatische Verpflichtungen und Aufgaben. Die Kommission sieht in der weiteren Kommerzialisierung des öffentlichen Rundfunks, der dadurch immer schwieriger zu rechtfertigen ist, eine Gefahr. Dies gilt umso mehr, als an den kommerziellen Rundfunk immer höhere Anforderungen hinsichtlich der Qualität, des kulturellen Niveaus und der Pluriformität der Programme gestellt werden. Die Trennlinien zwischen öffentlichem, nicht-kommerziellem und privatem, kommerziellem Rundfunk müssen laut einer vorläufigen Reaktion der Ministerin auch weiterhin aufrecht erhalten werden.

Unmittelbar nach Erscheinen der Empfehlung der juristischen Expertenkommission ließ die Sendeanstalt ›Veronica‹ (VOO) wissen, daß sie von ihrem bereits bekanntgegebenen Vorhaben, das öffentliche Rundfunksystem zu verlassen und gemeinsam mit der VARA eine kommerzielle Fernsehstation zu gründen, »wahrscheinlich« absehen würde. Am 22. Februar 1992 wurde dieser Rückzug offiziell bekanntgegeben. Der VARA zögerte bis zum 19. März 1992 mit der Entscheidung, erweckte jedoch schon vorher nicht den Eindruck, noch viel von einem kommerziellen Rundfunkabenteuer zu erwarten.

Die Rundfunkanstalt TROS ließ am 12. März 1992 wissen, nicht mehr, wie beabsichtigt, in Zusammenarbeit mit »finanziellen und strategischen Partnern« (lies: Geldgeber der luxemburgischen Fernsehgesellschaft CLT/RTL4 mit einem Konsortium reicher niederländischer Verleger, namentlich VNU und ›De Telegraaf‹-Holding) außerhalb des öffentlichen Rundfunksystems über Kabel kommerziellen Rundfunk veranstalten zu wollen. Dieser Mitbewerber könnte jedoch als zukünftige RTL5 immer noch versuchen, über Kabel eine noch heißer begehrte Ätherfrequenz zu erhalten. Über Kabel beträgt die Reichweite nämlich 85 Prozent, über den Äther 100 Prozent Es wäre möglich, daß der Staat der Ausstrahlung von Kabelprogrammen über den Äther zustimmt.

Insgesamt gesehen erwies sich die Neigung der acht Rundfunkanstalten, auf kommerziellen Rundfunk umzusteigen, wesentlich geringer als man es nach den vielen öffentlichen Liebesbeteuerungen der vergangenen Jahre erwarten konnte. Das heißt, daß nicht mit dem (öffentlichen) Rundfunk verbundene Unternehmen ihre Chance nutzen können. Was den Hörfunk anlangt, so sollte man übrigens bedenken, daß private Sender sowohl in Anzahl wie in Zuhöreranteilen stark zunehmen. Vor allem ›Sky Radio‹ und ›Radio 10 Gold‹ sind außer den fünf überregionalen, nicht-kommerziellen Rundfunksendern, die es in den Niederlanden gibt, bereits ziemlich erfolgreich.

10. Das Angebot an Fernsehprogrammen und Reklame

Durchschnittlich sieht ein Niederländer zwei Stunden und zwanzig Minuten pro Tag fern. Damit ist der niederländische Zuschauermarkt im Vergleich zum Ausland noch nicht gesättigt. Die Empfangsmöglichkeiten verschiedener ausländischer Fernsehsender sind in den Niederlanden in den vergangenen Jahren stark gestiegen. Momentan kann man durchschnittlich elf Programme empfangen. Das bedeutet, daß sich die Anzahl in den vergangenen fünf Jahren verdoppelt hat. Sender, die schon länger von einem Großteil der Niederländer empfangen werden können, sind das Erste und das Zweite Deutsche Fernsehen (90 Prozent) und BRT (Belgien, niederländisch) 1 und 2 (80 Prozent). Erst später kamen mit dem Kabel die Empfangsmöglichkeiten beispielsweise von BBC 1 (61 Prozent), BBC 2 (57 Prozent), RTL Plus (44 Prozent), MTV (42 Prozent), RAI Uno (20 Prozent), Sportsender ›Sportnet‹ (18 Prozent), CNN (14 Prozent), Kindersender ›Kindernet‹ (13 Prozent) und ›Children's Channel‹ (9 Prozent) hinzu. Die Einführung des kommerziellen Fernsehsenders RTL4 war von wesentlichem Einfluß auf die Zuschauergewohnheiten. 1991 konnte dieser Sender bereits von 85 Prozent aller Niederländer empfangen werden.[14]

Ob das offizielle kommerzielle Fernsehen in der Lage sein wird, trotz RTL4 Gewinne zu erwirtschaften, ist eine schwierige Frage, die in allen Medien gestellt wird. Die Zuschauer werden bereits jetzt mit Werbung zwischen fast allen Sendungen konfrontiert, bei RTL4 auch innerhalb der Sendungen, die dafür unterbrochen werden. 1990 beliefen sich die ermittelten Werbeausgaben in den Niederlanden auf 8,8 Milliarden Gulden (1,74 Prozent des Bruttosozialprodukts). Die steigende Tendenz der insgesamt ermittelten Werbeausgaben setzt sich weiter fort. Die Verleger der Printmedien hoffen darauf, daß sich Inserenten bei einem zunehmenden Angebot an Fernsehprogrammen für bestimmte Werbebotschaften wieder der Tageszeitung und/oder der Zeitschrift bedienen werden.

11. Die Engpässe sind noch nicht abzusehen

Im Frühjahr 1992 befaßte sich die Ministerin für Gemeinwohl, Volksgesundheit und Kultur mit den Bedingungen, die sie an die Anwärter für kommerzielles Fernsehen stellen kann. Angesichts des begrenzten Ätherbereichs besteht die Aufgabe des Staates darin, auch für kommerzielle Sender einige Zulassungskriterien hinsichtlich der Pluriformität und des Spektrums des Programmangebots zu formulieren. Dieser Standpunkt der sozialdemokratischen Ministerin d'Ancona paßt in die niederländische Fernseh- und Hörfunktradition und kann dem international unverkennbaren kommerziellen Rundfunk doch noch eine typisch niederländische Prägung geben. Aber die niederländische Rundfunkgeschichte lehrt auch, daß eine Reglementierung, die auf Begriffen wie »Qualität«

und »kulturelles Niveau« basiert, besonders tückisch ist. Die inhaltliche Bewertung von Fernsehprogrammen ist eine äußerst heikle politische Angelegenheit. Laut dem derzeitigen Vorsitzenden des NOS, Max de Jong, widmen sich die öffentlichen Sender immer noch mehr der Bildung und der Erziehung, der Information und der Kultur, als ein durchschnittlicher kommerzieller Sender.[15]

Außerdem stellt auch die Art und Weise der Verteilung der Ätherfrequenzen für den kommerziellen Rundfunk eine Schwierigkeit dar. Der Verkauf an den Meistbietenden (Versteigerung), wie es im Herbst 1991 in Großbritannien geschah, scheint der niederländischen Ministerin eher unwahrscheinlich. Es sei zu »unhistorisch«, so äußerte sie am 27. Januar 1992 in etwas verschwommener Ausdrucksweise gegenüber Journalisten. Die Sendezeit, die der öffentliche Rundfunk tagsüber kaum in Anspruch nimmt, könnte in der Zukunft ohne größere Schwierigkeiten den Privatsendern zugewiesen werden. Inwieweit diese Sendezeit kommerziell gesehen interessant (genug) ist, bleibt jedoch ungewiß, solange noch keine diesbezüglichen Erfahrungen gesammelt wurden. Dagegen ist sicher, daß die acht Sendefrequenzen, die 1993 für den Hörfunk verfügbar sein werden (einschließlich einer Frequenz für lokales Radio), nicht automatisch für den öffentlichen Hörfunk bestimmt sind. Eventuell wird hier sogar erst einmal bewiesen werden müssen, warum es gerechtfertigt ist, daß für Radio 1 bis einschließlich 5 die jetzigen sechs Ätherfrequenzen in Gebrauch sind. Es wird erwartet, daß eine dieser Frequenzen an den Privatfunk fallen wird.

Mittlerweile steht bereits fest, daß die Einführung des kommerziellen Rundfunks, vor allem des kommerziellen Ätherfunks, nicht ohne Einfluß auf die Stellung der öffentlichen Sendeberechtigten bleiben wird. Damit diese nach europäischem Recht vertretbar bleiben, müssen sie die programmatischen Auflagen und Pflichten ernst nehmen, sich also ihre Ziele höher stecken, als sie es bisher taten. Unter diesen Bedingungen ist für Kommerzialisierung jedweder Form keinerlei Raum mehr. Von Zeit zu Zeit tauchen in den Zeitungen schwer nachzuweisende Geschichten auf, aus denen hervorgehen soll, daß Rundfunkorganisationen immer öfter Geld verlangen, wenn sie über bestimmte Ereignisse oder öffentliche Geschehnisse berichten sollen.[16] Das ›Kommissariat für Medien‹ spürt mit schöner Regelmäßigkeit Schleichreklame in Form von »product-placement« auf, und kann dann in den Zeitungen lesen, bei weitem nicht alles gesehen zu haben. Ein Fernsehmacher und Journalist, der schon lange im Geschäft ist, stellte 1991 irritiert fest, daß in keinem anderen zivilisierten Fernsehland soviel Schleichreklame gesendet wird wie gerade in den Niederlanden mit ihrem ach so prinzipiellen Rundfunksystem.[17] Die für Rundfunkangelegenheiten verantwortliche Ministerin vertraut immer noch darauf, daß gegen Sponsoring und Schleichreklame am wirkungsvollsten durch freiwillige Selbstkontrolle angegangen werden kann. Vereinbarungen zwischen den betroffenen Parteien könnten anschließend vom Staat bestätigt werden.

12. Unlängst erschienene Zeitungskommentare

Je weniger sich der öffentliche Rundfunk vom privaten unterscheidet, desto eher wird die Geduld der EG zu Ende sein. Das kann jedoch keine Entschuldigung dafür sein, die Bedingungen für das eigene niederländische kommerzielle Netz dann nach unten hin anzupassen, so warnte die tonangebende freisinnig-liberale Zeitung ›NRC Handelsblad‹ in einem Kommentar vom 30. Januar 1992 unter dem Titel »Kalte Füße in Hilversum«.[18] Die Zeitung fügte hinzu, daß drei öffentliche Fernsehsender im Hinblick auf die Forderung nach Qualitätsverbesserung zuviel des Guten seien. »Der Hilversumer Eiertanz wird«, so die Schlußpassage des Artikels, »immer riskanter, und sei es nur aus dem Grunde, daß er außer den direkt Betroffenen niemandem mehr etwas sagt. Gefährlicher noch als Kritik ist die Gleichgültigkeit von Außenstehenden.« Vor diesem Hintergrund ist es auch fraglich, ob die politisch Verantwortlichen, vor allem die Mitglieder der Zweiten Kammer, überhaupt noch Begeisterung für die Ausarbeitung der Pläne für kommerziellen Rundfunk aufbringen können. Dennoch werden sie sich gemäß der Verwaltungsauflage, die die Ministerin angekündigt hat, im Laufe des Jahres 1992 zum wiederholten Male in die Modifizierung der Grundlagen des niederländischen Rundfunks vertiefen müssen.

Auch die progressive Tageszeitung ›De Volkskrant‹ gebrauchte in ihrem Kommentar vom 29. Januar 1992 das Bild des Eiertanzes, und zwar »im Zusammenhang mit dem Austritt von Sendern aus dem öffentlichen System«. Für diesen Fall sollten in der Empfehlung der juristischen Kommission endlich die Spielregeln festgelegt werden. Die Zeitung bezeugt in der Schlußpassage viel Lob für das energische Auftreten der Amtsfrau. »Sie erledigt«, so die Zeitung, »ihr Geschäft, indem sie schnell eine Ätherfrequenz für einen kommerziellen Sender frei macht. Im Konkurrenzkampf mit RTL4 verkommt der öffentliche Rundfunk in einem rasanten Tempo. Je eher der öffentliche Rundfunk vom Kampf um die Zuschauerzahlen befreit wird, desto sauberer wird ein duales System schließlich aussehen.«[19]

Die christliche Tageszeitung ›Trouw‹ nimmt in einem Kommentar vom 28. Januar 1992 zwar an, daß der Weg für ein duales System nun frei ist, daß aber die Richtung dieses Weges noch politisch bestimmt werden muß.[20] Wenn man die niederländische Diskussion über den Rundfunk betrachtet, kann das aber noch eine Weile dauern, so ›Trouw‹, die auch an den großen Mangel an ausreichend kreativem Fernsehtalent bei einem immer üppigeren Programmangebot erinnert. An die Adresse von »Hilversum« schrieb ›Trouw‹: »Der öffentliche Rundfunk muß bedenken, daß er eine besondere Aufgabe, Funktion und Finanzierung hat, und er sollte sich dementsprechend verhalten. Wenn man sich das Absinken der letzten Jahre ansieht, so wird es noch eine ganz schön umfangreiche Aufgabe sein, sich dafür eine effektive Kontrollmöglichkeit auszudenken, aber auch das ist ein wichtiger Teil des Ganzen (...). Sie bietet vielleicht nicht die angenehmsten Aussichten, aber beinhaltet immerhin die Garantie einer guten Basisversorgung auf dem Gebiet dieses wichtigsten Massenmediums.«

13. Die Notwendigkeit einer Senderprofilierung

Sowohl für Fernsehen wie für Hörfunk gilt, daß Zusammenarbeit zwischen den Sendern und damit eine Profilierung der Sender notwendig ist, um so als konkurrenzfähiges öffentliches System dem kommerziellen Rundfunk die Stirn bieten zu können. In der Vergangenheit haben Ansätze zu einer solchen Zusammenarbeit viel von ihrer Anziehungskraft verloren, da es eine oder mehrere Rundfunkorganisationen immer wieder vorgezogen haben, ihren eigenen Weg zu gehen. Eine grundlegende Änderung des öffentlichen Systems steht also im Spannungsverhältnis zu der so lange gepflegten Autonomie der Rundfunkorganisationen.

Wenn der Engpaß der letzten Jahre am 1. Oktober 1992 für die fünf Hörfunk- und die drei Fernsehsender tatsächlich durchbrochen wird, so kann dies der Beginn einer gutgemeinten und effektiven Zusammenarbeit sein. Das wird nicht einfach sein, da in den letzten Jahren eine Atmosphäre gegenseitigen Nacheiferns die Rundfunkstadt Hilversum beherrschte. Die Journalistin Greta Riemersma schrieb in diesem Zusammenhang in ›de Volkskrant‹: »Nach Logik kann man in Hilversum lange suchen. Reichen sich streitende Parteien in anderen Teilen der Welt angesichts eines gemeinsamen Feindes die Hände, so nicht in Hilversum. Da geschieht dieser Tage sogar das Gegenteil. In steigendem Maße konzentrieren sich die Rundfunksender auf die Rettung ihres eigenen Unternehmens.«[21] Nicht ohne Grund fügte sie hinzu, daß RTL4 in diesem Moment, im November 1991, einen ziemlich stabilen Marktanteil von 26 Prozent bis 27 Prozent erreicht hatte. »Das öffentliche System läßt sich insgesamt am besten als führungslos umschreiben.« Zu dieser Schlußfolgerung gelangt die Journalistin in ihrer Analyse des Versuchs der Hilversumer Rundfunkorganisationen, ihre Zukunft zu sichern. Belief sich der Marktanteil der öffentlichen Sender im November 1990 noch auf 58 Prozent, so war dieser Anteil ein Jahr später auf 55 Prozent zurückgegangen.

In Kreisen, in denen man noch darauf vertraut, daß die Wahrhaftigkeit und Reinheit des niederländischen Rundfunksystems erhalten bleibt und/oder zurückkehren wird, herrscht ängstliche Stille. Vor zehn Jahren war das noch anders. Das kann als ein Anzeichen dafür gewertet werden, daß das Image des öffentlichen Rundfunks in den achtziger Jahren bereits Schaden erlitten hat. Ein Ende dieser nach unten gerichteten Spiralbewegung war zu Beginn der neunziger Jahre noch nicht in Sicht. Anfang 1992 mochten Artikel in der Presse, die über ein eigenes Vermögen der Hilversumer Rundfunkorganisationen von insgesamt 402,5 Millionen Gulden berichteten, dazubeitragen, daß die Glaubwürdigkeit des nicht-kommerziellen Rundfunks beim großen Publikum wieder einmal abbröckelte, auch wenn niemand den Rundfunkorganisationen einige Reserven streitig machen will. Die Ministerin für Gemeinwohl, Volksgesundheit und Kultur erhielt im Frühjahr 1992 das Gutachten einer Kommission, die sich mit der Frage beschäftigte, welchen Teil des eigenen Vermögens die Rundfunkorganisationen für die Produktion von Programmen ausgeben könnten.[22] Die Antwort lautete am 11. Mai 1992: 215 Millionen Gulden des gesamten eigenen Vermögens von etwa 400 Millionen Gulden. Derartige Berichte haben den öffentlichen Rundfunk in den vergangenen Jahren mehr als einmal in Verlegenheit gebracht. In der Zukunft soll so etwas so gut es geht vermieden werden.

Unterdessen ist die traditionsgemäß nicht ganz unproblematische Beziehung zwischen »Hilversum« und »Den Haag« als politischem Zentrum nicht gerade einfacher geworden. Seitens des Rundfunks wird den Regierenden in Den Haag Beschlußunfähigkeit und ein Mangel an Weitsicht bei der einzuschlagenden Richtung vorgeworfen. Die Politiker dagegen sind der Auffassung, daß die Rundfunkorganisationen noch nie mit einem einstimmigen Standpunkt an die Öffentlichkeit getreten sind. Tatsächlich sind die Versuche, mittels sogenannter Senderprofilierung ein attraktiveres Fernseh- und Hörfunkprogramm zu gestalten, in den vergangenen zwei Jahren fehlgeschlagen.

Seit dem ersten Oktober 1991 gelang es AVRO, KRO und NCRV jedoch, gemeinsam aufzutreten. Die Art und Weise, in der beispielsweise die Fernsehprogramme dieser drei Sender untereinander abgestimmt sind, führt bereits zu einem profilierten Fernsehabend auf ein und demselben Kanal, so daß die Zuschauer auf die Dauer vielleicht weniger »switchen« werden. Seit dem 4. Januar 1992 präsentieren sich die drei kooperierenden Rundfunkorganisationen im Hörfunk als ›Station 3‹ mit einer zentralen Musikredaktion. Sie arbeitet horizontal, das heißt: Dieselben Präsentatoren kommen mit denselben Programmen zum gleichen Zeitpunkt. Von den 29 Programmen blieben nur 13 übrig. Ziel ist die Einrichtung eines nationalen Popsenders für 18- bis 25-Jährige. Mit neuer Musik, neuen Trends und neuen Künstlern möchte ›Station 3‹ mit den kommerziellen Musiksendern konkurrieren, die eher gängige Musik senden.

Seit dem 1. April 1992 zeigen AVRO, KRO und NCRV auch ein gemeinsames Angebot von Kinder- und Jugendprogrammen im Fernsehen. Möglicherweise wirft die Zusammenarbeit der drei Organisationen auf mehreren Gebieten des Fernsehens und des Hörfunks ihre Früchte ab. Jedenfalls versuchen sie unter Beibehaltung der Identität eines Teils ihrer Programme, sich immer stärker als eine Einheit zu präsentieren. Daß es gerade die drei ältesten Rundfunkorganisationen aus der Periode der Versäulung sind, die einander gefunden haben, wurde als historisches Ereignis bezeichnet. Ironischerweise hat sich ihr Streben nach intensiver Zusammenarbeit aus dem gemeinsamen Widerstand gegen einen Reorganisationsvorschlag entwickelt, den die übrigen Rundfunkorganisationen zu einem früheren Zeitpunkt des Jahres 1991 unterstützt hatten. Nach gut einem Jahr Diskussion standen im Frühjahr 1992 alle möglichen Varianten für eine optimalere Fernsehsendereinteilung von neuem offen. Der Vorstand des NOS, vor allem der Vorsitzende Max de Jong, bemühte sich darum, daß seine Vorstellungen am 3. April

1992 anerkannt wurden. Das Ergebnis war: AVRO, KRO und NCRV bilden ab dem 1. Oktober 1992 ›Nederland 1‹, TROS, ›Veronica‹ und EO ›Nederland 2‹ und VARA, VPRO und (zum größten Teil) NOS ›Nederland 3‹. NOS-Jugendprogramme wurden ›Nederland 1‹, NOS-Sport am Mittwoch und NOS-Allochthonensendungen ›Nederland 2‹ zugeteilt.

14. Neue Spannungen in Sicht

EO und VPRO, bis Oktober 1992 noch Rundfunkorganisationen der B-Kategorie, setzten Ende 1991 erfolgreich auf einen starken Mitgliederzuwachs, um ihre Interessen im öffentlichen Rundfunk besser durchsetzen zu können. Das hat jedoch den Nebeneffekt, daß sie ab dem 1. Oktober 1992 als Rundfunkorganisationen der A-Kategorie Anspruch auf mehr Geld und Sendezeit erheben können. Bei einer gleichbleibenden Situation, was die verfügbaren Mittel und die Sendezeit anlangt, geht diese Beförderung auf Kosten der anderen Rundfunkorganisationen. Pro Rundfunkorganisation wird der Schaden auf eine jährliche Einkommenseinbuße von sieben Millionen Gulden und auf eine Verminderung der Sendezeit im Fernsehen von anderthalb Stunden pro Woche geschätzt. Dieser Rückgang könnte das Verhältnis zu den anderen Rundfunkorganisationen stark belasten.

Wenn man sich den Stapel Zeitungsartikel über das niederländische Rundfunk-Management aus den vergangenen Jahren vornimmt, dann stellt man fest, daß die Kritik an »Den Haag« die Irritationen über die Position »Hilversums« überwiegt. Die christliche Tageszeitung ›Trouw‹ sah am 29. November 1991 den Rundfunk als wichtige öffentliche Einrichtung aufgrund fehlender politischer Weitsicht und Tatkraft in ein gefährliches Fahrwasser geraten. Die Politik habe sich auch noch nie so nachdrücklich von den Zuschauern, sprich: Den Bürgern, abgewendet. Laut ›Trouw‹ versagte »die Politik« sogar bereits seit Jahrzehnten immer, wenn es um Rundfunkinteressen gegangen ist. Nicht die Rundfunkorganisationen, sondern die politisch Verantwortlichen müßten die Konturen zur Gestaltung der Rundfunklandschaft umreißen. Anschließend müßten die Rundfunkorganisationen diese Landschaft mit Leben erfüllen. »Und das alles«, so ›Trouw‹, »nur weil wir es in einer Demokratie wichtig finden, daß eine vernünftige Basis für die Informationsversorgung durch ein so interessantes Medium wie das Fernsehen existiert. Dann ist es auch erlaubt, ruhig noch eine Portion Unterhaltung mit anzubieten.«[23]

Vielleicht kann man in diesem aufrechten Plädoyer eines Printmediums zugunsten des zumeist als Konkurrenz erfahrenen audiovisuellen Mediums einen kleinen Lichtblick sehen. Dabei denke ich an die wachsende Bereitschaft, die Mitverantwortung für die Erhaltung eines gegen kommerzielle Ansteckung immunen und differenzierten öffentlichen Rundfunks im unvermeidlichen dualen Rundfunksystem zu teilen.

Ein ausgeglichenes Angebot an Rundfunkprogrammen der niederländischen Sender sollte erneut den Sturz eines Kabinetts wert sein. Nur von einem solchen politischen Ereignis geht in den Niederlanden noch ein Schockeffekt aus.

Anmerkungen

Für die Hilfe bei der Übersetzung dieses Beitrags möchte ich mich herzlichst bedanken bei Frau Juliana Raupp in Berlin, Doktorandin der Kommunikationswissenschaft an der Universität von Amsterdam.

1 Stoop, Paul: Übrig: ein schmaler Rand. Zur Entwicklung der niederländischen Medien. In: Medium. 15. Jg. (1985), Nr. 10, S. 22–25; 22
2 Felling, Albert, Jan Peters, Osmund Schreuder: Nationale Identität: Die fünf Niederlande. In: Kölner Zeitschrift für Soziologie und Sozialpsychologie. 36. Jg. (1984), S. 738–754
3 Mast, Claudia: Das Programm als Basis für ein effizientes Marketing von Rundfunkunternehmen. In: Neue Technik, neue Programme, ökonomische Utopien? Sind die in der Zukunft technisch möglichen Rundfunkprogramme finanzierbar? Hrsg. von Heinz J. Kiefer und Manfred Rühl. Stuttgart: Verlag Kohlhammer, 1991 (= Beiträge zur Rundfunkökonomie, Band 4, hrsg. vom Fribourger Arbeitskreis für die Ökonomie des Rundfunks FAR), S. 85–103; 88
4 Ebenda, S. 101
5 VNU kaufte am 18. Februar 1992 die 19 Prozent der Anteile, die dem niederländischen Verlag Elsevier seit 1990 gehörten. VNU und Elsevier hatten ihre Anteile in der Gesellschaft European Media Investments untergebracht. Bei einem Verkaufspreis von 87 Millionen Gulden realisierte Elsevier einen Gewinn von 54 Millionen Gulden. Als Konzession zwang VNU den Nebenbuhler Elsevier zu der Zusage, sich in den nächsten drei Jahren nicht am kommerziellem Rundfunk zu beteiligen. CLT besitzt 35 Prozent der Anteile bei RTL4, CLT-Tochterunternehmen Études & Projekts 5 Prozent, SNCI (die Nationalinvestitionsbank von Luxemburg) 10 Prozent, ein Tochterunternehmen der Crédit Lyonnais-Bank 10 Prozent und Philips 2 Prozent Im Gegensatz zu Elsevier als einem primär international orientierten wissenschaftlichen Verlag möchte VNU mit den RTL4-Gewinnen Werbeumsatzverluste bei den für diesen Verlag so wichtigen Publikumszeitschriften ausgleichen.
6 Stoop, Paul (wie Anm. 1), S. 22
7 Bormann, Alexander von: »Nie gehört!« – Zur Nicht-Öffentlichkeit der niederländischen Literatur in Deutschland. In: Nikolaus Klein (Red.): Unbeschreiblich Niederländisch. »Kleinere« europäische Literaturen im deutschen Sprachraum. Die Niederlande und Flandern als Beispiel. Hrsg. vom Institut für Auslandsbeziehungen. Stuttgart: Institut für Auslandsbeziehungen 1989 (= Materialien zum Internationalen Kulturaustausch, Band 31), S. 32–38, 32
8 Browne, Donald R.: The Netherlands: Plurality with a Vengeance. In: Donald R. Browne: Comparing Broadcast Systems. The Experiences of Six Industrialized Nations. Ames, Iowa: Iowa State University Press 1989, S. 131–174; 131
9 Europarat: Europäisches Übereinkommen über das grenzüberschreitende Fernsehen. In: Media Perspektiven Jg. 1989, Dokumentation II, S. 96–106; Richtlinie des Rates [der Europä-

ischen Gemeinschaften] vom 3. Oktober 1989 zur Koordinierung bestimmter Rechts- und Verwaltungsvorschriften der Mitgliedstaaten über die Ausübung der Fernsehtätigkeit. Ebenda, S. 107–116

10 An der Spitze des Kommissariats für die Medien stehen drei Kommissare, ein Vorsitzender und zwei Mitglieder, die mit Königlichem Erlaß jeweils auf fünf Jahre ernannt werden.

11 Nuyl, Piet te, Frank Olderaan, Karsten Renckstorf: Medienpolitik in den Niederlanden zwischen Kontinuität und Wandel. Das neue Mediengesetz, die Koalitionsvereinbarungen und die Kommerzialisierung des Rundfunks. In: Media Perspektiven Jg. 1988, Nr. 11, S. 683–691, S. 689. Wo in diesem Aufsatz von »öffentlich- rechtlichen« Rundfunkorganisationen in den Niederlanden die Rede ist, soll man »privat-rechtliche« oder »*öffentliche*« (das heißt »public«) Rundfunkorganisationen lesen.

12 Die ausländischen Wochenblätter ›Stern‹ (Bundesrepublik Deutschland) und ›Humo‹ (Belgien, in niederländischer Sprache) erhalten die offiziellen Daten auch von der NOS.

13 Bericht der Kommission Ätherfrequenzen: Verdeel de frequenties, verander de omroep. Zusammenfassung in: De Dagbladpers 45/1992, Nr. 2, S. 9–10

14 NOS, Abteilung Einschaltquoten [usw.]: De belangstelling voor buitenlandse tv-zenders 1989/1991. Hilversum (NOS) 1991

15 –: De Jong blijft geloven in bestel. In: de Volkskrant vom 28. Januar 1992, S. 19

16 Ein Beispiel bietet Herman Wigbold: Burgemeesters-in-oorlogstijd regeren publiek omroepbestel. In: de Volkskrant vom 27. Juli 1991, S. 9

17 Ebenda

18 –: Koude voeten in Hilversum. In: NRC Handelsblad vom 30. Januar 1992., S. 9

19 –: Commissie Donner. In: de Volkskrant vom 29. Januar 1992, S. 9

20 –: Sanering in zicht (1) und (2). In: Trouw vom 28. Januar 1992, S. 9

21 Riemersma, Greta: Omroepen proberen ieder voor zich het vege lijf te redden. In: de Volkskrant vom 3. Dezember 1991, S. 3

22 Vgl. –: Van der Zwan leidt studie naar omroep. In: NRC Handelsblad vom 28. Januar 1992, S. 2. Der Bericht der Kommission unter Vorsitz von Arie von der Zwan hat den Titel »Naar vermogen«.

23 –: Een treurig landschapje (1) und (2). In: Trouw vom 29. November 1991, S. 9

Christina Holtz-Bacha

Vom öffentlich-rechtlichen Rundfunk und vom öffentlich-rechtlichen Privatfunk in Bayern

Als in der Bundesrepublik Deutschland privater Rundfunk möglich wurde, hat es den Bayern vielleicht zum ersten Mal nicht so ganz gefallen, daß im Freistaat alles anders ist. Eingeengt durch den 1973 nach einem Volksbegehren in die Bayerische Verfassung aufgenommenen Artikel 111a, der allein öffentlich-rechtlichen Rundfunk erlaubt und eine im Vergleich zu den anderen Bundesländern einmalige Rechtslage geschaffen hat, mußte der bayerische Gesetzgeber ein bißchen jonglieren, um dennoch privaten Rundfunk in Bayern einzuführen. Die Bayern behalfen sich mit einem öffentlich-rechtlichen Dach, das sie den Privatsendern überstülpten: Die Aufsichtsinstitution, die ›Bayerische Landeszentrale für neue Medien‹ (BLM), ist mit ihrer dreigliedrigen Struktur aus Präsident, Medienrat und Verwaltungsrat ähnlich organisiert wie die öffentlich-rechtlichen Landesrundfunkanstalten, unterscheidet sich aber dennoch nicht wesentlich von den Medienanstalten anderer Bundesländer. Bei der Gestaltung der Programme darf sich die BLM »Dritter bedienen«, überläßt sie den Rundfunk privaten Anbietern. Aufgrund dieses Kunstgriffs gilt daher privater Rundfunk im Freistaat als öffentlich-rechtlich. Das bedeutet: Auch die national verbreiteten privaten Fernsehprogramme müssen in Bayern als öffentlich-rechtlich angesehen werden.

Der Bayerische Verfassungsgerichtshof, der 1986 über die Verfassungsmäßigkeit des Medienerprobungs- und -entwicklungsgesetzes (MEG) zu befinden hatte, bestätigte in seiner Entscheidung, daß in Bayern ein duales System aus öffentlich-rechtlichem Rundfunk und Privatfunk ausgeschlossen ist. Das Zusammenwirken der öffentlich-rechtlichen Landeszentrale mit den 19 privaten Kabelgesellschaften, die den kommerziellen Rundfunk vor Ort organisieren, sowie den privaten Anbietern billigte der Verfassungsgerichtshof unter Hinweis auf den Erprobungscharakter des Gesetzes. Der Gerichtshof betonte ausdrücklich, daß in einem Erprobungsgesetz der Rahmen, innerhalb dessen Regelungen noch als verfassungsgemäß angesehen werden können, weiter auszulegen ist.[1] Der öffentlich-rechtliche Träger dürfe sich jedoch nicht auf die Kontrolle des Privatfunks beschränken, sondern müsse »rechtlich oder tatsächlich ausreichende Möglichkeiten der Einflußnahme auf das Programm haben und dieses selbst verantworten«.[2] Die Einflußmöglichkeiten der BLM gründen sich vor allem auf Artikel 15 des MEG. Danach kann die Landeszentrale Anordnungen gegenüber den Kabelgesellschaften und den Anbietern treffen und die Vorlage von Beiträgen vor der Ausstrahlung verlangen. Darüber hinaus genehmigt die BLM die Verträge zwischen Kabelgesellschaften und Anbietern und entscheidet über die Beteiligung eines Anbieters, sofern beide sich nicht einigen können.

Das Medienerprobungs- und -entwicklungsgesetz, das mit seinem Titel ebenso wie die ›Bayerische Landeszentrale für neue Medien‹ oder die Kabelgesellschaften an die Frühzeit des kommerziellen Rundfunks erinnert, ist bis zum 1. Dezember 1992 befristet. Die Bayerische Staatsregierung hat im Dezember 1991 den Entwurf für das neue Bayerische Mediengesetz (BayMG) vorgelegt, das auch dem Namen nach den Abschied von der Erprobungsphase einläutet. In das neue Gesetz sollen die Erfahrungen aus der Entwicklung des privaten Rundfunks, der mit dem Münchner Kabelpilotprojekt 1984 seinen Anfang nahm, eingehen. Das Bayerische Mediengesetz wird außerdem beweisen müssen, daß das Jonglieren mit dem Artikel 111a der Verfassung auch Bestand hat über den auch vom Verfassungsgerichtshof hervorgehobenen Erprobungscharakter hinaus. Es wird zu prüfen sein, ob die BLM dem hohen Anspruch, den das Gericht formuliert hat, durch die ihr im Gesetz zugewiesenen Aufgaben und faktisch durch ihre Tätigkeit in der Programmbeobachtung und Mitsprache bei der Gestaltung überhaupt nachkommen kann. Der Entwurf für das neue Mediengesetz erweitert den Aufgabenkatalog der BML, in dem auch die finanzielle Förderung der privaten Anbieter vorgesehen ist. Eine dem neuen Gesetz ebenfalls angefügte Aufstellung von Ordnungswidrigkeiten, die mit Geldbußen von bis zu 50.000,– DM belegt werden können, bezieht sich vorwiegend auf die Einhaltung der Werberegelungen und die ungenehmigte Weiterverbreitung von Rundfunkprogrammen. Die Ahndung entsprechender Verstöße würde jedoch die kontinuierliche Beobachtung aller kommerziellen Programme voraussetzen, was die BLM zumindest derzeit personell kaum zu leisten vermag. Nicht enthalten in dem Katalog der Ordnungswidrigkeiten sind Verstöße gegen Anteilsbegrenzungen bei den Anbietern. Solche Begrenzungen für Zeitungsverlage und bei Mehrfachbesitz hatte auch das MEG bereits enthalten, sind aber von der BLM selbst keineswegs stringent verfolgt worden.

1. Der langsame Abschied vom Lokalfunkkonzept

Noch vor Baden-Württemberg und Nordrhein-Westfalen hatte sich Bayern als erstes Bundesland für die Einführung einer Vielzahl lokaler Privatradios entschieden – und hat dafür eine Menge Lehrgeld gezahlt. Der Blick auf die leeren Kassen und rote Zahlen in den Bilanzen, die sich auch nach Jahren nicht erholen wollten, zwang zur Korrektur mancher Vorstellung, die die Entwicklung des Lokalfunkkonzepts geleitet hatte.

Insgesamt sind 86 Hauptsendefrequenzen an 73 Standorten für das lokale Radio vorgesehen. Durch zahlreiche Programmübernahmen und Aufteilungen einzelner Frequenzen unter mehreren Anbietern läßt sich kaum noch überblicken, wieviele Lokalradios mit eigenständigem Programm derzeit zugelassen sind. Nach Angaben der BLM sind im Frühjahr 1992 49 Programme (41 lokale Programme und acht Fensterprogramme) auf Sendung.[3] Ende 1992 sollen alle geplanten Sender in Betrieb sein, damit wären dann 9,5 Mio Einwohner zu erreichen, was einem Versorgungsgrad von 85 Prozent gleichkommt.

Die im Auftrag der BLM erstellte Wirtschaftlichkeitsstudie 1989 schätzte einen Kostendeckungsgrad von 65 bis 68 Prozent für die Privatradios. Der kumulierte Verlust aller Sender betrug 1988 rund 30 Mio DM.[4] Noch 1990 ging man davon aus, daß nur eine Handvoll Sender eine ausgeglichene Bilanz hatte. Angesichts solcher Ereignisse wäre es naheliegend zu argumentieren, daß die Zeit für den Privatfunk bis dahin zu kurz war, um in die schwarzen Zahlen zu gelangen. Ein Vergleich über mehrere Jahre hat aber ergeben, daß zwar bis 1988 die Einnahmen der Radios den prognostizierten Umfang erreichten, 1989 und 1990 jedoch nicht die erwarteten Verbesserungen eintraten.[5] Daraus läßt sich schließen, daß Kostendeckung nicht nur einfach eine Frage der Zeit ist. Tatsächlich wurde der Verlust Ende 1990 sogar auf mehr als 40 Mio DM beziffert.[6] Mittlerweile wird der Kostendeckungsgrad der Lokalradios auf 85 bis 90 Prozent geschätzt; genaue Daten wird die Wirtschaftlichkeitsstudie liefern, die im Sommer 1992 vorliegen soll. Allerdings beruht die Steigerung des Kostendeckungsgrades nur sehr bedingt auf einem Anwachsen der Werbeeinnahmen, sondern wurde eher durch Einsparungen der Sender erreicht.

Für die wirtschaftlich schwierige Situation der bayerischen Privatsender lassen sich mehrere Gründe ausmachen: Der bayerische Radiomarkt ist in hohem Grad wettbewerbsintensiv, nur an den größeren Standorten verspricht das Werbeaufkommen wirtschaftliche Tragfähigkeit. Den Lokalradios gelingt es kaum, überregionale Werbung zu akquirieren. Zusätzlich kassierten die Kabelgesellschaften in der Anfangszeit zum Teil beträchtliche Gebühren, und schließlich erwies sich das Frequenzsplitting als ein wirtschaftlich problematisches Modell.

Die lokalen Radioprogramme müssen sich nicht nur im intermediären Wettbewerb gegenüber Tageszeitungen, Stadtmagazinen und Anzeigenblättern behaupten, sondern sie konkurrieren außerdem mit der landesweiten ›Antenne Bayern‹ und mit mittlerweile fünf landesweiten Hörfunkprogrammen des öffentlich-rechtlichen ›Bayerischen Rundfunks‹. Der ›Bayerische Rundfunk‹ liegt mit einer zulässigen Höchstsendezeit für Hörfunkwerbung von 128 Minuten pro Werktag beträchtlich über den im Rundfunkstaatsvertrag vorgesehenen 90 Minuten. Vielerorts kommt es auch zum Wettbewerb mehrerer Lokalsender: In München gibt es fünf Privatradios, außerhalb der Stadt treten noch Umlandsender in die Konkurrenz ein. Nürnberg hat ebenfalls fünf Lokalstationen. Schließlich konkurrieren gelegentlich auch Programme miteinander, die sich eine Frequenz teilen. Solche gesplitteten Frequenzen wurden meist an Standorten eingeführt, an denen nur eine Frequenz zur Verfügung steht, aber etwa auch in München, Nürnberg und Augsburg.

Das Werbeaufkommen in kleinen und mittleren Orten reicht für eine ausschließliche Finanzierung der Lokalradios durch Werbung nicht aus. Schon 1988 schätzte die »Studie zur wirtschaftlichen Tragfähigkeit von Lokalradios in Bayern«, daß bestenfalls 54 Sender als Vollprogramme und 30 lediglich als Fensterprogramme wirtschaftlich lebensfähig wären.[7] Diese Prognose berücksichtigte noch nicht einmal die Konkurrenz durch die landesweite ›Antenne Bayern‹, die kurze Zeit danach auf Sendung ging und die Situation für die Lokalradios noch beträchtlich verschärfte. Aus der überregionalen Werbung in Bayern gehen heute nur sechs Prozent an die Lokalradios. Damit stammt nur knapp ein Siebtel ihrer Werbeeinnahmen aus dem überregionalen Werbegeschäft. Dieser Anteil lag vor dem Start von ›Antenne Bayern‹ im Herbst 1988 um zehn Prozentpunkte höher. Die lokalen Sender bleiben also völlig auf den lokalen Werbemarkt angewiesen.

Zu den besonderen wirtschaftlichen Belastungen der Aufbauphase addierten sich für die Lokalradios in der Anfangszeit zum Teil beträchtliche Gebühren, die an die Kabelgesellschaften abzuführen waren. Bei Vollprogrammen wurden Spitzenwerte von DM 35,– pro Sendestunde erreicht.[8] Die gesamten Einnahmen der Kabelgesellschaften aus den Entgelten betrugen rund 12,5 Mio DM, nach Abzug der Gebühren an die Post blieben ihnen immer noch etwa acht Mio DM. Annähernd fünf Mio DM davon nahm allein die ›Münchner Gesellschaft für Kabelkommunikation‹ (MGK) ein.[9] Das heißt: Im Privatfunk gab es durchaus Geld zu verdienen, aber weniger als Anbieter, sondern als Teilhaber in einer Kabelgesellschaft.

Um der Willkür der Kabelgesellschaften entgegenzuwirken und um eine Gleichbehandlung der Anbieter zu erreichen, reagierte die BLM allerdings erst im November 1990 mit dem Erlaß einer Nutzungsentgeltsatzung. Danach wurden bei der Berechnung der Gebühren u. a. die Reichweite sowie Art und Umfang des Angebotes berücksichtigt. Seitdem gilt eine Höchstgrenze von 120.000,– DM für die Verwaltungs- und Organisationsentgelte pro Kabelgesellschaft.[10]

Als ein für die wirtschaftliche Tragfähigkeit problematisches Modell erwies sich schließlich das Frequenzsplitting. Splittingfrequenzen müssen sich mehrere Anbieter teilen, die ihre Programme im festen Wechsel senden. Dieses Vorgehen sollte vor allem an Einfrequenzstandorten mehreren Interessenten den Zugang zum Rundfunk eröffnen, brachte dann aber besondere wirtschaftliche Schwierigkeiten mit sich. Diesen Sendern mangelt es meist an einer eindeutigen Identifizierbarkeit beim Publikum und damit beim Werbekunden, denn mit den Anbietern wechseln oft auch die Zielgruppen. Der Streit unter den meist unfreiwillig auf einer Frequenz vereinten Anbietern setzte sich gelegent-

lich in der Konkurrenz bei den Preisen für Werbeeinschaltungen fort, so daß an ein gemeinsames Auftreten im Marketing bei Hörern und Werbekunden kaum zu denken war.
Noch vor gar nicht langer Zeit gab es mehr als ein Dutzend solcher Splitting-Programme. Mittlerweile ist die BLM, die laut MEG auch dazu verpflichtet ist, auf die wirtschaftliche Tragfähigkeit der Privatsender hinzuwirken, daran gegangen, das Frequenzsplitting abzubauen, indem auf Zusammenschlüsse der ehemals getrennten Anbieter zu Anbietergemeinschaften hingewirkt wird. »Eine Frequenz, ein Programm, eine Vermarktung« lautet heute die Devise der BLM.[11]

Die Problematik der Splittingfrequenzen hat auch Eingang in den Entwurf für das neue Bayerische Mediengesetz gefunden. Den Medienbetriebsgesellschaften, wie die Kabelgesellschaften in Zukunft heißen, wird es zur Aufgabe gemacht, »auf das Entstehen von in sich geschlossenen Gesamtprogrammen zu achten«. Außerdem wird festgeschrieben, daß für die Frequenzen grundsätzlich Anbietergesellschaften gegründet werden sollen. Splittingfrequenzen mit einer Aufteilung der Sendezeit unter mehreren unabhängigen Anbietern bleiben nur dann erhalten, wenn eine »gedeihliche Zusammenarbeit der Anbieter« sichergestellt werden kann.[12]

Die Schwierigkeiten mit der wirtschaftlichen Tragfähigkeit der lokalen Radios haben insofern Folgen für das bayerische Lokalfunkkonzept gehabt, als sie die BLM zur Genehmigung von Zulieferprogrammen gezwungen haben. Entgegen ihren früheren Vorsätzen mußte sich die BLM nach und nach bereit finden, grünes Licht für Rahmenprogramme zu geben. Schon Ende 1988 wurde die Hörfunksatzung dahingehend geändert, daß nun Rahmenprogramme zugelassen wurden. Ohne weitere Genehmigung zunächst für die Zeit zwischen 22 und 6 Uhr, für die übrige Zeit konnte die BLM Zulieferungen genehmigen, sofern damit das lokale Gesamtprogramm seine lokale Identität nicht verlor und die Zulieferung eine Verbesserung der finanziellen Situation des Anbieters erwarten ließ.

Ende 1990 wurden die Bedingungen noch mehr gelockert und eine erweiterte Übernahme von Rahmenprogrammen vorgesehen. Um das Lokalfunkkonzept dennoch zu retten, legte die Landesmedienanstalt gleichzeitig für jedes Programm »lokale Mindestsendezeiten« fest, bestimmte also für die einzelnen Programme, wieviele Minuten wenigstens für die Ausstrahlung lokaler Inhalte verbleiben müssen. Die lokalen Mindestsendezeiten orientieren sich an den wirtschaftlichen Rahmenbedingungen der Programme, unterscheiden sich also je nach potentieller Reichweite und dem Werbepotential der Sender. So sind etwa die lokalen Sendezeiten in den Großstädten München und Nürnberg mit 14 Stunden pro Tag festgesetzt, für die kleinsten Sender in den meist ländlichen Gebieten gelten zwei Stunden.[13]

Mehr und mehr Lokalsender übernehmen heute das Zulieferprogramm der ›Bayerischen Lokal-Radioprogramm GmbH‹ (BLR), die im Frühjahr 1991 den Sendebetrieb startete.[14] Die BLR ist die Nachfolgegesellschaft der ›Radio Sat 2000 GmbH‹, in die sich die ›Mediengesellschaft bayerischer Tageszeitungen‹ (mbt) und die ›Oschmann‹-

Gruppe teilten. ›Radio Sat 2000‹ hatte bereits bis in den Herbst 1990 ein Mantelprogramm angeboten. Obwohl schließlich mit der ›Gong‹-Gruppe ein zusätzlicher Gesellschafter gefunden und mit drei Anteilseignern die von der BLM geforderte Pluralität der Anbieter hergestellt war, wurde der Betrieb vor allem wegen Auseinandersetzungen über eine finanzielle Förderung durch die BLM eingestellt. Die BLM, die zwischenzeitlich sogar erwogen hatte, sich selbst an der Zuliefergesellschaft zu beteiligen, fand sich schließlich zu einer »Anschubfinanzierung« von zwei Mio DM bereit, aber nicht zu den von ›Radio Sat 2000‹ erhofften Subventionen in einer Höhe von sechs Mio DM.[15]

Es dauerte bis zum April 1991, bis das neue Zulieferprogramm der BLR auf Sendung gehen konnte. 36 Prozent der Anteile an der BLR liegen heute bei der ›Mediengesellschaft bayerischer Tageszeitungen‹ (mbt), je 32 Prozent halten die ›Neue Welle Bayern‹ (›Oschmann‹-Gruppe) und die ›Gong‹-Gruppe. Damit ist die Zulieferprogrammgesellschaft in der Hand derer, die ohnehin den größten Einfluß bei den Lokalradios in Bayern haben.

Nach der Hörfunksatzung ist jetzt die Übernahme des Mantelprogramms in der Zeit zwischen 20 und 6 Uhr ohne weitere Genehmigung der BLM zulässig, für die übrige Zeit bedarf es weiterhin der Zustimmung der Landeszentrale. Auch der Entwurf für das BayMG trägt der Entwicklung Rechnung und sieht nun einen Passus vor, nach dem Mantelprogramme zulässig sind. Mittlerweile übernimmt mehr als die Hälfte der lokalen Radios – wenigstens in Teilen – das BLR-Programm. Nur wenige Sender übernehmen ihr Rahmenprogramm von anderen Zuliefern. Zusätzlich gibt es vielerorts den Austausch von Programmteilen zwischen den Lokalsendern sowie Übernahmen ganzer Programme von einer Frequenz auf die andere.

Durch die von der BLM bestimmten lokalen Mindestsendezeiten soll den Radios die »lokale Programmidentität« erhalten bleiben, außerdem sollen die eigenproduzierten Programmteile zu den reichweitenstarken Tageszeiten ausgestrahlt werden – welchen Umfang der Wortanteil am Programm dabei tatsächlich einnimmt und für den lokalen Bezug sorgt, bleibt indessen dahingestellt. Die wirtschaftlich notwendige Genehmigung von Mantelprogrammen brachte insofern den Abschied von einem einst ambitiösen Lokalfunkkonzept.

2. Akzeptanz des Privatfunks

Seit 1989 legt die BLM alljährlich die Ergebnisse der Funkanalyse Bayern vor, die von der Infratest Kommunikationsforschung durchgeführt wird. Die Zeitreihe von drei Jahren erlaubt es zu beobachten, wie sich die Akzeptanz der kommerziellen Sender beim Publikum entwickelt hat. Direkte Vergleiche sind allerdings nicht bei allen Kategorien möglich, weil sich die neuesten Daten nicht mehr auf ganz Bayern, sondern nur auf die Stereoempfangsgebiete des Lokalfunks beziehen.[16]

Deutlicher noch als in den Vorjahren zeigen die Ergebnisse der Funkanalyse von 1991, daß die BLM die stärkste Konkurrenz für die Lokalradios selbst ins Haus geholt hat: Den landesweiten Privatsender ›Antenne Bayern‹, der sein Programm seit September 1988 ausstrahlt. Nach einem guten Start konnte ›Antenne Bayern‹ zwischen 1990 und 1991 die Tagesreichweite um weitere sechs Prozent steigern, während der Lokalfunk nur noch ein Prozent zulegte. Das nachfolgende Schaubild 1 zeigt die Reichweiten der bayerischen Sender für 1990 und 1991 und erlaubt auch den Vergleich von privaten und öffentlich-rechtlichen Programmen.

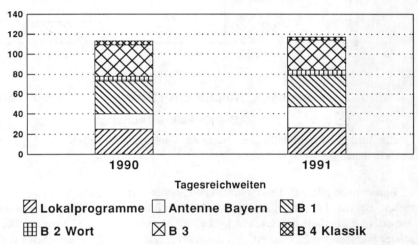

Quelle: Infratest Kommunikationsforschung: Lokalfunkanalyse 1991, München

Gemessen am Marktanteil, also dem Anteil an der täglichen Radionutzungsdauer insgesamt, liegt ›Antenne Bayern‹ mittlerweile fast gleich auf mit den Lokalprogrammen und mit »Bayern 3«, der Servicewelle des ›Bayerischen Rundfunks‹. Die Lokalradios werden durchschnittlich 35 Minuten pro Tag gehört, ›Antenne Bayern‹ 31 Minuten und »Bayern 3« 34 Minuten. Populärster bayerischer Sender bleibt indessen das eher volkstümliche Programm von »Bayern 1«, das es auf eine tägliche Reichweite von 32 Prozent und eine durchschnittliche Hördauer von 53 Minuten bringt. Wie sich die

Marktanteile 1990 und 1991 entwickelt haben, zeigt Schaubild 2 wiederum im Vergleich für private und öffentlich-rechtliche Programme.

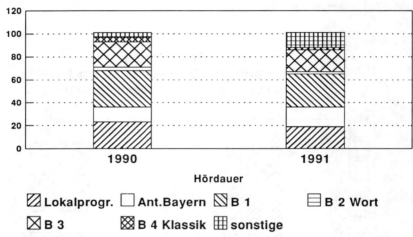

Quelle: Infratest Kommunikationsforschung: Funkanalyse 1990, S. 33
Lokalfunkanalyse 1991, S. 5

Immer noch gilt, daß die kommerziellen Sender vorrangig das jüngere Publikum anziehen. Bei den 14- bis 29jährigen hat ›Antenne Bayern‹ die lokalen Programme in der Attraktivität überholt und erreicht jetzt einen Marktanteil von 33 Prozent. Die Lokalsender kommen auf 25 Prozent, und die vier Programme des ›Bayerischen Rundfunks‹, die 1989 noch einen Marktanteil von 39 Prozent hatten, liegen nun zusammen bei 27 Prozent, wobei »Bayern 3« allein 22 Prozent ausmacht. Bei den 30- bis 49jährigen stehen dagegen die lokalen Programme mit 26 Prozent an erster Stelle, gefolgt von »Bayern 3« mit 23, ›Antenne Bayern‹ mit 21 und »Bayern 1« mit 17 Prozent. Obwohl die kommerziellen Sender auch beim älteren Publikum zulegen konnten, werden die über 50jährigen im Vergleich zu den anderen Altersgruppen nach wie vor am wenigsten erreicht. Der Marktanteil der Lokalprogramme beträgt hier zehn, der von ›Antenne Bayern‹ vier Prozent. Favorit bei den Älteren ist »Bayern 1«, das es immerhin auf 55 Prozent bringt. Sogar »Bayern 3« liegt mit 13 Prozent in dieser Altersgruppe noch vor den privaten Angeboten.[17]

Die für ganz Bayern ausgewiesenen Durchschnittswerte bei Reichweiten und Marktanteilen verbergen, daß sich die Akzeptanz der Privatsender in den Städten von der Region deutlich unterscheidet. Die Lokalradios schneiden in den Städten besser ab als bayernweit, während »Antenne Bayern« hinter dem Landesdurchschnitt zum Teil beträchtlich zurückbleibt. So erreichen die Lokalradios in München zusammen einen Marktanteil von 27 Prozent, sie liegen damit gleich auf mit »Bayern 1«, »Bayern 3« nur knapp dahinter mit 24 Prozent. Auf ›Antenne Bayern‹ entfallen dagegen in München nur acht Prozent. In Nürnberg haben die Lokalprogramme die öffentlich-rechtlichen Angebote deutlich überholt. Sie erreichen dort einen Marktanteil von 34 Prozent vor »Bayern 1« mit 29 Prozent und »Bayern 3« mit lediglich 16 Prozent. Die landesweite ›Antenne Bayern‹ liegt bei 13 Prozent. Ähnliche Ergebnisse wie für München und Nürnberg zeigen sich für Augsburg und Würzburg.[18] Daß die Lokalradios gerade in den größeren Städten überdurchschnittlich gut ankommen, hat womöglich etwas mit der besseren wirtschaftlichen Tragfähigkeit der Programme zu tun, die wiederum Konsequenzen für das Angebot haben dürfte.

Ein Ziel haben die Lokalprogramme aber erreicht: Im Vergleich zu ›Antenne Bayern‹ und den publikumsstarken öffentlich-rechtlichen Sendern »Bayern 1« und »Bayern 3« wird ihnen von den Hörern am häufigsten Bürgernähe bescheinigt. Indessen schneiden sie am schlechtesten ab hinsichtlich der Professionalität, wo die anderen Sender deutlich besser bewertet werden. Bei dieser Einstufung durch das Publikum zeigt sich vor allem ein gutes Image von ›Antenne Bayern‹. Bei den Attributen »aktuell«, »progressiv« und »sympathisch« rangiert der landesweite Privatsender vor den lokalen und den öffentlich-rechtlichen Programmen.[19]

3. Der Bayerische Rundfunk im Wettbewerb

Beim öffentlich-rechtlichen ›Bayerischen Rundfunk‹ hat die Entwicklung der kommerziellen Sender Spuren hinterlassen, und zwar sowohl hinsichtlich des Werbeaufkommens wie auch bei den Reichweiten. Während die Umsätze bei der ›Bayerischen Rundfunkwerbung‹ seit dem Start der Lokalradios bis 1988 – also dem Jahr, in dem ›Antenne Bayern‹ auf Sendung ging – noch kontinuierlich gewachsen waren, sank der Umsatz 1989 um rund 13 Mio und 1990 noch einmal um etwa 15 Mio DM. Seit 1987 hat sich die auf »Bayern 1«, »Bayern 2« und »Bayern 3« verkaufte Sendezeit für die Werbung um mehr als 6.000 Minuten verringert. Dieser Rückgang betraf vor allem das dritte Programm.[20] Wer für den ›Bayerischen Rundfunk‹ der eigentliche Konkurrent auf dem Werbemarkt ist, läßt sich bei der Entwicklung der überregionalen Werbung ablesen: Von 1989 bis 1991 ist der Anteil des ›Bayerischen Rundfunks‹ am überregionalen Werbegeschäft von 81 auf 65 Prozent gesunken, der von ›Antenne Bayern‹ indessen von 11 auf 29 Prozent angestiegen.

Deutliche Verluste verzeichnet der ›Bayerische Rundfunk‹ auch beim Publikum. Die Spartenprogramme »Bayern 2« (Wort) und »Bayern 4« (Klassik) können ihre Reichweiten auf niedrigem Niveau halten. »Bayern 1«, gedacht für »jene Hörer, denen Bayern 3 zu großstädtisch und in der Musikfarbe zu progressiv ist«,[21] hat sich weitgehend halten können und ist mittlerweile zum meistgehörten öffentlich-rechtlichen Programm in Bayern geworden. Am heftigsten bedrängt von der kommerziellen Konkurrenz ist die Servicewelle »Bayern 3«. Das Programm ist 1991 in den Stereoempfangsgebieten des Lokalfunks sogar unter 20 Prozent gesunken. Zu einem neuen Konzept, mit dem »Bayern 3« im Wettbewerb bestehen könnte, hat der ›Bayerische Rundfunk‹ noch nicht gefunden. Die Programmreform vom Juni 1992 für die öffentlich-rechtliche Servicewelle, die für viele Privatsender einmal Vorbild gewesen ist, deutet darauf hin, daß 'Bayern 3' nun seinerseits die Anpassung an die kommerziellen Angebote vollzieht.

Indessen hat der ›Bayerische Rundfunk‹ auf die Konkurrenz mit der Einrichtung eines fünften Hörfunkprogramms reagiert. Seit Mai 1991 ist »Bayern 5 aktuell« auf Sendung. Als erste öffentlich-rechtliche Anstalt wagte sich der ›Bayerische Rundfunk‹ damit an ein reines Nachrichtenprogramm, für das nach einem Jahr eine Reichweite von drei Prozent angegeben wird.

Die anstehende Novellierung des Gesetzes über den ›Bayerischen Rundfunk‹, mit dem der Freistaat vorrangig die Anpassung an den Rundfunkstaatsvertrag vom August 1991 vollziehen will, eröffnet der öffentlich-rechtlichen Anstalt überraschend neue Betätigungsmöglichkeiten.[22] Da das Bundesverfassungsgericht in seinem Urteil vom Februar 1991 – nach einer Klage aus den Reihen der CDU gegen eine entsprechende Regelung im WDR-Gesetz – eine Kooperation von privaten und öffentlich-rechtlichen Veranstaltern als verfassungsgemäß bezeichnet hat, will die CSU-Regierung in Bayern ebenfalls den Weg für Mischmodelle frei machen. Sowohl bei der Veranstaltung und Verbreitung von Rundfunk wie auch bei der Herstellung und der wirtschaftlichen Verwertung von Programmen soll der ›Bayerische Rundfunk‹ in Zukunft mit Dritten zusammenarbeiten dürfen. Ein solches Engagement des öffentlich-rechtlichen Senders könnte noch einmal zu spürbaren Veränderungen der bayerischen Rundfunklandschaft führen.

4. Die rundfunkpolitische Zukunft

Die ökonomischen Bedingungen haben dazu geführt, daß Bayern Abstriche an seinem einst anspruchsvollen Lokalfunkkonzept machen mußte. Das Auslaufen des MEG verschärft indessen die problematische verfassungsrechtliche Situation für den privaten Rundfunk im Freistaat. Mit dem Abschied von der Erprobungsphase entfällt der Spielraum, den der Bayerische Verfassungsgerichtshof wegen des Versuchscharakters beim

Zusammenspiel von öffentlich-rechtlicher BLM und privaten Anbietern zugestanden hatte.

Schon jetzt befindet sich die BLM in einer paradoxen Situation. Als Aufsichtsinstanz für den privaten Rundfunk finanziert sie sich wie die anderen Landesmedienanstalten aus dem dafür abgezweigten Teil der öffentlich-rechtlichen Rundfunkgebühren. Die BLM bringt es so auf einen jährlichen Etat zwischen 20 und 25 Mio DM. Mit diesem Geld fördert sie aber die privaten Sender in vielfältiger Weise – durch direkte Zahlungen für die technische Infrastruktur, durch Finanzierung von Untersuchungen zur Akzeptanz oder zum Werbemarkt, durch Anschubhilfe beim Zulieferprogramm, aber auch Unterstützung einzelner Anbieter, nach dem neuen Mediengesetz in Zukunft auch durch die Förderung der Journalistenausbildung. Das hat ihr auch schon die Kritik des Bayerischen Obersten Rechnungshofes eingebracht. Die BLM rechtfertigt ihre Hilfsmaßnahmen mit dem Hinweis auf den Verfassungsgerichtshof, der betont hatte, daß es in Bayern »einen Rundfunkmarkt, der nur nach den Kategorien von Angebot und Nachfrage zustande kommt«, nicht geben dürfe. Daher sei auch die Förderung solcher Programme notwendig, die sich auf einem freien Markt sonst nicht halten könnten.[23]

Die Bayerische Staatsregierung geht in ihrer Begründung zum Entwurf des neuen Mediengesetzes explizit auf die unmittelbare Förderung von Programmen und Technik aus den allgemeinen Rundfunkgebühren ein. Außer den Rundfunkanbietern sollen auch freie Fernseh- und Hörfunkproduktionen unterstützt werden.[24] Die Zulässigkeit dieser Zweckbestimmung leitet sie aus § 38 des Rundfunkstaatsvertrages ab, der den Freistaat Bayern dazu berechtigt, »eine Verwendung des Anteils an der Rundfunkgebühr nach § 29 zur Finanzierung der landesgesetzlich bestimmten Aufgaben der Bayerischen Landeszentrale für neue Medien im Rahmen der öffentlich-rechtlichen Trägerschaft vorzusehen«.[25] Daß man bei der Auslegung des Staatsvertrages anderer Meinung sein kann als die bayerische Regierung und die BLM, zeigt die Kritik des Bayerischen Obersten Rechnungshofes.

Zusätzlichen Zündstoff für die verfassungsrechtliche Diskussion in Bayern dürfte die Staatsregierung auch damit gelegt haben, daß sie BLM und ›Bayerischen Rundfunk‹ offenbar als gleichartige Rundfunkanstalten ansieht. Ebenfalls in der Begründung zum Gesetzentwurf betont die Regierung, daß sie keinen Grund sieht, »die Landeszentrale gebührenmäßig grundsätzlich anders zu behandeln als den herkömmlichen öffentlich-rechtlichen Anstaltsrundfunk. Da die Landeszentrale nicht lediglich Aufsichtsbehörde ist, sondern öffentlich-rechtliche Trägerin der nach dem BayMG veranstalteten Rundfunkprogramme, können auch ihre Aufgaben aus Mitteln der allgemeinen Rundfunkgebühr mitfinanziert werden«.[26] Welche Möglichkeiten sich damit für die finanzschwachen Lokalradios abzeichnen, haben die privaten Anbieter schnell erkannt und hoffen, daß die BLM sich nicht länger mit den zwei Prozent aus der Rundfunkgebühr, die den Landesmedienanstalten zugewiesen werden, begnügt.[27]

Ärger könnte sich die bayerische Staatsregierung auch mit einem Passus des neuen

Gesetzes einhandeln, der ihr in bestimmten Fällen eine Entscheidung über die Zuordnung von Übertragungskapazitäten einräumt, nämlich dann, wenn sich BLM und öffentlich-rechtliche Rundfunkanstalten nicht einigen können. Mit dem Hinweis auf das Urteil des Bundesverfassungsgerichtes vom Februar 1991 äußert sogar die BLM verfassungsrechtliche Bedenken gegenüber dieser Regelung.[28]

Uneins sind sich BLM und Staatsregierung auch in anderer Sache: Die Landeszentrale hatte in der Bayerischen Staatskanzlei kein Glück mit ihrem Wunsch, die mächtige ›Münchner Gesellschaft für Kabel-Kommunikation‹ (MGK) in ihren Kompetenzen zu beschneiden. Die MGK ist nicht nur örtliche Kabelgesellschaft für den Raum München, sondern fungiert zugleich als überörtliche Gesellschaft, die für die landesweiten Rundfunksendungen zuständig ist. Diese überörtlichen Befugnisse der MGK hatten in der Vergangenheit zu Kompetenzkonflikten mit der BLM geführt. Die BLM hätte die überörtlichen Aufgaben zumindest gerne dezentralisiert. Daß sie bei der Regierung mit dieser Forderung nicht durchdringen konnte, wird auch damit zu tun haben, daß diese an der MGK beteiligt ist und sich so eine Einflußmöglichkeit erhalten möchte.

Insofern zeichnet sich ab, daß die Diskussionen über den öffentlich-rechtlichen Rundfunk und den öffentlich-rechtlichen Privatfunk in Bayern mit dem neuen Mediengesetz und dem Abschied von der Erprobungsphase keineswegs abebben werden. Es sieht eher danach aus, daß die Diskussion neue Nahrung bekommt.

Anmerkungen

1 Entscheidung des Bayerischen Verfassungsgerichtshofs vom 21. November 1986. In: Media Perspektiven Dokumentation I/1987, S. 1–60, hier: S. 2,1 (Leitsätze 10 und 2)
2 Ebenda, S. 1 (Leitsatz 3)
3 Vgl. Stellungnahme der Bayerischen Landeszentrale für neue Medien (BLM) zum Gesetzentwurf der Bayerischen Staatsregierung vom 17. Dezember 1991 über die Entwicklung, Förderung und Veranstaltung privater Rundfunkangebote und anderer Mediendienste in Bayern (Bayerisches Mediengesetz – BayMG), 30. Januar 1992. München: BLM (vervielf. Manuskript), S. 16
4 IBFG Interdisziplinäre Berater- und Forschungsgruppe Basel AG: Studie zur wirtschaftlichen Tragfähigkeit von Lokalradios in Bayern. München: Bayerische Landeszentrale für neue Medien ²1989 (= BLM-Schriftenreihe, Band 4)
5 Ebenda, S. 67–69
6 Kabel & Satellit Nr. 42 vom 6. Oktober 1990, S. 6
7 IBFG (wie Anm. 4)
8 Ebenda, S. 29
9 Vgl. Ring, Wolf-Dieter: Wer macht was im bayerischen Mediensystem? Strukturprobleme im MEG. Manuskript eines Vortrags, gehalten im Rahmen der Münchner Medientage 1990

10 Satzung über die Nutzungsentgelte der Kabelgesellschaften in Bayern (Nutzungsentgeltsatzung) vom 26. November 1990. In: BLM info, Sonderausgabe, Nr. 56a vom 7. 12. 1990
11 Stellungnahme der Bayerischen Landeszentrale für neue Medien (BLM) (wie Anm. 3), S. 20
12 Gesetzentwurf der Staatsregierung über die Entwicklung, Förderung und Veranstaltung privater Rundfunkangebote und anderer Mediendienste in Bayern (Bayerisches Mediengesetz – BayMG); Begründung des Bayerischen Mediengesetzes (BayMG). Vervielf. Manuskripte
13 Stellungnahme der Bayerischen Landeszentrale für neue Medien (BLM) (wie Anm. 3), S. 24–26
14 Vgl. dazu auch: Wöste, Marlene: Programmquellen privater Radios in Deutschland. Rahmenprogramme, Beitragsanbieter und PR-Audioagenturen. In: Media Perspektiven Jg. 1991, Nr. 9, S. 561–569
15 Vgl. auch: Ott, Klaus: Lokalkonzept im Dilemma. In: Journalist 41. Jg. (1990), Nr. 10, 1990, S. 44–45
16 Infratest Kommunikationsforschung: Funkanalyse Bayern 1989. Zusammenfassung der wichtigsten Ergebnisse. München: Bayerische Landeszentrale für neue Medien 1989 (= BLM-Schriftenreihe, Band 3); Infratest Kommunikationsforschung: Funkanalyse Bayern 1990. Zusammenfassung der wichtigsten Ergebnisse. München: Bayerische Landeszentrale für neue Medien 1990 (= BLM-Schriftenreihe, Band 10); Infratest Kommunikationsforschung: Lokalfunkanalyse Bayern 1991. Zusammenfassung der wichtigsten Ergebnisse. München: Bayerische Landeszentrale für neue Medien 1991 (= BLM-Schriftenreihe, Band 15)
17 Infratest Kommunikationsforschung: Lokalfunkanalyse Bayern 1991 (wie Anm. 16), S. 27
18 Ebenda, S. 106, 98, 44, 141
19 Ebenda, S. 146
20 Eigene Berechnungen nach den Angaben in den ARD-Jahrbüchern 1985–1990
21 ARD-Jahrbuch 90. Hrsg.: Arbeitsgemeinschaft der öffentlich-rechtlichen Rundfunkanstalten der Bundesrepublik Deutschland (ARD). Hamburg: Verlag Hans-Bredow-Institut 1990, S. 195
22 Vgl. hierzu und im folgenden: Gesetzentwurf der Staatsregierung zur Änderung des Bayerischen Rundfunkgesetzes (Stand: 18. 12. 1991); Begründung zum Entwurf eines Gesetzes zur Änderung des Bayerischen Rundfunkgesetzes. Vervielf. Manuskripte
23 Vgl. BLM info, Nr. 66/67 vom 9. 3. 92, S. 7–8
24 Begründung des Bayerischen Mediengesetzes (BayMG) (wie Anm. 12), S. 36–37
25 Staatsvertrag über den Rundfunk im vereinten Deutschland vom 31. August 1991. In: Media Perspektiven Dokumentation IIIa/1991, S. 195–172, S. 127
26 Begründung des Bayerischen Mediengesetzes (BayMG) (wie Anm. 12), S. 51–52
27 Vgl. Ott, Klaus: Die Gier der Privatsender nach der öffentlich-rechtlichen Mark. In: Süddeutsche Zeitung Nr. 79 vom 3. April 1992, S. 53
28 Stellungnahme der Bayerischen Landeszentrale für neue Medien (BLM) (wie Anm. 3), S. 9

Franz R. Stuke

Per aspera ad astra
Worin liegt der Erfolg der Lokalradios in Nordrhein-Westfalen?

Die Offenlegung von Vorabergebnissen der Elektronischen Medienanalyse am 16. Juni 1992 konkretisierte die »Funkplanungsdaten«, ermittelt von der infratest Kommunikationsforschung vom Juni 1991: Bei den Reichweiten erzielen die untersuchten 23 von bisher 36 kommerziellen lokalen Sendern in Nordrhein-Westfalen beachtenswerte Zahlen. 1992 erreichte die »Stammhörerschaft« (Lokalradio an vier von sieben Tagen gehört) bis zu stolzen 48 Prozent der deutschsprachigen Bevölkerung über vierzehn Jahre im Verbreitungsgebiet (›Radio Lippe-Welle Hamm‹), 1991 ermittelte infratest, daß die durchschnittliche Stundenreichweite an Werktagen zwischen sechs und achtzehn Uhr 8,7 Prozent betrug und damit das erfolgreichste öffentlich-rechtliche Programm in Nordrhein-Westfalen, die Unterhaltungswelle WDR 4, schon nach einem guten Jahr Sendezeit eingeholt hatte. (vgl. Dokumente 1 und 2) Dazu kommen die Erfolgsmeldungen aus den Werbeabteilungen: ›radio NRW‹ erwartet für 1993 Brutto-Werbeeinnahmen in Höhe von 80 Millionen Mark; einige Lokalsender sind bereits kurz nach Sendestart in der Lage, ihre Kosten zu 90 Prozent aus Werbeeinnahmen zu decken. Des weiteren singen Zeitungsverleger – so der Hamm-Münchener Verleger Ippen – ein Loblied auf die Praxis des ›Zwei-Säulen-Modells‹, und eine jüngst veröffentlichte Studie zum Bürgerfunk auf den lokalen Kanälen signalisiert rege Beteiligung, effektive Hilfen und erstaunliche Themenvielfalt.

Also Gelegenheit für Hörer, Programmmacher, Journalisten, werbetreibende Wirtschaft und Werbeabteilungen der Betriebsgesellschaften sowie der nordrhein-westfälischen Medienpolitiker, sich zufrieden zurückzulehnen und den Erfolg zu genießen? Es will scheinen, als ob diese ersten Daten und Erfahrungsberichte nicht viel mehr sind als Impressionen eines vermiedenen Fehlstarts; Perspektiven für eine kontinuierliche positive Entwicklung tun sich auf – nur: Nicht allein die Kaufleute sollten sich darüber klar werden, was denn unter »Erfolg eines Lokalradios« zu verstehen ist.

1.

Winfried B. Lerg hat in seinen in Vergessenheit geratenen »Warendorfer Thesen zur Funktion lokaler Medien« 1979 konstatiert: »Die Nahwelt (Wohn-, Arbeits-, Freizeitplatz) ist der soziale Ort, wo die politische, gesellschaftliche und kulturelle Persönlichkeit noch die Chance einer qualitativ zureichenden Lebensentfaltung haben kann, und diese unsere *Vergesellschaftung passiert nur in und durch Austausch mit anderen*, in und durch gesellschaftliche Kommunikation.«[1] Bedingungen für diesen Austausch sind das »freiheitliche Kriterium der *Verfügbarkeit*« und das »demokratische Kriterium der *Zugänglichkeit*« sowie das »soziale Kriterium der *Zwei-Weg-Kommunikation*«. Damit die Nahwelt für die Individuen durchschaubar werden kann, müssen zunächst genügend Medien vorhanden und für jedermann verfügbar sein; da die Nahwelt sich auch durch Vielfalt auszeichnet und deshalb differenzierbar ist, müssen unterschiedliche Medien für jedermann zugänglich sein, damit Rede und Gegenrede aufkommen kann, »um die Probe auf Konsens-Dissens-Situationen wagen zu können«, müssen Medien vorhanden sein, »die dem Empfänger Antworten, Einreden, Mitsprache erlauben«. Lerg stellt lapidar fest, daß in Deutschland der Hörfunk »die lokalpublizistischen Möglichkeiten noch niemals ausgeschöpft« hat.

Aus dieser Perspektive des Beitrags zur gesellschaftlichen Kommunikation ergibt sich ein umfassender Blick auf die »Erfolgskriterien« eines neuen, zusätzlichen und innovativen Mediums: Er verengt sich nicht mehr auf wirtschaftliche Interessen, auf journalistische Arbeitsbedingungen und publizistisches Handwerk oder gar auf die ordnungsstiftende Kraft medienpolitischen Handelns. Es wird vielmehr der Gesamtzusammenhang deutlich, in dem Anstrengungen zur Realisierung des neuen lokalen Radios ihren Erklärungszusammenhang finden.

In den folgenden Abschnitten soll versucht werden, quasi in Momentaufnahmen den aktuellen Zustand dieses Entstehungsprozesses eines neuen Mediums zu beschreiben. Denn eines ist klar: Die völlig unterschiedlichen Aufgabenfelder bei der Entwicklung des Mediums und die ebenso unterschiedlichen Arbeitsfelder beim »Betrieb« des Mediums ergeben für sich – isoliert genommen – kein erklärendes Bild von der Leistung für den Prozeß gesellschaftlicher Kommunikation.

Es ist nicht überraschend, daß es zu bestimmten Bereichen der Medienentwicklung sehr wenige Daten bzw. Erfahrungsberichte gibt (man denke etwa an Wirtschaftlichkeitsberechnungen der Betriebsgesellschaften, von Personalfragen ganz zu schweigen), andere wiederum in relativer Offenheit vorhanden sind (der Etat der ›Landesanstalt für Rundfunk‹ etwa oder die Wirtschafts- und Stellenpläne der Veranstaltergemeinschaften); bei anderen Fragen wiederum ist die Transparenz vom Handeln der beteiligten Personen abhängig (wie ist z. B. ein Programmschema entstanden) oder von der Publizität der bislang vorhandenen Medien und den sie bestimmenden Interessen (man erinnere sich an die kampagneähnliche Berichterstattung über die ersten Gründungsaktivitäten lokaler Radios im Münsterland in den Blättern der ZENO-Gruppe). Ein exakter Gesamtüberblick scheint nach den strengen Regeln der Historiographie oder nach Standards der empirischen Sozialforschung kaum möglich – schon gar nicht in einem ersten Versuch mit der weder organisatorisch noch zeitlich vorhandenen Möglichkeit zur systematisch vollständigen Durchdringung des komplexen Geschehens. So ist diese Studie eher ein Beleg für die Vielfalt des Geschehens und eine Aufforderung, der Kommunikation über die Kommunikation auf der Spur zu bleiben.

Der folgende Text versucht zu zeigen, wie weit unter den Bedingungen des nordrhein-westfälischen »Zwei-Säulen-Modells« das Ziel der »lokalen Kommunikation qua Radio« erreicht werden konnte. Das geschieht vor allem durch die Präsentation und Kommentierung authentischer Originalquellen – in Form von Text-Zitaten, Grafiken, Tabellen – und durch Berichte über persönliche Erfahrungen des Verfassers in seiner Rolle als stellvertretender Vorsitzender einer Veranstaltergemeinschaft (VG) für Lokalfunk in Nordrhein-Westfalen seit Sommer 1987.

2.

In sechs Grundsatzurteilen hat sich das Bundesverfassungsgericht mit den Bedingungen für privatrechtlich-kommerziellen Rundfunk in der Bundesrepublik Deutschland beschäftigt und seit dem Dritten Rundfunkurteil zum Gesetz über Rundfunkveranstaltungen im Saarland die denkbaren Organisationsformen des Privatfunks weiterentwickelt (16. Juni 1981). Entscheidend für die Ausgestaltung des dualen Prinzips von öffentlich-rechtlich und privatwirtschaftlich organisiertem Rundfunk ist jedoch das Vierte Rundfunkurteil vom 4. November 1986, in dem erstmals dem öffentlich-rechtlich organisierten Rundfunk die Aufgabe der »Grundversorgung« zugeschrieben wurde, während zur Charakterisierung der privaten Sender der Begriff der »Vielfalt« zentrale Bedeutung erlangte. Diese Rechtsprechung des höchsten Gerichts bestimmte nicht nur die politische Diskussion um den Rundfunk in Deutschland in thematischen Nuancen, sie bestimmte vielmehr Zielrichtung und Tempo der gesetzgeberischen Maßnahmen von Regierungen und Parlamenten.

Während die SPD in anderen Bundesländern die Vorbereitungen von Rundfunkgesetzen entschieden bekämpfte, setzten Nordrhein-Westfalens Sozialdemokraten auf dem Essener SPD-Bundesparteitag im Mai 1984 (»Medienparteitag«) einen Antrag auf alternative Formen lokalen Rundfunks (»binnenplural«) neben dem öffentlich-rechtlichen System durch. Diese bundespolitische Entscheidung hatte Auswirkungen vor allem auf das Land Nordrhein-Westfalen, in dem die SPD mit absoluter Mehrheit regiert: Es begannen vorbereitende Diskussionen für ein Landesrundfunkgesetz (LRG NW), die mit der Verabschiedung des Gesetzes durch den Landtag NRW am 19. Dezember 1986 zu einem gewissen Abschluß kamen. Beteiligt waren an der relativ kurzen öffentlichen Debatte neben den unterschiedlichen parlamentarischen Gremien die interessierten Verbände und Organisationen vom Städtetag bis zum Deutschen Gewerkschaftsbund, Parteigliederungen an der Basis, Volkshochschulgruppen, Universitätsseminare und Expertenkreise. Entscheidend für den Verlauf der Debatte war aber wohl der enge diskursive Kontakt zwischen Landesregierung (sprich: Staatskanzlei) und dem Rheinisch-Westfälischen Zeitungsverleger-Verband bzw. dem WAZ-Konzern; in diesen Gesprächen entwickelte sich auch die Konkretisierung des »Zwei-Säulen-Modells«. Sein »Erfinder« soll der WAZ-Geschäftsführer Erich Schumann sein,[2] dem die Trennung von Programmverantwortung und technisch-wirtschaftlichem Betrieb die Lösung des »Doppelmonopol«-Problems zu sein schien.

Trotz dieser pragmatischen Vorbereitung provozierte das endgültig verabschiedete Gesetz sowohl die Zeitungsverleger zu wütenden Protesten (sie hatten auf ein Niedersachsen-ähnliches Modell – ffn – mit einem landesweiten »Verlegerradio« gebaut) als auch die oppositionelle CDU zum Gang nach Karlsruhe. Die Verfassungsklage gegen verschiedene Regelungen des LRG NW (vor allem: WDR-Beteiligungen am Mantelprogramm, Rolle der örtlichen Zeitungsverleger und der Kommunen in den Betriebsgesellschaften) wurde am 5. Februar 1991 abgewiesen. Nach mehr als vier Jahren konnte sich die Lokalradio-Konzeption NRW ohne juristische »Gefährdung« und ohne den latenten Widerstand wichtiger beteiligter Gruppen (örtliche Zeitungsverleger, CDU-nahe Veranstaltergemeinschafts-Mitglieder) auf ihre organisatorische und inhaltliche Entwicklung konzentrieren.

In den ersten beiden Phasen der Lokalradio-Entwicklung in NRW (erste Phase: 1984 – Essener SPD-Parteitag – bis zur Verabschiedung des Gesetzes im Düsseldorfer Landtag – Dezember 1986; zweite Phase: Vom Inkrafttreten des LRG NW – 23. Januar 1987 – bis zum BVG-Urteil im Februar 1991) wurde auf Landes- und örtlicher Ebene eine Fülle von Fragen zu regeln versucht; es gab Hunderte und Tausende von Tagungen und Konferenzen; es wurden Abertausende von Papieren und Entwürfen verfaßt, diskutiert und verworfen sowie in Form von Synopsen verglichen und revidiert.

Man muß sich das vor Augen halten: Da schreibt der Paragraph 26 LRG NW zwar detailliert vor, welche vierzehn Personen von welchen dreizehn »Stellen« bestimmt werden sollen, welche vier weitere Personen aus welchen vier weiteren »Bereichen« aufgenommen werden müssen und welche vier »natürlichen Personen« sonst noch kooptiert werden können. Aber: Es steht nichts darin, wer denn die Initiative zur Konstituierung der Veranstaltergemeinschaft (VG) ergreifen soll, wie die einzelnen Gruppen ihre Vertreter zu bestimmen haben, wer einlädt, wo man sich trifft und wie hoch denn die Spesen sein dürfen und wer sie zahlt (für Parlamentarier ein arges Versäumnis!).

Ein praktisches Beispiel: Der Deutsche Gewerkschaftsbund hatte seine Mitwirkung am Entstehen neuer Medienstrukturen zwar von bestimmten Bedingungen abhängig gemacht, in seinen »Leitsätzen« vom Mai 1987 jedoch seine »Beteiligung« an »Rundfunkkontroll- und -aufsichtsgremien, Programmbeiräten u. a.« eindeutig festgelegt. In NRW war darüber hinaus klar, daß diese Aufgaben nicht von verdienten Sekretären wahrgenommen werden sollten, sondern daß nach DGB-Vertretern mit Sachkunde Ausschau gehalten werden sollte. Nun ist das Verbreiterungsgebiet des künftigen Lokalradios eine Sache, die Organisationsstruktur des DGB eine andere: Der DGB-Kreis X benennt seinen Vertreter für die VG im Verbreitungsgebiet Z – in dessen Kompetenzbereich gehört aber auch der ganz anders strukturierte DGB-Kreis Y; wer nur geringe Erfahrungen mit organisations-egoistischen Verhärtungen, den damit einhergehenden persönlichen Interessen und Motiven hat, kann sich unschwer vorstellen, mit welcher Zähigkeit solche Friktionen Entscheidungsprozesse begleiten und Handlungsunfähigkeit verursachen. Im konkreten Fall wurde der Konflikt zwar durch einige persönliche Gespräche gelöst; »zur Strafe« wurde der benannte Vertreter dann aber »auf Tournee« durch ein Dutzend DGB-Ortskartelle geschickt, um dort das Landesrundfunkgesetz und die Chancen für den DGB zu erläutern – immerhin: Ein enormer kommunikativer Effekt. Das Beispiel ließe sich für die evangelische Kirche im gleichen Verbreitungsgebiet noch differenzierter darstellen; dort sind gar drei Kirchenkreise beteiligt und zwei bemerken erst nach vier Jahren Tätigkeit, daß ihr Vertreter ihnen vom nominierenden ersten gar nicht mitgeteilt wurde (Kirchen lösen so etwas natürlich mit brüderlicher Duldsamkeit ohne sich zu verletzen). Komplizierter wird die Entsendung von »Personen« durch »Stellen«, deren Verfahren nicht gesetzlich geregelt ist, wenn es sich um Vertreter mit parteipolitischem Etikett handelt: Wird für die Wohlfahrtsverbände beispielsweise ein CDU-Kreistagsabgeordneter für die Caritas benannt oder ein SPD-Kreistagsabgeordneter für die Arbeiterwohlfahrt?

Damit sind wir beim nervus rerum der Säule VG im »Zwei-Säulen-Modell«: Dem parteipolitischen Einfluß. Im erwähnten Verbreitungsgebiet hatten da z. B. die beiden Kreistagsvertreter – wie selbstverständlich die Fraktionsvorsitzenden von SPD und CDU – gleich zur konstituierenden VG-Sitzung ein gemeinsames Papier mitgebracht, das für die nächsten Jahre die Aufteilung der Vorstandssitze, den Proporz der zu benennenden Gruppenvertreter und den Einfluß auf die später einzustellende Redaktion regelte. Erst der Hinweis auf eine einstimmig zu verabschiedende VG-Satzung ließ das Skandal-Papier verschwinden; es lebte dennoch in den Köpfen der VG-Mehrheit weiter: Sind von den 22 VG-Mitgliedern neben vier Kreistagsabgeordneten doch weitere Personen mit Kreistag bzw. Kreisverwaltung liiert, sei es als Schulamtsdirektoren, als Leiter der Kreismusikschule, als Vorsitzende von Kreissport- bzw. -jugendorganisationen, usw.

Ähnliche Schwierigkeiten taten sich bei der Gründung der Betriebsgesellschaft (BG) auf. Zwar gibt es eine Tageszeitung mit höchstem Auflagenanteil, die sich für eine BG-Holding relativ frühzeitig stark machte; doch zögerten die anderen drei zu beteiligenden Verlage und trugen vor allem die zu beteiligenden Kommunen Bedenken vor. Paßte zunächst die ganze Linie nicht, ging es nachher um die Frage, ob denn der Kreis als Gebietskörperschaft, ein kommunales Unternehmen (wie z. B. die Sparkasse) oder die einzelnen kreisangehörigen Gemeinden die vorgesehenen 25 Prozent der Anteile an der

BG übernehmen sollten. Hier zeigte sich schnell die Verzahnung von VG und BG: Die genannten VG-Mitglieder mit Kreis-Affinität gerieten ziemlich rasch in einen Zwiespalt, der von den Zeitungsverlegern benannte und zum Vorsitzenden der VG gewählte Chefredakteur der örtlichen Tageszeitung vertrat tapfer seine Unabhängigkeit. Es ging alles nach der vom Vorsitzenden der »Rundfunkkommission der Landesanstalt für Rundfunk NRW«, Helmut Hellwig (MdL), am 8. Oktober 1988 auf der photokina ausgegebenen Parole: »(Es) ist jetzt nicht mehr die Zeit für große weltanschauliche und medientheoretische Debatten über den Lokalfunk. (...) Jetzt geht es bei uns darum, über die Praxis des Radiomachens zu reden.«[3] So wurde in den meisten der mittlerweile von der notwendigerweise gegründeten und mit finanziellen Mitteln ausgestatteten ›Landesanstalt für Rundfunk‹ (LfR) definierten Verbreitungsgebieten verfahren. Im Regelfall waren die Oberstadt- oder Oberkreisdirektoren bis zur Satzungsverabschiedung Herren des Lokalradio-Gründungsverfahrens. Sie dirigierten die VG durch Management, sie waren als potentielle Juniorpartner der künftigen BGs mit den Verlegern im Gespräch, und sie hielten Kontakt zu den Nachbarverbreitungsgebieten; nicht zuletzt verfügten sie über einen intakten Verwaltungsapparat. Dazu kamen spezifische Probleme wie z. B. die empfohlene Kooperation der Lokalradios im Münsterland – ein Nonsens, der eher als Eulenspiegelei u. a. vom Verfasser in die Diskussion eingebracht wurde, um durch sein Scheitern die Sinnhaftigkeit und Möglichkeit lokalen Radios einsichtig zu machen. Und in der Tat begriff man in Münster – der selbsternannten »Hauptstadt Westfalens« mit einem usurpatorischen Einzugsbereich von Gronau bis Paderborn und vom Ruhrgebiet bis zur Nordsee – sehr rasch, daß bei einem fünfstündigen Lokalprogramm zwei Stunden mit dem Neuesten aus Appelhülsen und Kattenvenne die Hörer scharenweise vom Lokalsender vertreiben würden; für andere wiederum war es schier unvorstellbar, Motorradfahrer mit Tonkassetten zwischen den Mittelzentren des westlichen Westfalens hin- und herfahren zu sehen, um den Programmaustausch zu realisieren; für die Verleger als die finanziellen Unternehmer der Angelegenheit war die Auskunft der Oberpostdirektion über die Leitungskosten bei Schaltkonferenzen ein arger Schock.

Überhaupt die Finanzen: Als Band 1 der »LfR-Schriftenreihe« erschien im Januar 1989 eine Berechnung der Kosten, die durch den Betrieb einer Lokalfunkstation mit acht bzw. fünf Stunden eigenproduziertem Programm entstehen.[4] (vgl. Dokument 3) Die Experten errechneten jährliche Personal- und Sachkosten in Höhe von ca. 1,2 Mio DM. Bei den Betroffenen entstanden verkehrte Fronten: Wollten auf der einen Seite die Befürworter auch im Finanziellen Argumente pro Lokalfunk, setzten sie die jährlichen Kosten möglichst niedrig an; die Lokalfunk-Gegner (Verleger, CDU) wollten durch astronomische Betriebskosten die Unwirtschaftlichkeit belegen. Die Realität besagt nach einigen Erfahrungen (1992), daß ein fünfstündiges Programm für ca 1,5 Mio DM jährlich zu produzieren ist.

In dieser Situation allgemeiner Unübersichtlichkeit ging die Gründung der meisten BGs relativ zügig voran – was daran lag, daß die Verlagsstuktur der Tageszeitungen in

NRW bestimmte Räume abdeckt, in denen jeweils ein Verlag dominiert; man denke an das Ruhrgebiet mit der WAZ-Gruppe, an die Rheinschiene mit ›Rheinischer Post‹ und ›Kölner Stadt-Anzeiger‹, an Ostwestfalen mit der ›Neuen Westfälischen‹ (das ›Westfalen-Blatt‹ hatte dort schon sehr frühzeitig seinen Rückzug aus dem Radioprojekt bekanntgegeben); dort wurde die BG-Gründung und die Konzipierung der zukünftigen Lokalstationen professionell vorangetrieben. Anders im Münsterland, wo die Verleger des Hauses Aschendorff mit den ›Westfälischen Nachrichten‹ zwar Mittelpunkt der ZENO-Gruppe sind, aber keine Linie in bezug auf den Lokalfunk finden konnten. Sie überraschten alle Beteiligten mit ständig wechselnden, argumentativ unterschiedlich unterlegten Positionen, so daß die strukturellen Probleme durch sachfremde Imponderabilien erheblich verschärft wurden und aufgenommene Lösungsansätze immer wieder in Irritationen endeten. Die AMS (Audio-Media-Service) der Bielefelder ›Neuen Westfälischen‹ mit den BGs für die Radios in Ostwestfalen hatte sehr schnell ein wirtschaftliches Konzept für »ihre« Sender mit allem professionellen know-how – was die eher abwartend verharrenden Kommunen in Zugzwang brachte und zu zahllosen Debatten in Kreistag und Kommunalparlamenten führte. Gelöst wurde das Problem der Gesellschafter und der von ihnen einzubringenden Mittel erst im Laufe des Jahres 1992.

Zwei weitere Probleme beschäftigten BG und VG in dieser Phase der Radio-Entwicklung: Zum einen die Frage nach den möglichen Frequenzen, auf denen der Sender zu hören sein soll; zum anderen die Frage nach der Programmstruktur. Zu Punkt 1 lag seit 1988 eine Prognose der technischen Reichweite durch die Post (Telekom) vor, die eine ausreichende, fast 80prozentige Abdeckung des Verbreitungsgebietes versprach. Erst Probesendungen im Winter 1990/91 ergaben, daß mit der vorgesehenen Frequenz und technischen Ausstattung eine Abdeckung von gerade 25 Prozent erreicht werden konnte. Es folgten zahlreiche Konferenzen und Besprechungen mit Telekom, mit der Oberpostdirektion, mit der LfR, mit der Staatskanzlei, die zu keinen Ergebnissen führten. Einfaches Ausprobieren war aus technischen, rechtlichen und organisatorischen Gründen nicht möglich – so wartete man auf einem tortenplatten Verbreitungsgebiet auf den genialen Einfall, der – Frequenzverteilung hin, internationale Koordination her – auch für die bevölkerungsreichsten Teile des Verbreitungsgebietes den lokalen Sender hörbar macht.

Zu Punkt 2 tagte eine Programmkommission der VG an die zwanzigmal; ihr gehörte mehr als die Hälfte der VG-Mitglieder an und sie bemühte sich nachdrücklich, Sachkenntnis anzusammeln und ein Programmschema zu entwickeln, das sowohl den wirtschaftlichen Erfordernissen eines kommerziellen Senders gerecht wird, als auch möglichst viele identitätsfähige Inhalte für die Bewohner des Verbreitungsgebiets vermitteln sollte. Für die meisten Beteiligten waren dies die ersten Diskussionen, bei denen es wirklich um das ging, weshalb sie Mitglieder der VG geworden waren; die Erfahrung, an der Konzipierung eines formatierten Programms mit Main-Stream-Musikfarbe und maximal fünf Wortbeiträgen à 2:30 Minuten in der Stunde mitzuwirken, war für einige VG-Mitglieder doch eine ziemlich ernüchternde Erfahrung. Andererseits ergab sich aus dieser Erkenntnis das zu lösende Problem, wie denn bei identischem Mantelprogramm der eigene Sender gegenüber den angrenzenden Lokalstationen seinen eigenen Charakter finden könnte. Lange Diskussionen mit erheblichen Engagements für die jeweils vertretenen Interessen (Jugend, Sport, ausländische Mitbürger ...) führten schließlich in Abstimmung mit dem mittlerweile eingestellten Chefredakteur und Redakteur zu einem tragbaren Programmschema, das dann auch einstimmig von der VG verabschiedet wurde, nachdem es mit der BG abgestimmt war – zumindest soweit es die Werbeplätze betraf. Nach fast fünf Jahren Vorbereitung wird der Sender im September 1992 seinen Sendebetrieb aufnehmen.

3.

Einen weiteren exemplarischen Einblick in die Wirren der Lokalradio-Entwicklung gibt die Diskussion um das erforderliche Mantelprogramm. Eines war allen Beteiligten klar: Ein 24-Stunden-Vollprogramm war in keinem Verbreitungsgebiet (d. h. in einer kreisfreien Stadt oder einem Landkreis) redaktionell und wirtschaftlich möglich. Ging es für die Großstädte an Rhein und Ruhr darum, zehn bzw. zwölf Stunden Eigenprogramm durch einen »Mantel« zu ergänzen, so lagen die lokalen Anteile auf dem flachen Land und in den Mittelstädten bei jeweils fünf oder acht Stunden täglich. Als Anbieter kamen zunächst eine Reihe von »Programmlieferanten« in Frage: Vom kommerziellen RTLplus bis zum ebenfalls kommerziellen, aber skurrilen Ulrich Schamoni, der mit seinem unkonventionellen ›Radio 100,6‹ zum Privatradio-König von Berlin geworden war, aus Münster stammt, und liebend gern ein Programm »mit westfälischer Farbe« geliefert hätte. Allerdings entstand in dieser Phase wuchernder Überlegungen im November 1988 die ›Pressefunk NRW‹, ein Rahmenprogrammproduzent, an dem die WAZ-Gruppe, der Springer-Verlag und die übrigen westdeutschen Zeitungsverlage beteiligt waren. Diese Gesellschaft schloß sich mit WDR und Bertelsmann zu ›radio NRW‹ zusammen mit dem Ziel, alle NRW-Lokalstationen mit einem Mantelprogramm zu versorgen, überregionale Werbung zu akquirieren und etwaige Gewinne an die Lokalstationen auszuschütten. Mittlerweile sind bis auf wenige Ausnahmen alle Lokalsender Abnehmer des ›radio NRW‹-Programms, sind mit der Professionalität der Weltnachrichten und den zur Verfügung gestellten »play lists« einigermaßen zufrieden – doch Geld wurde noch nicht verteilt. Dafür aber ist ›radio NRW‹ ein »no name«-Produkt; die Jingles kündigen, gleich ob Welt- oder Lokalnachrichten, landesweite oder örtliche Werbung, ob internationaler Musikmarkt oder die lokale Wunschsendung, immer nur den örtlichen Sender an. Im Juni 1989 hatte ›radio NRW‹ ein erstes, im November 1989 ein überarbeitetes Konzept vorgestellt. Die örtlichen Verleger in den BGs drängten auf einen Abschluß mit ›radio NRW‹ (der Grund liegt auf der Hand), und die VGs, als Programm-Verantwortliche, waren mit dem weltläufigen touch des Rahmenprogramms durchaus zufrieden; über Musikfarben kann man streiten, die erhobenen Daten der Mediaforschung versprachen eine hohe Akzeptanz der angesprochenen Zielgruppen – und so wurden die Verträge mit ›radio NRW‹ abgeschlossen.

Über alle diese Vorgänge erfuhr die Öffentlichkeit so gut wie nichts: Hatten die örtlichen Zeitungsverleger doch kein Interesse an einer breiten öffentlichen Diskussion und wenn, dann nur in ihrem eigenen Spektrum. Die Berichterstattung der ›Westfälischen Nachrichten‹ (Münster) ist ein Musterbeispiel für selektive Nachrichtengebung im konkreten Fall. Sie ignorierten sogar Positionen, wie sie durch den Beschluß der Landes-CDU vom 26. August 1988 deutlich wurden: Nämlich die lokale Organisation des LRG NW zu akzeptieren, nur in Ausnahmefällen die Zusammenarbeit von Verbreitungsgebieten zuzulassen (was mittlerweile in einigen Fällen – z. B. Mülheim/Oberhausen, Remscheid/Solingen, Gelsenkirchen/Bottrop – geschieht), und ansonsten auf die mangelnde Effizienz der LfR bei der Umsetzung des LRG NW hinzuweisen: »... nach zwanzig Monaten noch kein Sender in Betrieb!«

4.

Über politische Einflußmöglichkeiten, über die Regelung organisatorischer Fragen, schließlich auch über das Programmschema (eben über das Schema, und weniger über die journalistischen Möglichkeiten eines formatierten Radios) wurde in VGs und BGs sowie in zahllosen kompetenten und inkompeteten Gremien diskutiert und zu entscheiden versucht. Außen vor blieben die eigentlichen Macher der künftigen Radios: Die Journalisten. Zwar wurde frühzeitig über das erforderliche »Personal« und seine Bedeutung als Faktor im Wirtschafts- und Stellenplan der Radios nachgedacht, zwar ist auch im LRG NW davon die Rede, daß ein »Redaktionsstatut« her muß, doch hatten erste Begegnungen zwischen potentiellen Lokalfunk-Redakteuren und ihren eher laienhaften Arbeitgebern in den örtlichen VGs oft den Charakter der »dritten Art«. Das lag in der Frühzeit zu einem nicht geringen Teil an den Bewerbern, die keine ausgebildeten Lokalradio-Journalisten waren (wo hätten sie das auch lernen können?), sondern sich entweder aus der eher flippigen gescheiterten bayerischen Privatfunk-Szene zu retten versuchten (und als Qualifikation häufig Erfahrungen aus Discos oder im Regler-Bedienen vorweisen konnten) oder einheimische Spätentwickler waren, die ihre angesammelten Lebenserfahrungen nun qua Radio loswerden wollten (wie der pensionierte Postbeamte, der den Kreis »wie seine Westentasche kannte«).

Mittlerweile – vor allem nach den ersten Absolventen des Rundfunk-Bildungs-Zentrums in Dortmund-Eving – sieht die Qualifikationsstruktur der Lokalfunk-Journalisten schon ganz anders aus; viele haben während des »learning on the job« intensive Pioniererfahrungen gewonnen, die sich am neuen Arbeitsplatz, beim neuen Sender, mit neuen

Kollegen hervorragend umsetzen lassen. Diese Fluktuation der »Männer und Frauen der ersten Stunde« ist derzeit signifikant für die personelle Situation der Lokalstationen. Kaum ein Sender, der nicht bereits den zweiten oder dritten Chefredakteur »erprobt«, kaum ein Sender, bei dem nicht das gesamte Team während zweier Jahr peu à peu ausgetauscht wurde. Mangelnde Eignung für einen nur in Umrissen bekannten Job, Spannungen in einem kaum arbeitsteilig zu organisierenden Redaktionsbetrieb, Unzufriedenheit mit den Gehältern und Arbeitszeiten, aber auch Konflikte mit selbstherrlichen VG-Mitgliedern (»Darf ich Euch mein Funkhaus präsentieren?« – so pflegte ein Stellvertretender VG-Vorsitzender seine Freunde durch die Redaktionsräume zu führen) und Druck durch die Werbeabteilungen der BGs waren einige wesentliche Gründe für die häufigen Wechsel. Für die Zukunft steht eine stärkere Professionalisierung der Lokalfunk-Journalisten zu erwarten, abgesichert durch gültige Redaktionsstatute und Tarifverträge – gestärkt durch sachbezogene Kooperation mit den VGs.

5.

Eine wichtige Innovation für Hörfunk-Programme ist der in Paragraph 24 LRG NW geregelte Zugang für freie Gruppen, der sog. »Bürgerfunk«. 15 Prozent der lokalen Sendezeit soll diesen freien Produktionen zur Verfügung stehen; die Festlegung der Sendezeiten erfolgt durch VG bzw. Redaktion (in der Regel nach Ende des »normalen« Tagesprogramms ab 18.00 Uhr), der Zugang unterliegt keiner Zensur (es sei denn, es wird gegen Gesetze verstoßen), es können fertige Bänder vorgelegt werden, es kann aber auch die Redaktion um Beratung bei der technischen Produktion gebeten werden (soweit sie von der Kapazität her dazu in der Lage ist). Von den einen als anarchisches Element im industrialisierten Funk verachtet, von den anderen als Beitrag zur besseren Sender-Hörer-Bindung geschätzt: So stehen ernsthafte freie Radiomacher vor allem vor dem Problem, wo sie ihre Beiträge denn sinnvollerweise mit einigermaßen professionellem Standard produzieren. Gelegenheit zu Übungen verschaffen die in jedem Verbreitungsgebiet gegründeten »Radiovereine«, aber auch zahlreiche Volkshochschulen und größere Organisationen (vor allem Kirchen) haben kleine Studios zur Produktion solcher Beiträge eingerichtet. Die LfR hat mittlerweile einen exakten Förderungsplan entwickelt, der auf Mark und Pfennig festlegt, wie die 15-Prozent-Gruppen gefördert werden.

Eine erste Untersuchung über technische Möglichkeiten zur Produktion von Sendungen im 15-Prozent-Bereich der Lokalstationen ergab, daß bisher 133 solcher freien Produktionsstätten existieren.[5] Fast fünfzig Prozent der produzierten Beiträge sind Musiksendungen, Magazine oder Vorschauen auf Bürgerradio-Sendungen; explizit politische Themen spielen keine Rolle, auch allgemein-politische Themen wie Umweltschutz, Bundeswehr, Verkehr sind nur marginal vertreten. (vgl. Dokument 4)

6.

Auf der anderen Seite programmlicher Möglichkeiten liegt beim kommerziellen Lokalfunk die Werbung. Überregionale Werbung wird durch ›radio NRW‹ ins Programm gebracht (jeweils in den letzten Minuten der vollen Stunde), lokale Werbung ist Sache der örtlichen Station (im Programm entweder jeweils zur halben Stunde oder in zwei kleineren Blöcken um jeweils »20 nach« bzw. »20 vor«). Der lokale Werbemarkt war ein entscheidender Punkt in den vorbereitenden Diskussionen; befürchteten die Zeitungsverleger doch einen Verlust an Werbeaufkommen bei den Lokalzeitungen. Mittlerweile hat sich zum einen die alte These bewahrheitet, daß mit dem Aufkommen neuer Medien auch der vielzitierte »Werbekuchen« offenbar größer wird (erste Aussagen aus den BGs lassen durchblicken, daß für Lokalradio und Lokalzeitung zusammen mehr an lokaler Werbung aufkommt als für die Lokalzeitung in den Jahren zuvor); und zum anderen sind – damit zusammenhängend – die Werbeeinnahmen erheblich höher als erwartet (ein Ruhrgebiets-Radio hatte sein »Werbesoll« für das gesamte Jahr bereits im Juni erreicht; ein anderer Sender hat schon Monate vor Aufnahme des Sendebetriebs Werbeverträge im Umfang von mehr als einer Viertelmillion DM abgeschlossen).

Die Hörerresonanz ist offenbar durchaus positiv, erweitern die lokalen Werbespots doch neben Jingles und örtlichen Themen den Bezug zum eigenen Lebensumfeld. Ob diese derzeitig positive Mischung von kommerziellem Erfolg und kommunikativem Gewinn durch lokale Werbung für die Hörer auch nach Abflauen des Neuigkeitseffeks anhält, bleibt abzuwarten – ebenso, ob der Anteil von »Sonderformen der Werbung« seinen niedrigen Anteil beibehält, oder ob der sich heimlich einschleichenden Werbung Tür und Tor geöffnet werden (Typ: »Live Reportage vom Tag der Offenen Tür beim Autohaus X«). (vgl. Dokument 5)

7.

Für Medien, die von verkauften Werbezeiten leben, sind die tatsächlich erreichten Hörer das entscheidende Akquisitions-Argument. Deshalb war die Begeisterung bei den Lokalfunkstationen groß, als nach einem Jahr Lokalradio (der erste Lokalsender war ›Radio DU‹ in Duisburg, der am 1. April 1990 sein Programm begann) die lokalen Sender in ihren Verbreitungsgebieten vor WDR 4, WDR 2 und WDR 1 in Führung lagen.[6] Im Winter 1991/92 wurden 23 der z. Zt. sendenden 39 Lokalstationen in einer repräsentativen Analyse der GfK Medienforschung im Auftrag der E.M. A. NRW untersucht; Ergebnis: Zwanzig Prozent der deutschsprachigen Bevölkerung über 14 Jahre hören die Programme der Lokalradios in NRW an einem durchschnittlichen Wochentag.[7]

Die Untersuchung ergab bei den einzelnen Lokalradios sehr unterschiedliche Ergebnisse, die jedoch äußerst interpretationsbedürftig sind. Flinke Deuter hatten schon erkannt, daß der Sender mit dem damals schmalsten journalistischen Programmangebot (drei Stunden täglich, fast nur Service-Tips) den höchsten Stammhörer-Anteil aufwies (›Radio Lippe-Welle Hamm‹ mit 48 Prozent) und der Sender mit einem eher als ambitioniert zu bezeichnenden redaktionellen Teil am unteren Ende der Tabelle lag (›Radio K.W.‹ mit 20 Prozent). Von einem ›radio NRW‹ mit lokalen Werbefenstern wurde da schon schwadroniert, vom Ende des »Zwei-Säulen-Modells«; und in der WDR-Hauspostille »WDR print« hatte das »Zwei-Säulen-Modell« »Schlagseite«, der »Ton« – Sonderformen der Werbung betreffend – sei auf dem Kölner Medienforum im Mai 1992 »nüchterner bis kaltschnäuzig« gewesen, blieben lediglich »die Ehrenamtler und liebenswerten Radio-Amateure, die den Gemeinwohl-Gedanken im Lokalfunk vertreten«.[8] Solch Urteilen scheint voreilig. Berücksichtigt man die Tatsache, daß Sender mit längerer Sendedauer höhere Einschaltquoten aufweisen, daß noch starke technische Infrastrukturprobleme bestehen (die Post und ihre Frequenzen), daß aber auch die Wettbewerbssituation vor Ort sehr unterschiedlich ist (in einige Verbreitungsgebiete strahlen andere Lokalstationen sowie weitere kommerzielle Sender ein) und die Hörerstrukturen sich doch sehr unterscheiden, so läßt sich (auch im Vergleich zu Bayern und Baden-Württemberg) eine eher optimistische Prognose stellen.

8.

Die Entwicklung der lokalen Radios in NRW hat gezeigt, daß nach dem Marsch durch ein Gestrüpp von gesetzgeberischen Unzulänglichkeiten und strukturellen Widerständen das Engagement vieler einzelner bis zum Herbst 1992 dazu geführt hat, daß mehr als vierzig Stationen auf Sendung sind. (vgl. Dokument 6) Ständige Rückkoppelungen über die Erfahrung mit dem LRG NW haben zu zahlreichen Novellierungen bereits in den ersten Jahren geführt, die jedoch weniger auf dessen Handhabbarkeit als auf politische Indikatoren bezogen waren. Im März 1992 hat nun der ›Verband Lokaler Rundfunk‹ (VLR) in Nordrhein-Westfalen – die Vertretung der VGs – eine Liste von Forderungen zur Novellierung des LRG NW vorgelegt, die vor allem die Rechte und praktischen Möglichkeiten der VGs betreffen:
1. Eigenständige Geschäftsführung der VG zur Wahrnehmung ihrer Aufgaben
2. Angemessene Aufwandsentschädigung für VG-Arbeit
3. Praktikable Quoren für Beschlußfähigkeit und -fassung der Mitgliedersammlungen der Veranstaltergemeinschaften
4. Sachgerechte und umfassende Informationsrechte der Veranstaltergemeinschaften gegenüber Betriebs- und Servicegesellschaften
5. Alleiniges Entsendungsrecht für den VLR in die Rundfunkkommission und die Ausschüsse der ›Landesanstalt für Rundfunk‹
6. Keine Zulassung von lokalen Konkurrenzsendern (Bagatellrundfunk)

Die letzte Forderung kollidiert nur scheinbar mit Bemühungen im universitären Bereich um die Möglichkeit für ein studentisches Uni-Radio (das betrifft vor allem die Universitäten Münster, Dortmund und Bochum mit ihren Instituten bzw. Sektionen für Publizistik bzw. Journalistik). Hier wären Lösungen wie im neuen Bayerischen Mediengesetz mit »Ausbildungsradio« o. ä. möglich. Die Interessen der Hochschulen sind bekannt; sie konkurrieren nicht mit den Intentionen der lokalen Radios – weder kommerziell noch redaktionell.

9.

Der kursorische Überblick anhand exemplarischer Daten und Erfahrungen über Entwicklung und Situation der lokalen Radios in NRW macht zweierlei deutlich: Der kommerzielle und quantitative Erfolg der nordrhein-westfälischen Lokalradios scheint auf absehbare Zeit gesichert.

Ob allerdings die Lergschen Forderungen nach Verfügbarkeit, Zugänglichkeit und Zwei-Weg-Kommunikation in gleicher Weise erfolgreich realisiert werden können, ist nicht so einfach prognostizierbar.

Zwar ist eine große Zahl von Bürgern durch die Eigentümlichkeiten des »Zwei-Säulen-Modells« mit dem Thema »Radio« beschäftigt gewesen (fast eintausend Mitglieder in den VGs!), sind unvorhersehbar viele Menschen über die Möglichkeiten eines lokalen Radios informiert worden (die Mitglieder aller entsendenden »Stellen«), haben sich Radio-Vereine etabliert, die selbst unter Anleitung Programm machen, haben sich die möchte-gern-radio-besitzenden lokalen Parteipolitiker der enormen wirtschaftlichen Dynamik des Radio-Entstehungsprozesses beugen müssen; doch erfüllt das lokale Radio bei den Hörern eher die Funktion eines zusätzlichen Nebenbei-Mediums mit der »passenden» Musikfarbe für eine bestimmte Altersgruppe, liefert nur nebenbei einen gewissen Beitrag zur Identifikation mit der Nahwelt; die Möglichkeit zum Einschaltprogramm in den reichweitenarmen Sendezeiten nach 16 Uhr wurde bislang von keinem Lokalsender genutzt (Bemühungen scheiterten am risikovermeidenden Einspruch der BGs).

Um die Lergschen Kategorien abzuhandeln:
- *Zwei-Weg-Kommunikation* findet statt, wenn strittige Themen kontrovers im Live-Programm diskutiert werden: Hörerbeteiligung per Telefon über Radio ist eine Möglichkeit, die leider zu häufig für schwachsinnige Grußsendungen mißbraucht wird (»Der Bär aus Schapdetten grüßt sein Mäuschen in Angelmodde«).
- Die *Zugänglichkeit* ist durch das LRG NW mit dem »Zwei-Säulen-Modell« und der Veranstaltergemeinschaft als programmverantwortlicher Versammlung von Vertretern gesellschaftlich relevanter Gruppen vorgeschrieben. Die wirtschaftliche Machtfrage hat die Verhältnisse jedoch eindeutig zugunsten der Betriebsgesellschaft geklärt – auch was die Programmstruktur und das Programmangebot betrifft. Es wird

in nächster Zeit darum gehen, diese freie Zugänglichkeit nicht ein paar »Radio-Freaks« zu überlassen, die dort ihren eher autistischen Hobbys frönen. Die Lokalradios brauchen einen innovativen Journalismus, der von der VG vor Eingriffen geschützt werden muß.
- Zur *Verfügbarkeit* eine Geschichte:
 Das DGB-Mitglied einer VG wird auf einer IG-Bergbau-Versammlung gefragt: »Wir planen Warnstreiks auffe Zeche; um zehn Uhr sagen wir beim Radio Bescheid. Kommt dat übber den Sender?« – »Na klar!« – »Dann könnt Ihr Euer Radio machen!«

Anmerkungen

1 Winfried B. Lerg: Warendorfer Thesen zur Funktion lokaler Medien. In: Informationen der LAG Massenkommunikation Jg. 1980, Nr. 1, S. 13
2 Ulrich Paetzold: Wer bewegt die Medien an der Ruhr? Die leise Effizienz der WAZ-Politik. In: Media Perspektiven Jg. 1986, Nr. 8, S. 507–518; S. 516 ff.
3 Landesanstalt für Rundfunk (Hrsg.): Lokalradio vor dem Start. Praktiker diskutieren Chancen und Probleme. (LfR-Fachtagung am 8. 10. 1988) Düsseldorf 1989
4 Landesanstalt für Rundfunk (Hrsg.): Lokalfunk in Nordrhein-Westfalen. Daten zu den Verbreitungsgebieten für lokalen Hörfunk in NRW. Düsseldorf 1989
5 Landesanstalt für Rundfunk (Hrsg.): Informationen zum Bürgerfunk in Nordrhein-Westfalen. Düsseldorf 1992
6 Infratest: Funkplanungsdaten Nordrhein-Westfalen/Teilgebiet, 1991/92. München 1991 (Juni)
7 Landesanstalt für Rundfunk/Westdeutscher Rundfunk/Westdeutsches Werbefernsehen (Hrsg.): Elektronische Medienanalyse E.M.A. NRW 1992. Vorabergebnisse 1992
8 Werner Sökeland: »Der Lack ist ab«. In: WDR print Jg. 1992, Nr. 195 (Juli), S. 6

Weitere Literaturhinweise

Uwe Hasebrink/Norbert Waldmann: Inhalte lokaler Medien. Düsseldorf 1988 (= Begleitforschung des Landes Nordrhein-Westfalen zum Kabelpilotprojekt Dortmund, Bd. 8)
Nicole Hirsch: Lokaler Hörfunk in Nordrhein-Westfalen. Bochum 1991
Otfried Jarren/Peter Widlok (Hrsg.): Lokalradio für die Bundesrepublik Deutschland. Berlin 1985
Peter Michael Mombaur/Hans Joachim Reck: Chancen für Lokalfunk. Göttingen 1984 (= Schriftenreihe des Deutschen Städte- und Gemeindebundes, H. 43)
Günther Rager/Petra Werner/Bernd Webger: Arbeitsplatz Radio. Opladen 1992 (= Schriftenreihe der Landesanstalt für Rundfunk NRW, Bd. 3)
Nicole Schauerte: ›Radio MK‹ – lokales Hörfunkprogramm für den Märkischen Kreis. Eine inhaltsanalytische Untersuchung unter besonderer Berücksichtigung der gesetzlichen Anforderungen. M.A.-Arbeit an der Sektion für Publizistik und Kommunikation der Ruhr-Universität Bochum 1992
Heinz-Peter Schmitz-Borchert (Hrsg.): Lokalfunk. Anmerkungen und Statements zur Hörfunkentwicklung 1987. Münster/Westf. 1987

Dokument 1

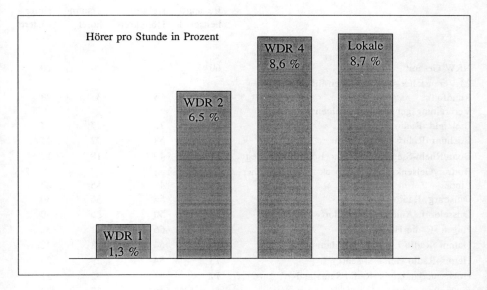

Resultat der ersten Lokalradio-Reichweiten-Studie vom Juni 91 (infratest)
(Hörer pro Stunde = Mittelwert aller Stunden mit Werbung)

Dokument 2

	Bekannt-heitsgrad %	weitester Hörerkreis %	Stamm-hörer %	Hörer gestern %
NRW-Gesamt	60	42	24	20
23 Veranstaltergemeinschaften für lokalen Rundfunk	74	55	33	28
Verbreitungsgebiete im einzelnen:				
Bielefeld ›Radio Bielefeld‹	89	73	37	37
Bochum ›Ruhrwelle Bochum‹	73	58	32	25
Bonn/Rhein-Sieg-Kreis ›Radio Bonn/Rhein-Sieg‹	71	49	18	17
Bottrop/Gelsenkirchen/Gladbeck ›Radio Emscher-Lippe‹	66	49	35	27
Duisburg ›Radio DU‹	72	56	36	30
Düsseldorf ›Antenne Düsseldorf‹	64	50	36	30
Hagen ›Radio Hagen‹	83	66	41	32
Hamm ›Radio Lippe Welle Hamm‹	80	64	48	42
Herne ›Radio Herne 90acht‹	73	54	29	25
Hochsauerlandkreis ›Radio Sauerland‹	77	57	32	21
Köln ›Radio Köln‹	65	46	27	22
Kreis Wesel ›Radio K.W.‹	54	42	20	19
Kreis Soest ›Hellweg-Radio auf 92,6‹	62	45	33	31
Kreis Siegen-Wittgenstein ›Radio Siegen‹	72	55	41	30
Kreis Neuss ›NE-WS 89,4‹	51	35	22	19
Kreis Recklinghausen ›Radio Fiv‹ (Funk im Vest)	50	39	25	21
Kreis Herford ›Radio Herford‹	75	54	33	28
Leverkusen ›Radio Leverkusen‹	68	44	27	19
Mühlheim/Oberhausen ›Antenne Ruhr‹	54	35	18	14
Kreis Lippe ›Radio Lippe‹	82	60	34	30
Märkischer Kreis ›Radio MK‹	80	62	38	29
Kreis Mettmann ›Radio Neandertal‹	61	43	21	20
Mönchengladbach ›Radio 90,1‹	81	57	34	31

Reichweitendaten E.M. A. 72//GfK
(23 Lokalradios) Quelle: Pressemitteilung LfR vom 16. 6. 92

Dokument 3

Stellenplan

1 Chefredakteur/in	je 115.000	115.000
3 Redakteure/innen	je 74.000	222.000
Assistent/in	je 40.000	40.000
freie Mitarbeiter/innen		48.444
externe Techniker/innen		24.984
Verwaltungspersonal:		
1 Geschäftsführer/in	je 85.000	85.000
1,5 Sekretäre/-innen	je 42.000	63.000
1,5 Werbekaufleute	je 52.500	78.750
Archivkräfte		7.540
Feuerwehrfonds		12.000
Künstlersozialkasse		2.422
Summe Personalkosten		699.140

Die Jahresgehälter sind incl. Lohnnebenkosten (29 %) ausgewiesen.

Personalkosten

13 Gehälter bei 30 % Lohnnebenkosten

1 Chefredakteur/in	6.000,– DM	101.400,– DM
4 Redakteure/innen ø	4.300,– DM	290.680,– DM
1 Volontär/in	2.000,– DM	33.800,– DM
1 Redaktionsassistent/in	3.500,– DM	59.150,– DM
freie Mitarbeiter/innen		120.000,– DM
1 Sekr. Chefredaktion	3.200,– DM	54.080,– DM
1/2 Schreibkraft	1.700,– DM	28.730,– DM
1/2 VG-Mitarbeiter/in	2.500,– DM	42.250,– DM
Künstlersozialkasse		3.000,– DM
Fortbildungskosten		3.500,– DM
Deckungsreserve		30.000,– DM
Summe		766.590,– DM

Stellenplan/Personalkosten für ein fünfstündiges Lehrprogramm
(Quellen: LfR Jan. 89/Verband lokaler Rundfunk in NRW (VLR))

Dokument 4

Rangliste/Themen	4682 Fälle	%
Musik	806	17,21
Magazin mit mehreren Themen	779	16,64
Bürgerradio-Vorschau	544	11,62
Dichtung/Literatur	206	4,40
Verein allg./Bürgerini.	179	3,82
Verbraucherberatung	148	3,16
Thema nicht zu ermitteln	143	3,05
Volkskunde/Heimatkunde	123	2,63
Ausländer	92	1,96
Sport allgemein	88	1,88
Kultur/Medien/Kirche allg.	85	1,82
Private Medienarbeit/Radiover.	82	1,75
Frauen/Männer	74	1,58
Kinder	65	1,39
Schüler/Jugendliche	61	1,30
Fürsorge/Wohlfahrtsverbände	56	1,20
Kirchen	53	1,13
Umweltschutz/Naturschutz	52	1,11
Erklärung des Bürgerradios	39	0,83
Schulen	39	0,83
Veranstaltungshinweise	38	0,81
Reine Musiksendungen	38	0,81
Theater/Oper/Ballett/Tanz	36	0,77
Buntes	35	0,75
Behinderte	33	0,70
Politik nat./internat. allg.	32	0,68
Arbeitsmarkt	32	0,68
Länderkunde (Ausland)	31	0,66
Universitäten/Fachhochschulen	30	0,64
Kleinkunst	29	0,62
Personality	29	0,62
Biologie	28	0,60
Sportvereinstätigkeit	27	0,58
Bundeswehr/Zivildienst	26	0,56
Menschen im Beruf	26	0,56
Comedy	25	0,53
Sport/Freizeit/Hobby allg.	24	0,51
Indiv. Vorsorge	21	0,45
Verkehr	20	0,43

Rangliste/Themen	4682 Fälle	%
Alte Menschen	20	0,43
Krankheiten	20	0,43
Film/Video	20	0,43
Politik lokal allg.	19	0,41
Arbeitnehmer/Gewerksch.	18	0,38
Öffentl. Sicherh.+Ordng.	15	0,32
Musik im Verein	15	0,32
Malerei/Bildhauerei	15	0,32
Freizeit-/Infrastruktur	15	0,32
Wirtschaft allg.	14	0,30
Freizeit/Trimmen	14	0,30
Summe d.gen.Themen	4459	95,2

Bürgerfunk-Themen
(Quelle: LfR/Informationen zum Bürgerfunk)

Dokument 5

Anteil der unterschiedlichen Werbeformen am Werbe-Umsatz:

Spotsendungen	82,1 %
Wetterpatronat	4,3 %
Gewinnspiele	4,3 %
Börsentip	4,1 %
Life-Übertragungen	3,0 %
Gesundheitstip	1,5 %
Sponsoring	0,6 %
Sonstige	0,2 %

Dokument 6

Lokalradios in Nordrhein-Westfalen
(geordnet nach Sendestart)

Verbreitungsgebiet	Sendestart	Frequenzen	
Stadt Duisburg - Radio DU -	1. April 1990	Duisburg	92,2
Kreis Wesel - Radio K. W. -	6. Mai 1990	Wesel Moers	107,6 91,7
Märkischer Kreis - Radio MK -	13. Mai 1990	Iserlohn Lüdenscheid Altena Meinerzhagen Plettenberg Werdohl	92,5 100,2 91,5 88,3 99,5 97,2
Kreis Siegen-Wittgenstein - Radio Siegen -	2. Juni 1990	Siegen Bad Laasphe Bad Berleburg Neunkirchen	91,8 97,3 94,2 98,9
Stadt Hamm - Radio Lippe Welle Hamm	6. Juni 1990	Hamm	105,0
Kreis Soest - Hellweg Radio -	1. Juli 1990	Soest Lippstadt	92,6 103,6
Stadt Bochum - Ruhrwelle Bochum -	4. August 1990	Bochum	105,0
Stadt Mülheim Stadt Oberhausen - Antenne Ruhr -	1. September 1990	Mülheim Oberhausen	92,9 104,0
Stadt Herne - Radio Herne 90acht -	1. September 1990	Herne	90,8
Kreis Mettmann - Radio Neandertal -	15. September 1990	Langenberg	97,6
Stadt Mönchengladbach - Radio 90,1 -	29. September 1990	Mönchengladbach	90,1
Stadt Hagen - Radio Hagen -	29. September 1990	Hagen-Goldberg	107,7
Stadt Bottrop Stadt Gelsenkirchen Stadt Gladbeck - Radio Emscher Lippe -	6. Oktober 1990	Bottrop Gelsenkirchen	104,5 96,1

Verbreitungsgebiet	Sendestart	Frequenzen	
Hochsauerlandkreis - Radio Sauerland -	6. Oktober 1990	Olsberg Meschede Arnsberg Hallenberg Schmallenberg Marsberg Sundern	96,2 104,9 106,5 106,5 89,1 94,8 107,6
Stadt Düsseldorf - Antenne Düsseldorf -	7. Oktober 1990	Düsseldorf	104,2
Kreis Neuss - NE-WS 89,4 -	1. Dezember 1990	Grevenbroich Willich	102,1 89,4
Kreis Recklinghausen - Radio fiv -	21. März 1991	Recklinghausen	94,6
Kreis Herford - Radio Herford -	1. April 1991	Herford	92,7
Kreis Lippe - Radio Lippe -	1. April 1991	Lemgo	106,6
Stadt Köln - Radio Köln -	4. Mai 1991	Köln	98,6 107,1
Stadt Leverkusen - Radio Leverkusen -	8. Mai 1991	Leverkusen	107,6
Stadt Bonn/Rhein- Sieg-Kreis - Radio Bonn/Rhein-Sieg -	11. Mai 1991	Bonn Herchen-R. Siegburg	98,9 107,9 91,2
Stadt Bielefeld - Radio Bielefeld -	1. Juni 1991	Bielefeld	98,3
Kreis Minden-Lübbecke - Radio Westfalica -	22. Juni 1991	Minden Lübbecke	95,7 106,6
Ennepe-Ruhr-Kreis - Radio EN -	31. August 1991	Ennepetal Hattingen	92,7 91,5
Stadt Krefeld/ Kreis Viersen - Welle NiederRhein -	31. August 1991	Krefeld Viersen	87,7 105,4

Verbreitungsgebiet	Sendestart	Frequenzen	
Dortmund - Do 91 Zwo -	14. September 1991	Schwerte	91,2
Kreis Gütersloh - Radio Gütersloh -	14. September 1991	Gütersloh Borgholzhausen	107,4 106,8
Kreis Steinfurt - Radio RST -	21. September 1991	Ibbenbüren Steinfurt	104,0 104,9
Stadt Münster - Radio Antenne Münster -	29. September 1991	Münster	95,4
Stadt Wuppertal - Radio Wuppertal -	6. Oktober 1991	Wuppertal	107,4
Kreis Paderborn/Höxter - Radio Hochstift -	31. Oktober 1991	Holzminden/Höxter Warburg Bad Driburg Paderborn Büren	104,8 106,6 94,9 93,7 104,8
Kreis Unna - Antenne Unna 104,4 -	30. November 1991	Schwerte	104,4
Stadt Aachen - Radio Aachen -	1. Februar 1992	Aachen	100,1
Kreis Coesfeld - Radio Kiepenkerl -	1. Februar 1992	Coesfeld Lüdinghausen	107,4 106,0
Stadt Essen - Radio Essen -	1. April 1992	Essen	102,2
Kreis Borken - Westmünsterland-Welle -	4. April 1992	Bocholt Ahaus	88,4 93,0
Stadt Remscheid/Solingen - Radio RSG -	28./29. August 1992	Remscheid Solingen	107,9 94,3
Kreis Kleve - Antenne Niederrhein -	Ende August 1992	Kleve	90,1
Kreis Warendorf - Radio W-A-F -	Ende 1992	Warendorf Beckum	94,7 95,7
Erftkreis - Radio Erft -		Bergheim	100,0
Kreis Oberberg/Rheinisch- Bergischer Kreis		Bielstein Lindlar Waldbröl Berg.-Gladbach Engelskirchen	106,5 99,7 106,9 91,4 107,6
Kreis Euskirchen		Euskirchen B. Münstereifel	106,9 107,4

Walter J. Schütz

Der (gescheiterte) Regierungsentwurf für ein Rundfunküberleitungsgesetz der DDR
– Chronik und Dokumente –

Die medienpolitischen Anstrengungen in der DDR richteten sich zwischen der ersten freien Wahl zur Volkskammer am 18. März 1990 und der Herstellung der Einheit Deutschlands am 3. Oktober 1990 vor allem auf den Versuch, Hörfunk und Fernsehen eine neue rechtliche Ordnung zu geben. Einige in der Öffentlichkeit bisher nicht oder kaum bekannte Einzelheiten über die Vorbereitung eines Rundfunküberleitungsgesetzes der DDR will ich hier aus meiner Perspektive und aufgrund meiner (durchaus subjektiven) Erinnerung[1] sowie meiner Aufzeichnungen und Arbeitsunterlagen darstellen und durch Dokumente belegen.[2]

1.

Am 8. Februar 1990 tagte im Bundesministerium des Innern (BMI) zum ersten und zugleich einzigen Mal die deutsch-deutsche Medienkommission[3]; als Vertreter des Presse- und Informationsamtes der Bundesregierung (BPA) nahm ich an dieser Sitzung teil. Die dabei erörterten Themen und die sich abzeichnenden neuen Entwicklungen veranlaßten mich, im BPA darauf hinzuwirken, am Beginn einer deutsch-deutschen Zusammenarbeit in entsprechende Aufgaben auf dem Gebiet der Medienpolitik eingebunden zu sein.

Als »Dienstreisender«[4] flog ich deshalb am 23. April 1990 nach Berlin und stellte mich im Haus des Ministerrates der DDR in der Klosterstraße im Büro des Ministerpräsidenten Lothar de Maizière vor. Eine erste Arbeitsbesprechung über die anstehenden medienpolitischen Aufgaben fand am nächsten Tag und am gleichen Ort mit den Mitarbeitern im Büro des DDR-Regierungschefs, Ministerialrat Dr. Hans Reckers[5], Staatssekretär a. D. Winfried Fest[6], Dr. Thomas de Maizière[7] und Hans-Christian Maaß[8] statt.

An ihr nahmen außer mir auch die ebenfalls aus Westdeutschland gekommenen »Medienberater« Leitender Ministerialrat Dr. Hans-Dieter Drewitz[9] und Assessor Ruprecht Polenz[10] teil.

Am 12. April 1990 war Dr. Gottfried Müller[11] (CDU) zum Minister für Medienpolitik der Regierung der DDR ernannt worden; er amtierte seit dem 19. April 1990. Bei ihm machte ich am Nachmittag des 24. April 1990 meinen Antrittsbesuch in der Otto-Grotewohl-Straße 18 D.[12] Ich nahm damit eine nie offiziell definierte Arbeit auf, die mich bis zum Beitritt der DDR am 3. Oktober 1990 in fast jeder Woche einen oder mehrere Tage nach Berlin führte. Ging es zunächst vor allem um die aktuellen Probleme des Pressevertriebs (für dessen Regelung Dr. Drewitz und ich dem Minister am 25. April 1990 einen – so nicht realisierten – Entwurf vorlegten), so rückte bei weiteren Besprechungen eine Fülle anderer Medienfragen in das Blickfeld, die ich am 3. Mai 1990 in einer 31 Punkte umfassenden Themenliste zusammenfaßte. Sie wurde am 7. Mai 1990 in einer mehrstündigen Besprechung bei Minister Dr. Müller, an der auch Dr. Drewitz, Assessor Polenz sowie Ministerialrat Dr. Wulf Büermann[13] beteiligt waren, eingehend erörtert. An diesem Tage kam es auch zu einem ersten Gespräch mit den inzwischen ernannten Staatssekretären des Medienministeriums: dem Parlamentarischen Staatssekretär Horst Schulz (CDU/Demokratischer Aufbruch)[14] und Staatssekretär Manfred Becker (SPD)[15].

Wenn auch die Probleme des Pressevertriebs in den folgenden Monaten bis zum Beitritt der DDR zur Bundesrepublik Deutschland von großer Bedeutung blieben, so lag ab Mai 1990 ein Schwerpunkt meiner Arbeit und der meiner aus Westdeutschland nach Berlin (Ost) gekommenen Kollegen im Bereich der Neuordnung des Rundfunks.[16]

Am 8. Mai 1990 fand eine weitere Besprechung im Haus des Ministerrates statt, an der Staassekretär a. D. Fest, Dr. Thomas de Maizière und (zeitweilig) Dr. Reckers teilnahmen. Ich wurde dabei aufgefordert, rasch eine Ausarbeitung zur rechtlichen Neugestaltung des Rundfunks in der DDR vorzulegen, die sich an den medienpolitischen Aussagen in der Koalitionsvereinbarung vom 12. April 1990[17] und der Regierungserklärung Lothar de Maizières vom 19. April 1990[18] orientieren und die bestehenden medienrechtlichen Kompetenzen und die aktuelle Situation des Rundfunks in der DDR einbeziehen sollte.

Eine von meinem Vertreter im Medienreferat des BPA, Regierungsdirektor Dr. Jörg Merkel, zunächst für das Büro des Ministerpräsidenten am 10. Mai 1990 erarbeitete Analyse der im Medienbeschluß der Volkskammer vom 5. Februar 1990[19] getroffenen Regelungen konnte ich unmittelbar nach meiner Rückkehr aus Berlin dem Büro des Ministerpräsidenten zusenden. Aus ihr wurde deutlich, daß der Medienbeschluß zwar den Aufbruch in die neugewonnene Medienfreiheit begleitend festgeschrieben, in seiner Vorläufigkeit aber vieles offen oder unklar gelassen hatte[20] und deshalb neue tragfähigere Regelungen geradezu herausforderte.[21]

Meine Arbeit am Rundfunkpapier, die ich mit Dr. Merkel diskutierte, war am 21.

Mai 1990 abgeschlossen. Grundlage bildete die in der Bundesrepublik Deutschland herschende Rechtsauffassung, daß die Länder über die Kompetenz verfügen, den öffentlich-rechtlichen Rundfunk in einer eigenen Anstalt oder durch Staatsvertrag gemeinsam mit anderen Ländern zu organisieren. Angesichts der bevorstehenden Restitution der Länder in der DDR schien es mir geboten, den Rundfunk (das bedeutete zugleich auch die organisatorische Zusammenführung von Hörfunk und Fernsehen) zu föderalisieren, d. h. ihn schon jetzt als zentrale Einrichtung nicht mehr weiterzuführen, sondern ihn auf der Ebene der Länder neu zu organisieren. Ohne damit die zu erwartenden Entscheidungen der Länder im Hinblick auf künftige Anstalten präjudizieren zu wollen, war beabsichtigt, die neuen Ländereinrichtungen im Hinblick auf die bestehenden, für das Fernsehen fast ausschließlich in Berlin angesiedelten Produktionseinrichtungen zur Kooperation zu zwingen und sie in eine gemeinsame Verantwortung dafür einzubinden.

Am 22. Mai 1990 traf ich mich mit Dr. Drewitz in Berlin, um mit ihm die wichtigsten Eckpunkte meiner Ausarbeitung zu besprechen. Anschließend begaben wir uns in das Ministerratsgebäude in der Klosterstraße, wo wir dem Minister im Amt des Ministerpräsidenten, Klaus Reichenbach, ausführlich unsere Vorstellungen zur Neuordnung des DDR-Rundfunks vortragen konnten. Als Ergebnis dieser Gesprächsrunde, in der vom Büro des Ministerpräsidenten Winfried Fest und Dr. Thomas de Maizière sowie vom Büro des Regierungssprechers Hans-Christian Maaß saßen[22], wurde der Text als brauchbare Diskussionsgrundlage für die weitere Planung entgegengenommen (Dokument 1).

2.

Bereits am folgenden Tag lud Minister Dr. Müller zu einer Klausurtagung am 31. Mai 1990 in den CD-Klub nach Zeuthen (Kreis Königs Wusterhausen) ein, um dort die »Neuordnung der elektronischen Medien in der DDR und die Begleitung des Umwandlungsprozesses durch eine Überleitungsgesetzgebung« zu besprechen. Die Organisation der Veranstaltung hatte das Ministerium Hans-Christian Maaß übertragen, wie ebenfalls im Einladungsschreiben vom 23. Mai 1990 mitgeteilt wurde. Wegen der sehr kurzfristigen Einladung konnten nur einige der in der Anlage zum Brief des Medienministers genannten Experten nach Zeuthen reisen.[23]

Durch nachträgliche Einladungen veränderte sich der Teilnehmerkreis weiter. Am 31. Mai 1990 begrüßte Staatssekretär Becker (in Vertretung von Minister Dr. Müller, der erst gegen Mittag eintraf, da er am Vormittag den Generalintendanten des ›Deutschen Fernsehfunks‹, Hans Bentzien, von seinem Amt abgelöst hatte) in Zeuthen als Gäste aus Westdeutschland die Intendanten des ›Senders Freies Berlin‹, Dr. Günther von Lojewski, und des ›Norddeutschen Rundfunks‹, Dr. Peter Schiwy, den früheren Intendanten des ›Westdeutschen Rundfunks‹, Friedrich-Wilhelm Freiherr von Sell, Prof.

Dr. Reinhart Ricker (Medienrechtler an der Universität Mainz), Dr. Hans Hege (Direktor der Anstalt für Kabelkommunikation Berlin), Prof. Dr. Ernst W. Fuhr[24] und den Leitenden Ministerialrat Dieter Bopp (Gruppenleiter Medien in der Staatskanzlei des Landes Nordrhein-Westfalen in Düsseldorf). In einer »Mittlerposition« nahmen als westdeutsche Berater aus dem Medienministerium Dr. Hans-Dieter Drewitz und ich und aus dem Amt des Ministerpräsidenten Hans-Christian Maaß teil. Die DDR-Seite war durch den Medienminister, seinen Staatssekretär, dessen persönlichen Referenten Peter Praschek, den (designierten) Staatssekretär im Ministerium der Justiz Manfred Walther[25], die stellvertretende Regierungssprecherin Dr. Angela Merkel und Wolfgang Hiller, Gruppenleiter im ›Funkhaus Berlin‹, vertreten.

Staatssekretär Becker zählte in seinem einleitenden Referat die Themen auf, über die zu diskutieren sei: Wie regeln wir nach einem festen Zeitplan die Angelegenheiten des öffentlich-rechtlichen Rundfunks, sichern seine föderale Grundstruktur und seine Finanzierung, wobei die Anzahl der Anstalten, ihre Standorte und die Frage der Gebührenkompetenz besonders problematisch seien. In der ganztägigen Aussprache wurde zwischen allen Beteiligten ein weitgehender Konsens darüber erzielt, auf dem Wege eines Überleitungsgesetzes den zentralen DDR-Rundfunk durch länderbezogene Rundfunkeinrichtungen zu ersetzen. Lediglich Prof. Dr. Ricker sprach sich aus sozialen Gründen gegen Veränderungen des bestehenden zentralen Systems aus.

Das Beratungsergebnis hatte die Voraussetzungen für die weiteren Arbeiten in den kommenden Wochen geschaffen. Die wichtigsten Aspekte hierfür sind in zwei Vermerken über die Zeuthener Tagung festgehalten worden, die sich gegenseitig ergänzen: Einmal für das Ministerium für Medienpolitik durch Staatssekretär Becker (Dokument 2), zum anderen für den Ministerpräsidenten und das Amt des Ministerpräsidenten durch Hans-Christian Maaß (Dokument 3). Sie bildeten den »Auftrag« für die Arbeitsgruppe Rundfunküberleitungsgesetz, die bereits eine Woche nach den in Zeuthen getroffenen Festlegungen am 8. Juni 1990 im Ministerium für Medienpolitik zusammenkam. Ihr gehörten Prof. Dr. Fuhr, Dieter Bopp, Dr. Drewitz und ich an.[26] Für die erste Arbeitssitzung lag eine von Dr. Drewitz gefertigte Ausarbeitung mit dem Titel »Vorschläge für Eckpunkte einer Überleitungsgesetzgebung für den Rundfunk in der DDR (Stand: 5. 6. 1990)« (Dokument 4) vor, die die bisherigen Überlegungen und Zielvorstellungen im Hinblick auf eine Umsetzung in entsprechende rechtliche Regelungen verdichtete.

Die Beratungen fanden unter Vorsitz von Minister Dr. Müller und/oder Staatssekretär Becker statt[27], diese wurden begleitet von ihren persönlichen Referenten Bernd Czajkowski und Praschek; anwesend war ferner Dr. Heribert Liebl[28], vorübergehend Mitarbeiter des Referates Medienrecht/Wettbewerbsrecht im Ministerium für Medienpolitik. An den beiden letzten Beratungstagen war auch Assessor Stephan Michelfelder, Mitarbeiter der Rechtsabteilung des ›Westdeutschen Rundfunks‹, an den Arbeiten beteiligt.

Zu einzelnen Beratungspunkten (vor allem Bestand und Wert der Archive, Situation der Freiberufler) hatte die Arbeitsgruppe in einer der Sitzungen Rechtsanwalt Dr. Niels Kolle, Justitiar des ›Deutschen Fernsehfunks‹, befragt. Im übrigen verzichtete sie in enger Auslegung ihres Auftrages bewußt darauf, Gespräche mit Mitarbeitern des Medienministeriums[29] oder externen Medienverantwortlichen zu führen oder Rundfunkproduktionsstätten aufzusuchen. Lediglich der Leiter der Produktionsplanung des ›Zweiten Deutschen Fernsehens‹, Volker Haufler, besichtigte im Auftrag des Ministers für Medienpolitik im Verlaufe der Beratungen im Juni 1990 die Fernsehstandorte Adlershof und Johannisthal und erstattete der Arbeitsgruppe am 26. Juni 1990 hierzu einen gründlichen Bericht, ergänzt um Bedarfsprofile des Fernsehens bei den vorgesehenen Landesrundfunkdirektoraten.

Auf irgendwelche Vorarbeiten, etwa aus der seit dem 20. Dezember 1989 arbeitenden Mediengesetzgebungskommission, vom Medienkontrollrat oder dem DDR-Rundfunk selbst, konnte die Arbeitsgruppe nicht zurückgreifen.[30] In vier Arbeitssitzungen am 8., 9., 25. und 26. Juni 1990, die zum Teil bis in die Nacht dauerten, wurde der Text des Rundfunküberleitungsgesetzes von der genannten Vierergruppe diskutiert, fertiggestellt und am 29. Juni 1990 in einer Abschlußbesprechung als Entwurf für eine Gesetzesvorlage intern verabschiedet. Wenn wir die Beratungen für das Rundfunküberleitungsgesetz so rasch abschließen konnten, dann deshalb, weil es – wie dargestellt – bereits klare medienpolitische Vorgaben dafür gab, was und wie es geregelt werden sollte.

3.

Für erhebliche Teile des Entwurfes wurden weitgehend Regelungen übernommen, die sich im Rundfunksystem der Bundesrepublik Deutschland bewährt hatten. Die Diskussionen konzentrierten sich im wesentlichen auf das, was DDR-spezifisch zu lösen war, nämlich die Organisation des öffentlich-rechtlichen Rundfunks. Parallel zur Diskussion über die künftigen Landeshauptstädte mußte die Arbeitsgruppe in § 10 für die neuzuschaffenden Landesrundfunkdirektorate Standorte bereits im Gesetzentwurf nennen, da öffentlich-rechtliche Anstalten nicht ohne Sitz errichtet werden können. Mit der Wahl des Begriffs Landesrundfunkdirektorat wollten wir die Vorläufigkeit der zu treffenden Regelungen unterstreichen, um die Länder in den von ihnen später zu treffenden Entscheidungen nicht zu sehr festzulegen. Die Pflicht zu gemeinsamem Handeln aller Rundfunkdirektorate als Trägern des künftigen föderalen Rundfunks ist in mehreren Paragraphen ausdrücklich festgeschrieben worden; ebenso aber auch die Übertragung bisher zentraler Funktionen, z. B. Programmhoheit und Gebührenhoheit, auf die vorgesehenen neuen Landesrundfunkdirektorate. Angesichts der im Frühjahr/Sommer 1990 im DDR-Rundfunk weitgehend ungeordnet ablaufenden Kooperationen mit zentrifugalen Tendenzen stand in den Beratungen der Arbeitsgruppe der geordnete Übergang der zentralen auf die länderbezogenen Einrichtungen im Vordergrund. § 29 über das Außerkrafttreten des Rundfunküberleitungsgesetzes war der Punkt, über den die Arbeitsgruppe am intensivsten beraten hat. Es sollte eine Lösung gefunden werden, die das Ausscheren einer oder mehrerer Landesrundfunkdirektorate aus der gemeinsamen Verantwortung für Adlershof und Nalepastraße verhindern sollte. Die dort angesiedelten Hörfunk- und Fernseheinrichtungen hätten nach den Vorstellungen der Arbeitsgruppe (vgl. § 11 Abs. 2) ohne Programmhoheit als Betriebsstätten der Landesrundfunkdirektorate, etwa in Form einer GmbH, weiterarbeiten können. Für die aus dem Abbau von Kapazitäten in Berlin herrührenden sozialen Lasten sah § 11 Abs. 3 vor, hierfür ausreichende Haushaltsmittel der Regierung der DDR bereitzustellen, da die DDR auch in der Vergangenheit den Auf- und Ausbau des Rundfunks mit staatlichen Zuwendungen betrieben hatte.

Vorläufigkeit und damit zugleich die Notwendigkeit einer nach Restitution der Länder vorzunehmenden Veränderung bestimmte auch die Regelungen zu Beirat und Direktor der Landesrundfunkdirektorate: Mit Absicht hießen sie weder Rundfunkrat noch Intendant. Angesichts der aus der Vorwendezeit diskreditierten sog. gesellschaftlichen Massenorganisationen erschien es damals kaum möglich, eine Festlegung von konkreten Entsendungsrechten gesellschaftlicher Gruppen in den Beirat zu treffen. Die Berufung und Abberufung von »fünf im jeweiligen Land anerkannten Persönlichkeiten des öffentlichen Lebens« und des Direktors durch den Ministerpräsidenten haben später Kritiker des Gesetzentwurfes als starkes Argument für einen angeblichen »Staatsrundfunk« vorgetragen. Dabei haben sie übersehen, daß sich gerade diese Regelung an der bestehenden Rechtslage der DDR orientierte (Zusammensetzung der »Runden Tische«; Bestellung der beiden Generalintendanten für Hörfunk und für Fernsehen durch den Ministerpräsidenten). Allerdings hatte die Arbeitsgruppe bewußt für die Berufung vorgesehen, daß nicht die Bestätigung durch den Medienkontrollrat, sondern das Einvernehmen des Ministerpräsidenten mit einer inzwischen existenten und zudem durch Wahl vom 18. März 1990 demokratisch legitimierten Instanz, nämlich dem Ausschuß für Presse und Medien der Volkskammer erforderlich sein sollte.

Da der Gesetzentwurf sich ausdrücklich auf das gesamte Rundfunkangebot bezog, unabhängig ob in öffentlich-rechtlicher Trägerschaft oder privat veranstaltet, war auch ein Abschnitt (§§ 24 f.) über den privaten Rundfunk vorgesehen. Mein Vorschlag war, ein »Amt für privaten Rundfunk« als nachgeordnete Dienststelle des Ministers für Medienpolitik zu errichten – um Kontinuität auch nach der abzusehende Auflösung des Ministeriums zu sichern; doch fand die Lösung, lediglich eine Geschäftsstelle für privaten Rundfunk innerhalb des Ministeriums einzurichten, mehr Zustimmung. Entscheidend war dabei der Aspekt, einer entsprechenden Gesetzgebung in den Ländern nicht vorzugreifen und sie zu einem möglichst raschen Aufbau von »Landesmedienanstalten« zu veranlassen.

Nach Abschluß der Beratungen war am 26. Juni 1990 nur ein einziger Sachverhalt offengeblieben, für den die Arbeitsgruppe einen Alternativvorschlag vorgesehen hatte: die Entscheidung über die Höhe der Rundfunkgebühr in die Zuständigkeit der Volkskammer (so Minister Dr. Müller und die Mitglieder der Arbeitsgruppe analog zu den Regelungen in der Bundesrepublik Deutschland) oder der Landesrundfunkdirektorate (so Staatssekretär Becker unter Berufung auf die Koalitionsvereinbarung) zu legen.

4.

Der Entwurf des Rundfunküberleitungsgesetzes hatte einen gravierenden Mangel, der letztlich dann auch zu seinem Scheitern beitrug: Wegen des erheblichen Zeitdrucks, unter dem er fertiggestellt werden mußte, und wegen der erklärten Absicht des Medienministeriums, ihn noch im Juli 1990 von der Volkskammer verabschieden zu lassen, fehlte die bei Gesetzentwürfen im Regelfalle mitgelieferte Begründung, aus der sich entnehmen läßt, warum bestimmte Sachverhalte wie geregelt werden und welche Überlegungen zu den jeweiligen Lösungen geführt haben. Erst bei der Einbringung des Gesetzes in der Volkskammer wurde von Minister Dr. Müller in einer längeren Rede diese Begründung »nachgeliefert«.[31]

Interviews des Ministers, in denen auch die Arbeiten am Rundfunküberleitungsgesetz angesprochen worden waren,[32] hatten in der medienpolitisch interessierten Öffentlichkeit große Aufmerksamkeit für das Ergebnis der Beratungen geweckt. Der Gesetzentwurf in der am 29. Juni 1990 redaktionell abgestimmten Fassung[33] wurde am 2. Juli 1990 informell vom Medienministerium dem Volkskammerausschuß für Presse und Medien und der Mediengesetzgebungskommission zugeleitet und dann von dritter Seite verbreitet,[34] noch bevor das Ministerium ihn als Kabinettsvorlage vom 3. Juli 1990 offiziell auf den Weg zur Verabschiedung im Ministerrat brachte.[35]

Beim 8. Wissenschaftlichen Gespräch des Presse- und Informationsamtes der Bundesregierung am 28./29. Juni 1990 in Mayschoß, das dem Thema »Medien in Deutschland« gewidmet war, spielte die Neuordnung des Rundfunks, insbesondere durch die Referate von Dr. Gerhild Schulzendorf (Institut für Politikwissenschaft der Humboldt-Universität Berlin) und Dr. Wernfried Maltusch (stv. Generalintendant des ›Rundfunks der DDR‹) und die Diskussionsbeiträge anderer Teilnehmer eine beherrschende Rolle.[36]

Die Tagung hatte zwei unmittelbare Nachwirkungen: Am 3. Juli 1990 rief mich der Intendant des ›Hessischen Rundfunks‹, Prof. Dr. Hartwig Kelm, damals zugleich Vorsitzender der ARD, an und äußerte deutliche Bedenken gegen den Gesetzentwurf, die er in zwei Punkten bündelte: Die vorgesehenen neuen landesbezogenen Rundfunkeinrichtungen seien in die Verantwortung für die vorhandenen zentralen Einrichtungen derart eingebunden worden, daß die bestehende oder beabsichtigte Kooperation mit den westdeutschen ARD-Anstalten wegen der zu erwartenden Abwicklung von Altlasten erheblich erschwert werde. Sein zweiter Einwand richtete sich gegen die Übernahme der in der Bundesrepublik Deutschland geltenden Werberegelungen im öffentlich-rechtlichen Rundfunk auch für die DDR, wobei die Gültigkeit der großzügigeren Regelungen, die der Medienkontrollrat am 7. März 1990 für das Fernsehen der DDR genehmigt hatte (insbesondere Werbung nach 20.00 Uhr), ausdrücklich bis zum Wirksamwerden von Länderregelungen, längstens aber bis zum Außerkrafttreten des gesamten Gesetzes zum 30. Juni 1992, begrenzt wurde. Die ARD hatte offensichtlich gehofft, unter Berufung auf die Praxis in der DDR auch in der Bundesrepublik Deutschland die Werbegrenze 20.00 Uhr aufweichen zu können.[37]

Als retardierend für den weiteren Ablauf erwies sich die Intervention des Technischen Direktors des ›Bayerischen Rundfunks‹, Frank Müller-Römer, der von der Tagung in Mayschoß sofort nach Berlin eilte. Am 2. Juli 1990 rief mich in Bonn Dr. Thomas de Maizière aus dem Büro des Ministerpräsidenten an: Bei ihm sei gerade Müller-Römer, der ihn auf »gravierende handwerkliche Mängel« im Gesetzentwurf hingewiesen habe. Müller-Römers Einwände konzentrierten sich, wie sich im Laufe des Telefongespräches herausstellte, vor allem auf den § 29. Er wollte in Absatz 5 das Recht der Länder, vor Außerkrafttreten des Rundfunküberleitungsgesetzes bereits eigene Landesmediengesetze für die Zulassung und Veranstaltung privaten Rundfunks zu erlassen, durch eine analoge Regelung für Landesrundfunkgesetze ersetzt haben. Die medienpolitische Zielrichtung war klar erkennbar: Damit wären die vom Gesetz geforderten »Rechte und Pflichten bei der Erfüllung gemeinsamer Aufgaben« obsolet geworden; eine solche Regelung hätte zugleich einem ausschließlich am eigenen Interesse einzelner Landesrundfunkanstalten orientierten Handeln das Tor geöffnet.

Die Proteste einzelner Interessenten, von Verbänden und Institutionen[38] führten dazu, daß sich das Büro des Ministerpräsidenten noch intensiver mit der Kabinettsvorlage in einer zweiten, vom 4. Juli 1990 datierten Fassung des Medienministeriums befaßte. Auch unter dem Eindruck des überwiegend negativen Medienechos[39] teilte die stellvertretende Regierungssprecherin Dr. Angela Merkel am 4. Juli auf einer Pressekonferenz mit, der Ministerrat habe den Entwurf nicht behandelt; er werde ihm vom Medienministerium in überarbeiteter Version erneut vorgelegt. Es entstanden daraufhin eine Zwischenfassung des Entwurfes für das Rundfunküberleitungsgesetz vom 6. Juli 1990 und die letzte Fassung als Kabinettsvorlage mit der Datierung 10. Juli 1990 (Dokument 5).[40]

Die zeitliche Streckung bot Dr. Drewitz und mir die Möglichkeit, in telefonischer Abstimmung mit Dr. Thomas de Maizière und mit Prof. Dr. Fuhr Mißverständnisse zu klären, notwendige Erläuterungen zu geben und Schreibfehler zu tilgen. Doch blieben die Änderungen durch die Überarbeitungen eher marginal: Es wurden einzelne Paragraphen umgestellt (insbesondere der Abschnitt »Finanzierung des öffentlich-rechtlichen Rundfunks«, der aus dem allgemeinen Rundfunkteil in den Teil über die Organisation des öffentlich-rechtlichen Rundfunks gezogen wurde), die zwingende Regelung, DDR-weite Rundfunkprogramme weiterzuführen, in eine Soll-Vorschrift umgewandelt (§ 12 Abs. 4) und auf den Paragraphen »Frequenzen für den privaten Rundfunk« mit der dort vorgesehenen Einsetzung eines Frequenzplanungsausschusses (weil zeitlich kaum noch zu realisieren) verzichtet. So bleibt als eigentlich wichtige geänderte Regelung in der Fassung vom 10. Juli 1990 die endgültige Festlegung auf die Volkskammer als das für die Festsetzung der Rundfunkgebühren zuständige Gremium.

In einer von der PDS beantragten Aktuellen Stunde während der Sitzung der Volkskammer am 5. Juli 1990 über »Die Zukunft der Medien in der DDR« äußerten sich insgesamt 19 Abgeordnete zur Situation von Hörfunk und Fernsehen in der DDR. Dabei blieb zwischen den Parteien strittig, wie durchgreifend sich in diesem Bereich schon ein Wandel von Personen, Auffassungen und Themen vollzogen habe.[41] Über weite Strecken wurde die Aktuelle Stunde jedoch zur »nullten Lesung«[42] des noch gar nicht in die Volkskammer eingebrachten Gesetzentwurfes. Kritisiert wurde vor allem, daß das Medienministerium, nicht aber – wie im Volkskammerbeschluß vom 5. Februar 1990 vorgesehen – die Mediengesetzgebungskommission den Gesetzentwurf vorbereitet habe und die in diesem Zusammenhang vorgesehene öffentliche Anhörung[43] unterblieben sei. Ähnlich argumentierte der Medienkontrollrat, sah seine Kompetenzen verletzt und lehnte in seiner Sitzung am 11. Juli 1990 den Gesetzentwurf auch deshalb einstimmig als rechtswidrig ab. Dagegen war Minister Dr. Müller der Überzeugung, nach den freien Wahlen zur Volkskammer müsse die umfassende Zuständigkeit des nach dem Vorbild des »Runden Tisches« gebildeten Medienkontrollrates als fragwürdig angesehen werden. Angesichts der Stagnation in der Arbeit der Mediengesetzgebungskommission sei deshalb aktives Handeln des Medienministeriums ebenso notwendig wie zulässig.

Am gleichen Tage, dem 11. Juli 1990, billigte der Ministerrat der DDR den Entwurf des Rundfunküberleitungsgesetzes und leitete ihn mit kleineren Änderungen in den §§ 10, 25 und 30 der Volkskammer zur am 13. Juli 1990 vorgesehenen ersten Lesung zu. Minister Dr. Müller hatte nach der Entscheidung des Ministerrates in einer großen Pressekonferenz am 12. Juli die mit dem Gesetzentwurf vorgesehenen Prinzipien zum Neuaufbau des Rundfunkwesens in der DDR als »Tendenz zur Föderalisierung und zur Bewahrung des gemeinsamen Bestandes« charakterisiert.

Die erste Lesung des Gesetzentwurfes (als Drucksache 134) in der Volkskammer fand jedoch erst am 20. Juli 1990, also eine Woche später, statt. Elf Redner aller Fraktionen beteiligten sich.[44] Die Debatte verlief äußerst kontrovers, zumal überraschend die SPD-Fraktion einen eigenen Entwurf für ein Rundfunkgesetz der DDR[45] vorlegte, den die Fraktion Grüne/Bündnis 90 stützte und für den auch die Liberalen Sympathie erkennen ließen. Beide Entwürfe überwies die Volkskammer zur weiteren Beratung federführend an den Ausschuß für Presse und Medien, zur Mitberatung an die Ausschüsse für Kultur und für Verfassung und Verwaltungsreform. Sie waren vom Konzept her völlig gegensätzlich angelegt: Der Regierungsentwurf[46] versuchte, die bisherige zentrale staatliche »Einrichtung ohne erkennbare juristische Rechtspersönlichkeit« auf die fünf neuen Länder und noch zu errichtende Anstaltsträger zu überführen, damit »eine Regelung der Altlasten zu verbinden«[47] und zugleich erste Voraussetzungen für die Einführung eines privaten Rundfunks[48] zu schaffen. Mit dem SPD-Entwurf[49] war dagegen beabsichtigt, Hörfunk und Fernsehen in einer einheitlichen, wie bisher in Berlin zentralisierten Anstalt zusammenzuführen, bei der Landesdirektionen nur als von der Zentrale abhängige Filialen Berlins vorgesehen waren. Damit waren zugleich die Weichen in Richtung auf eine spätere Fünf-Länder-Anstalt gestellt. Durch die vorgesehene Etablierung eines auf Dauer und nicht auf Vorläufigkeit angelegten Rundfunkbeirates war der künftige Gestaltungsspielraum der Länder ganz erheblich eingeengt. Mit der Einführung der eigenen Gebührenhoheit des Rundfunks wurde schließlich eine Forderung der SPD aus der Koalitionsvereinbarung berücksichtigt. Die Einführung privaten Rundfunks war nicht vorgesehen.

Wie sehr weiterhin das Denken in zentralistischen Einrichtungen die politischen Überlegungen in der DDR bestimmte, wurde unmittelbar danach deutlich, als die Volkskammer am 22. Juli 1990 das »Verfassungsgesetz zur Bildung von Ländern in der Deutschen Demokratischen Republik (Ländereinführungsgesetz)«[50] verabschiedete. Wenn dieses Gesetz auch weitgehend Kompatibilität mit den entsprechenden Regelungen des Grundgesetzes über die Aufgabenverteilung zwischen Bund und Ländern anstrebte, so gibt es doch im Medienbereich eine Abweichung, die für die weitere Entwicklung des Rundfunks in der DDR und die ihm gewidmeten Gesetzentwürfe entscheidende Bedeutung gewann: In § 10 (b) wurde der DDR »bis zur Herstellung der Einheit Deutschlands« für den Bereich Hörfunk und Fernsehen die ausschließlichen Gesetzgebungs- und Verwaltungsbefugnisse zugesprochen und damit den neu sich bildenden Ländern jede Regelungsmöglichkeit in diesem Bereich verwehrt.[51] Damit war dem Regierungsentwurf, der ja schon auf die Länder und nicht mehr auf die Republik setzte, endgültig die Grundlage entzogen.

Nach meinem Eindruck haben vor allem zwei Gründe zum Scheitern des Regierungsentwurfes beigetragen: Einmal der in weiten Kreisen vorhandene Wunsch, das bestehende Fernsehprogramm der DDR geschlossen in die absehbare Einheit Deutschlands zu überführen und auf diese Weise »DDR-Identität« zu bewahren, zum anderen die im Gesetzentwurf liegende Konsequenz, dem als Errungenschaft der Wendezeit geltenden Medienkontrollrat seine Kompetenzen für den Rundfunk zu entziehen.[52] Und schließlich ist auf die Schwierigkeiten hinzuweisen, die darin bestanden, daß im Rechtssystem der Bundesrepublik Deutschland selbstverständliche Regelungen der DDR bis dahin völlig fremd waren.[53]

5.

Eine Folge der Verabschiedung des Ländereinführungsgesetzes war, daß mit der Herstellung der deutschen Einheit Rundfunkkompetenzen und Rundfunkeinrichtungen einschließlich ihrer Mitarbeiter von der DDR auf den Bund übergehen würden.[54] Die Bundesrepublik Deutschland war deshalb gezwungen, im Zusammenhang mit dem Einigungsvertrag Regelungen zur Überführung des staatlichen Rundfunks der DDR in öffentlich-rechtlichen Einrichtungen vorzubereiten, zu denen die DDR bis dahin nicht gekommen war. Im BMI hatte deshalb der für Medienangelegenheiten zuständige Unterabteilungsleiter, Ministerialdirigent Hans Günther Merk[55], einen »Artikel 28a: Rundfunk und Fernsehen« zur Aufnahme in den Einigungsvertrag formuliert, den das BMI am 13. August 1990 mit den Ressorts des Bundes, den Ländern und dem Ministerium für Medienpolitik der DDR abgestimmt hatte[56] und der Grundlage der Ressortbesprechung aller Bonner Ministerien über den gesamten Einigungsvertrag am 16. August 1990 im BMI war. An dieser Besprechung nahm für das BPA meine Mitarbeiterin, Frau Regierungsrätin z.A. Susanne Wenner, teil. Der Entwurf des BMI wurde in zwei Punkten als problematisch angesehen: Hinsichtlich der Mitfinanzierung des Bundes »im Rahmen seiner Kompetenz« und »in Ausnahmefällen für die Weiterführung der Programme« des im Entwurf vorgesehenen »Ost- und Mitteldeutschen Rundfunks« sowie hinsichtlich der Festsetzung der Höhe der Rundfunkgebühren im Gebiet der DDR.

Zur Schlußberatung des Artikel 28a Einigungsvertrag mit dem Ziel, dem Plenum der deutsch-deutschen Verhandlungskommission eine endgültige Fassung vorzulegen, hatte das BMI auf den 21. August 1990 eingeladen. Bei der Sitzung des Arbeitsaussschusses, die im Bundesministerium für Verkehr in Bonn stattfand, waren als Vertreter der DDR Staatssekretär Becker und der Volkskammerabgeordnete Konrad Weiß (Bündnis 90/Grüne) anwesend. Das BMI war durch Ministerialdirigent Merk, den Referatsleiter Rundfunk, Ministerialrat Dr. Klaus-Jürgen Lange[57], sowie Sachbearbeiter vertreten. Ich nahm für das BPA teil; Vertreter anderer Bundesressorts waren ebenso beteiligt wie die Medienreferenten der Staatskanzleien fast aller Bundesländer. Staatssekretär Becker legte eine Ausarbeitung vor, die einige Dissenspunkte gegenüber dem Entwurf des Bundesministeriums des Innern betrafen und zum Teil nur nachrangige Bedeutung hatten (Rundfunk in sorbischer Sprache; Sender- und Leitungskosten des Rundfunks in der DDR), in ihrem Kern aber noch einmal die Frage eines Rundfunküberleitungsgesetzes berührten. Danach sollte Artikel 28a der Satz »Für den Fall, daß von der Volkskammer kein Rundfunküberleitungsgesetz verabschiedet wird, gilt die nachstehende Regelung« vorangestellt werden. Von westdeutscher Seite wurde diesem insbesondere von Konrad Weiß emotionsstark vorgetragenen Anliegen deutlich widersprochen, da ja überhaupt noch nicht bekannt sei, was wie durch ein solches Gesetz geregelt werden solle. Auch der von Ministerialdirigent Merk mehrfach wiederholten Bitte, dem Ausschuß einen Gesetzentwurf zugänglich zu machen[58], konnte Konrad Weiß unter Hinweis darauf, die Beratung im Volkskammerausschuß sei vertraulich, nicht entsprechen.

Im übrigen wurde im Verlauf der Beratungen am 21. August 1990 der Entwurf des Artikels 28a dann mit weiteren Änderungen (insbesondere Verzicht auf den Namen »Ostdeutscher Rundfunk«, auf zusätzliche staatliche Finanzierung und auf die Vorschrift über die Gebührenerhöhung in der DDR; dafür Regelungen zur Wahl des Rundfunkbeauftragten und des Rundfunkbeirates) endgültig als »Artikel 36: Rundfunk« Bestandteil des Einigungsvertrages vom 31. August 1990[59] und damit vom 3. Oktober 1990 an geltendes Recht.

Ein erneuter Vorstoß von DDR-Seite, nach Verabschiedung des Rundfunküberleitungsgesetzes dieses doch noch in die Anlagen zum Einigungsvertrag einzubeziehen, scheiterte endgültig am 18. September 1990 bei weiteren deutsch-deutschen Beratungen zum Einigungsvertrag, da die bundesdeutsche Delegation die Regelungen zu § 16 (Studiotechnik) und §§ 18 ff. (Privater Rundfunk) für nicht akzeptabel, weil nicht kompatibel, hielt.

Von den medienrechtlichen Regelungen, die die DDR beschlossen oder geplant hatte, ging daher als weitergeltendes Recht nur der Beschluß des Ministerrates vom 15. August 1990 über die Erhöhung der Hörfunk- und Fernsehgebühren[60] in die Anlagen zum Einigungsvertrag ein.[61]

6.

Die Feststellungen des Abgeordneten Konrad Weiß, nach wie vor arbeite der Volkskammerausschuß für Presse und Medien an einem Rundfunküberleitungsgesetz, wurden durch Presseberichte aus Berlin[62] bestätigt: Bis zum 31. August solle ein neuer Entwurf vorliegen, über den die Volkskammer am 13. September 1990 beraten werde. Ein (unveröffentlichter) Zwischentext vom 31. Juli 1990 war im wesentlichen immer noch durch die Eckwerte des SPD-Entwurfes (Mehr-Länder-Anstalt) bestimmt. Der dann vom Ausschuß für Presse und Medien der Volkskammer vorgelegte Entwurf (Stand: 7. September 1990) hatte aber damit nicht mehr viel gemeinsam, denn für alle grundlegenden Bestimmungen waren nunmehr die Inhalte von Art. 36 Einigungsvertrag zum Teil wortgetreu übernommen worden, ergänzt durch zusätzliche Einzelregelungen (z. B. Gegendarstellungsrecht, Verlautbarungsrecht, Jugendschutz).

Am 12. September 1990 schloß der Ausschuß seine Beratungen des Rundfunküberleitungsgesetzes ab. Die Fassung vom 7. September 1990 blieb weitgehend unverändert, wurde aber ergänzt um eine Präambel und die Einführung eines Frequenzplanungsausschusses beim Ministerium für Post- und Fernmeldewesen (§ 19), den man schon aus der endgültigen Fassung (Kabinettsvorlage vom 10. Juli 1990) des gescheiterten Rundfunküberleitungsgesetzes wieder gestrichen hatte. Als Drucksache 134 a wurde der Text als Beschlußempfehlung des Ausschusses vom 12. September 1990 der Volkskammer vorgelegt.[63] Die Volkskammer stimmte am 13. September 1990 in 2. Lesung dem Rundfunküberleitungsgesetz ohne Änderungen mit vier Gegenstimmen bei einer Enthaltung zu.[64] In der Beratung, an der sich neben dem Ausschußvorsitzenden Jürgen Schwarz als Berichterstatter die Abgeordneten Stephan Hilsberg (SPD), Prof. Dr. Lothar Bisky (PDS) und Konrad Weiß (Bündnis 90/Grüne) beteiligten, unterblieb jeder Hinweis darauf, daß hier noch ein Gesetz verabschiedet wurde, das alsbald seine Gültigkeit verlieren würde. Mit der Veröffentlichung im Gesetzblatt der DDR, die ausdrücklich den Hinweis erhielt, es handle sich nicht um nach dem Einigungsvertrag weitergeltendes Recht, trat das Gesetz am 26. September 1990 in Kraft.[65] Es galt nicht bis zum 31. Dezember 1991 (§ 22), sondern nur noch genau sieben Tage bis zum Beitritt der DDR zur Bundesrepublik Deutschland. Mit der Herstellung der Einheit Deutschlands in der Nacht vom 2. auf den 3. Oktober 1990 fand der Versuch der DDR endgültig ein Ende, ihre Rundfunkangelegenheiten in eigener Zuständigkeit zu regeln.

Auf jeden Fall wäre das vom Medienministerium vorgelegte Rundfunküberleitungsgesetz im Falle seines Zustandekommens – als mit dem Rundfunkrecht der Bundesrepublik Deutschland kompatibel – über die Aufnahme in den Einigungsvertrag fortgeltendes Recht geworden und hätte den Artikel 36 im Einigungsvertrag überflüssig gemacht.[66] Es verwirklichte meiner Meinung nach am besten die Prinzipien, die von einem Mitglied der Mediengesetzgebungskommission (die selbst zum Zustandekommen eines Gesetzes nichts beigetragen hatte) als zentrale Aufgabe dieses Gremiums herausgestellt worden war: »Das Ziel bestand in der Auflösung des zentralistischen Parteirundfunks und der Schaffung öffentlich-rechtlicher Rundfunkanstalten«.[67]

7.

Am Vormittag des 4. Oktober 1990 verabschiedete ich mich im seit Mitternacht nicht mehr bestehenden Ministerium für Medienpolitik von meinen beiden »Dienstherren«, Minister Dr. Müller und Staatssekretär Becker. Beide konnten in der Folgezeit als Mitglieder des Rundfunkbeirates der »Artikel 36-Einrichtung« in Teilen ihres bisherigen Aufgabengebietes weiterarbeiten, ich selbst vertrat in der Arbeitsgruppe, die das Medienministerium – nunmehr BMI Außenstelle Berlin/Medien – bis zum 30. Juni 1991 abzuwickeln hatte, das BPA.

Anmerkungen

1 Auf die Auseinandersetzung mit anderen, kontroversen Auffassungen muß ich in diesem Beitrag aus Platzgründen weitgehend verzichten, ebenso auf die Richtigstellung immer wieder tradierter unzutreffender, schiefer oder falscher Feststellungen, von denen ich stellvertretend nur vier hier aufführen will: (1) die westdeutschen »Medienberater« seien im Auftrag der CDU/CSU-Medienkommission tätig gewesen; (2) Frau Dr. Gisela Bender habe den Regierungsentwurf für das Rundfunküberleitungsgesetz (so zuerst in ›Neues Deutschland‹ vom 5. Juli 1990) und (3) Parlamentarischer Staatssekretär Prof. Dr. Günther Krause den Rundfunkartikel 36 des Einigungsvertrages verfaßt; (4) das 8. Wissenschaftliche Gespräch des Bundespresseamtes habe im Berliner Reichstag stattgefunden.

2   Die Dokumente 1 bis 5 sind im Anhang zu diesem Beitrag abgedruckt und bisher noch nicht veröffentlicht worden. Lediglich Dokument 5 liegt als Drucksache Nr. 134 der Volkskammer. 10. Wahlperiode (Antrag des Ministerrates der Deutschen Demokratischen Republik vom 11. Juli 1990) vor (vgl. Anm. 40).
3   Die deutsch-deutsche Medienkommission ging auf eine zwischen Bundeskanzler Dr. Helmut Kohl und Ministerpräsident Dr. Hans Modrow am 19./20. Dezember 1989 in Dresden getroffene Vereinbarung zurück. Delegationsleiter waren für die Bundesrepublik Deutschland der Staatssekretär im Bundesministerium des Innern, Hans Neusel, für die Deutsche Demokratische Republik der stellvertretende Regierungssprecher Ralf Bachmann (nach Bildung der Regierung de Maizière Abteilungsleiter Medienpolitik im Medienministerium).
4   Mein unmittelbarer Vorgesetzter, der stellvertretende Leiter der Inlandsabteilung des Presse- und Informationsamtes der Bundesregierung, Manfred Obländer, machte am 19. Mai 1990 einen »Antrittsbesuch« im Amt des Ministerpräsidenten und im Medienministerium und veranlaßte von dort aus fernmündlich meine Reise nach Berlin (Ost).
5   1989 Gruppenleiter Personal im Bundeskanzleramt; 1991 Staatssekretär im Ministerium für Wirtschaft und Arbeit des Freistaates Sachsen
6   1984 bis 1989 Pressesprecher des Senats des Landes Berlin
7   1985 bis 1989 Leiter des Grundsatzreferats der Senatskanzlei des Landes Berlin; seit 1990 Staatssekretär im Kultusministerium des Landes Mecklenburg-Vorpommern
8   1989 Pressesprecher des Bundesministeriums für wirtschaftliche Zusammenarbeit; seit Herbst 1990 Pressesprecher der DEBIS Daimler-Benz Interservices in Berlin
9   Gruppenleiter Medien in der Staatskanzlei des Landes Rheinland-Pfalz und Vorsitzender der Arbeitsgemeinschaft der Rundfunkreferenten der Staatskanzleien
10 Geschäftsführer der Industrie- und Handelskammer zu Münster, Mitglied des Ausschusses für lokalen Rundfunk der Landesanstalt für Rundfunk Nordrhein-Westfalen
11 1981 bis 1990 Chefredakteur des thüringischen Kirchenblattes ›Glaube und Heimat‹, Februar 1990 Leiter des Wartburg-Verlages (Jena); seit Oktober 1990 Präsident des Thüringer Landtages
12 Das für das Reichsministerium für Volksaufklärung und Propaganda 1940 fertiggestellte Dienstgebäude zwischen der Otto-Grotewohl-Straße (früher: Wilhelmstraße) und der Mauerstraße wurde auch für die Presseämter der SBZ/DDR weiterbenutzt. Zu deren Geschichte von der Hauptverwaltung Information der Deutschen Wirtschaftskommission bis zum Ministerium für Medienpolitik vgl. Holzweißig, Gunter: Das Presseamt des DDR-Ministerrats. Agitationsinstrument der SED. In: Deutschland Archiv, Jg. 1992, Nr. 5, S. 503–512
13 Ministerialrat im Ministerium des Innern und für Sport des Landes Rheinland-Pfalz, dort für Angelegenheiten des Presserechts zuständig
14 Seit 1979 als Ingenieurleiter im Energiekombinat Erfurt; 1989 Landesvorsitzender des Demokratischen Aufbruchs in Thüringen
15 Seit 1961 als Sprachwissenschaftler an der Akademie der Wissenschaften tätig, seit 1973 Präses der Synode der Evangelischen Kirche in Berlin-Brandenburg; Februar 1990 bis Mai 1990 für die SPD Mitglied des Medienkontrollrates; 1992 Geschäftsführer der Servicegesellschaft Medien & Kultur, Berlin
16 Zur Entwicklung der Medien 1989/90, insbesondere des Rundfunks nach der Wende in der DDR, verweise ich auf folgende Publikationen (eine Auswahl in der Reihenfolge des Erschei-

nens): (a) Baerns, Barbara: Journalismus und Medien in der DDR. Ansätze, Perspektiven, Probleme und Konsequenzen des Wandels. Königswinter: Jakob-Kaiser-Stiftung 1990 (= Entwicklung in Deutschland. Manuskripte zur Umgestaltung in der DDR); (b) Kutsch, Arnulf (Hrsg.): Publizistischer und journalistischer Wandel in der DDR. Bochum: Brockmeyer 1990 (= Bochumer Studien zur Publizistik- und Kommunikationswissenschaft, Bd. 64; (c) Mahle, Walter A. (Hrsg.). Medien in Deutschland. Nationale und internationale Perspektiven. München: Ölschläger 1990 (= AKM-Studien, Bd. 32); (d) Funkhaus Berlin/Lektorat Rundfunkgeschichte (Hrsg.): Radio im Umbruch. Oktober 1989 bis Oktober 1990 im Rundfunk der DDR. Darstellungen, Chronik, Dokumentation, Presseresonanz. Berlin: Funkhaus Berlin 1990; (e) Sender Freies Berlin/Abt. Presse- und Öffentlichkeitsarbeit (Hrsg.): Rundfunk im Umbruch. Materialien zur Entwicklung von Hörfunk und Fernsehen in der ehemaligen DDR im Jahr 1990. Berlin: SFB [1991] (= SFB-Werkstattheft 19); (f) Kopetz, Dieter (Hrsg.): Perspektiven für die Medien in den neuen Bundesländern. Münster und Hamburg: Lit Verlag 1991 (= Europa 2000, Bd. 2); (g) Mahle, Walter A. (Hrsg.): Medien im vereinten Deutschland. Nationale und internationale Perspektiven München: Ölschläger 1991 (= AKM-Studien, Bd. 37); (h) Kutsch, Arnulf: Zwischen Wende und heute – Ansätze zur Rundfunkneuordnung in der DDR bis zur deutschen Vereinigung. In: Mitteilungen Studienkreis Rundfunk und Geschichte, 17. Jg. (1991), Nr. 4, S. 169–184; (i) Gellner, Winand: (Hrsg.): An der Schwelle zu einer neuen deutschen Rundfunkordnung. Grundlagen, Erfahrungen und Entwicklungsmöglichkeiten. Berlin: VISTAS 1991; (j) Die Medienwende. Oktober 1989 bis September 1991. In: ARD-Jahrbuch 91. Hamburg: Hans-Bredow-Institut 1991 (= ARD-Jahrbuch, 23. Jahrgang), S. 58–79; (k) Klaus, Werner (Hrsg.): Medien-Wende Wende-Medien? Dokumentation des Wandels im DDR-Journalismus Oktober '89 – Oktober '90. Berlin: VISTAS 1991 (= Ost-West-Media, Bd. 2); (l) Becker, Manfred: Von der Revolution zur staatlichen Einheit. In: Rundfunk im Umbruch. Ein Beitrag zur deutschen Einheit. Erste Bilanz. Berlin: Funkhaus Berlin/Pressesprecher des Rundfunkbeauftragten 1991, S. 24–28; (m) Rainer Bohn/Knut Hickethier/Eggo Müller (Hrsg.): Mauer-Show. Das Ende der DDR, die deutsche Einheit und die Medien. Berlin: edition signa Bohn 1992 (= sigma-Medienwissenschaft, Bd. 11)

17 »Medienpolitische Übereinkünfte« im Koalitionspapier der künftigen DDR-Regierung, vereinbart am 12. April 1990: »1. Baldige Verabschiedung einer Mediengesetzgebung mit folgenden Schwerpunkten: Gewährleistung der Meinungs-, Informations- und Medienfreiheit; rechtliche Sicherung des öffentlich-rechtlichen Charakters von Hörfunk und Fernsehen; gesetzliche Grundlagen für die Zulassung – privatwirtschaftlicher Anbieter; rechtliche Sicherung der inneren Medienfreiheit. (Die Arbeit eines von der Volkskammer zu berufenden Medienkontrollrates wird bis zur neuen Mediengesetzgebung fortgesetzt.) 2. In einem gesetzlichen Vorgriff auf einen späteren Staatsvertrag sollte eine Gebührenregelung für Hörfunk/Fernsehen schnellstmöglichst getroffen werden, die die Gebührenhoheit des Rundfunks festlegt. 3. Schnellstmögliche Einführung eines dem bundesdeutschen Kartellrecht entsprechenden Rechts in den Bereich der Medien in der DDR.« Quelle: Grundsätze der Koalitionsvereinbarung zwischen den Fraktionen der CDU, der DSU, dem DA, den Liberalen (DFP, BFD, F.D.P.) und der SPD vom 12. April 1990. 50 Seiten vervielf., hier S. 45

18 Medienpolitische Aussagen in der von DDR-Ministerpräsident Lothar de Maizière am 19. April 1990 abgegebenen Regierungserklärung: »Wohl nirgend war in der Vergangenheit der Widerspruch zwischen Anspruch und Wirklichkeit so kraß wie in unserer Medienlandschaft.

Die neue Regierung erklärt: Presse, Rundfunk und Fernsehen sind frei. Eine demokratische Ordnung setzt unabhängige Medien und den Wettbewerb der Meinungen voraus. Die Abkehr von dem früheren Informations- und Meinungsmonopol der SED und die Zuwendung zu einer pluralistischen Medienstruktur dürfen jedoch weder dem Selbstlauf überlassen noch der Gefahr neuerlicher Monopolbildungen ausgesetzt sein. Mit der Einrichtung eines Ministeriums für Medienpolitik will die Regierung helfen, unterschiedliche Bemühungen zusammenzuführen und den Weg in eine freie und vielfältige Medienlandschaft zu bahnen. Die Ausarbeitung eines Mediengesetzes ist unter Berücksichtigung späterer Länderkompetenzen bald abzuschließen. Bis zu seiner Verabschiedung schlagen wir der Volkskammer vor, das Mandat des Medienkontrollrats zu erneuern. Angesichts des Konkurrenzdrucks bundesdeutscher Printmedien scheint es geboten, schnellstmöglich kartellrechtliche Bestimmungen zu erlassen; ebenso dringend ist eine Gebührenregelung für Rundfunk und Fernsehen.« Quelle: Politik für unser Volk: demokratisch-entschlossen-umsichtig. Regierungserklärung des Ministerpräsidenten Lothar de Maizière, abgegeben am 19. April 1990 vor der Volkskammer der Deutschen Demokratischen Republik. o.O.o.J. [Berlin 1990], Broschüre verviel., S. 24 f.

19 Beschluß der Volkskammer über die Gewährleistung der Meinungs-, Informations- und Medienfreiheit vom 5. Februar 1990. In: Gesetzblatt der Deutschen Demokratischen Republik, Teil I/Nr. 7 vom 12. Februar 1990, S. 39–40. Der Beschluß wurde von der im Dezember 1989 beim Ministerium für Justiz eingesetzten Mediengesetzgebungskommission vorbereitet. Ihr Entwurf vom 20. Dezember 1989 ist abgedruckt in Baerns, Barbara: (wie Anm. 16), Anlage 2, S. (6)–(10)

20 Nach dem Beschluß der Volkskammer vom 5. Februar 1990 waren die Kompetenzen zur Regelung von Medienfragen auf folgende Organe verteilt: Volkskammer, Runder Tisch, Medienkontrollrat, Ministerrat, Regierung, Ministerpräsident, Mediengesetzgebungskommission, Minister der Justiz, Deutsche Post, der »Staat«, »die Medien«.

21 Zur damaligen medienrechtlichen Situation in der DDR vgl. insbesondere (a) aus der Sicht der DDR: Kleinwächter, Wolfgang: Die Vorbereitungen für ein Mediengesetz der DDR. In: Media Perspektiven, Jg. 1990, Nr. 3, S. 133–139; Wille, Karola: Medienrecht in der DDR-Vergangenheit und Gegenwert. In: ZUM. Zeitschrift für Urheber- und Medienrecht, Jg. 1991, Nr. 1, S. 15–20; (b) aus der Sicht der Bundesrepublik Deutschland Kull, Edgar: Schritte und Rückschritte auf dem Weg in die Medienfreiheit in der DDR. In: AfP. Archiv für Presserecht, 21. Jg. (1990), Nr. 2, S. 81–84; Schneider, Beate: Medienrecht und Medienpolitik in der DDR. Unveröffentlichtes Manuskript für den Bundesverband Deutscher Zeitungsverleger vom 31. August 1990; Bullinger, Martin: Die Entwicklung der Medien und des Medienrechts in den neuen Bundesländern. In: AfP. Archiv für Preserecht, 22. Jg. (1991), Nr. 2, S. 465–472; Hoffmann-Riem, Wolfgang: Die Entwicklung der Medien und des Medienrechts im Gebiet der ehemaligen DDR. In: AfP. Archiv für Presserecht, 22. Jg. (1991), Nr. 2, S. 472–480

22 Bei der Besprechung war auch ein »vertrauenswürdiger« langjähriger Mitarbeiter aus dem alten Apparat des DDR-Ministerrats anwesend, von dem kurz danach bekannt wurde, daß er als »OibE« (Offizier im besonderen Einsatz des MfS) tätig war.

23 Der Einladung nach Zeuthen konnten nicht folgen Dr. Ernst Gottfried Mahrenholz (Vizepräsident des Bundesverfassungsgerichts), Hans Abich (bis 1978 Programmdirektor des ARD-Gemeinschaftsprogramms Deutsches Fernsehen), Franz Wördemann (früher Leiter der ZFP. Zentralstelle Fortbildung der Programmitarbeiter ARD/ZDF), Hans-Joachim Friedrichs (mo-

derierender Chefredakteur der »Tagesthemen«), Dr. Egon Wagner (früher Justitiar des ›Südwestfunks‹) und Justizoberrat Dr. Lübchen (Ministerium der Justiz, dort zuständig für die Mediengesetzgebungskommission)

24 Bis 1990 Justitiar des ›Zweiten Deutschen Fernsehens‹, 1991 medienpolitischer Berater in der Staatskanzlei des Landes Thüringen. Der Name von Prof. Fuhr fehlt in der Aufzeichnung von Hans-Christian Maaß über die Besprechung in Zeuthen (Dokument 3).

25 Rechtsanwalt Manfred Walther (Lübben und Berlin) war zunächst Anfang Mai 1990 als Berater für Rechtsangelegenheiten im Medienministerium tätig, wurde am 1. Juni 1990 Staatssekretär im Ministerium der Justiz und im Herbst 1990 der letzte Justizminister im Kabinett de Maizière; seit 1991 stv. Fraktionsvorsitzender der CDU im Landtag von Brandenburg

26 Für die Kooperation in der Arbeitsgruppe war es sicher von Vorteil, daß ihr Vertreter aus A-Ländern (SPD-geführte Landesregierungen), B-Ländern (CDU-geführte Landesregierungen), Bund und öffentlich-rechtlichem Rundfunk angehörten.

27 Der Parlamentarische Staatssekretär im Medienministerium Horst Schulz war dagegen nicht an den Beratungen der Arbeitsgruppe beteiligt.

28 Dr. Heribert Liebl war zuvor Pressesprecher im Ministerium des Innern, dann Mitglied der Mediengesetzgebungskommission; er schied schon vor dem 3. Oktober 1990 aus dem Medienministerium aus.

29 Dem Ministerium für Medienpolitik gehörten Anfang Juli 1990 lt. Telefonverzeichnis 109 Mitarbeiter an. Dabei ist zu beachten, daß das Büro des Regierungssprechers unter Staatssekretär Matthias Gehler nicht zum Geschäftsbereich des Medienministeriums gehörte.

30 Der Arbeitsgruppe Rundfunküberleitungsgesetz wurden im Juni 1990 alle bis dahin vorliegenden Entwürfe der Mediengesetzgebungskommission (Neubert, Prof. Halbach, Lübchen, Prof. Glücksmann, Prof. Odermann, England und Liebl) zugänglich gemacht. Daraus ergab sich, daß die Kommission kaum über Anfänge (Definition des Medienbegriffs, von Presse- und Informationsfreiheit, Informationsrecht und -pflicht und Innerer Pressefreiheit) hinausgekommen war. Auch für die Novellierung des Medienbeschlusses vom 5.Februar 1990 lag damals nur ein Entwurf vor, der nicht weiter beraten wurde. Die Professoren Kleinwächter (Leipzig) und Odermann (Potsdam) gehörten sowohl der Mediengesetzgebungskommission als auch dem Medienkontrollrat an.

31 Vgl. die Ausführungen von Minister Dr. Müller in: Volkskammer der Deutschen Demokratischen Republik. 10. Wahlperiode/26. Tagung vom 20. Juli 1990. Stenographische Niederschrift, S. 1149–1152, Auszug: »Ungerechtfertigte Berliner Positionen sind aufzugeben ... Aus diesem Grunde ist es wichtig, daß die Überleitung des Rundfunks auf die Länder eindeutig und klar geschieht. Es darf nicht der Eindruck entstehen, als ob nur ein neues Etikett auf eine alte Konstruktion aufgeklebt würde ... Der Ihnen vorliegende Gesetzesentwurf enthält deshalb das offene, durchschaubare und schnell wirksame und praktikable Angebot einer Föderalisierung des Hörfunks und des Fernsehens in der DDR. Das Gesetz hat eindeutig die Absicht, den zentralistischen Kopfstand der elektronischen Medien nach vier Jahrzehnten zu beenden und den Rundfunk in der DDR auf die Füße der Länderverantwortung und damit auf einen sicheren Grund zu stellen ... Der Föderalismus ist allerdings unteilbar, und deshalb ist die Einrichtung von Direktoraten in allen fünf Ländern vorgesehen – ein Umstand, der immer wieder einmal kritisch vermerkt wurde. Ich halte es für eine typisch zentralistische Arroganz, die das als Kleinstaaterei im Medienbereich bezeichnet. Ich jedenfalls bekenne mich

dazu, daß auch und gerade die sogenannte Provinz prinzipiell das Recht auf einen eigenen Rundfunk hat. Wenn dieses Prinzip nicht grundlegend in den Institutionen und Personen zum Ausdruck kommt, kann ich eine Rundfunkreform nicht als föderal legitimiert ansehen. Ein paar Abzweigungen vom zentralistischen Stamm, als Landesstudios oder wie auch immer bezeichnet, reichen nicht aus ... Die Dialektik, einmal die Überleitung des Rundfunks in die Hand der Länder zu sehen und gleichzeitig eine verantwortlich handelnde Erbengemeinschaft der fünf Länder zu bilden, ist für das Gesetz ausschlaggebend und prägend. Diese Dialektik ist aber nur dann herzustellen, wenn das Gesetz noch rechtzeitig vor der Länderbildung in Kraft tritt; denn ohne diese gesetzliche Überleitung in die Länder werden die Länder selbst nach ihrer Medienhoheit greifen. Dann wäre abzusehen, daß die Länder, wenn keine überzeugende gesetzliche Überleitung vorhanden ist, ihren Länderrundfunk nach ihren eigenen Interessen gestalten werden, ohne auf die Nachbarn, auf die anderen Länder oder gar auf das Berliner Erbe mit seinen Altlasten zu schauen.«

32 Vgl. »In Ruhe alle Kräfte zusammennehmen«. Ein epd-Interview mit DDR-Medienminister Gottfried Müller. In: epd.Kirche und Rundfunk vom 16. Juni 1990 und Geschke Günther: »Nichts der Anarchie überlassen«. Ein Gespräch mit Medienminister Gottfried Müller. In: Deutsches Allgemeines Sonntagsblatt vom 22. Juni 1990.

33 Diese Fassung ist abgedruckt in epd. Kirche und Rundfunk vom 3. Juli 1990

34 Vgl. Becker, Manfred: (wie Anm. 16), S. 25: »Mitglieder der weiterhin tätigen, nun aber beim Medienministerium angebundenen alten Regierungskommission ›Mediengesetzgebung‹ aus den Oppositionsparteien brachten den Text in die Öffentlichkeit und inszenierten den Verriß. Eine überzeugende Alternative, die die politisch allgemein gewollte Aufhebung der zentralistischen Struktur bewerkstelligt hätte, wurde von niemandem entwickelt.«

35 Ministerialrätin Dr. Gisela Bender (1990 Rundfunkreferentin in der Staatskanzlei des Landes Nordrhein-Westfalen, seit 1992 in gleicher Funktion in der Staatskanzlei des Saarlandes tätig) war erstmalig am 25. und 26. Juni 1990 bei den Beratungen anwesend und koordinierte Anfang Juli 1990 im Medienministerium die Überarbeitung der Kabinettvorlagen vom 4., 6. und 10. Juli 1990.

36 Vgl. den Berichtsband Mahle, Walter A. (Hrsg.): (wie Anm. 16), S. 74–84 (Referat Maltusch), S. 85–88 (Referat Schulzendorf) und S. 197–203 (Diskussionsverlauf)

37 Vgl. dazu auch die Ausführungen von Minister Dr. Müller in der Aktuellen Stunde der Volkskammer am 5. Juli 1990: »Ich darf noch dazu sagen, daß wir, wenn wir ein Gesetz vorlegen, nicht hinter den Stand bundesrepublikanischer Gesetzgebung zurückgehen. Ich bitte nur, in der Beurteilung dieser Frage auch zu berücksichtigen, daß bundesdeutsche Schulen vielleicht auf unserem Territorium dann in der Diskussion einen Stellvertreterkrieg austragen« (Volkskammer der Deutschen Demokratischen Republik. 10. Wahlperiode/21. Tagung am 4. Juli 1990. Stenographische Niederschrift, S. 848).

38 So sprach der frühere WDR-Intendant von Sell in einem dpa-Interview von »Kleinen Rechtsmonstern, die den neuen Ländern in die Wiege gelegt wurden« (Quelle: Süddeutsche Zeitung vom 5. Juli 1990), die Vorsitzende des Hörfunkrates im ›Funkhaus Berlin‹, Dr. Edith Spielhagen, davon, mit dem Entwurf sei beabsichtigt, ein »wichtiges Stück Demokratie wieder preiszugeben« (Quelle: Funkhaus Berlin (Hrsg.): (wie Anm. 16), S. 18)

39 Als Beispiele für viele ähnliche Stimmen seien hier die (ablehnenden) Stellungnahmen in den beiden kirchlichen Mediendiensten genannt: (a) Kammann, Uwe: Dialektischer Pragmatismus

der treuen Hand. Das DDR-Rundfunk-Überleitungsgesetz – ein Wechselbalg. In: epd. Kirche und Rundfunk vom 7. Juli 1990; (b) Leudts; Peter: Nicht zu Ende gedacht. Zum Rundfunküberleitungsgesetz in der DDR. In: Funk-Korrespondenz vom 13. Juli 1990

40 Die Kabinettsvorlage vom 10. Juli 1990 (Dokument 5) und die Drucksache Nr. 134 der Volkskammer sind mit Ausnahme kleinerer Änderungen in den §§ 10, 25 und 30 inhaltsgleich, unterscheiden sich jedoch in den Vorblättern ([a] Vorlage des Medienministers vom 10. Juli 1990 an den Ministerrat; [b] Antrag des Ministerrats vom 11. Juli 1990 an die Volkskammer).

41 Wortlaut der Beiträge zur Aktuellen Stunde in der Volkskammer der Deutschen Demokratischen Republik. 10. Wahlperiode/21. Tagung am 5. Juli 1990. Stenographische Niederschrift, S. 845–857

42 So der Abgeordnete Steinmann (CDU/DA) in der Aktuellen Stunde (wie Anm. 41), S. 855

43 In der Kabinettsvorlage zum Rundfunküberleitungsgesetz wird dem Präsidium der Volkskammer vorgeschlagen, die öffentliche Diskussion entsprechend dem Medienbeschluß der Volkskammer vom 5. Februar 1990 zu führen. Angesichts der Absicht des Ministerrats, das Gesetz so rasch als möglich verabschieden zu lassen, war das kaum zu realisieren. Andererseits darf nicht übersehen werden, daß das Rundfunküberleitungsgesetz der DDR im Juli 1990 das in Publizistik und Politik meistdiskutierte Medienthema war. Vgl. – auch zu dem Zeitdruck, unter dem das Medienministerium handeln mußte – den Rückblick auf die Arbeit seines Ministeriums bei Müller, Gottfried: Seilschaften als Bremsen. In: Neue Zeit vom 17. Oktober 1990, S. 15

44 Wortlaut der Beiträge in: Volkskammer der Deutschen Demokratischen Republik. 10. wahlperiode/26. Tagung am 20. Juli 1990. Stenographische Niederschrift, S. 1149–1157

45 Der Entwurf wurde von der SPD-Fraktion den Fraktionen der anderen in der Volkskammer vertretenen Parteien zugeleitet, liegt aber nicht als Drucksache der Volkskammer vor; Textabdruck in epd. Kirche und Rundfunk vom 4. August 1990

46 Ungeachtet des Gegenentwurfes seiner eigenen Partei, die damals noch Koalitionspartner im Kabinett de Maizière war, hielt Staatssekretär Manfred Becker an dem im Medienministerium erarbeiteten Regierungsentwurf fest; vgl.: Der Versuch, klare Linien in das Nichts zu ziehen. DDR-Medienstaatssekretär Becker will Einfluß von Parteien in Rundfunkräten begrenzen [Interview von Joachim Hauschild mit Manfred Becker]. In: Süddeutsche Zeitung vom 6. August 1990; ähnlich auch in seinem Rückblick aus dem Jahre 1991, vgl. Becker, Manfred: (wie Anm. 16)

47 Beide Zitate aus einer unveröffentlichen Ausarbeitung »Rundfunkgesetzgebung in der DDR; hier: Bewertung zum Stand des Gesetzgebungsverfahrens« von Ende Juli 1990 ohne Verfasserangabe [Dr. Hans-Dieter Drewitz]

48 Von Prof. Dr. Reinhart Ricker (Mainz) wurde zur Schaffung der dafür notwendigen rechtlichen Voraussetzungen im Auftrag des Medienministeriums der Entwurf eines »Gesetzes über die Einführung privaten Rundfunks in der Deutschen Demokratischen Republik (Privatrundfunk-Einführungsgesetz)« erarbeitet und dem Auftraggeber am 19. Juli 1990 vorgelegt.

49 Am Entwurf war Friedrich-Wilhelm Freiherr von Sell, seit Januar 1990 Berater der ostdeutschen SPD in medienpolitischen Fragen, maßgeblich beteiligt. Auf der Konferenz in Zeuthen am 31. Mai 1990 hatte er sich jedoch nicht gegen das dort vorgetragene und dann im Regie-

rungsentwurf realisierte Konzept eines Rundfunküberleitungsgesetzes ausgesprochen, im Gespräch mit mir sogar ausdrücklich Zustimmung geäußert.
50 Gesetzblatt der Deutschen Demokratischen Republik, Teil I/Nr. 51 vom 14. August 1990, S. 955
51 Diese Regelung blieb nur deswegen ohne Auswirkung, weil der (zum Zeitpunkt der Verabschiedung des Ländereinführungsgesetzes zeitlich noch nicht absehbare) Beitritt der DDR zur Bundesrepublik Deutschland bereits am 3. Oktober 1990 erfolgte, die Länder aber erst mit Wirkung vom 14. Oktober 1990 entstanden.
52 Vgl. dazu die Kontroverse Odermann/Schütz auf der 68. Tagung des Studienkreises für Presserecht und Pressefreiheit am 18./19. Oktober 1990 in Glücksburg, bei Frank, Götz: Medienstruktur und Medienrecht in der DDR. In: Publizistik, 36. Jg. (1991), Nr. 1, S. 110–112, hier S. 112
53 Bezeichnend dafür ist, wie der Abgeordnete Konrad Weiß (Bündnis 90/Grüne) bei der 1. Lesung des Gesetzes sich mit Begriffen wie »Rechtsaufsicht« und »Verlautbarungsrecht« auseinandersetzte; vgl. Volkskammer (wie Anm. 44), S. 1156
54 Dem Chef des Presse- und Informationsamtes der Bundesregierung, Bundesminister Hans Klein, legte ich am 9. August 1990 einen entsprechenden Informationsvermerk vor.
55 Seit Mai 1992 Präsident des Statistischen Bundesamtes
56 Die Fassung vom 13. August 1990 ist abgedruckt u.d.T.: Rundfunkregelungen im Einigungsvertrag in der Entwurfsfassung des Bundesinnenministeriums. In: epd. Kirche und Rundfunk vom 17. August 1990 (Dokumentation, S. 23)
57 1992 Justitiar und Leiter der Rechtsabteilung der ›Deutschen Welle‹ (Köln)
58 Das ist vor dem Hintergrund der Tatsache zu sehen, daß bis zur Unterzeichnung des Einigungsvertrages DDR-Gesetze auch dann noch als weitergeltendes Recht in den Einigungsvertrag aufgenommen wurden, wenn sie bis zum 31. August 1990 noch nicht im Gesetzblatt der DDR veröffentlich worden waren oder – falls noch nicht von der Volkskammer beschlossen – die Verabschiedung bereits vorliegender Entwürfe ohne deren Veränderung bis zum Beitritt sichergestellt und hierüber zwischen den beiden Vertragsparteien Einvernehmen hergestellt worden war (vgl. Einigungsvertrag Art. 9 Abs. 3). Gerade das war aber beim Rundfunküberleitungsgesetz nicht der Fall.
59 BGBl II/Nr. 35 vom 28. September 1990, S. 885 – 1248; Artikel 36 Rundfunk S. 901f.
60 An der Vorbereitung des Gebührenbeschlusses hatte Dr. Fritz-Helmut Karrass (Ministerialrat in der Staatskanzlei des Landes Rheinland-Pfalz und Leiter der Geschäftsstelle der Kommission zur Ermittlung des Finanzbedarfs der Rundfunkanstalten [KEF]) mitgearbeitet, der seit Juli 1990 ebenfalls beratend im Medienministerium tätig war. Die Anhebung der Rundfunkgebühren in der DDR zum 1. Oktober 1990 auf die Höhe der in der Bundesrepublik Deutschland geltenden Gebühren war durch den Wegfall der bisherigen erheblichen staatlichen Zuwendungen an Hörfunk und Fernsehen unumgänglich geworden. Im Vergleich zu den Preisen etwa für DDR-Zeitungen lag die Rundfunkgebühr in der DDR auch vorher schon relativ hoch (bei allerdings zahlreichen Befreiungen von der Gebührenpflicht).
61 Mit Ablauf des 2. Oktober 1990 verloren neben dem Rundfunküberleitungsgesetz vom 13. September 1990 auch die Verordnung über die Registrierung von Presseerzeugnissen vom 15. Februar 1990, der Medienbeschluß vom 5. Februar 1990 und die Pressevertriebsverordnung vom 2. Mai 1990 ihre Gültigkeit. Texte der beiden zuletzt genannten Regelungen bei Schütz,

Walter J.: (Hrsg.): Medienrecht der DDR. In: Schiwy, Peter/Schütz, Walter J. Medienrecht. Lexikon für Wissenschaft und Praxis. Neuwied 1990: Luchterhand, S. 185–190. Während die Landespressegesetze von Thüringen und Sachsen-Anhalt offensichtlich von der Ungültigkeit des alten DDR-Medienrechts ausgehen und deshalb keine Außerkraftsetzungen vorsehen, sind in den Pressegesetzen bzw. Entwürfen für Pressegesetze der übrigen neuen Länder Aufhebungsbestimmungen enthalten, und zwar für den Volkskammerbeschluß (Sachsen und Entwurf Mecklenburg-Vorpommern), für die Pressevertriebsverordnung (Sachsen) und für alle drei oben genannten Vorschriften im Bereich der Presse (Entwurf Brandenburg).

62 Vgl. Der Tagesspiegel vom 12. August 1990; Kabel & Satellit, Nr. 34 vom 13. August 1990, S. 13 f.

63 Das Medienministerium war daran nur noch durch die sofortige Veröffentlichung des Gesetzes beteiligt; vgl. Gesetz zur Überleitung des Rundfunks (Fernsehen, Hörfunk) in die künftige Gesetzgebungszuständigkeit der Länder – Rundfunküberleitungsgesetz –. In: Medienspiegel des Ministeriums für Medienpolitik, Nr. 8 [13. September 1990]

64 Vgl. Volkskammer der Deutschen Demokratischen Republik. 10. Wahlperiode/35. Tagung vom 13. September 1990. Stenographische Niederschrift. Tagesordnungspunkt 11, S. 1713–1715 (1. Lesung war demnach die Beratung am 20. Juli 1990).

65 Gesetzblatt der Deutschen Demokratischen Republik, Teil I/Nr. 63 vom 26. September 1990, S. 1563–1566

66 Meist wird übersehen, daß sowohl das (gescheiterte) Rundfunküberleitungsgesetz als auch Artikel 36 des Einigungsvertrages die Option einschlossen, den Rundfunk in den neuen Ländern in einer gemeinsamen Anstalt weiterzuführen, wenn sich die Länder hierauf verständigen konnten. Dafür gab es aber – angesichts der überall vorhandenen Widerstände gegen die Berliner Zentrale – in den Ländern keine politischen Mehrheiten.

67 Edith Spielhagen: Hörfunk nach der Wende aus der Sicht des Aufsichtsgremiums. In: Kopetz, Dieter (Hrsg.): (wie Anm. 16), S. 17

Dokument 1

Neuordnung des Rundfunks in der DDR 21. Mai 1990

A. Ausgangssituation
1. Für die DDR wird – wie vom zuständigen Minister angekündigt – ein Mediengesetz vorbereitet. Die Anstrengungen hierfür müssen eher als überflüssig erscheinen, da z. B. das bundesdeutsche Medienrecht eine alle Medien umfassende Regelung nicht kennt. Rundfunkrecht (als Recht des öffentlich-rechtlichen Rundfunks) fällt in die Kompetenz der Länder, ebenso die »Mediengesetze« (mit denen im Bundesgebiet die Rechtsgrundlagen für den privaten Rundfunk geschaffen wurden, in denen sich das duale Rundfunksystem konstituiert); für den Bereich der Presse haben die Bundesländer jeweils eigene (weitgehend übereinstimmende) Pressegesetze verabschiedet, während der Bund von seiner Rahmenkompetenz für das Presserecht keinen Gebrauch gemacht hat.
2. Der Volkskammerbeschluß vom 5. Februar 1990, den Rundfunk (Hörfunk und Fernsehen) in der DDR öffentlich-rechtlich zu organisieren, hat bisher lediglich die Auswirkung gehabt, daß sich im Rahmen der überlieferten personellen und organisatorischen Struktur der Rundfunk als autonomes Gebilde versteht und entsprechend handelt. Er entwickelt für sich selbst Zielvorstellungen (»statuarische Grundsätze« und »Statut«), abzielend auf Lösungen, die sich bei einem Zusammenschluß beider deutschen Staaten als kaum kompatibel erweisen werden.

B. Handlungsbedarf
1. Die Pressegesetzgebung sollte ebenso wie die Zulassung privater Veranstalter im Rundfunk bis zur Etablierung der Länder auf dem Gebiet der DDR zurückgestellt werden, da offensichtlich aus dieser zeitlichen Streckung keine Nachteile zu erwarten sind. Vordringlich ist lediglich eine Absichtserklärung, das duale Rundfunksystem baldmöglichst nach Ländergründung einzuführen.
2. Dagegen erscheint die Neuordnung des bestehenden Rundfunksystems der DDR in einem Überleitungsgesetz vordringlich, da es sich durch Zeitablauf sonst weiter in den vorgegebenen Strukturen verfestigen wird. Der Medienkontrollrat sollte deshalb vor allen Dingen gebeten werden, am 23. Mai nicht über das Statut des DFF zu befinden, da darin Materien geregelt werden, die den künftigen Landesgesetzgebern vorbehalten sein sollten.

C. Lösungsmöglichkeiten
1. Im Vorgriff auf die Restitution der Länder sollte in der DDR der öffentlich-rechtliche Rundfunk auf der Basis von fünf Landesrundfunkanstalten (Ausnahme: RBI; bleibt Gesamtstaatsangelegenheit) neu organisiert werden, denen in der Rechtsnachfolge sowohl die bisherigen Einrichtungen des Hörfunks als auch des Fernsehens übertragen werden. Damit kann auch die bestehende Trennung von Hörfunk und Fernsehen überwunden werden.
2. Für den Hörfunk erscheint die Bildung regionaler Einrichtungen relativ einfach. Landeshörfunksender sind bereits im Aufbau begriffen. Sie bilden das Rückgrat der künftigen Rundfunkstruktur. Die zentralen, noch bestehenden Sender DDR 1, DDR 2/DLS, DT 64 erhalten die Funktion von Mantelprogrammlieferanten für die Landesrundfunkanstalten unter deren Hoheit. SFB und Berliner Rundfunk werden eine Landesanstalt.
Problematisch ist die zentralistische Ausrichtung des Deutschen Fernsehfunks. Sie kann jedoch kein Anlaß sein, ihn von den Veränderungen auszunehmen. Hier bietet sich an, ihn als gemeinsame Betriebseinrichtung (nicht jedoch als selbständige Anstalt) aller künftigen Landesrundfunkanstalten in deren Auftrag und unter deren fiktiver Programmverantwortung unter kommissarischer

Leitung zunächst weiter arbeiten zu lassen. Über seine zukünftige Funktion und Organisation hätte dann der Deutsche Fernsehfunk nicht mehr selbst zu entscheiden, sondern nur die für ihn zuständigen und ihm übergeordneten neuen Landesrundfunkanstalten nach Maßgabe der neuen Landesrundfunkgesetze bzw. die künftigen Landesgesetzgeber.

3. Ein solches Vorgehen wäre geeignet, nach der Vereinigung beider deutscher Staaten die optimale Anpassung an die föderale Rundfunkstruktur in der Bundesrepublik Deutschland zu vollziehen: einerseits Kooperation aller Rundfunkanstalten in der ARD; andererseits staatsvertraglich geregelte Zusammenarbeit der Länder in bezug auf das ZDF.

4. Dabei kann zunächst offen bleiben, wie viele Rundfunkanstalten auf dem Boden der DDR zweckmäßig sind. Jedes Land hat jedenfalls das Recht, später darüber zu entscheiden, ob es seine Anstalt beibehält oder ob durch Staatsverträge Länderanstalten zu größeren Einheiten fusioniert werden.

D. Realisierung

1. Nach der bestehenden Rechtslage hat derzeit der Ministerpräsident die Kompetenz, die Generalintendanten von DDR-Hörfunk und DDR-Fernsehen zu ernennen (mit Zustimmung des Medienkontrollrates). Fallen deren Aufgaben ersatzlos weg, so bilden die Intendanten der fünf Landesrundfunkanstalten die neue Spitze des Rundfunkwesens sowohl für den Hörfunk als auch für das Fernsehen in der DDR. In einem Überleitungsgesetz muß in bezug auf deren Ernennung eine zur bestehenden Rechtslage analoge Regelung getroffen werden (u. U. kommissarisch bis zur endgültigen Bestätigung durch die Organe der neue gebildeten Länder) – falls nicht aus der bisherigen Regelung hierfür eine solche Kompetenz bereits abgeleitet werden kann.

2. Mit einem von der Volkskammer verabschiedeten Rundfunküberleitungsgesetz würde die Zustimmungsbefugnis dafür und darüber hinaus auch die Kompetenz des Medienkontrollrates für alle Rundfunkfragen entfallen.

3. Ein solches Rundfunkgesetz könnte als Überleitungsgesetz allgemeine Regelungen für die Einrichtung eines öffentlich-rechtlichen Rundfunks vorsehen, die von den Ländern dann endgültig auszufüllen wären (z. B. Einzelregelungen für Rundfunkrat und Verwaltungsrat), müßte aber insofern auch schon endgültige Lösungen finden, mit denen die Landesrundfunkanstalten konstituiert und in die Lage versetzt werden, die bisherige Versorgung mit Hörfunk- und Fernsehprogrammen nahtlos weiterzuführen.

4. Flankierend hierzu sind ebenfalls regelungsbedürftig

a) die Höhe der Rundfunkgebühren (mit der Notwendigkeit einer Anpassung an die Gebühren im Bundesgebiet), um für die notwendigen Neuordnungsmaßnahmen den finanziellen Spielraum zu erweitern;

b) die Vergabe oder Neuzuweisung von Frequenzen durch Verabschiedung von Grundsatzbeschlüssen, die sicherstellen, daß auch private Rundfunkanbieter zugelassen werden können, um den Wettbewerb im dualen Rundfunksystem möglichst rasch zu realisieren.

Dokument 2

M.[anfred] Becker
Ergebnisprotokoll der Klausur in Zeuthen am 31. 5. 1990

Übereinstimmung:
1. Förderalisierung
Knapp gehaltenes Überleitungsgesetz auf Zeit, bis zur Medienrechtsetzung der Länder. Aufgabenstellung der durch dieses Gesetz errichteten gemeinsamen Anstalt aus Rundfunk der DDR und DFF (ihr Name?): Ausbau der Regionalstudios, ohne die Standorte als solche künftiger Landesrundfunkanstalten zu präjudizieren. Überhaupt: Nichts, was den Ländern vorgreift! Daher Begriff »Rahmengesetz« vermeiden. Nichts, was die zentrale Funktion von Adlershof und Nalepastraße verfestigt! Etablierung mitbestimmender Direktoren aus den Ländern (»Programmtreuhänder«) beim Generalindendanten.
2. Zeitplan: Sofort
3. Gesamtdeutsches Programm? Nicht finanzierbar
4. Duales System? Ja. Im Gesetz ankündigen
5. Mischfinanzierung? Nein!
6. Gebühreneinzug: Eigene GEZ kommt nicht rasch genug zur Wirkung. Nutzung der West-GEZ bedarf eines Ländervertrages.

Dissens
– Landesfunkhäuser bereits juristische Personen?
– Kontrollrechte des Staates (Budgetvorbehalt?)
– Gebührenhoheit
– befristete Frequenzvergabe (bei TV keine Bedenken; Hörfunkfrequenzen festhalten!)

Merkposten:
Im Entwurf für das Ländereinführungsgesetz Einfluß nehmen auf die Medienpassage.

Dokument 3

Hans-Christian Maaß   Berlin, 6. 6. 1990

Vermerk
Herrn Ministerpräsidenten de Maizière, Herrn Minister Reichenbach, Herrn Regierungssprecher Gehler

Betr.: Neuordnung der Medienstruktur in der DDR
Expertengespräch mit Vertretern aus dem Medienbereich am 31. 5. 1990 in Zeuthen

Unter Leitung von Medienminister Müller bzw. Staatssekretär Becker fand am 31. 5. 1990 ein

erstes Informationsgespräch zur Neuordnung des Medienwesens in der DDR statt. An diesem Gespräch nahmen u. a. die Intendanten von Lojewski (Sender Freies Berlin), Dr. Schiwy (NDR) sowie der frühere Intendant des WDR von Sell teil. Außerdem waren beteiligt:
Professor Ricker von der Universität Mainz
Dr. Schütz vom Bundespresseamt
Dr. Hege von der Berliner Kabelanstalt
Herr Bock [Bopp] von der Staatskanzlei Düsseldorf
Herr Dr. Drewitz von der Staatskanzlei Rheinland-Pfalz
Frau Dr. Merkel sowie
der Unterzeichner
Einführend wies Staatssekretär Dr. Becker auf die Aufgaben der Regierungserklärung des Ministerpräsidenten hin, wonach auf dem Hintergrund der Länderbildung eine Neuorganisation der Medienstruktur in der DDR vorzunehmen sei. Nach einer Grundsatzdiskussion herrschte Konsenz darüber, daß man ein sogenanntes Überleitungsgesetz mit befristeter Wirkung bis zur Ländergründung in der DDR erreichen wolle.
Dabei sollen folgende politische Schwerpunkte berücksichtigt werden:
– Innere Demokratisierung
– Förderung einer föderativen Grundstruktur und Abbau des zentralistischen Modells
– Sicherung der Finanzierung der elektronischen Medien in der DDR
In der Gesamtaussprache wurde vor allen Dingen über die derzeitige Struktur des Deutschen Fernsehfunks diskutiert. Es bestand Einigkeit darüber, daß die zentralistischen Strukturen möglichst umgehend beseitigt werden sollten. Dafür wurden im Vorgriff auf die zu schaffenden Länder für den Medienbereich sogenannte Treuhänder vorgeschlagen, die die Dezentralisierung des Rundfunks und Fernsehens auf dem heutigen Gebiet der DDR einleiten sollen. Die Gebühren sollten direkt an diese Treuhänder weitergeleitet werden, damit dezentral Aufträge an die zentralen Produktionsstätten in Adlershof bzw. in Potsdam-Babelsberg (DEFA) vergeben werden können. Dadurch würde automatisch die zentralistische Funktion des DFF in Adlershof aufgelöst. Bei den Zukunftsstrukturen des Fernsehens wurde der Vorschlag gemacht, das Erste Programm für die zu schaffenden Bundesländer auf dem Gebiet der heutigen DDR weiterzuführen. Gegebenenfalls könnten derartige Programme auch in westdeutsche Kabelnetze eingespeist werden. Das Zweite Programm sollte als Zulieferprogramm für die ARD bzw. ZDF umfunktioniert werden.
Kontrovers diskutiert wurde auch über die Zulassung von privaten Anbietern. Hierbei ging es insbesondere um die Frage, ob private Anbieter sofort mit befristeten Genehmigungen ihre Zulassung erhalten sollten, oder ob man damit bis zur Gründung der Länder warten sollte.
Für die gesamten politischen Überlegungen im Medienbereich ist von besonderer Bedeutung, daß der jetzige Medienkontrollrat (»Runder Tisch«) seine Tätigkeit dann einstellen wird und muß, wenn rechtsstaatlich und parlamentarisch legitimierte Strukturen für die Medien in der DDR erlassen werden. Dies würde mit dem sogenannten Überleitungsgesetz der Fall sein.
Das Überleitungsgesetz soll beginnend mit der ersten Arbeitssitzung am Donnerstag, dem 7. Juni, im Medienministerium vorbereitet werden. Für die Vorbereitungszeit werden ca. 3 Wochen bis maximal 1 Monat veranschlagt.
Hans-Christian Maaß

Dokument 4

Vorschläge für Eckpunkte einer Überleitungsgesetzgebung für den Rundfunk in der DDR
– Stand 5. 6. 1990 –
I. Regelungsgegenstand
In Betracht kommen Presse, Rundfunk, Film entsprechend der Trias des Artikels 5 Grundgesetz.
1. Nach Erlaß der Verordnung zum Pressevertrieb (die sicherlich materiell verbesserungswürdig erscheint) fehlt es an der Notwendigkeit einer Überleitungsregelung. Sobald die Länder funktionsfähig sind, erlassen diese ihre Pressegesetze (weitgehend Presseordnungsrecht). Der Bund selbst hat bis heute von seiner Rahmenkompetenz keinen Gebrauch gemacht. Fragen des wirtschaftlichen Wettbewerbs sind einer anderen Rechtsmaterie zuzuweisen.
2. Zu den elektronischen Medien, d. h. Hörfunk und Fernsehen (der Oberbegriff Rundfunk sollte gewählt werden) bedarf es einer Überleitungsgesetzgebung, da die bisherigen Rechtsetzungsakte »Volkskammerbeschluß« und »Medienkontrollrat« nur unvollkommen eine Kompatibilität zur bundesdeutschen Medienlandschaft erreichen können. Der Rundfunk fällt außerdem in die ausschließliche Zuständigkeit der Ländern.
3. Inwieweit »der Film« einer eigenständigen Übergangsregelung wegen der Situation der DEFA bedarf, ist zu diskutieren. Nach dem Grundgesetz unterfällt die Filmförderrung entweder der Bundeskompetenz (als Wirtschaftsförderung nach Art. 74 Nr. 11 GG) oder der Länderkompetenz (als Kulturförderung, Art. 30, 70 GG). Im Interesse von kompetenzrechtlichen Gemengelagen, wird daher allenfalls eine getrennte Regelung empfohlen.
II. Zieldefinition (ggf. für eine Präambel)
Die Rundfunkordnung in der DDR soll schon in der Überleitungsphase so vorbereitet werrden, daß getroffene Regelungen unter Anwendung des Grundgesetzes vollen Bestand behalten können und eine Kompatibilität in rechtlicher, organisatorischer, finanzieller und technischer Hinsicht mit der Rundfunklandschaft in der Bundesrepublik Deutschland erreicht wird. Zur Gewährleistung dieses Ziels übt der Zentralstaat DDR im Rahmen des unbedingt Notwendigen und zeitlich befristet treuhänderisch für die Länder ihre Rundfunkkompetenz aus.
III. Regelungstatbestände
A. Kompetenzrechtlicher Teil
1. Die ausschließliche Rundfunkkompetenz der Länder wird noch vor Anwendbarkeit des Grundgesetzes in der DDR festgeschrieben. Der ausschließlich treuhänderische Charakter der Kompetenzwahrnehmung durch den Zentralstaat ist zu betonen.
2. Es ist eine zeitliche Befristung vorzusehen, bis zu welchem Zeitpunkt nach der Funktionsfähigkeit der DDR-Länder deren Rundfunkhoheit auf sie voll übergeht, die Übergangsregelung daher außer Kraft tritt.
3. Es sollte für den Zeitraum zwischen Funktionsfähigkeit der Länder und Auslaufen der Übergangsregelung ein Maßnahmekatalog erstellt werden, den zu erfüllen die Länder verpflichtet sind: Abschluß bzw. Beitritt zu Staatsverträgen (z. B. Rundfunkstaatsvertrag, Rundfunkfinanzierungsstaatsvertrag, Rundfunkgebührenstaatsvertrag, ZDF-Staatsvertrag, Staatsverträge zur Errichtung von DDR-Mehrländeranstalten, Gesetze zur Errichtung von Landesrundfunkanstalten, Gesetze zu privatem Rundfunk).
4. Die Frage des Auslandsrundfunks durch den Zentralstaat und seine Abgrenzung etwa zur (Satelliten bedingten) Inlandsversorgung bedarf der Regelung.

B. Rundfunkverfassungsrechtlicher Teil, Programmgrundsätze, Werbung, Jugendschutz u. a.
1. Aus Art. 5 Grundgesetz abgeleitete Grundaufgaben und Sicherungsmechanismen des Rundfunks:
– Rundfunkfreiheit (Herstellung, Betrieb, Verbreitung, Empfang),
– Staatsunabhängigkeit, Rechtsaufsicht (Vorschlag für Übergangszeit: entweder Volkskammerausschuß oder Ministerium für Medienpolitik),
– Pluralität, Ausgewogenheit. Dort kann Ziffer 1 des Volkskammerbeschlusses vom 5. 2. 1990 eingearbeitet werden.
2. Programmgrundsätze
Hier können Ziffern des Volkskammerbeschlusses vom 5. 2. 1990 sowie des Entwurfs eines DFF-Statuts auch unter Berücksichtigung bundesdeutscher Programmgrundsätze eingearbeitet werden (Art. 9 Rundfunkstaatsvertrag).
3. Werbung
Im Sinne einer Kompatibilität öffentlich-rechtlichen Rundfunks in beiden Teilen Deutschlands sollten identische Werberegelungen gelten.
Vorschlag:
– Übernahme von Art. 3 Rundfunkstaatsvertrag unter Einbeziehung der Regelungen von EG-Fernsehrichtlinie/Europaratskonvention, soweit auf öffentlich-rechtlichen Rundfunk anwendbar,
– Vorrang der Rundfunkgebühr als Einnahmequelle vor der Werbung,
– Übernahme der Sponsorregelung wie in der EG-Fernsehrichtlinie/Europaratskonvention,
– zur Hörfunkwerbung (Art. 3 Abs. 6 Rundfunkstaatsvertrag) sollte erörtert werden, ob die 90 Minuten-Regelung zugrundegelegt werden soll.
Die vom Medienkontrollrat am 21. 2. 1990 bestätigte »Konzeption« zur Produktwerbung im Fernsehen der DDR (vom 12. 2. 1990) sollte entsprechend den europäischen Vorgaben angepaßt und sodann außer Kraft gesetzt werden.
Auf die abgeschlossenen Werbeverträge und daraus folgende Konsequenzen wird hingewiesen (vgl. unter C).
4. Jugendschutz Hier wird im Sinne der Kompatibilität die Übernahme von Artikel 10 Rundfunkstaatsvertrag empfohlen.
5. Gegendarstellungsrecht Wie schon im Entwurf eines DFF-Statuts enthalten, sollte ein vollständig ausgeprägtes Gegendarstellungsrecht im Rundfunk normiert werden.
C. Organisationsrechtlicher Teil – öffentlich-rechtlicher Rundfunks –
1. Es werden Landesfunkhäuser errichtet, und zwar in Mecklenburg, Ort Rostock
in Berlin-Brandenburg, Ort ...
in Sachsen-Anhalt, Ort ...
in Sachsen, Ort ...
in Thüringen, Ort ...
für Hörfunk und Fernsehen.
2. Die Landesfunkhäuser erhalten eine eigene Rechtspersönlichkeit (Volkseigener Betrieb, Körperschaft des öffentlichen Rechts, um nach DDR-Recht zu entscheiden).
3. Den Landesfunkhäusern steht jeweils ein Direktor vor, ihm wird jeweils vor Ort ein Funkhausrat, bestehend aus fünf Persönlichkeiten des öffentlichen Lebens, beigestellt (Problem: Vorschlags-Benennungsrecht durch wen?).
4. Aufgabe der Landesfunkhäuser ist der Aufbau des Länderhörrundfunks in programmlicher und

technischer Hinsicht. In bezug auf das Fernsehen besteht eine Programmtreuhänderschaft zur gesamten Hand für die beiden bestehenden Programme. Dabei soll für ein Programm die Umstellung auf ein (mehrere bzw. ländermäßig auseinanderschaltbare) 3. Programm (e) eingeleitet werden. Für das Fernsehen besteht eine Nutzungsverpflichtung für die Kapazitäten »Adlershof«; dies schließt den Aufbau von Regionalfernsehstudios nicht aus.
5. Das Problem der Vorgabe einer bestimmten Programmzahl in Hörfunk und Fernsehen ist – nicht zuletzt im Hinblick auf die Interessen Privater – zu erörtern.
Soweit DDR-weite Hörfunkprogramme ausgestrahlt werden, gilt auch insoweit eine Programmtreuhänderschaft. Hier besteht gleichfalls eine Nutzungsverpflichtung für die Kapazitäten in Berlin, d. h. in diesem Falle »Nalepastraße«.
6. Die Betriebs- und Produktionskapazitäten »Adlershof« und »Nalepastraße« werden in eine GmbH überführt. Die GmbH sollte im wesentlichen von den fünf Landesfunkhäusern getragen werden. Wegen möglicher struktureller Veränderungen ist eine staatliche Beteiligung zumindest zu diskutieren.
7. Die Namen »Deutscher Fernsehfunk« und Rundfunk der DDR können für DDR-weite Programme weiterverwendet werden.
8. Die Gemeinschaft der Räte der Landesfunkhäuser (25) bilden einen Rundfunkrat für die DDR-weiten Rundfunkprogramme. Aus ihm wird ein fünfköpfiger Verwaltungsrat gebildet. Tagungsort könnte das Länderfunkhaus Berlin sein, auch ein turnusmäßiger Wechsel wäre zu diskutieren.
9. Mit Außerkrafttreten des Überleitungsgesetzes erlöschen die Rechtspersönlichkeiten der Landesfunkhäuser bzw. die Berufung ihrer Gremien. Es ist daher im Überleitungsgesetz besonders darauf hinzuweisen, daß die Länder zur Errichtung von möglichst Mehrländerrundfunkanstalten verpflichtet sind.
10. Der Medienkontrollrat kann nach Bildung der Landesfunkhäuser von seiner Aufgabe für den Rundfunk entbunden werden.
D. Finanzteil
1. Der Grundsatz der Rundfunkgebührenhoheit der Länder (d.H. ihrer Parlamente) ist festzuschreiben.
2. Die Grundsätze des Rundfunkgebührenstaatsvertrages:
– Anknüpfung der Gebühr an das Bereithalten eines Empfangsgerätes,
– Grund- und Fernsehgebühr, sollten in Kraft gesetzt werden.
3. Jedem Landesfunkhaus steht, entsprechend seinem Einzugsgebiet, die Rundfunkgebühr zu. Alle Landesfunkhäuser schließen gemeinschaftlich Verträge für den Gebühreneinzug (GEZ).
4. Die Landesfunkhäuser sind entsprechend ihrem Gebührenaufkommen zur Finanzierung der DDR-weiten Rundfunkprogramme verpflichtet.
5. Hinsichtlich der Werbung muß zunächst die Vorlage entsprechender Verträge für Rundfunk und Fernsehen abgewartet werden. Im Grundsatz aber sollten Werbeeinnahmen aus DDR-weiten Programmen zu deren Finanzierung verwendet werden, wobei im Falle einer Einnahmeverteilung auf die Landesfunkhäuser die Anteile aus dem Gebührenaufkommen maßgebend sind.
6. Die Höhe der Rundfunkgebühr wird für die Geltung des Überleitungsgesetzes von der Volkskammer fortgesetzt. Die Volkskammer hört hierzu Sachverständige.
7. Erörterungsbedürftig bleibt eine Überleitung bezüglich der Art und Weise der Gebührenbefreiung.

D. Privater Rundfunk, Empfangsfreiheit
1. Im Gesetz niederzulegender Grundsatz, daß beeits in der Überleitungsphase Schritte zu einem dualen Rundfunksystem eingeleitet werden.
2. Festschreibung des Grundsatzes des freien Informationsflusses von Hörfunk und Fernsehen (könnte auch unter Teil B aufgeführt werden).
3. Freie Einspeisung von Rundfunkprogrammen in Kabelanlagen, wenn diese Programme bestimmten Mindeststandards entsprechen (EG-Rundfunkrichtlinie/Europaratskonvention) und die Kapazitäten im Kabel ausreichen.
4. Die Schaffung einer Einrichtung für die Begleitung privaten Rundfunks in der Übergangsphase sollte erörtert werden.
E. Übertragungstechnischer Teil
1. Hörfunk:
a) Sowohl im UKW- als auch im MW-Bereich sind Frequenzplanungen so vorzunehmen, daß jeweils länderbezogen flächendeckende Netze mit verschiedenen Regionalisierungsmöglichkeiten für den öffentlich-rechtlichen und den privaten Rundfunk zur Verfügung stehen.
b) Die sich daraus ergebenden Netze für privaten Rundfunk (mindestens eines pro Land, ggfls. mit Stadtsendern für Ballungsgebiete) sind für eine Nutzung freitzuhalten.
2. Fernsehen:
a) Die Post wird beauftragt, eine Gesamtfrequenzplanung unter Berücksichtigung der Frequenzen in beiden Teilen Deutschlands zu erstellen.
b) Zumindest in Ballungsgebieten sind zusätzliche terrestrische Frequenzen zu suchen und zu planen, um privaten Satellitenrundfunk zu unterstützen. ggfl. auch mit der Ausstrahlung von Regionalfenstern (Problem: vorl. Lizenz).
c) Bisher nicht für den Rundfunk genutzte terrestrische Frequenzen sind auf eine derartige Verwendung zu überprüfen.
d) Die Nutzung von Satellitenkapazitäten ist zu erörtern.

Anhang

Im Anhang sollt entwickelt werden, wie die Rundfunklandschaft in einem vereinten Deutschland vor allem programmlich aussehen könnte. Dies bedarf ausgiebiger Erörterung und soll vor allem die Diskussion konkret anregen:
I. Fernsehen
1. Die DDR-Landesrundfunkanstalten tragen ihren Anteil zum Gemeinschaftsprogramm als Mitglieder der ARD bei. Auseinanderschaltngen beim Vorabendprogramm.
2. Die DDR-Landesrundfunkanstalten sind für das (die) 3. landesprogramm(e) verantwortlich.
3. Durch Beitritt der DDR-Länder zum ZDF-Staatsvertrag wird dieser nationaler Veranstalter eines vereinten Deutschlands.
4. Durch Einsparungen an Frequenzen wegen Ziffer 1 kann der private Rundfunk verbessert berücksichtigt werden.
5. Beteiligungen an Satellitenvorhaben sind zu diskutieren.
II. Hörfunk
1. Es gibt ein terrestrisches nationales Informationsprogramm (Fusion DLF/Deutschlandsender, Überführung in Länderzuständigkeit).
2. Das seitherige Kulturprogramm (Radio DDR 2) und das Jugendprogramm gehen auf das Kontingent der Länderprogramme (Zusammenschaltungen möglich).

3. Es sollten auch private UKW-Hörfunkprogramme in den DDR-Ländern möglich sein.
4. Deutsche Welle und Radio Berlin International werden zu einer Anstalt des Bundesrechts zum Zwecke des Auslandrundfunks zusammengeführt.
5. Zur Zukunft des RIAS werden zunächst die Gespräche mit den USA abgewartet.
Eine Meinungsbildung über die vorbezeichneten Punkte wird dann zum Teil auch zu entsprechenden Ergänzungen im Überleitungsgesetz führen müssen. Sie spielt vor allem als Vorgabe für die Frequenztechnische Planungen der Post eine große Rolle.

Dokument 5

Titel der Vorlage:	Überleitungsgesetz zu Hörfunk und Fernsehen (Rundfunk) der Deutschen Demokratischen Republik (Rundfunküberleitungsgesetz) – Entwurf – (überarbeitete Fassung)
Grund der Einreichung:	Gesetzgebungsplan des Ministerrates
Berlin, 10. Juli 1990	Dr. Gottfried Müller Minister für Medienpolitik
Die Vorlage wurde abgestimmt mit:	– Ministerium für Wirtschaft – Ministerium für das Post und Fernmeldewesen – Ministerium der Finanzen – Ministerium für Kultur – Ministerium für Justiz – Ministerium für regionale und kommunale Angelegenheiten
Aufhebung folgender Beschlüsse:	Mit dem Inkrafttreten dieses Gesetzes wird der Beschluß der Volkskammer über die Gewährleistung der Meinungs-, Informations- und Medienfreiheit vom 5. Februar 1990 aufgehoben, soweit er den Rundfunk betrifft; gleichzeitig endet die Zuständigkeit des Medienkontrollrates für diesen Bereich.

Beschluß zum Überleitungsgesetz zu Hörfunk und Fernsehen (Rundfunk) der Deutschen Demokratischen Republik
1. Dem Entwurf des Überleitungsgesetzes zu Hörfunk und Fernsehen der Deutschen Demokratischen Republik wird zugestimmt. (Anlage)
2. Der Gesetzentwurf wird dem Präsidium der Volkskammer übergeben.
3. Dem Präsidium der Volkskammer wird gemäß Beschluß der Volkskammer vom 5. Februar 1990 über die Gewährleistung der Meinungs-, Informations- und Medienfreiheit vorgeschlagen, den Gesetzentwurf öffentlich zu diskutieren.
4. Der Minister für Medienpolitik wird beauftragt, den Gesetzentwurf in der Volkskammer zu begründen.

Begründung:
Siehe Text der Präambel.

ÜBERLEITUNGSGESETZ

Zu Hörfunk und Fernsehen (Rundfunk) der Deutschen Demokratischen Republik
(Rundfunküberleitungsgesetz)
– Stand: 10. Juli 1990 –

Inhaltsverzeichnis

Präambel
1. Abschnitt Allgemeines
   § 1 Recht der freien Meinungsäußerung, Rundfunkbegriff
2. Abschnitt Programmauftrag, Programmgrundsätze
   § 2 Programmgrundsätze
   § 3 Berichterstattung
   § 4 Gegendarstellung
   § 5 Verlautbarungsrecht
   § 6 Sendezeit für Dritte
   § 7 Unzulässige Sendungen, Jugendschutz
   § 8 Beweissicherung
3. Abschnitt Aufsicht über den Rundfunk
   § 9 Rechtsaufsicht
4. Abschnitt Organisation des öffentlich-rechtlichen Rundfunks
   § 10 Errichtung von Landesrundfunkdirektoraten
   § 11 Deutscher Fernsehfunk, Rundfunk der DDR
   § 12 Aufgaben und Programmauftrag
   § 13 Organe des Landesrundfunkdirektorates
   § 14 Aufgaben des Beirates
   § 15 Aufgaben des Direktors
   § 16 Gemeinschaftliche Organe der Landesrundfunk-direktorate
   § 17 Aufgaben des Rundfunkausschusses
   § 18 Aufgaben des Direktoratsrats
   § 19 Recht der Personalvertretung
5. Abschnitt Finanzierung des öffentlich-rechtlichen Rundfunks
   § 20 Finanzierung
   § 21 Gebühren
   § 22 Einnahmen, Mittelbewirtschaftung, Gebühreneinzug
   § 23 Werbung, Sponsoring
6. Abschnitt Privater Rundfunk
   § 24 Empfang
   § 25 Verbreitung
7. Abschnitt Überleitungs-/Schlußbestimmungen
   § 26 Radio Berlin International
   § 27 Studiotechnik
   § 28 Vereinbarungen zur Werbung
   § 29 Außerkrafttreten
   § 30 Inkrafttreten

Präambel

Die bevorstehende Vereinigung der beiden Teile Deutschlands und die Wiederherstellung der Länder der DDR erfordern ein Gesetz, das eine sachgerechte Überleitung des Rundfunks (Hörfunk und Fernsehen) in eine föderale Rundfunkstruktur sichert. Die Republik übt dabei treuhänderisch und zeitlich befristet die Rundfunkkompetenz für die künftigen Länder der Republik aus, denen nach ihrer Errichtung diese Kompetenz ausschließlich zusteht. Hierbei beschränkt sich das Gesetz auf Regelungstatbestände, die derzeit zwingend geboten sind.
Es ist Sache der für den Rundfunk ausschließlich zuständigen Länder, das mit diesem Gesetz Eingeleitete aufzugreifen, fortzuentwickeln und in eine föderale, duale Rundfunkordnung zu überführen. Die Länder werden dabei eigene rundfunkrechtliche Regelungen allein oder staatsvertraglich für den öffentlich-rechtlichen und den privaten Rundfunk zu treffen haben. Ihnen fällt jedoch auch die vordringliche Aufgabe zu, gemeinsam mit allen Ländern eines vereinigten Deutschlands solche Bereiche des Rundfunks staatsvertraglich zu regeln, die zur Schaffung einer die Gleichheit der Lebensverhältnisse im Gesamtstaat wahrenden Rundfunkordnung unverzichtbar sind.

1. Abschnitt: Allgemeines

§ 1
Recht der freien Meinungsäußerung, Rundfunkbegriff

(1) Jeder hat das Recht, seine Meinung in Wort, Schrift und Bild frei zu äußern und zu verbreiten und sich aus allgemein zugänglichen Quellen ungehindert zu unterrichten.. Die Freiheit der Berichterstattung durch Rundfunk wird gewährleistet. Eine Zensur findet nicht statt.
(2) Diese Rechte finden ihre Schranken in den Vorschriften der allgemeinen Gesetze, den gesetzlichen Bestimmungen zum Schutze der Jugend und in dem Recht der persönlichen Ehre.
(3) Rundfunk ist die für die Allgemeinheit bestimmte Veranstaltung und Verbreitung von Darbietungen aller Art in Wort, in Ton und in Bild unter Benutzung elektrischer Schwingungen ohne Verbindungsleitung oder längs oder mittels eines Leiters.

2. Abschnitt: Programmauftrag, Programmgrundsätze

§ 2
Programmgrundsätze

(1) Der Rundfunk hat in seinen Sendungen einen umfassenden Überblick über das internationale, nationale und regionale Geschehen in allen wesentlichen Lebensbereichen zu geben. Sein Programm hat der Information, Bildung, Beratung und Unterhaltung zu dienen. Er hat Beiträge zur Kultur und Kunst anzubieten.
(2) Die Programme des Rundfunks müssen von demokratischen Haltungen, von kulturellem Verantwortungsbewußtsein und vom Willen zur Meinungsvielfalt, Ausgewogenheit und Sachlichkeit geprägt sein.
(3) Programme und Sendungen müssen die Würde und Persönlichkeitsrechte der Menschen achten und schätzen, die Verständigung zwischen den Völkern fördern, zum Frieden mahnen, soziale Gerechtigkeit und demokratische Freiheiten fördern, dem Schutz und Erhalt der Umwelt dienen sowie zur Verwirklichung der Gleichstellung von Frauen und Männern beitragen. Die Programme dürfen

nicht einseitig einer Partei oder Gruppe, einer Interessengemeinschaft, einem Bekenntnis oder einer Weltanschauung dienen.
(4) Die sittlichen und religiösen Überzeugungen der Bevölkerung sind zu achten.
(5) Der Rundfunk hat alle Veröffentlichungen verantwortungsbewußt und sorgfältig auf Wahrheit, Inhalt und Herkunft zu prüfen. Er hat sicherzustellen, daß die Vielfalt der bestehenden Meinungen und der weltanschaulichen, religiösen, politischen, wissenschaftlichen und künstlerischen Richtungen in den Sendungen möglichst umfassend und vollständig Ausdruck finden. Die politischen, künstlerischen und kulturellen bedeutsamen gesellschaftlichen Kräfte und Gruppen sind angemessen, fair und ausgewogen im Gesamtprogramm zu berücksichtigen.

§ 3
Berichterstattung

(1) Die Berichterstattung soll umfassend, wahrheitsgetreu und sachlich sein. Herkunft und Inhalt der zur Veröffentlichung bestimmten Berichte sind sorgfältig zu prüfen.
(2) Nachrichten und Kommentare sind zu trennen; Kommentare sind als persönliche Stellungnahmen zu kennzeichnen.

§ 4
Gegendarstellung

(1) Der Rundfunkveranstalter ist verpflichtet, durch Rundfunk die Gegendarstellung der Person oder Stelle zu verbreiten, die durch eine von ihm in einer Sendung verbreitete Tatsachenbehauptung unmittelbar betroffen ist.
(2) Die Pflicht zur Verbreitung der Gegendarstellung besteht nicht, wenn
a) die betroffene Person oder Stelle kein berechtigtes Interesse an der Verbreitung hat oder
b) die Gegendarstellung ihrem Umfang nach nicht angemessen ist, insbesondere den Umfang des beanstandeten Teils der Sendung wesentlich überschreitet.
(3) Die Gegendarstellung muß sich auf tatsächliche Angaben beschränken und darf keinen strafbaren Inhalt haben. Sie bedarf der Schriftform und muß von dem Betroffenen oder seinem gesetzlichen Vertreter unterzeichnet sein. Der Betroffene oder sein Vertreter kann die Verbreitung nur verlangen, wenn die Gegendarstellung unverzüglich, spätestens innerhalb von vier Wochen, dem Rundfunkveranstalter zugeht. Die Gegendarstellung muß die beanstandete Sendung und Tatsachenbehauptung bezeichnen.
(4) Die Gegendarstellung muß unverzüglich innerhalb des gleichen Programms und der gleichen Programmsparte wie die beanstandete Tatsachenbehauptung sowie zur gleichen Tageszeit oder, wenn dies nicht möglich ist, zu einer Sendezeit verbreitet werden, die der Zeit der beanstandeten Sendung gleichwertig ist. Die Verbreitung erfolgt ohne Einschaltungen und Weglassungen.
(5) Die Verbreitung der Gegendarstellung erfolgt unentgeltlich. Dies gilt nicht, wenn sich die Gegendarstellung gegen eine Tatsachenbehauptung richtet, die in einer Werbesendung verbreitet worden ist.
(6) Für die Durchsetzung des vergeblich geltend gemachten Gegendarstellungsanspruchs ist der ordentliche Rechtsweg gegeben. Auf Antrag des Betroffenen kann das Gericht anordnen, daß der Rundfunkveranstalter in der Form des Absatzes 4 eine Gegendarstellung verbreitet.
(7) Absätze 1 bis 6 gelten nicht für wahrheitsgetreue Berichte über öffentliche Sitzungen des Eu-

ropäischen Parlaments, der Volkskammer, der gesetzgebenden Organe des Bundes, der Länder und der Vertretungen der Gemeinden und der Gemeindeverbände sowie der Gerichte.
(8) Die gesetzlichen Bestimmungen über die Gegendarstellung zu Tatsachenbehauptungen in Druckwerken und Bildschirmtextangeboten bleiben unberührt.

§ 5
Verlautbarungsrecht

(1) Die Regierung der Republik und die Landesregierungen haben das Recht, Gesetze, Verordnungen und amtliche Verlautbarungen ihren Aufgaben entsprechend bekannt zu geben. Hierfür ist ihnen die erforderliche Sendezeit unverzüglich und unentgeltlich einzuräumen.
(2) Für den Inhalt einer Sendung ist derjenige verantwortlich, dem die Sendezeit gewährt worden ist.

§ 6
Sendezeit für Dritte

(1) Jeder Rundfunkveranstalter hat Parteien oder Wählergruppen während ihrer Beteiligung an Wahlen angemessene Sendezeit zur Wahlwerbung unentgeltlich einzuräumen, wenn sie in den jeweiligen Ländern einen Listenwahlvorschlag, eine Landesliste oder eine Landesreserveliste aufgestellt haben. Diese Regelung gilt nicht für Fenster- und Regionalprogramme. Alle Parteien und Wählergruppen sind gleichzubehandeln. Der Umfang der Gewährung von Sendezeit ist nach der Bedeutung der Parteien oder Wählergruppen abzustufen. Die Bedeutung der Parteien und Wählergruppen bemißt sich nach den Ergebnissen der Wahlen im Jahre 1990. Jeder Partei oder Wählergruppe steht mindestens ein Fünftel der Sendezeit zu, die die stärkste Partei oder Wählergruppe erhält.
(2) Räumt ein Rundfunkveranstalter einer Partei oder Wählergruppe Sendezeit zur Wahlwerbung ein, ohne dazu verpflichtet zu sein, so gilt Absatz 1 entsprechend.
(3) Jeder Rundfunkveranstalter hat den evangelischen Kirchen, der Katholischen Kirche und den jüdischen Kultusgemeinden auf deren Wunsch angemessene Sendezeiten zur Übertragung gottesdienstlicher Handlungen und Feierlichkeiten sowie sonstiger religiöser Sendungen unentgeltlich einzuräumen. Diese Regelung gilt nicht für Fensterprogramme.
(4) Für den Inhalt einer Sendung nach den Absätzen 1 bis 3 ist derjenige verantwortlich, dem die Sendezeit gewährt worden ist.
(5) Unbeschadet der Regelung des Absatzes 4 hat der Rundfunkveranstalter die Ausstrahlung einer Sendung nach den Absätzen 1 und 2 abzulehnen, wenn deren Inhalt offenkundig und schwerwiegend gegen die allgemeinen Gesetze verstößt oder nicht dem Zweck der Wahlwerbung dient.

§ 7
Unzulässige Sendungen, Jugendschutz

(1) Sendungen sind unzulässig, wenn sie
1. zu nationalen, rassistischen oder religiösen Feindseligkeiten aufstacheln oder grausame oder sonst unmenschliche Gewalttätigkeiten gegen Menschen in einer Art schildern, die eine Verherrlichung oder Verharmlosung solcher Gewalttätigkeiten ausdrückt oder die das Grausame oder Unmenschliche des Vorgangs in einer die Menschenwürde verletzenden Weise darstellt,
2. den Krieg verherrlichen,

3. pornographisch sind,
4. offensichtlich geeignet sind, Kinder oder Jugendliche sittlich schwer zu gefährden.
(2) Sendungen, die geeignet sind, das körperliche, geistige oder seelische Wohl von Kindern oder Jugendlichen zu beeinträchtigen, dürfen nicht verbreitet werden, es sei denn, der Veranstalter trifft aufgrund der Sendezeit oder auf andere Weise Vorsorge, daß Kinder oder Jugendliche der betroffenen Altersstufen die Sendungen üblicherweise nicht wahrnehmen; der Veranstalter darf dies bei Sendungen zwischen 23 und 6 Uhr annehmen. Filme, die für Jugendliche unter 16 Jahren nicht freigegeben sind, dürfen nur zwischen 22 und 6 Uhr und Filme, die für Jugendliche unter 18 Jahren nicht freigegeben sind, nur zwischen 23 und 6 Uhr verbreitet werden.
(3) Die Landesrundfunkdirektoren können in Richtlinien oder für den Einzelfall Ausnahmen von den Zeitgrenzen nach Absatz 2 Satz 2 gestatten und von der Bewertung nach Absatz 2 Satz 2 abweichen. Dies gilt im Falle des Absatzes 2 Satz 2 vor allem für Filme, deren Bewertung länger als 15 Jahre zurückliegt.

§ 8
Beweissicherung

Alle Nachrichten, Kommentare, Vorträge und sonstigen Wortsendungen sind wortgetreu aufzuzeichnen und aufzubewahren. Nach Ablauf von vier Wochen seit dem Tage der Verbreitung können Aufzeichnungen vernichtet werden, soweit keine Beanstandungen mitgeteilt worden sind. Ist eine Beanstandung erfolgt, so können die Aufzeichnungen vernichtet werden, sobald die Beanstandung durch rechtskräftige gerichtliche Entscheidung, durch gerichtlichen Vergleich oder auf andere Weise erledigt ist.

3. Abschnitt: Aufsicht über den Rundfunk

§ 9
Rechtsaufsicht

(1) Über die ordnungsgemäße Durchführung der Bestimmungen dieses Gesetzes und über die Beachtung der allgemeinen Rechtsvorschriften zu wachen, ist Aufgabe des Ministers für Medienpolitik.
(2) Der Minister für Medienpolitik ist im Rahmen der Rechtsaufsicht berechtigt, das vertretungsberechtigte Organ des Rundfunkveranstalters durch schriftliche Mitteilung auf Maßnahmen oder Unterlassungen im Betrieb des Rundfunkveranstalters hinzuweisen, die dieses Gesetz verletzen.
(3) Wird die Gesetzwidrigkeit innerhalb einer von dem Minister für Medienpolitik zu setzenden angemessenen Frist nicht behoben, so weist der Minister für Medienpolitik den Rundfunkveranstalter an, diejenigen Maßnahmen durchzuführen, die der Minister für Medienpolitik im einzelnen festzulegen hat; die Kosten trägt der Rundfunkveranstalter. Gegen diese Anweisung kann der Rundfunkveranstalter unmittelbar Klage vor Gericht erheben.
(4) Maßnahmen nach Absätzen 2 und 3 sind erst zulässig, wenn die zuständigen Organe des Rundfunkveranstalters die ihnen obliegende Aufsicht in angemessener Frist nicht oder nicht vollständig wahrnehmen. Der Minister für Medienpolitik ist berechtigt, den Anstaltsorganen im Einzelfall eine angemessene Frist zur Wahrnehmung ihrer Aufsichtspflichten zu setzen.
(5) Die auf Grund dieser Bestimmungen getroffenen Maßnahmen dürfen das Recht der freien Meinungsäußerung nicht verletzen.

4. Abschnitt Organisation des öffentlich-rechtlichen Rundfunks

§ 10
Errichtung von Landesrundfunkdirektoraten

(1) Als gemeinnützige Anstalten des öffentlichen Rechts werden für die Dauer dieses Gesetzes Landesrundfunkdirektorate errichtet, und zwar in
a) Mecklenburg/Vorpommern mit Sitz in Rostock
b) Brandenburg mit Sitz in Potsdam
c) Berlin mit Sitz in Berlin
d) Sachsen-Anhalt mit Sitz in Halle
e) Sachsen mit Sitz in Leipzig
f) Thüringen mit Sitz in Weimar
(2) Den Landesrundfunkdirektoraten stehen die Rundfunkgebühren zur gesamten Hand zu. [zur Drucksache der Volkskammer Nr. 134:]
(3) Die endgültige Festlegung des Sitzes der einzelnen Landesrundfunkdirektorate bleibt dem jeweiligen Gesetzgeber vorbehalten.
(4) Den Landesrundfunkdirektoraten stehen die Rundfunkgebühren gemeinschaftlich zu.

§ 11
Deutscher Fernsehfunk Rundfunk der DDR

(1) Die Landesrundfunkdirektorate werden gemeinschaftlich Gesamtrechtsnachfolger des Deutschen Fernsehfunks und des Rundfunks der DDR. Sie nutzen nach den Grundsätzen der Wirtschaftlichkeit und Sparsamkeit die dort vorhandenen Kapazitäten für die Veranstaltung der im Gebiet der gesamten DDR ausgestrahlten Rundfunkprogramme und zum Aufbau der für ihr Sendegebiet bestimmten Rundfunkprogramme.
(2) Zur Nutzung vorhandener Produktions- und Atelierkapazitäten werden die Landesrundfunkdirektorate gesellschaftsrechtliche Lösungen durchführen. Eine Beteiligung Dritter ist zulässig.
(3) Zur Abgeltung von außergewöhnlichen Soziallasten, insbesondere für Vorruhestandssicherungen, Ausgleichszahlungen und Überbrückungsgelder, werden im Haushaltsjahr 1991 für die Landesrundfunkdirektorate oder deren Rechtsnachfolger Mittel im Haushaltsplan der Republik als einmalige Zuwendung bereitgestellt.

§ 12
Aufgaben und Programmauftrag

(1) Aufgabe der Landesrundfunkdirektorate ist der technische, sächliche und personelle Aufbau von einrichtungen, die zur jeweils landesweiten Versorgung mit Hörfunk und Programmanteilen im Fernsehen geeignet sind. Die Landesrundfunkdirektorate haben gemeinsam die Veranstaltung der in der gesamten DDR ausgestrahlten Hörfunk- und Fernsehprogramme sicherzustellen.
(2) Jedes Landesrundfunkdirektorat veranstaltet für sein Sendegebiet ein flächendeckendes Hörfunkprogramm mit Information, Bildung, Kultur und Unterhaltung; eine Regionalisierung ist möglich. Dabei sollen Kooperationen mit anderen Landesfunkdirektoraten eingegangen werden. Jedes Landesrundfunkdirektorat kann ein weiteres flächendeckendes Hörfunkprogramm für sein Sendegebiet aus dem Bestand der im Gebiet der gesamten DDR ausgestrahlten Hörfunkprogramme entwickeln.

(3) Jedes Landesrundfunkdirektorat kann im Rahmen seiner technischen und finanziellen Möglichkeiten eigene Beiträge aus der jeweiligen Region zu Fernsehprogrammen beisteuern. Dabei sollen Kooperationen mit anderen Landesrundfunkdirektoraten für gemeinsame Regionalfernsehprogramme eingegangen werden.
(4) Die Rundfunkprogramme, welche im Gebiet der gesamten DDR ausgestrahlt werden, sollen von den Landesrundfunkdirektoraten unter Berücksichtigung der Verhältnisse in einem vereinigten Deutschland und im Rahmen der Absätze 2 und 3 fortgeführt werden.

§ 13
Organe des Landesrundfunkdirektorates
(1) Organe des Landesrundfunkdirektorates sind der Beirat und der Direktor.
(2) Der Beirat besteht aus fünf im jeweiligen Land anerkannten Persönlichkeiten des öffentlichen Lebens. Die Mitglieder des Beirates werden im Einvernehmen mit dem Volkskammerausschuß für Presse und Medien vom Ministerpräsidenten berufen und abberufen.
(3) Der Direktor wird im Einvernehmen mit dem Volkskammerausschuß für Presse und Medien vom Ministerpräsidenten berufen und abberufen.

§ 14
Aufgaben des Beirats
(1) Der Beirat hat die Aufgabe, für die Sendungen des Landesrundfunkdirektorats Richtlinien aufzustellen und den Landesrundfunkdirektor bei der Programmgestaltung zu beraten. Er überwacht die Einhaltung der Richtlinien und die in den §§ 2 bis 7 und § 23 aufgestellten Grundsätze.
(2) Der Beirat beschließt über die vom Landesrundfunkdirektor vorzulegenden Entwürfe von Satzungen und genehmigt den vom Landesrundfunkdirektor vorgelegten Haushaltsplan sowie den Jahresabschluß. Darüber hinaus hat er den Landesrundfunkdirektor zu entlasten.
(3) Er gibt sich eine Geschäfts- und Finanzordnung.
(4) Der Zustimmung des Beirats bedürfen folgende Rechtsgeschäfte:
1. Erwerb, Veräußerung und Belastung von Grundstücken,
2. Erwerb und Veräußerung von Unternehmungen und Beteiligungen an ihnen,
3. Aufnahme von Anleihen und Inanspruchnahme von Krediten,
4. Übernahme einer fremden Verbindlichkeit, einer Bürgschaft oder einer Garantie,
5. Abschluß von Anstellungsverträgen mit leitenden Angestellten nach näherer Bestimmung der Satzung mit Ausnahme der Bestimmung derjenigen leitenden Angestellten, die ausschließlich mit künstlerischen Aufgaben betraut sind,
6. Übernahme einer sonstigen Verpflichtung im Wert von mehr als 250.000,– DM außer bei Verträgen über Herstellung oder Lieferung von Programmteilen.

§ 15
Aufgaben des Direktors
Der Direktor vertritt das Landesrundfunkdirektorat gerichtlich und außergerichtlich. Er ist für die gesamten Geschäfte des Landesrundfunkdirektorats, einschließlich der Gestaltung der Programme verantwortlich.

§ 16
Gemeinschaftliche Organe der Landesrundfunkdirektorate
(1) Gemeinschaftliche Organe der Landesrundfunkdirektorate sind der Rundfunkausschuß und der Direktoratsrat.
(2) Die Gemeinschaft der Beiräte bildet den Rundfunkausschuß.
(3) Die Direktoren der Landesrundfunkdirektorate bilden den Direktoratsrat.

§ 17
Aufgaben des Rundfunkausschusses
(1) Der Rundfunkausschuß beschließt über Fragen von Grundsätzlicher Bedeutung für die Rundfunkprogramme, die im Gebiet der gesamten DDR ausgestrahlt werden. Er erläßt Richtlinien für die Programme, überwacht die Einhaltung der Richtlinien und überwacht die in den §§ 2 bis 7 und § 23 aufgestellten Grundsätze.
(2) Dem Rundfunkausschuß obliegen folgende Aufgaben:
1. Erlaß von Satzungen,
2. Feststellung des jährlichen Haushaltsplanes und des Jahresabschlusses,
3. Zustimmung zum Abschluß von Verträgen und Rechtsgeschäften, soweit der Gesamtaufwand 2 Mio. DM im Einzelfall überschreitet.

§ 18
Aufgaben des Direktorates
(1) Der Direktoratsrat trägt die Verantwortung für die Rundfunkprogramme, die in dem Gebiet der gesamten DDR ausgestrahlt werden.
(2) Er gibt sich eine Geschäfts- und eine Finanzordnung. Er faßt seine Beschlüsse mit der Mehrheit der Mitglieder.
(3) Er wählt einen Vorsitzenden und einen Stellvertreter aus seiner Mitte. Er erstellt den Entwurf des Haushaltsplanes auf der Grundlage der Mittelzuweisungen durch die Landesrundfunkdirektorate.
(4) Der Vorsitzende hat die gerichtliche und außergerichtliche Vertretung in allen Fragen, welche Organisation und Durchführung der für das Gebiet der gesamten DDR ausgestrahlten Programme betreffen. Er ist Dienstvorgesetzter des hierfür tätigen Personals.

§ 19
Recht der Personalvertretung
Es gilt das Gesetz zur sinngemäßen Anwendung des Bundespersonalvertretungsgesetzes vom ... (Gbl ...).

5. Abschnitt: Finanzierung des öffentlich-rechtlichen Rundfunks

§ 20
Finanzierung
(1) Der öffentlich-rechtliche Rundfunk finanziert sich vorrangig durch die Einnahmen aus der Rundfunkgebühr.

(2) Im übrigen deckt der öffentlich-rechtliche Rundfunk seine Ausgaben durch Einnahmen aus Werbesendungen und sonstige Einnahmen.

§ 21
Gebühren

(1) Die Rundfunkgebühr besteht aus einer Hörfunk- und einer Fernsehgebühr. Die Volkskammer kann durch Beschluß festlegen, daß die Rundfunkgebühr aus einer Grund- und einer Fernsehgebühr besteht.
(2) Die Rundfunkgebührenpflicht beginnt, sobald ein Rundfunkempfangsgerät zum Empfang bereitgehalten wird.

§ 22
Einnahmen, Mittelbewirtschaftung, Gebühreneinzug

(1) Die Einnahmen aus der Rundfunkgebühr, aus der Werbung und aus sonstiger wirtschaftlicher Betätigung stehen den Landesrundfunkdirektoraten gemeinschaftlich zu. Sie sind zur Erfüllung des gesetzlichen Programmauftrags zu verwenden.
(2) Die Direktoren der Landesrundfunkdirektorate verfügen über die Einnahmen gemeinschaftlich.
(3) Die Deutsche Post führt das Inkasso der Rundfunkgebühr durch und erhält dafür eine aufwandsdeckende Vergütung, die zwischen den Landesrundfunkdirektoren und der Deutschen Post zu vereinbaren ist.

§ 23
Werbung, Sponsoring

(1) Die Werbung im öffentlich-rechtlichen Rundfunk ist vom übrigen Rundfunkprogramm deutlich zu trennen und als solche zu kennzeichnen. Sie darf das übrige Rundfunkprogramm inhaltlich nicht beeinflussen. Werbung, die sich auch an Kinder oder Jugendliche richtet, darf nicht deren Unterfahrenheit ausnutzen.
(2) Der zeitliche Umfang der Werbung im Fernsehen beträgt werktäglich im jahresdurchschnitt 20 Minuten, im Hörfunk 90 Minuten. Nach 20.00 Uhr sowie an Sonntagen und in allen Ländern der DDR anerkannten Feiertagen dürfen werbesendungen nicht ausgestrahlt werden.
(3) Fernsehwerbung darf nur in Blöcken verbreitet werden. Fernsehsendungen von mehr als 45 Minuten Dauer dürfen zu einer im voraus angegebenen Zeit einmal Werbeeinschaltungen enthalten; dies gilt auch bei Unterteilungen der Sendungen. Für Sportsendungen können die Landesrundfunkdirektoren Ausnahmen von Satz 2 gestatten.
(4) Sendungen, die ein Dritter finanziell fördert (Sponsor) und deren Inhalt nicht im unmittelbaren Zusammenhang mit den wirtschaftlichen Interessen des Sponsors oder eines anderen stehen, dürfen nicht mißbräuchlich politischen oder weltanschaulichen Interessen dienen. Andere Sendungen dürfen durch die Sponsorsendungen nicht unterbrochen werden; die Sponsorsendungen dürfen nicht durch Werbung unterbrochen werden. Der Name des Sponsors ist am Anfang und am Ende der Sendung anzugeben. Absatz 1 gilt entsprechend.
(5) Die Landesrundfunkdirektorate erlassen gemeinsame Richtlinien zur Durchführung der Absätze 1 bis 4.

6. Abschnitt: Privater Rundfunk

§ 24
Freier Empfang für Rundfunkprogramme

(1) Die Freiheit, Rundfunkprogramme durch Einzel- oder Gemeinschaftsantennen ungehindert überall zu empfangen, ist gewährleistet.

(2) Auch Rundfunkprogramme, die mittels Fernmeldesatellit, Richtfunk oder Kabel herangeführt werden, dürfen in Kabelanlagen inhaltlich unverändert, vollständig und zeitgleich verbreitet werden.

§ 25
Geschäftsstelle für privaten Rundfunk

(1) Die Verbreitung und Weiterverbreitung privater Rundfunkprogramme wird bis zu entsprechender Gesetzgebung der Länder durch ein von der Volkskammer zu verabschiedendes Gesetz [Drucksache der Volkskammer Nr. 134: durch eine Verordnung des Ministerrates] geregelt.

(2) Für die Dauer und nach Maßgabe des vorliegenden Gesetzes richtet der Minister für Medienpolitik eine Geschäftsstelle für den privaten Rundfunk ein. Ihr obliegen vorbereitende Maßnahmen zur Veranstaltung und/oder Verbreitung von Rundfunkprogrammen durch private Veranstalter.

7. Abschnitt: Überleitungs-/Schlußbestimmungen

§ 26
Radio Berlin International

Für den Sender Radio Berlin International wird eine gesonderte Regelung getroffen.

§ 27
Studiotechnik

Die Studiotechniken Hörfunk und Fernsehen sind unter die Verantwortung der künftigen Landesrundfunkanstalten zu stellen. Die Modalitäten ihrer Überleitung aus dem Verantwortungsbereich des Ministeriums für Post- und Fernmeldewesen in den der Landesrundfunkanstalten werden durch Ministerratsbeschluß festgelegt.

§ 28
Vereinbarung zur Werbung

Vorbehaltlich einer vertraglichen Kündigung können mit Genehmigung des Ministers für Medienpolitik bestehende Vereinbarungen über Werbung im Fernsehen unbeschadet von § 23 bis spätestens 31. Dezember 1991 in Kraft bleiben.

§ 29
Außerkrafttreten

(1) Nach der Herstellung der Einheit Deutschlands gehen die nach diesem Gesetz der Republik übertragenen Zuständigkeiten auf die Länder über.

(2) Die Länder der DDR können Landesrundfunkgesetze zur Errichtung öffentlich-rechtlicher Rundfunkanstalten erlassen oder zu diesem Zweck Staatsverträge schließen. Dabei soll insbeson-

dere unter Berücksichtigung programmlicher, wirtschaftlicher und finanzieller Möglichkeiten die staatsvertragliche Bildung von Mehrländeranstalten angestrebt werden.
(3) Die durch dieses Gesetz den Landesrundfunkdirektoraten zugewiesenen Rechte und Pflichten bei der Erfüllung gemeinsamer Aufgaben können nur durch einen Staatsvertrag aller beteiligten Länder abgelöst werden. Dies gilt auch für Rechte und Pflichten nach § 11 Absatz 1 Satz 1.
(4) Dieses Gesetz tritt in seinen §§ 1 Absatz 3, 21, 22 Absatz 3 und §§ 23 außer Kraft, sobald die Länder in einem vereinigten Deutschland hierüber einen Staatsvertrag geschlossen und durch Ratifizierungsgesetze in Kraft gesetzt haben, spätestens jedoch zum 30. Juni 1992.
(5) Jedes Land kann auch vor Außerkrafttreten dieses Gesetzes eigene Landesmediengesetze zur Zulassung und Veranstaltung privaten Rundfunks erlassen.

§ 30
Inkrafttreten

(1) Dieses Gesetz tritt am Tage nach seiner Veröffentlichung in Kraft.
(2) Gleichzeitig wird der Beschluß der Volkskammer vom 5. Februar 1990 über die Gewährleistung der Meinungs-, Informations- und Medienfreiheit (Gbl. I Nr. 7 S. 39) – soweit er den Rundfunk betrifft [Drucksache der Volkskammer Nr. 134: – soweit er Rundfunk und Fernsehen betrifft –] – aufgehoben. Damit endet die Zuständigkeit des Medienkontrollrates für diesen Bereich.
(3) Andere diesem Gesetz entgegenstehende Regelungen sind nicht mehr anzuwenden.

Schriftenverzeichnis Winfried B. Lerg (1956–1992)

1. Selbständige Veröffentlichungen

Die Entstehung des Rundfunks in Deutschland. Herkunft und Entwicklung eines publizistischen Mittels.
Frankfurt/Main: Knecht 1965 (= Beiträge zur Geschichte des deutschen Rundfunks, Bd. 1), 401 Seiten; 2. ergänzte Auflage Frankfurt/Main: Knecht 1970, 404 Seiten (Phil. Diss. Münster vom 21. Februar 1964)

Kommunikation der Gesellschaft: Einführung in die funktionale Publizistik.
Münster/Westf.: Regensberg 1968 (= dialog der gesellschaft, Bd. 2), 172 Seiten (gemeinsam mit Henk Prakke, Franz W. Dröge und Michael Schmolke)

Das Gespräch. Theorie und Praxis der unvermittelten Kommunikation.
Düsseldorf: Bertelsmann 1970, 376 Seiten (Habil.-Schrift Phil. Fak. Münster vom 2. Mai 1969)

Rundfunkpolitik in der Weimarer Republik.
München: Deutscher Taschenbuch Verlag 1980 (= Rundfunk in Deutschland, Bd. 1), 574 Seiten

Sowjetische Publizistik zwischen Öffnung und Umgestaltung. Die Medien im Zeichen von Glasnost und Perestroika.
Münster: Lit Verlag 1991 (= Kommunikation: Forschung und Lehre, Bd.1), 301 Seiten (gemeinsam mit Marianne Ravenstein und Sabine Schiller-Lerg)

2. Editionen

Publizistik im Dialog. Festgabe für Prof. Dr. Henk Prakke.
Assen: Van Gorcum 1965 (= Münsteraner Marginalien zur Publizistik, Bd. 7), 160 Seiten (gemeinsam mit Michael Schmolke und Gerhard E. Stoll)

Walter Hagemann: Grundzüge der Publizistik.
Münster/Westf.: Regensberg ²1966 (= dialog der gesellschaft, Bd. 1), 320 Seiten (gemeinsam mit Henk Prakke und Michael Schmolke)

Massenpresse und Volkszeitung. Zwei Beiträge zur Pressegeschichte des 19. Jahrhunderts.
Assen: Van Gorcum 1968 (= Münsteraner Marginalien zur Publizistik, Bd. 10), 88 Seiten (gemeinsam mit Michael Schmolke)

Arbeiten aus dem Institut für Publizistik der Universität Münster [ab Band 7].
Münster: Regensberg [in Kommission] 1968 ff; bisher 28 Bände

dialog der gesellschaft [ab Band 6].
Münster: Regensberg 1966 ff; bisher 10 Bände

Handbuch der Weltpresse. 5. Ausgabe. 2 Bde.
1. Pressestimmen der Welt. Köln und Opladen: Westdeutscher Verlag 1970, XXXI, 656 Seiten
2. Weltkatalog der Zeitungen. Köln und Opladen: Westdeutscher Verlag 1970, XXXV, 260 Seiten (gemeinsam mit Henk Prakke und Michael Schmolke)

Publizisten zwischen Intuition und Gewißheit.
Assen: Van Gorcum: 1970 (= Münsteraner Marginalien zur Publizistik, Bd. 11), 61 Seiten (gemeinsam mit Franz Dröge und Michael Schmolke)

Kommunikation und Politik. [ab Band 4]
München: Verlag Dokumentation 1971 ff, K.G. Saur 1978 ff; bisher 25 Bände (gemeinsam mit Jörg Aufermann, Hans Bohrmann, Elisabeth Löckenhoff und Otfried Jarren)

Rundfunkforschung.
Berlin: Spiess 1975 ff; bisher 7 Bände

Rundfunk und Politik 1923 bis 1973. Beiträge zur Rundfunkforschung.
Berlin: Spiess 1975 (= Rundfunkforschung, Bd. 3), 484 Seiten (gemeinsam mit Rolf Steininger)

Presse im Exil. Beiträge zur Kommunikationsgeschiche des deutschen Exils 1933–1945.
München, New York, London und Paris: K.G. Saur 1979 (= Dortmunder Beiträge zur Zeitungsforschung, Bd. 30), 516 Seiten (gemeinsam mit Hanno Hardt und Elke Hilscher)

Rundfunkstudien.
München, New York, London und Paris: K.G. Saur 1984 ff; bisher 4 Bände (herausgegeben im Auftrag des Studienkreises Rundfunk und Geschichte; seit Bd. 3 gemeinsam mit Ansgar Diller und Walter Klingler)

3. Aufsätze

Die Berichterstattung aus dem Bundestag. Rechtsgrundlagen und ihre Ausübung durch den NWDR.
In: »Publizistik«, 1. Jg. 1956/Heft 5, S. 284–294

Die Ausbildung des publizistischen Nachwuchses in Spanien durch die staatliche Journalistenschule.
In: »Publizistik«, 1. Jg. 1956/Heft 6, S. 365–367

Tricks der Traumfabrik. Moby Dick mit Preßluft.
In: »Baustein. Jugend unterm Wort«, 17. Jg. 1957/Heft 2, S. 33-34

Die deutschen Werkzeitschriften 1956.
In: »Publizistik«, 2. Jg. 1957/Heft 6, S. 347-365

Fünfzig Jahre »The Christian Science Monitor«.
In: »Publizistik«, 3. Jg. 1958/Heft 6, S. 353-366

Der »Daily Telegraph« 1857 und 1957. Strukturwandlungen einer Tageszeitung.
In: »Publizistik«, 3. Jg. 1958/Heft 6, S. 367-372

»Mister Hollywood« [Cecil B. de Mille] ist von der Bühne abgetreten.
In: »filmforum«, 8. Jg. 1959/Heft 3, S. 5

Die Bedeutung der Publizistik.
In: »Arbeit und Leben«, Jg. 1960/Heft 1, S. 63-67

Markenschutz für [Film]Kunstwerke.
In: »filmforum«, 9. Jg. 1960/Heft 2, S. 4

Zum Schicksal des Michelangelo-Films [von C. Oertel].
In: »filmforum«, 9. Jg. 1960/Heft 3, S. 2

»Ein Wunschtraum wurde wahr« [Fan-Zeitschriften].
In: »filmforum«, 9. Jg. 1960/Heft 3, S. 8

Schuldkomplexe an der Kinokasse.
In: »filmforum«, 9. Jg. 1960/Heft 4, S. 1-2

Vivisektion des Auges. Eine Filmographie des Surrealismus.
In: »filmforum«, 9. Jg. 1960/Heft 8, S. 4-5; Heft 9, S. 4

»Richtlinien für die Gesamthaltung der deutschen Presse« (November 1934).
In: »Gazette«, 8. Jg. 1962/Heft 3, S. 228-245

Die Ansprache von Joseph Goebbels am 19. März 1938 über die Propaganda zur Wahl zum Großdeutschen Reichstag. Ein Dokument zur Regie des öffentlichen Lebens im Dritten Reich.
In: »Publizistik«, 7. Jg. 1962/Heft 3, S. 167-177

Publizistik in Afrika. Ergebnisse einer ersten Untersuchung.
In: »Zeitungs-Verlag und Zeitschriften-Verlag«, 60. Jg. 1963/Heft 11, S. 436

Max Winckler, der Finanztechniker der Gleichschaltung.
In: »Zeitungs-Verlag und Zeitschriften-Verlag«, 60. Jg. 1963/Heft 13, S. 610-612

Die Anfänge der Rundfunkwerbung in Deutschland.
In: »Publizistik«, 8. Jg. 1963/Heft 4, S. 296-304

Edgar Stern-Rubarths »Propaganda als Instrument der Politik« von 1921. Eine Denkschrift für ein deutsches Presse- und Informationsamt.
In: »Gazette«, 10. Jg. 1964/Heft 2, S. 155-160

Wo bleibt das Handbuch der Publizistik?
In: »Publizistik«, 9. Jg. 1964/Heft 4, S. 354–359

Der Fall Hubert Max (1909–1945).
In: Winfried B. Lerg/ Michael Schmolke/ Gerhard E. Stoll (Hrsg.): Publizistik im Dialog. Festgabe für Prof. Dr. Henk Prakke. Assen: Van Gorcum 1965, S. 92–104

Funk und Presse von 1919 bis 1924. Aus der Vorgeschichte des deutschen Rundfunks.
In: »Rundfunk und Fernsehen«, 13. Jg. 1965/Heft 2, S. 152–166

Kritik der Kommunikationswissenschaft.
In: »Publizistik«, 10. Jg. 1965/Heft 3, S. 251–284 (gemeinsam mit Franz Dröge)

Deutscher Auslandsrundfunk im zweiten Weltkrieg. Bemerkungen zu einer William-Joyce-Biographie.
In: »Rundfunk und Fernsehen«, 14. Jg. 1966/Heft 1, S. 25–34

Über die Publizistik- und Zeitungswissenschaft und die journalistische Ausbildung.
In: »Zeitungs-Verlag und Zeitschriften-Verlag«, 63. Jg. 1966/Heft 17, S. 670–671

Zur Geschichte des Fernsehens in Deutschland. Das Fernsehen der Reichs-Rundfunk-Gesellschaft 1935–1944.
In: Fernsehen in Deutschland. Red.: Christian Longolius. Mainz: v. Hase & Koehler 1967, S. 9–22

Ludwig Salomon (1844–1911). Ein biographischer Hinweis.
In: »Publizistik«, 12. Jg. 1967/Heft 1, S. 52–57

Ein Brief von Ferdinand Haasenstein. Zur Geschichte der ersten deutschen Werbeagentur.
In: »Publizistik«, 12. Jg. 1967/Heft 2–3, S. 165–171

Die Rolle der Publizistik in der Politik.
In: »Zeitungs-Verlag und Zeitschriften-Verlag«, 64. Jg. 1967/Heft 20, S. 819

Die Entstehung des Fernsehens in Deutschland.
In: »Rundfunk und Fernsehen«, 15. Jg. 1967/Heft 4, S. 349–375

Die Anfänge der Zeitung für alle.
In: Winfried B. Lerg/ Michael Schmolke (Hrsg.): Massenpresse und Volkszeitung. Zwei Beiträge zur Pressegeschichte des 19. Jahrhunderts. Assen: Van Gorcum 1968, S. 1–46

Wirklichkeitsmodelle der Vergangenheit. Über exakte Beobachtung in der Geschichtswissenschaft.
In: »Communicatie Cahiers«, 4. Jg. 1968/Heft 4, S. 6–25

Zur Analyse audiovisueller Aussagen. Metasprachliche Probleme von Film und Fernsehen.
In: »Rundfunk und Fernsehen«, 16. Jg 1968/Heft 4, S. 379–388

Dialog der Gesellschaft. Merkmale und Medien menschlicher Kommunikation.
In: »Schweizer Rundschau«, 67. Jg. 1968/Heft 4–5, S. 195–200

Zur Technik politischer Propaganda in der Demokratie. Analyse der Fernseh-Wahlwerbesendung der Parteien im Wahlkampf 1969.
In: Fernsehen in Deutschland. Die Bundestagswahl 1969 als journalistische Aufgabe. Red. Christian Longolius. Mainz 1969, S. 107–142 (gemeinsam mit Franz Dröge und Rainer Weißenborn)

Der preußische Pressechef 1919–1932. Ein bio-bibliographischer Hinweis auf Hans Goslar.
In: »Publizistik«, 14. Jg. 1969/Heft 2, S. 223–229

Gegenstand und Methode publizistischer Zukunftsforschung.
In: Franz Dröge/Winfried B. Lerg/Michael Schmolke (Hrsg.): Publizisten zwischen Intuition und Gewißheit. Assen 1970, S. 27–40

Über die Aussagenanalyse audio-visueller Zeugnisse.
In: Günter Moltmann/Karl-Friedrich Reimers (Hrsg.): Zeitgeschichte im Film- und Tondokument. Göttingen 1970. S. 93–108

Deutschland.
In: Henk Prakke/Winfried B. Lerg/Michael Schmolke (Hrsg.): Handbuch der Weltpresse. Bd. 1: Die Pressesysteme der Welt. Köln und Opladen 1970, S. 99–121

Bundesrepublik Deutschland.
In: Henk Prakke/Winfried B. Lerg/Michael Schmolke (Hrsg.): Handbuch der Weltpresse. Bd. 1: Die Pressesysteme der Welt. Köln und Opladen 1970, S. 121–129

Kommunikationsprognose.
In: »Zeitungs-Verlag und Zeitschriften-Verlag«, 67. Jg. 1970/Heft 16–17, S. 648–652

Modelle der Kommunikation.
In: »Verkündigungen«, 3. Jg. 1971/Heft 1, S. 17–47 (gemeinsam mit Rolf Zerfaß)

Angebot oder Austausch? Thesen zur Organisation der Rundfunkanstalt.
In: »Rundfunk und Fernsehen«, 19. Jg. 1971/Heft 2, S. 135–144 [auch in: Gerhard Maletzke (Hrsg.): Einführung in die Massenkommunikationsforschung. Berlin 1972, S. 75–84]

Kommunikation im Konflikt.
In: »Publizistik«, 16. Jg. 1971/Heft 3, S. 231–237

[Erinnerungen an Günter Kieslich:] Assistent in Münster 1955–1959.
In: »Publizistik«, 17. Jg. 1972/Heft 1, S. 9–13

Wie ausgewogen müssen unsere Hörfunk- und Fernsehprogramme sein?
In: »Der Journalist«, 22. Jg. 1972/Heft 10, S. 26f.

Das Magazin-Konzept.
In: »Rundfunk und Fernsehen«, 20. Jg. 1972/Heft 2, S. 169–177

Über die Rolle des Fremdsprachen-Hörfunks in Europa.
In: »Publizistik«, 18. Jg. 1973/Heft 3–4, S. 300–309

Institut für Publizistik an der Westfälischen Wilhelms-Universität Münster.
In: Gert Hagelweide (Hrsg.): Zeitung und Bibliothek. Ein Wegweiser zu Sammlungen und Literatur. Pullach 1974, S. 143–147

Publizistische Zielvorstellungen. Leistung und Wirkungsgrad der Medien in der Zukunft.
In: Uwe Magnus (Hrsg.): Massenmedien in der Prognose. Berlin 1974, S. 111–127 [auch in Englisch, Französisch und Spanisch]

Das Zeitalter nach Gutenberg/Hörfunk im Regelkreis/Medium mit Familienanschluß/Hörfunk und Politik/Serviceprogramme/Hörfunk und Fernsehen.
In: Westdeutscher Rundfunk (Hrsg.): Schulfunk. Westdeutscher Rundfunk. 50 Jahre Rundfunk. Köln 1974

Die zweite Runde der Rundfunkforschung. Bemerkungen nach der Jahrestagung in München 1974.
In: »Studienkreis für Rundfunk und Geschichte. Mitteilungen«, 1. Jg. 1974–1975/Heft 2, S. 6–8

Entgrenzung der Grenze: Henk Prakke zum 75. Geburtstag.
In: »Publizistik«, 19. Jg. 1974/Heft 3–4, 20. Jg. 1975/Heft 1–2, S. 618–620 (gemeinsam mit Hanno Hardt)

Grundzüge der direkten Kommunikation.
In: H. Dallmer/R. Thedens (Hrsg.): Handbuch des Direct-Marketings. Wiesbaden und Darmstadt 1975, S. 111–123

Rundfunk und die kommunistische Emigration. Zur Geschichte des »Deutschen Freiheitssender« 1937–1939.
In: Winfried B. Lerg/Rolf Steininger (Hrsg.): Rundfunk und Politik 1923 bis 1973. Beiträge zur Rundfunkforschung. Berlin 1975, S. 179–214 (gemeinsam mit Ulrich Schulte-Döinghaus)

Neue kommunikationswissenschaftliche Fachzeitschriften.
In: »Publizistik«, 20. Jg. 1975/Heft 3, S. 878–880

Auf der rundfunkhistorischen Hintertreppe. Fremdsprachen-Soldatensender im Zweiten Weltkrieg.
In: »Studienkreis Rundfunk und Geschichte. Mitteilungen«, 2. Jg. 1976/Heft 2, S. 8–10

Mit der Tür ins Haus der Programmgeschichte.
In: »Studienkreis für Rundfunk und Geschichte. Mitteilungen«, 2. Jg. 1976/Heft 3, S. 29–31

Pressegeschichte oder Kommunikationsgeschichte?
In: Presse und Geschichte. Beiträge zur historischen Kommunikationsforschung. München 1977, S. 9–24

Paul Felix Lazarsfeld und die Kommunikationsforschung. Ein bio-bibliographisches Epitaph.
In: »Publizistik«, 22. Jg. 1977/Heft 1, S. 72–88 [Kurzfassung in: »Studienkreis Rundfunk und Geschichte. Mitteilungen«, 2. Jg. 1976/Heft 4, S. 22–25]

Nichtverbale Kommunikation und visuelle Wahrnehmung (mit einer Auswahlbibliograhpie).
In: »Fernsehen und Bildung«, 11. Jg. 1977/Heft 1–2, S. 110–127 [auch in Englisch]

»Wie stelle ich mein Orchester im Senderaum auf?« Ein bibliographischer Hinweis zur Geschichte der Rundfunkmusik.
In: »Studienkreis Rundfunk und Geschichte. Mitteilungen«, 3. Jg. 1977/Heft 3, S. 6–7

Bert Brecht, der Weimarer Rundfunk und ein verdrängter Text [mit Abdruck des Dokumentes].
In: »Studienkreis Rundfunk und Geschichte. Mitteilungen«, 3. Jg. 1977/Heft 3, S. 7–9

Ein vergessener Döblin-Brief von 1928. Zu Alfred Döblins Rundfunkverständnis [mit Abdruck des Dokumentes].
In: »Studienkreis Rundfunk und Geschichte. Mitteilungen«, 3. Jg. 1977/Heft 3, S. 10–11

Rundfunkgeschichte als Kommunikationsgeschichte. Überlegungen zur Heuristik der Rundfunkforschung.
In: »Studienkreis Rundfunk und Geschichte. Mitteilungen«, 3. Jg. 1977/Heft 3, S. 18–22

Radio vor der Tür. Lokalrundfunk als kommunikationspolitische Alternative.
In: »Studienkreis Rundfunk und Geschichte. Mitteilungen«, 3. Jg. 1977/Heft 4, S. 33–42

Schicksal in der Emigration. Aufgaben und Aussichten der Exilforschung.
In: Walter Först (Hrsg.): Heimat, Region und Ferne. Köln und Berlin 1978, S. 73–82

Lokalrundfunk als kommunikationspolitische Alternative.
In: Ulrich Paetzold (Hrsg.): Kabelkommunikation. Organisation und Programme. München 1978, S. 125–132

[Literaturhinweise:] Fachzeitschriften und Serien.
In: »Publizistik«, 23. Jg. 1978/Heft 1–2, S. 180–183

Britische und amerikanische Quellen zur Programmgeschichte.
In: »Studienkreis Rundfunk und Geschichte. Mitteilungen«, 4. Jg. 1978/Heft 3, S. 105–106

Fachpresse in der Kommunikationslehre und -forschung.
In: »ZV + ZV«, 75. Jg. 1978/Heft 44–455, S. 1772–1776

Die Publizistik der Weimarer Republik. Zur kommunkationsgeschichtlichen Ausgangslage.
In: Hanno Hardt/Elke Hilscher/Winfried B. Lerg (Hrsg.): Presse im Exil. Beiträge zur Kommunikationsgeschichte des deutschen Exils 1933–1945. München, New York, London und Paris 1979, S. 17–96

Wirkungsforschung im Widerstreit.
In: »Bertelsmann-Briefe«, Jg. 1979/Heft 97 (Januar), S. 24–30

Kommunikationsgeschichte der deutschen Emigration. Zur Kritik der Exilforschung.
In: »Communications«, 5. Jg. 1979/Heft 1, S. 29–39

Kommunikation und Gesellschaft.
In: »zur debatte. Themen der Katholischen Akademie in Bayern«, 9. Jg. 1979/Heft 1, S. 9–10

Publizistik in Münster.
In: Heinz Dollinger (Hrsg.): Die Universität Münster 1780–1980. Münster 1980, S. 337–338

Vermittelte Wertmuster. Kommunikationswissenschaftliches Plädoyer zur Einstellungsforschung.
In: Götz Großklaus/Ernst Oldemeyer (Hrsg.): Werte in kommunikativen Prozessen. Beiträge und Diskussionen der 8. Karlsruher Tage für experimentelle Kunst und Kunstwissenschaft. Stuttgart 1980, S. 9–23

Hans Bredow – Schwierigkeiten mit einem 100. Geburtstag. Stenogramm für eine publizistische Biographie.
In: »Studienkreis Rundfunk und Geschichte. Mitteilungen«, 6. Jg. 1980/Heft 1, S. 28–36

Verdrängen oder ergänzen die Medien einander? Innovation und Wandel in Kommunikationssystemen.
In: »Publizistik«, 26. Jg. 1981/Heft 2, S. 193–201

Vom Kulturinstrument zum Führungsmittel. Rundfunkkontrolle in Deutschland 1945.
In: »Studienkreis Rundfunk und Geschichte. Mitteilungen«, 7. Jg. 1981/Heft 2, S. 101–110; Heft 3, S. 156–166

Regionalität als Programmauftrag? Thesen zur Topologie des Rundfunks.
In: »Rundfunk und Fernsehen«, 30. Jg. 1982/Heft 1, S. 14–21

Programmgeschichte als Forschungsauftrag. Eine Bilanz und Begründung.
In: »Studienkreis Rundfunk und Geschichte. Mitteilungen«, 8. Jg. 1982/Heft 1, S. 6–17

50 Jahre »Broadcasting«-Geschichte als Rundfunkgeschichte.
In: »Studienkreis Rundfunk und Geschichte. Mitteilungen«, 8. Jg. 1982/Heft 2, S. 50–51

»Play it again, Sam!«
In: »Studienkreis Rundfunk und Geschichte. Mitteilungen«, 8. Jg. 1982/Heft 2, S. 52–53

P.G. Wodehouse im Deutschen Kurzwellensender 1941 oder: Über die Korrumpierbarkeit des Unpolitischen.
In: »Studienkreis Rundfunk und Geschichte. Mitteilungen«, 8. Jg. 1982/Heft 3, S. 107–112

Sommerjubiläen (I) – Britische Rundfunkgeschichte.
In: »Studienkreis Rundfunk und Geschichte. Mitteilungen«, 8. Jg. 1982/Heft 4, S. 199–200

Sommerjubiläen (II) – Deutsche Postgeschichte.
In: »Studienkreis Rundfunk und Geschichte. Mitteilungen«, 8. Jg.1982/Heft 4, S. 200–201

M*A*S*H, USA, CBS-TV, 1972ff.
In: »Studienkreis Rundfunk und Geschichte. Mitteilungen«, 8. Jg. 1982/Heft 4, S. 201–202

Frank Warschauer und die Anfänge der Rundfunkkritik.
In: »Publizistik«, 27. Jg. 1982/Heft 3, S. 349–360; [Kurzfassung u. d. T. Musikkritik – Medienkritik auch in: Georg Berkemeier/Isolde Maria Weineck (Hrsg.): Sequenzen. Frau Prof. Dr. Maria Elisabeth Brockhoff zum 2. 4. 1982 gewidmet von Schülern, Freunden und Kollegen. Hagen 1982, S. 232–244]

Alliierter Psychokrieg am Niederrhein 1944/45. Aus den Erinnerungen eines Vernehmungsoffiziers. Ein Beitrag zur Kommunikatorgeschichte.
In: Kurt Koszyk/Volker Schulze (Hrsg.): Die Zeitung als Persönlichkeit. Düsseldorf 1982, S. 195–230

Über Programmzeitschriften – ein Silberblick auf Rundfunkgeschichte als Kommunikationsgeschichte.
In: »Studienkreis Rundfunk und Geschichte. Mitteilungen«, 9. Jg. 1983/Heft 1, S. 2–3

Literatur und Rundfunk und Literatur und Rundfunk und ... Vorlaute Bemerkungen zu neueren Arbeiten.
In: »Studienkreis Rundfunk und Geschichte. Mitteilungen«, 9. Jg. 1983/Heft 3, S. 158–163 (gemeinsam mit Brunhild Elfert)

Paul Laven – Zur Geschichte der Rundfunkberichterstattung. Für Kurt Wagenführ zum 80. Geburtstag.
In: »Studienkreis Rundfunk und Geschichte. Mitteilungen«, 9. Jg. 1983, Heft 1, S. 9–13

M*A*S*H – demobilisiert.
In: »Studienkreis Rundfunk und Geschichte. Mitteilungen«, 9. Jg. 1983/Heft 3, S. 108–109

Übergangswahrscheinlichkeiten. 60 Jahre Rundfunk in Deutschland.
In: »Studienkreis Rundfunk und Geschichte. Mitteilungen«, 9. Jg. 1983/Heft 4, S. 181–182

Mit 40 Jahren Verspätung. Zur Geschichte und Publikationsgeschichte von Elisa Lüders Dissertation über den schweizerischen Rundfunk von 1943.
In: »Studienkreis Rundfunk und Geschichte. Mitteilungen«, 9. Jg. 1983/Heft 4, S. 225–232 (gemeinsam mit Arnulf Kutsch)

Zur Dialektik der Kommunikationsfreiheit. Die Kampagnen des Fredric Wertham (1895–1981).
In: Manfred Rühl/Heinz-Werner Stuiber (Hrsg.): Kommunikationspolitik in Forschung und Anwendung. Festschrift für Franz Ronneberger. Düsseldorf 1983, S. 315–325

Persönliche Zeugnisse in der Rundfunkgeschichte. Zur Kritik der Oralistik (Oral History).
In: »Studienkreis Rundfunk und Geschichte. Mitteilungen«, 10. Jg. 1984/Heft 1, S. 105–108

Rundfunk im Kommunikationssystem. Grundlinien für ein publizistisches Erklärungsmodell.
In: »Studienkreis Rundfunk und Geschichte. Mitteilungen«, 10. Jg. 1984/Heft 2, S. 145–153

Archie Bunker am Ende.
In: »Studienkreis Rundfunk und Geschichte. Mitteilungen«, 10. Jg. 1984/Heft 1, S. 19–20

Radio Vaticana vor Gericht.
In: »Studienkreis Rundfunk und Geschichte. Mitteilungen«, 10. Jg. 1984/Heft 1, S. 20–21

Programmzeitschriften-Flop.
In: »Studienkreis Rundfunk und Geschichte. Mitteilungen«, 10. Jg. 1984/Heft 1, S. 21–22

US-Kabel-Katerstimmung I: »Qube« macht die Kanäle dicht.
US-Kabel-Katerstimmung II: Lockerungsübungen der Verteilnetzbetriebe.
In: »Studienkreis Rundfunk und Geschichte. Mitteilungen«, 10. Jg. 1984/Heft 2, S. 123–124

Campagnen in Frankreich I: Sofirad – keine Dividende.
Campagnen in Frankreich II: Radios locales – ein bißchen Werbung.
Campagnen in Frankreich III: Agence Havas – mehr Fernsehen.
Campagnen in Frankreich IV: La câblage – laute Kakophonie.
Campagnen in Frankreich V: Le Pneumatique – die Luft ist raus.
In: »Studienkreis Rundfunk und Geschichte. Mitteilungen«, 10. Jg. 1984/Heft 3, S. 215–219

Box Populi Plus – Mehr Glotze.
In: »Studienkreis Rundfunk und Geschichte. Mitteilungen«, 10. Jg. 1984/Heft 3, S. 221–222

Über die Entstehung der deutschen Rundfunktopographie.
In: Walter Först (Hrsg.): Rundfunk in der Region. Probleme und Möglichkeiten der Regionalität.
Köln, Stuttgart, Berlin und Mainz 1984, S. 13–50

Berieselungsanlage – 50 Jahre The Muzak Corporation.
In: »Studienkreis Rundfunk und Geschichte. Mitteilungen«, 11. Jg. 1985/Heft 2, S. 131–132

Neue Staatsröcke – Landesmediengesetze.
In: »Studienkreis Rundfunk und Geschichte. Mitteilungen«, 11. Jg. 1985/Heft 2, S. 134–135

Korrespondentenbücher – Zeugnisse zur Rundfunkgeschichte.
In: »Studienkreis Rundfunk und Geschichte. Mitteilungen«, 11. Jg. 1985/Heft 3, S. 222–226

Medientransfer: »Die Deutschen im Zweiten Weltkrieg«.
In: »Studienkreis Rundfunk und Geschichte. Mitteilungen«, 11. Jg. 1985/Heft 3, S. 226–227

Rundfunkjubiläum: 50 Jahre »Schweizer Radio International«.
In: »Studienkreis Rundfunk und Geschichte. Mitteilungen«, 11. Jg. 1985/Heft 3, S. 227–228

Agenturpleite: UPI landet bei seinen Gläubigern.
In: »Studienkreis Rundfunk und Geschichte. Mitteilungen«, 11. Jg. 1985/Heft 3, S. 228–229

Filmeinkauf: Murdoch bei Fox.
In: »Studienkreis Rundfunk und Geschichte. Mitteilungen«, 11. Jg. 1985/Heft 3, S. 229

Kameralrundfunk: BDZV mit Doppelmonopol.
In: »Studienkreis Rundfunk und Geschichte. Mitteilungen«, 11. Jg. 1985/Heft 3, S. 229

Terrible Ted Turner bei Gospodin Gostelradio.
In: »Studienkreis Rundfunk und Geschichte. Mitteilungen«, 11. Jg. 1985/Heft 4, S. 314–316

Radio Marti – Volksaufklärung oder Propaganda?
In: »Studienkreis Rundfunk und Geschichte. Mitteilungen«, 11. Jg. 1985/Heft 4, S. 316–317

60 Jahre (là-là) Radio Tour Eiffel.
In: »Studienkreis Rundfunk und Geschichte. Mitteilungen«, 11. Jg. 1985/Heft 4, S. 317–318

Standardprogramm für Stadtradios.
In: »Studienkreis Rundfunk und Geschichte. Mitteilungen«, 11. Jg. 1985/Heft 4, S. 318–320

Werbung in »Radio France Internationale (RFI)«.
In: »Studienkreis Rundfunk und Geschichte. Mitteilungen«, 11. Jg. 1985/Heft 4, S. 320–321

SOFIRAD verschleißt ihre Präsidenten.
In: »Studienkreis Rundfunk und Geschichte. Mitteilungen«, 11. Jg. 1985/Heft 4, S. 321–323

Rundfunkdokumentation als Gegenstand der wissenschaftlichen Wahrnehmung.
In: Fachgruppe Presse-, Rundfunk- und Filmarchivare im Verein deutscher Archivare (Hrsg.): Dokumentation in Presse und Rundfunk. Fünfundzwanzig Jahre Fachgruppe Presse-, Rundfunk- und Filmarchivare im Verein deutscher Archivare. Protokoll der 43. und 44. Tagung der Fachgruppe Presse-, Rundfunk- und Filmarchivare im Verein deutscher Archivare Saarbrücken, Oktober 1983 und Frankfurt am Main, Mai 1984. München 1985, S. 51–63

Eindrucksmanagement: »ARD-Magazin«.
In: »Studienkreis Rundfunk und Geschichte. Mitteilungen«, 12. Jg. 1986/Heft 2, S. 111–114

Govorit i Pokazyvaet A. N. Aksenov, Moskva.
In: »Studienkreis Rundfunk und Geschichte. Mitteilungen«, 12. Jg. 1986/Heft 2, S. 115–116

Fanzösisches Satellitenfernsehen: »La Continuité Républicaine«.
In: »Studienkreis Rundfunk und Geschichte. Mitteilungen«, 12. Jg. 1986/Heft 2, S. 116–118

La Cinq: die großen und die kleinen Eigentümer.
In: »Studienkreis Rundfunk und Geschichte. Mitteilungen«, 12. Jg. 1986/Heft 2, S. 118–119

Im stillen Winkel der Privatisierung I: Radio Télévision Francaise d'Outre-Mer (RFO).
In: »Studienkreis Rundfunk und Geschichte. Mitteilungen«, 12. Jg. 1986/Heft 3, S. 169–170

Im stillen Winkel der Privatisierung II: Régie Francaise de Publicité (RFP).
In: »Studienkreis Rundfunk und Geschichte. Mitteilungen«, 12. Jg. 1986/Heft 3, S. 170–171

Im stillen Winkel der Privatisierung III: Französisches Abo-Fernsehen rechnet sich: Canal Plus (et privat).
In: »Studienkreis Rundfunk und Geschichte. Mitteilungen«, 12. Jg. 1986/Heft 3, S. 171

Pressegeschichte oder Kommunikationsgeschichte?
In: Wolfgang R. Langenbucher (Hrsg.): Publizistik- und Kommunikationswissenschaft. Ein Textbuch zur Einführung in ihre Teildisziplinen. Wien 1986, S. 130–142

Kurt Wagenführ und die Rundfunkkunde.
In: »Studienkreis Rundfunk und Geschichte. Mitteilungen«, 13. Jg. 1987/Heft 4, S. 393–398

Verdrängen oder ergänzen die Medien einander? Innovation und Wandel in Kommunikationssystemen.
In: Hannes Haas (Hrsg.): Mediensysteme. Struktur und Organisation der Massenmedien in den deutschsprachigen Demokratien. Wien 1987, S. 106–114

Programmgeschichte als Forschungsauftrag. Eine Bilanz und eine Begründung.
In: Manfred Bobrowsky, Wolfgang Duchkowitsch und Hannes Haas (Hrsg.): Medien- und Kommunikationsgeschichte. Ein Textbuch zur Einführung. Wien 1987, S. 78–87

Rundfunkdokumentation: Wissenschaftliche Wahrnehmung eines Mediums.
In: Marianne Grewe-Partsch und Jo Groebel (Hrsg.): Mensch und Medien. Zum Stand von Wissenschaft und Praxis in nationaler und internationaler Perspektive. Zu Ehren von Hertha Sturm. München, London, New York, Oxford, Paris 1987, S. 287–299

Film: Quelle, Zeugnis, Dokument.
In: »Medien & Zeit«, 2. Jg. 1987/Heft 3, S. 230–231

Ein Vorwort danach.
In: Heinz-Peter Schmitz-Borchert (Hrsg.): Lokal?funk. Anmerkungen und Statements zur Hörfunknutzung 1987. Köln 1987, S. 3–5

Über die historische Selbstvergessenheit der journalistischen Zunft.
In: »Studienkreis Rundfunk und Geschichte. Mitteilungen«, 14. Jg. 1988/Heft 1, S. 3–8

75 Jahre Kreuzworträtsel – Warum kein Videokreuztexträtsel.
In: »Studienkreis Rundfunk und Geschichte. Mitteilungen«, 15. Jg. 1989/Heft 1, S. 2–3

Kritische Rückschau: Zwanzig Jahre Studienkreis Rundfunk und Geschichte.
In: »Studienkreis Rundfunk und Geschichte. Mitteilungen«, 15. Jg. 1989/Heft 4, S. 288–294

Media culture of the Weimar Republic. A historical overview.
In: »Journal of Communication Inquiry«, 13. Jg. 1989/Heft 1, S. 94–110

Kirchliche Kommunikation im Wertewandel. Gedanken zu einer neuen Religionspublizistik.
In: »Communicatio Socialis«, 22. Jg. 1989/Heft 1–2, S. 16–20

Kirchliche Kommunikation im Wertewandel. Zur Funktion der Religionspublizistik.
In: »Evangelische Kommentare. Monatsschrift zum Zeitgeschehen in Kirche und Gesellschaft«, 22. Jg. 1989/Heft 8, S. 31–32

Gleichgeschaltet: Von Druck und Anpassung.
In: »Journalist«, 39. Jg. 1989/Heft 9 (Beilage »Dokumentation DJV«), S. 50–74

Funk und Presse 1919 bis 1924.
In: Hans-Bredow-Institut (Hrsg.): Rundfunk und Fernsehen 1948–1989. Ausgewählte Beiträge der Medien- und Kommunikationswissenschaft aus 40 Jahrgängen der Zeitschrift »Rundfunk und Fernsehen«. Baden-Baden 1990, S. 30–44

Angebot oder Austausch? – Thesen zur Organisation der Rundfunkanstalt.
In: Hans-Bredow-Institut (Hrsg.): Rundfunk und Fernsehen 1948–1989. Ausgewählte Beiträge der Medien- und Kommunikationswissenschaft aus 40 Jahrgängen der Zeitschrift »Rundfunk und Fernsehen«. Baden-Baden 1990, S. 445–454

40 Jahre Hans-Bredow-Institut.
In: »Studienkreis Rundfunk und Geschichte. Mitteilungen«, 16. Jg. 1990/Heft 4, S. 201–202

Grundzüge der direkten Kommunikation.
In: Heinz Dallmer (Hrsg.): Handbuch des Direct-Marketing. 6. völlig überarbeitete Aufl. Wiesbaden 1991, S. 135–150

Das Verfallsdatum ist unbekannt.
In: Nordland Papier (Hrsg.): Ein Vierteljahrhundert Papier aus dem Emsland. Dörpen/Ems 1991, S. 195–203

DEFA – Begehrtes Objekt des Staates.
In: »fernseh-informationen«, 42. Jg. 1991/Nr. 5, S. 141–142

La Genesi dei programmi letterari nella radio. Funzioni e strutture storico-communicative.
In: Mauro Ponzi (Hrsg.): Letteratura e mass-media. Nei paesi di lingua tedesca. Roma 1991, S. 11–21

Rundfunk-Verräter. »Im Dienste von Nazi-Deutschland« arbeitende amerikanische Publizisten. Gruppen-Biographie von Mitarbeitern des Deutschen Kurzwellensenders.
In: »fernseh-informationen«, 43. Jg. 1992/Nr. 3, S. 82–89

Theorie der Kommunikationsgeschichte.
In: Roland Burkhart und Walter Hömberg (Hrsg.): Kommunikationstheorien. Ein Textbuch zur Einführung. Wien 1992, S. 204–229

Medienmacht und Politik.
In: Gerhardt W. Wittkämper (Hrsg.): Medien und Politik. Darmstadt 1992 (in Druck)

4. Biographische Hinweise zur internationalen Kommunikationsgeschichte

Eugen Kurt Fischer.
In: »Publizistik«, 9. Jg. 1964/Heft 4, S. 364–365

Hermann Budzislawski (1901–1978). Eine biographische Miszelle zur Exilpublizistik.
In: »Publizistik«, 23. Jg. 1978/Heft 1–2, S. 106–114; Heft 4, S. 437–438 (Post Scriptum)

Erik Barnouw.
In: »Studienkreis Rundfunk und Geschichte. Mitteilungen«, 4. Jg. 1978/Heft 3, S.106–107

Peter Frankenfeld (1913–1979).
In: »Studienkreis Rundfunk und Geschichte. Mitteilungen«, 5. Jg. 1979/Heft 1, S. 8–10

Hermann Pongs (1889–1979).
In: »Studienkreis Rundfunk und Geschichte. Mitteilungen«, 5. Jg. 1979/Heft 3, S. 125

Sefton Delmer (1904–1979).
In: »Studienkreis Rundfunk und Geschichte. Mitteilungen«, 5. Jg. 1979/Heft 4, S. 172–173

Charles Edward Coghlin (1891–1979).
In: »Studienkreis Rundfunk und Geschichte. Mitteilungen«, 6. Jg. 1980/Heft 1, S. 4–5

Roy Edward Larsen (1899–1979).
In: »Studienkreis Rundfunk und Geschichte. Mitteilungen«, 6. Jg. 1980/Heft 1, S. 7

Herbert (»Zeppo«) Marx (1901–1979).
In: »Studienkreis Rundfunk und Geschichte. Mitteilungen«, 6. Jg. 1980/Heft 2, S. 95–96

Fulton John Sheen (1895–1979).
In: »Studienkreis Rundfunk und Geschichte. Mitteilungen«, 6. Jg. 1980/Heft 2, S. 96–97

Richard Rodgers (1902–1979).
In: »Studienkreis Rundfunk und Geschichte. Mitteilungen«, 6. Jg. 1980/Heft 2, S. 97–98

Annunzio Mantovani (1905–1980).
In: »Studienkreis Rundfunk und Geschichte. Mitteilungen«, 6. Jg. 1980/Heft 3, S. 133–134

Ein Pionier des sowjetischen Rundfunks. Vor 40 Jahren starb M. A. Bontsch-Brujewitsch.
In: »Studienkreis Rundfunk und Geschichte. Mitteilungen«, 6. Jg. 1980/Heft 3, S. 136–138

Josef Knecht (1897–1980).
In: »Studienkreis Rundfunk und Geschichte. Mitteilungen«, 6. Jg. 1980/Heft 4, S. 164

Arthur Charles Nielsen (1897–1980).
In: »Studienkreis Rundfunk und Geschichte. Mitteilungen«, 6. Jg. 1980/Heft 4, S. 211–212

Alfred Josef Hitchcock – ein Seitenblick.
In: »Studienkreis Rundfunk und Geschichte. Mitteilungen«, 6. Jg. 1980/Heft 4, S. 212–213

Benno David Frank (1905–1980).
In: »Studienkreis Rundfunk und Geschichte. Mitteilungen«, 7. Jg. 1981/Heft 1, S. 7–9

Ladislas Farago (1906–1980).
In: »Studienkreis Rundfunk und Geschichte. Mitteilungen«, 7. Jg. 1981/Heft 1, S. 9–12

Rudolf Singer (1915–1980).
In: »Studienkreis Rundfunk und Geschichte. Mitteilungen«, 7. Jg. 1981/Heft 1, S. 14–15

Herbert Marshall McLuhan – Homo Ludens (1911–1980).
In: »Publizistik«, 26. Jg. 1981/Heft 2, S. 265–269; [auch in: »Studienkreis Rundfunk und Geschichte. Mitteilungen«, 7. Jg. 1981/Heft 2, S. 82–85]

Heinz Paechter- Henry Maximilian Pachter (1907–1980).
In: »Studienkreis Rundfunk und Geschichte. Mitteilungen«, 7. Jg. 1981/Heft 2, S. 85–87

Saul Kussiel Padover (1905–1980).
In: »Studienkreis Rundfunk und Geschichte. Mitteilungen«, 7. Jg. 1981/Heft 3, S. 149–150

Richard Frederick Hanser (1909–1981).
In: »Studienkreis Rundfunk und Geschichte. Mitteilungen«, 8. Jg. 1982/Heft 3, S. 114–116

Archibald MacLeish (1892–1982).
In: »Studienkreis Rundfunk und Geschichte. Mitteilungen«, 8. Jg. 1982/Heft 4, S. 188–190

John Hay (»Jock«) Whitney (1904–1982).
In: »Studienkreis Rundfunk und Geschichte. Mitteilungen«, 8. Jg. 1982/Heft 4, S. 190–192

Vladimir Kosma Zworykin (1889–1982).
In: »Studienkreis Rundfunk und Geschichte. Mitteilungen«, 8. Jg. 1982/Heft 4, S. 192–194

Sol Taishoff (1904–1982).
In: »Studienkreis Rundfunk und Geschichte. Mitteilungen«, 9. Jg. 1983/Heft 1, S. 4–5

Jack Webb (1920–1982).
In: »Studienkreis Rundfunk und Geschichte. Mitteilungen«, 9. Jg. 1983/Heft 3, S. 109–110

Walter J. Schütz von der Universität Münster ausgezeichnet.
In: »Publizistik«, 28. Jg. 1983/Heft 3, S. 415–416

Jean d'Arcy (1913–1983).
In: »Studienkreis Rundfunk und Geschichte. Mitteilungen«, 9. Jg. 1983/Heft 3, S. 110–111

Arthur Godfrey (1903–1983).
In: »Studienkreis Rundfunk und Geschichte. Mitteilungen«, 9. Jg. 1983/Heft 3, S. 113–115

Kenneth Mackenzie Clark of Saltwood (1903–1983).
In: »Studienkreis Rundfunk und Geschichte. Mitteilungen«, 10. Jg. 1984/Heft 1, S. 14–15

Ira Gershwin (1896–1983).
In: »Studienkreis Rundfunk und Geschichte. Mitteilungen«, 10. Jg. 1984/Heft 1, S. 15–16

Constantin (Tino) Rossi (1907–1983).
In: »Studienkreis Rundfunk und Geschichte. Mitteilungen«, 10. Jg. 1984/Heft 1, S. 17

Lucienne Boyer (1901–1983).
In: »Studienkreis Rundfunk und Geschichte. Mitteilungen«, 10. Jg. 1984/Heft 1, S. 18–19

William Paley im Ruhestand.
In: »Studienkreis Rundfunk und Geschichte. Mitteilungen«, 10. Jg. 1984/Heft 1, S. 19

John Franklin MacVane (1912–1984)
In: »Studienkreis Rundfunk und Geschichte. Mitteilungen«, 10. Jg. 1984/Heft 3, S. 206–208

Paul Rotha (1907–1984)
In: »Studienkreis Rundfunk und Geschichte. Mitteilungen«, 10. Jg. 1984/Heft 3, S. 208–211 (mit einer Bibliographie)

George Horace Gallup (1901–1984)
In: »Studienkreis Rundfunk und Geschichte. Mitteilungen«, 10. Jg. 1984/Heft 4, S. 275–278

John Boynton Priestley (1894–1984)
In: »Studienkreis Rundfunk und Geschichte. Mitteilungen«, 10. Jg. 1984/Heft 4, S. 278–280

James Caesar Petrillo (1892–1984).
In: »Studienkreis Rundfunk und Geschichte. Mitteilungen«, 11. Jg. 1985/Heft 2, S. 131

Charles Arthur Siepmann (1899–1985).
In: »Studienkreis Rundfunk und Geschichte. Mitteilungen«, 11. Jg. 1985/Heft 3, S. 215–218

Mischa Spoliansky (1898–1985).
In: »Studienkreis Rundfunk und Geschichte. Mitteilungen«, 11. Jg. 1985/Heft 4, S. 310–312

Maurice Siegel (1919–1985).
In: »Studienkreis Rundfunk und Geschichte. Mitteilungen«, 11. Jg. 1985/Heft 4, S. 312–313

Maurice Nègre (1901–1985).
In: »Studienkreis Rundfunk und Geschichte. Mitteilungen«, 11. Jg. 1985/Heft 4, S. 313–314

Klaus Merten Professor für Publizistik- und Kommunikationswissenschaft am Institut für Publizistik der Universität Münster.
In: »Publizistik«, 30. Jg. 1985/Heft 1, S. 159–160

Joseph Thomas Klapper 1917–1984.
In: »Publizistik«, 30. Jg. 1985/Heft 4, S. 549–553 (mit einer Bibliographie)

Ithiel de Sola Pool 1917–1984.
In: »Publizistik«, 30. Jg. 1985/Heft 4, S. 553–558 (mit einer Bibliographie)

Henri de France (1911–1986).
In: »Studienkreis Rundfunk und Geschichte. Mitteilungen«, 12. Jg. 1986/Heft 3, S. 180–181

Robert Edward Lang (1916–1986).
In: »Studienkreis Rundfunk und Geschichte. Mitteilungen«, 12. Jg. 1986/Heft 3, S. 182

Grace Nisbet Wyndham Goldie (1900–1986).
In: »Studienkreis Rundfunk und Geschichte. Mitteilungen«, 12. Jg. 1986/Heft 3, S. 183–184

Frederick (Fritz) Kohner (1905–1986).
In: »Studienkreis Rundfunk und Geschichte. Mitteilungen«, 12. Jg. 1986/Heft 3, S. 184–185

Kathryn Elizabeth (Kate) Smith.
In: »Studienkreis Rundfunk und Geschichte. Mitteilungen«, 12. Jg. 1986/Heft 3, S. 186–187

Susanne Katharina Langer (1895–1985).
In: »Studienkreis Rundfunk und Geschichte. Mitteilungen«, 12. Jg. 1986/Heft 3, S. 188–190

Maarten Rooij 1906–1986.
In: »Publizistik«, 31. Jg. 1986/Heft 1–2, S. 171–172

Susanne Katherina Langer (1895–1985).
In: »Publizistik«, 31. Jg. 1986/Heft 3–4, S. 427–429 (mit einer Bibliographie)

Clare Boothe Luce (1903–1987).
In: »Studienkreis Rundfunk und Geschichte. Mitteilungen«, 13. Jg. 1986/Heft 4, S. 308–311

Edgar Anstey & Basil Wright (1907–1987).
In: »Studienkreis Rundfunk und Geschichte. Mitteilungen«, 13. Jg. 1987/Heft 4, S. 312–313

Norman Luboff (1917–1987).
In: »Studienkreis Rundfunk und Geschichte. Mitteilungen«, 13. Jg. 1987/Heft 4, S. 314

Georges Franju (1912–1987).
In: »Studienkreis Rundfunk und Geschichte. Mitteilungen«, 13. Jg. 1987/Heft 4, S. 314–315

Rudolf Franz Flesch 1911–1986.
In: »Publizistik«, 32. Jg. 1987/Heft 2, S. 227–231 (mit einer Bibliographie)

Herbert Hiram Hyman 1918–1985.
In: »Publizistik«, 33. Jg. 1987/Heft 4, S. 513–517 (mit einer Bibliographie)

Wolfgang Riepl.
In: Manfred Bobrowsy, Wolfgang Duchkowitsch und Hannes Haas (Hrsg.): Medien und Kommunikationsgeschichte. Ein Textbuch zur Einführung. Wien 1987, S. 196

Frederick (»Fritz«) Loewe 1901–1988.
In: »Studienkreis Rundfunk und Geschichte. Mitteilungen«, 14. Jg. 1988/Heft 2, S. 108–111

Jean Mitry (1904–1988).
In: »Studienkreis Rundfunk und Geschichte. Mitteilungen«, 14. Jg. 1988/Heft 2, S. 112–116

Jay Leyda (1910–1988).
In: »Studienkreis Rundfunk und Geschichte. Mitteilungen«, 14. Jg. 1988/Heft 2, S. 116–121

Patrick Dolan (1911–1987).
In: »Studienkreis Rundfunk und Geschichte. Mitteilungen«, 14. Jg. 1988/Heft 3, S. 215–218

Milton Arthur Caniff (1907–1988).
In: »Studienkreis Rundfunk und Geschichte. Mitteilungen«, 14. Jg. 1988/Heft 3, S. 218–222

Isadore (»I. A.L.«) Diamond (1920–1988).
In: »Studienkreis Rundfunk und Geschichte. Mitteilungen«, 14. Jg. 1988/Heft 3, S. 222–225

Paul Kohner (1902–1988).
In: »Studienkreis Rundfunk und Geschichte. Mitteilungen«, 14. Jg. 1988/Heft 3, S. 225–227

Charles Samuel (»Chas«) Addams (1912–1988).
In: »Studienkreis Rundfunk und Geschichte. Mitteilungen«, 14. Jg. 1988/Heft 4, S. 320–324

Der Filmpublizist Arnold Roger Manvell 1909–1987. Eine bio-bibliographische Notiz.
In: »Medien & Zeit«, 3. Jg. 1988/Heft 4, S. 25–29

Die sechs Kinoleben des Publizisten Axel Eggebrecht. Ein Gruß zum 90sten.
In: »Studienkreis Rundfunk und Geschichte. Mitteilungen«, 15. Jg. 1989/Heft 1, S. 10–17 (mit einer Filmographie)

Wenzel Lüdecke (1917–1989).
In: »Studienkreis Rundfunk und Geschichte. Mitteilungen«, 15. Jg. 1989/Heft 4, S. 235–238

Enrico Fulchignoni 1913–1988.
In: »Publizistik«, 34. Jg. 1989/Heft 1–2, S. 156–157

Wilbur Lang Schramm 1907–1987.
In: »Publizistik«, 34. Jg. 1989/Heft 1–2, S. 175–190 (mit einer Bibliographie)

Morris Janowitz 1919–1988.
In: »Publizistik«, 35. Jg. 1990/Heft 1, S. 104–114 (mit einer Bibliographie)

Hildegard Therese Himmelweit 1918–1989.
In: »Publizistik«, 35. Jg. 1990/Heft 3, S. 348–351

Malcolm Muggeridge (1903–1990).
In: »Studienkreis Rundfunk und Geschichte. Mitteilungen«, 16. Jg. 1990/Heft 4, S. 208–213

Arnold Marquis (1921–1990).
In: »Studienkreis Rundfunk und Geschichte. Mitteilungen«, 16. Jg. 1990/Heft 4, S. 213–214

Felix Lützkendorf (1906–1990).
In: »Studienkreis Rundfunk und Geschichte. Mitteilungen«, 16. Jg. 1990/Heft 4, S. 214–217

William Samuel Paley (1901–1990).
In: »Studienkreis Rundfunk und Geschichte. Mitteilungen«, 17. Jg. 1991/Heft 1, S. 3–7

Hans Speier 1905–1990.
In: »Publizistik«, 36. Jg. 1991/Heft 2, S. 243–252 (mit einer Bibliographie)

5. Bibliographische Arbeiten

Rundfunkdissertationen an deutschen Hochschulen 1920–1953 (1957).
In: »Publizistik«, 2. Jg. 1957/Heft 3, S. 185–189; Heft 4, S. 249–252; Heft 5, S. 310–315

Blick in die ausländische Fachpresse 1957.
In: »Publizistik«, 3. Jg. 1958/Heft 2, S. 113–122

A Selected Bibliography from Foreign Journals.
In: »Journalism Quarterly«, 35. Jg. 1958/Heft 3 – 38. Jg. 1961/Heft 1 (gemeinsam mit L. John Martin [u. a.])

Werbedissertationen an deutschen Hochschulen.
In: »Publizistik«, 3. Jg. 1958/Heft 3, S. 182–190; Heft 4, S. 244–251; Heft 5, S. 303–317 (gemeinsam mit Georg Hellack)

Blick in die ausländische Fachpresse 1958.
In: »Publizistik«, 4. Jg. 1959/Heft 1, S. 49–59; Heft 3, S. 174–185

Bibliographie zur Publizistik in Afrika.
In: Henk Prakke: Publizist und Publikum in Afrika. Eine erste Erkundung. Köln 1962, S. 289–302

A Decade of German Books on Masskommunikation.
In: »Journalism Quarterly«, 40. Jg. 1963/Heft 3, S. 354–361

Öffentliche Meinung und Publizistik.
In: Dahlmann-Waitz. Quellenkunde der deutschen Geschichte. 10. Aufl., Bd. 1, Stuttgart 1969, Abschnitt 36/1–396

Film.
In: Dahlmann-Waitz. Quellenkunde der deutschen Geschichte. 10. Aufl., Bd. 2, Stuttgart 1971, Abschnitt 54/1–114 (gemeinsam mit Rolf Burgmer)

Rundfunk.
In: Dahlmann-Waitz. Quellenkunde der deutschen Geschichte. 10. Aufl., Bd. 2, Stuttgart 1971, Abschnitt 55/1–114 (gemeinsam mit Rolf Burgmer)

Fremdsprachige Rundfunkliteratur III.
In: »Studienkreis Rundfunk und Geschichte. Mitteilungen«, 4. Jg. 1978/Heft 2, S: 95–98

Fremdsprachige Rundfunkliteratur IV.
In: »Studienkreis Rundfunk und Geschichte. Mitteilungen«, 5. Jg. 1979/Heft 2, S. 105–109

Öffentliche Meinung und Publizistik.
In: Dahlmann-Waitz. Quellenkunde der deutschen Geschichte. 10. Aufl., Bd. 5, Stuttgart 1980, Abschnitt 219/1–5

Literatur zur Rundfunkgeschichte der Vereinigten Staaten.
In: »Studienkreis Rundfunk und Geschichte. Mitteilungen«, 7. Jg. 1981/Heft 2, S. 127–129

Quellen und Verzeichnisse zur Programmgeschichte der BBC.
In: »Studienkreis Rundfunk und Geschichte. Mitteilungen«, 8. Jg. 1982/Heft 4, S. 177–178

Neues von den Zeitschriften für Praxis und Wissenschaft der Massenkommunikation.
In: »Publizistik«, 30. Jg. 1985/Heft 1, S. 165–168

Neue Schubartiana – Quellen und Literatur.
In: »Publizistik«, 31. Jg. 1986/Heft 1–2, S. 237–242

Bibliographischer Hinweis zum ORF-Almanach 1986 bzw. 1986/87.
In: »Studienkreis Rundfunk und Geschichte. Mitteilungen«, 13. Jg. 1987/Heft 2, S. 121

Öffentliche Meinung und Publizistik.
In: Dahlmann-Waitz. Quellenkunde der deutschen Geschichte. 10. Aufl., Lieferung 59, Stuttgart 1988, Abschnitt 296/3–126

Öffentliche Meinung und Publizistik.
In: Dahlmann-Waitz. Quellenkunde der deutschen Geschichte. 10. Aufl., Lieferung 64, Stuttgart 1990, Abschnitt 332/10–333

Öffentliche Meinung und Publizistik.
In: Dahlmann-Waitz. Quellenkunde der deutschen Geschichte. 10. Aufl., Lieferung 68/69, Stuttgart 1990, Abschnitt 372/18–709

Geschichte der Kriegsberichterstattung. Ein Literaturbericht.
In: »Publizistik«, 37. Jg. 1992/Heft 2 (in Druck)

6. Arbeiten für Presse und Rundfunk

Wie erkenne ich einen Nazi?
In: »Semester-Spiegel«, 11. Jg. 1965/Heft 77 (Januar 1965), S. 13–16

Wie erkenne ich einen Nazi? Alliierte Informationspolitik zwischen Krieg und Frieden.
Radio Bremen, II. Programm, 4. April 1966; auch: Westdeutscher Rundfunk, II. Programm, 14. Mai und 19. Dezember 1966

WDR fragt die Wissenschaft. Medienforschung soll der Programmpraxis helfen.
In: »Kirche und Fernsehen«, Jg. 1966/Heft 21, S. 1–2

»Aber behalten Sie's für sich...! [Gerüchte als publizistische Erscheinung]
Saarländischer Rundfunk, II. Programm, 29. Mai 1972

Ausgewogenheit: Kommmunikationspolitik mit der Stoppuhr.
In: »Kirche und Fernsehen«, Jg. 1972/Heft 33, S. 1–3

Hilfslosigkeit auf Stelzen.
In: »Das Parlament«, 25. Jg. 1975/Heft 6, S. 16

Wegbereiter für Amerika. Politische Meinungsforschung in den Vereinigten Staaten.
In: »Das Parlament«, 26. Jg. 1976/Heft 38, S. 3

Schicksal in der Emigration. Aufgaben und Ausssichten der Exilforschung.
Westdeutscher Rundfunk, III. Programm, 9. April 1977; auch: Südwestfunk, II. Programm, 20. November 1977

Von Menschen und Medien. Forschung und Lehre vom zwischenmenschlichen Austausch des Wissens.
In: »ABI. Berufswahl-Magazin«, 1. Jg. 1977/Heft 7–8, S. 29–31

Ausgewogenheitsschmarren [»Analyse eines Systems«].
In: »Das Parlament«, 27. Jg. 1977/Heft 21, S. 16

Keine »Spuren« von Erinnerungen ans Dritte Reich
»Wunschkonzert. Erinnerungen an das Dritte Reich«.
In: »Kirche und Rundfunk«, Jg. 1977/Heft 65, S. 11–12

25 Jahre Deutsches Fernsehen.
Westdeutscher Rundfunk, III. Programm, 25. Dezember 1977

»Holocaust«: Davon haben wir nichts gewußt – aber wir haben darüber geredet. Bemerkungen zu einer offengebliebenen Zuschauerfrage.
In: »Kirche und Rundfunk«, Jg. 1979/Heft 10, S. 6–9

Emil Dovifat (27. 12. 1890 – 8. 10. 1969).
Westdeutscher Rundfunk, III. Programm, 7. Oktober 1979

Rundfunk in der Europäischen Gemeinschaft. Basisdaten und ein medienstatistischer Versuch.
In: »Kirche und Rundfunk«, Jg. 1979/Heft 59–60, S. 1–4

Kommunikationswissenschaftliche Anmerkungen zur Regionalisierung.
In: »fernseh-informationen«, 32. Jg. 1981/Heft 6, S. 126–128

Regionale und lokale Sender unter dem Dach des WDR.
In: »WDR-print«, Jg. 1981/Heft 60, S. 6

Alliierter Psychokrieg am Niederrhein.
1. Die Propagandatruppe des Generals Eisenhower.
Westdeutscher Rundfunk, III. Programm, 1. Juli 1985.
2. Saul Padovers Typologie der Deutschen.
Westdeutscher Rundfunk, III. Programm, 8. Juli 1985.
3. Wie die Militärregierung in Aachen scheiterte.
Westdeutscher Rundfunk, III. Programm, 15. Juli 1985.
4. Ein Oberbürgermeister für Düsseldorf.
Westdeutscher Rundfunk, III. Programm, 22. Juli 1985.

Journalisten für die Diktatur. Schreiben unterm Hakenkreuz.
Westdeutscher Rundfunk, III. Programm, 26. November 1988

Rundfunk-Bilder.
In: »WDR-print», Jg. 1989/Nr. 158, S. 14

Zur Entwicklung von Hörfunk und Fernsehen in der DDR.
In: Schreiben unter Hammer, Zirkel und Ähren. Zur Situation der Medien in der DDR
Westdeutscher Rundfunk, III. Programm, 28. April 1990

Historisches Stichwort: Erste Rundfunkübertragungen aus dem Reichstag in Berlin.
In: »fernseh-informationen«, 41. Jg. 1990/Nr. 20, S. 601

7. Rezensionen

E. Kurt Fischer: Dokumente zur Geschichte des deutschen Rundfunks und Fernsehens. Quellensammlung zur Kulturgeschichte. Göttingen, Berlin und Frankfurt/Main 1957.
In: »Publizistik«, 3. Jg. 1958/Heft 2, S. 123–124

La Presse de Province sous la Trosième République. Recueil d'Etudes sous la direction des Jaques Kayser. Paris 1958.
In: »Publizistik«, 4. Jg. 1959/Heft 1, S. 62

Ralph O. Nafziger/David M. White (Hrsg.): Introduction to Mass Communications Research. Baton Rouge 1958.
In: »Publizistik«, 4. Jg. 1959/Heft 3, S. 189–190

L. John Martin: International Propaganda. Its Legal and Diplomatic Control. Minneapolis 1958.
In: »Publizistik«, 4. Jg. 1959/Heft 6, S. 383–384

Joseph J. Mathews: Reporting the Wars. Minneapolis 1957.
In: »Publizistik«, 5. Jg. 1960/Heft 1, S. 59–60

Westfälisch-Niederrheinisches Institut für Zeitungsforschung der Stadt Dortmund (Hrsg.): Presse, Film und Rundfunk im Spiegel der Periodischen Literatur. Titelverzeichnis, Nr. 1/Januar-Juni 1959. Dortmund 1959.
In: »Publizistik«, 5. Jg. 1960/Heft 2, S. 124–125

Fritz Kempe: Film. Technik – Gestaltung – Wirkung. Braunschweig 1958.
In: »Publizistik«, 5. Jg. 1960/Heft 3, S. 187–188

Edgar Morin: Der Mensch und das Kino. Stuttgart 1958.
In: »Publizistik«, 5. Jg. 1960/Heft 4, S. 250–251

Kurt Wagenführ (Hrsg.): Bilder und Zeilen von Pen und Kroll. Hamburg, Berlin und Bonn 1959.
In: »Publizistik«, 6. Jg. 1961/Heft 1, S. 60–61

Carl Haensel: Aufführung, Vortrag, Rundfunkweitergabe. München 1959.
In: »Publizistik«, 6. Jg. 1961/Heft 2, S. 126–127

Gerhard Maletzke: Fernsehen im Leben der Jugend. Hamburg 1959.
In: »Publizistik«, 6. Jg. 1961/Heft 4, S. 253–254

E. Kurt Fischer: Der Rundfunk als Volksbildner. Bühl/Baden 1960.
In: »Publizistik«, 6. Jg. 1961/Heft 5–6, S. 380–381

Warren C. Price: The Literature of Journalism. An Annoteted Bibliography. Minneapolis 1959.
In: »Publizistik«, 7. Jg. 1962/Heft 1, S. 60–61

Horst Reimann/Wolfgang Saile (Hrsg.): Dokumentation der deutschen Presse: Der Abbruch des Gipfels. Das Scheitern der Pariser Konferenz im Spiegel zwanzig deutscher Zeitungen vom 18. Mai 1960. Saarbrücken 1961.
In: »Publizistik«, 7. Jg. 1962/Heft 2, S. 126–127

Helmuth Plessner: Das Problem der Öffentlichkeit und die Idee der Entfremdung. Göttingen 1960.
In: »Publizistik«, 7. Jg. 1962/Heft 3, S. 189–190

Lo Duca: La Douceur de Vivre. Paris 1960/Federico Fellini et lo Duca: La Dolce Vita. Paris 1960.
In: »Publizistik«, 7. Jg. 1962/Heft 6, S. 380

Michel Laclos: Le Fantastique au Cinéma. Paris 1958/Lo Duca: L'Erotisme au Cinéma. Tome II. Paris 1960/Robert Benayoun: Le Dessin Animé après Walt Disney. Paris 1961.
In: »Publizistik«, 8. Jg. 1963/Heft 1, S. 61–63

Roger Clausse: Publikum und Information. Entwurf einer ereignisbezogenen Soziologie des Nachrichtenwesens. Köln und Opladen 1962.
In: »Publizistik«, 8. Jg. 1963/Heft 3, S. 185–187

Elihu Katz/Paul F. Lazarsfeld: Persönlicher Einfluß und Meinungsbildung. München 1962.
In: »Publizistik«, 9. Jg. 1964/Heft 1, S. 87–89

Colin Cherry: Kommunikationsforschung – eine neue Wissenschaft. Frankfurt/Main 1963.
In: »Publizistik«, 9. Jg. 1964/Heft 3, S. 274–276

Ursula von Kardorff: Berliner Aufzeichnungen aus den Jahren 1942 bis 1945. München 1962.
In: »Publizistik«, 9. Jg. 1964/Heft 3, S. 278–279

Hans Brack/Günter Herrmann/Hans-Peter-Hillig: Organisation des Rundfunks in der Bundesrepublik Deutschland 1948-1962. Hamburg 1962.
In: »Publizistik«, 9. Jg. 1964/Heft 4, S. 387–389

Willi Bongard: Männer machen Märkte. Mythos und Wirklichkeit der Werbung. Oldenburg und Hamburg 1963.
In: »Publizistik«, 9. Jg. 1964/Heft 4, S. 379–381

Heinz Kersten: Das Filmwesen in der Sowjetischen Besatzungszone Deutschlands. Bonn und Berlin ²1963.
In: »Publizistik«, 10. Jg. 1965/Heft 1, S. 94–95

Rosser Reeves: Werbung ohne Mythos. Reality in Advertising. München 1963.
In: »Publizistik«, 10. Jg. 1965/Heft 2, S. 175–117

Klaus Budzinski: Die Muse mit der scharfen Zunge. Vom Cabaret zum Kabarett. München 1961; Siegfried Kühl: Deutsches Kabarett. Düsseldorf 1962.
In: »Publizistik«, 10. Jg. 1965/Heft 2, S. 181–183

Hans K. Platte: Soziologie der Massenkommunikationsmittel. München und Basel 1965.
In: »Publizistik«, 11. Jg. 1966/Heft 1, S. 83–84

Walther Dieckmann: Information und Überredung. Zum Wortgebrauch der politischen Werbung in Deutschland seit der Französischen Revolution. Marburg 1964.
In: »Publizistik«, 11. Jg. 1966/Heft 1, S. 92–93

Carl Hundhausen: Wesen und Formen der Werbung. Teil I: Wirtschaftswerbung. Essen 1963.
In: »Publizistik«, 11. Jg. 1966/Heft 2, S. 205–206

Oron J.(ames) Hale: Presse in der Zwangsjacke 1933–1945. Düsseldorf 1965.
In: »Publizistik«, 12. Jg. 1967/Heft 1, S. 60–62

Madelaine Varin d'Ainvelle: La presse en France. Genèse et évolution des ses fonctions psychosociales. Paris 1965.
In: »Publizistik«, 12. Jg. 1967/Heft 1, S. 68–69

Irmtrud Peters: Theater, Rundfunk (Film und Varieté) und Musik aus Bremen. Eine Bibligraphie. Bremen 1963.
In: »Publizistik«, 12. Jg. 1967/Heft 1, S. 72–73

Gerhard Eckert: Knaurs Fernsehbuch. München und Zürich o. J. (1962).
Gerhard Eckert/Fritz Niehus (Hrsg.): Zehn Jahre Fernsehen in Deutschland. Dokumentation – Analyse – Kritik. Frankfurt/Main 1963/Gerhard Eckert: Von Nipkow bis Telstar. 80 Jahre Fernsehen in Daten und Zahlen. Frankfurt/Main 1964/Gerhard Eckert: Das Fernsehen in den Ländern der Westeuropas. Gütersloh 1965.
In: »Publizistik«, 12. Jg. 1967/Heft 1, S. 74–76

J.(ohn) A.(lfred) Cole: Lord Haw-Haw – and William Joyce. The full story. London 1964; dt. Ausgabe u. d. T.: Hier spricht der Großdeutsche Rundfunk. Der Fall Lord Haw-Haw. Wien und Hamburg 1965.
In: »Publizistik«, 12. Jg. 1967/Heft 1, S. 77–79

Asa Briggs: The History of Broadcasting in the United Kingdom. Vol I: The Birth of Broadcasting/Vol II: The Golden Age of Wireless. London, New York und Toronto (I) 1962/(II) 1965.
In: »Publizistik«, 12. Jg. 1967/Heft 1, S. 79–80

Willi A. Boelcke (Hrsg.): Kriegspropaganda 1939–1941. Geheime Ministerkonferenzen im Reichspropagandaministerium. Stuttgart 1966.
In: »Publizistik«, 12. Jg. 1967/Heft 2–3, S. 187–189

Hermann Meyn: Massenmedien in der Bundesrepublik Deutschland. Berlin 1966.
In: »Publizistik«, 12. Jg. 1967/Heft 4, S. 276–277.

John R.(obinson) Pierce: Phänomene der Kommunikation. Informationstheorie – Nachrichtenübertragung – Kybernetik. Düsseldorf und Wien 1965.
In: »Publizistik«, 12. Jg. 1967/Heft 4, S. 286–287

Siegfried Kracauer: Theorie des Films. Die Errettung der äußeren Wirklichkeit. Frankfurt/Main 1964.
In: »Publizistik«, 12. Jg. 1967/Heft 4, S. 288–289

Volker Spiess: Bibliographie zu Rundfunk und Fernsehen. Hamburg 1966.
In: »Publizistik«, 12. Jg. 1967/Heft 4, S. 290–291

Bibliographie Belge des ouvrages et articles sur les Techniques des Diffusion Collective (presse, cinéma, radio, télévision) 1944–1950 (1) / 1951–1955 (2) / 1956–1963 (3). Bruxelles 1965 (1) / 1966 (2) / 1967 (3).
In: »Publizistik«, 12. Jg. 1967/Heft 4, S. 291

»Es spricht der Führer«. Sieben exemplarische Hitlerreden, hrsg. und erläutert von Hildegard von Kotze und Helmut Krausnick. Gütersloh 1966.
In: »Publizistik«, 12. Jg. 1967/Heft 4, S. 295–296

Günther Bauer: Kirchliche Rundfunkarbeit 1924–1939. Frankfurt/Main 1966.
In: »Publizistik«, 13. Jg. 1968/Heft 1, S. 81–82

Alphons Silbermann: Vorteile und Nachteile des kommerziellen Fernsehens. Düsseldorf und Wien 1968.
In: »Publizistik«, 13. Jg. 1968/Heft 2-4, S. 419-420

Willi A. Boelcke (Hrsg.): Wollt ihr den totalen Krieg? Die geheimen Goebbels-Konferenzen 1939-1943. Stuttgart 1967.
In: »Publizistik«, 14. Jg. 1969/Heft 1, S. 132-133

Gerhard Kunz: Untersuchungen über Funktion und Wirkungen von Zeitungen in ihrem Leserkreis. Köln und Opladen 1967.
In: »Publizistik«, 14. Jg. 1969/Heft 3, S. 344-345

Hansjörg Bessler/Frank Bledjian (Hrsg.): Systematik der Massenkommunikationsforschung. München 1967.
In: »Publizistik«, 14. Jg. 1969/Heft 3, S. 345-346

Klaus Kiefer: Die Diffusion von Neurungen. Kultursoziologische und kommunikationswissenschaftliche Aspekte der agrarsoziologischen Diffusionsforschung. Tübingen 1967.
In: »Publizistik«, 14. Jg. 1969/Heft 3, S. 350-351

José Luis Aranguren: Soziologie der Kommunikation. München 1967.
In: »Publizistik«, 14. Jg. 1969/Heft 3, S. 351

Harry Pross: Moral der Massenmedien. Prolegomena zu einer Theorie der Publizistik. Köln und Berlin 1967.
In: »Publizistik«, 14. Jg. 1969/Heft 1, S. 351-352

Babette Gross: Willi Münzenberg. Stuttgart 1967.
In: »Publizistik«, 14. Jg. 1969/Heft 3, S. 366-367

History Compilation Room/Radio & TV-Culture Research Institute (Hrsg.): The history of broadcasting in Japan. Tokio 1967.
In: »Publizistik«, 14. Jg. 1969/Heft 4, S. 460

Barbara Baerns: Ost und West - Eine Zeitschrift zwischen den Fronten. Zur politischen Funktion einer literarischen Zeitschrift in der Besatzungszeit (1945-1949). Münster 1968.
In: »Das Historisch-Politische Buch«, 17. Jg. 1969/Heft 8, S. 243-244

Das Recht auf Information. München 1967.
In: »Communicatio Socialis«, 3. Jg. 1970/Heft 1, S. 91

Kenneth Burke: Die Rhetorik in Hitlers »Mein Kampf« und andere Essays zur Strategie der Überredung. Frankfurt/Main 1967.
In: »Publizistik«, 15. Jg. 1970/Heft 2, S. 167-168

Carl Hundhausen: Public Relations. Theorie und Systematik. Berlin 1969.
In: »Communicatio Socialis«, 3. Jg. 1970/Heft 2, S. 193-194

Margot Lindemann: Deutsche Presse bis 1815. Geschichte der deutschen Presse, Teil 1. Berlin 1969.
In: »Das Historisch-Politische Buch«, 18. Jg. 1970/Heft 3, S. 75

Alphons Silbermann (Hrsg.): Reader Massenkommunikation. Bd. 1. Bielefeld 1969.
In: »Publizistik«, 16. Jg. 1971/Heft 1, S. 125–126

Karl Silex: Mit Kommentar. Lebensbericht eines Journalisten. Frankfurt/Main 1968.
In: »Publizistik«, 16. Jg. 1971/Heft 1, S. 129–130

Jürgen Hagemann: Die Presselenkung im Dritten Reich. Bonn 1970; Karl Dietrich-Abel: Presselenkung im NS-Staat. Berlin 1968.
In: »Publizistik«, 16. Jg. 1971/Heft 2, S. 217–219

Karl Lange: Hitlers unbeachtete Maximen. »Mein Kampf« und die Öffentlichkeit. Stuttgart 1968.
In: »Publizistik«, 16. Jg. 1971/Heft 3, S. 339–340

Ludwig von Holzschuher: Psychologische Grundlagen der Werbung. Essen ²1969.
In: »Publizistik«, 16. Jg. 1971/Heft 3, S. 342–343

Johannes Hampel/Rudolf Grulich: Politische Plakate der Welt. München 1971.
In: »Das Historisch-Politische Buch«, 20. Jg. 1972/Heft 5, S. 143–144

Harry Pross: Publizistik. Thesen zu einem Grundcolloquium. Neuwied und Berlin 1970.
In: »Publizistik«, 18. Jg. 1973/Heft 1, S. 101–102

Otto Walter Haseloff/Eduard Jorswieck: Psychologie des Lernens. Berlin 1970.
In: »Publizistik«, 18. Jg. 1973/Heft 1, S. 102–103

Hansjörg Bessler: Aussagenanalyse. Die Messung von Einstellungen im Text der Aussagen von Massenmedien. Berlin 1979.
In: »Publizistik«, 18. Jg. 1973/Heft 1, S. 103–104

Edgar Traugott: Die Herrschaft der Meinung. Über die Wechselwirkung von demoskopischen Daten und politischen Entscheidungsprozessen. Düsseldorf 1970.
In: »Publizistik«, 18. Jg. 1973/Heft 2, S. 181–182

Jörg Aufermann: Kommunikation und Modernisierung. Meinungsführer und Gemeinschaftsempfang im Kommunikationsprozeß. München-Pullach und Berlin 1971.
In: »Publizistik«, 18. Jg. 1973/Heft 2, S. 183–184

Klaus Scheel: Krieg über Ätherwellen. NS-Rundfunk und Monopole 1933–1945. Berlin (Ost) 1970.
In: »Publizistik«, 18. Jg. 1973/Heft 2, S. 198–199

Harold Hurwitz: Die Stunde Null der deutschen Presse. Die amerikanische Pressepolitik 1945–1949. Köln 1972.
In: »Das Historisch-Politische Buch«, 21. Jg. 1973/Heft 3–4, S. 83

Franz Ronneberger (Hrsg.): Sozialisation durch Massenkommunikation. Stuttgart 1971.
In: »Das Historisch-Politische Buch«, 21. Jg. 1973/Heft 3–4, S. 85

Christian Ernst Siegel: Egon Erwin Kisch. Reportage und politischer Jornalismus. Bremen 1973.
In: »Das Historisch-Politische Buch«, 22. Jg. 1974/Heft 9, S. 275

Wolfgang R. Langenbucher (Hrsg.): Zur Theorie der politischen Kommunikation. München 1974.
In: »Das Historisch-Politische Buch«, 22. Jg. 1974/Heft 10, S. 311

Erich Follath: Ein internationaler Vergleich von Rundfunksystemen. Die Interdependenz von Rundfunkpolitik und Gesamtpolitik in Großbritannien, Frankreich, der Sowjetunion, der VR China und Indien. Stuttgart-Hohenheim 1974.
In: »Studienkreis Rundfunk und Geschichte. Mitteilungen«, 1. Jg. 1974–1975/Heft 5, S. 15–16

Jörg Aufermann/Hans Bohrmann/Rolf Sülzer (Hrsg.): Gesellschaftliche Kommunikation und Information. Forschungsrichtungen und Problemstellungen. Frankfurt/Main 1973.
In: »Publizistik«, 20. Jg. 1975/Heft 3, S. 863–865

Gerhard Hay (Hrsg.): Literatur und Rundfunk 1923–1933. Hildesheim 1975.
In: »Publizistik«, 21. Jg. 1976/Heft 4, S. 511–512

Peter Borowsky/Barbara Vogel/Heide Wunder (Hrsg.): Gesellschaft und Geschichte I. Geschichte in Presse, Funk und Fernsehen. Opladen 1976.
In: »Studienkreis Rundfunk und Geschichte. Mitteilungen«, 3. Jg. 1977/Heft 1, S. 26–27

Horst O. Halefeldt: Schul- und Bildungsfunk in Deutschland. Quellen 1923–1945. Frankfurt/Main 1976.
In: »Communicatio Socialis«, 10. Jg. 1977/Heft 3, S. 246–247

Manuel Martin Serrano: La mediación social. Madrid 1977.
In: »Publizistik«, 23. Jg. 1978/Heft 1–2, S. 132

Sybille Grube: Rundfunkpolitik in Baden und Württemberg 1924–1933. Berlin 1976.
In: »Publizistik«, 23. Jg. 1978/Heft 1–2, S. 136–137

Herbert E. Tutas: NS-Propaganda und deutsches Exil 1933–1939. Worms 1973/Herbert E. Tutas: Nationalsozialismus und Exil. Die Politik des Dritten Reiches gegenüber der deutschen politischen Emigration. München und Wien 1975/Hans Georg Lehmann: In Acht und Bann. Politische Emigration, NS-Ausbürgerung und Wiedergutmachung am Beispiel Willy Brandts. München 1976.
In: »Publizistik«, 23. Jg. 1978/Heft 1–2, S. 163–164

Ortwin Buchbender/Horst Schuh (Hrsg.): Heil Beil! Flugblattpropaganda im Zweiten Weltkrieg. Dokumentation und Analyse. Stuttgart 1974/Klaus Kirchner: Flugblätter: Psychologische Kriegsführung im Zweiten Weltkrieg in Europa. München 1974.
In: »Publizistik«, 23. Jg. 1978/Heft 1–2, S. 164–165

Liselotte Maas: Handbuch der deutschen Exilpresse 1933–1945. Band 1: Bibliographie A-K. München 1976.
In: »Publizistik«, 23. Jg. 1978/Heft 1–2, S. 167–168

Willi A. Boelcke: Die Macht des Radios. Weltpolitik und Auslandsrundfunk 1924–1976. Frankfurt/Main, Berlin und Wien 1977.
In: »Studienkreis Rundfunk und Geschichte. Mitteilungen«, 4. Jg. 1978/Heft 1, S. 64–65

John B. Black: Organising the propaganda instrument: the british experience. The Hague 1975.
In: »Studienkreis Rundfunk und Geschichte. Mitteilungen«, 4. Jg. 1978/Heft 1, S. 66

Horst Welzel: Rundfunkpolitik in Südwestdeutschland 1945–1952. Zu den Auseinandersetzungen um Struktur und Verfassung des Südwestfunks. Phil. Diss. Hannover 1976.
In: »Studienkreis Rundfunk und Geschichte. Mitteilungen«, 5. Jg. 1979/Heft 2, S. 110–112

Dietrich Wolfgang Henckels: Fernsehredakteur und Fernsehtechniker. Eine empirische Analyse zur Kooperation von Kommunikatorengruppen im Norddeutschen Rundfunk. Phil. Diss. Hamburg 1978.
In: »Studienkreis Rundfunk und Geschichte. Mitteilungen«, 5. Jg. 1979/Heft 2, S. 112–114

William E. McCavitt (Comp.): Radio and television. A selected, annotated bibliography. Metuchen, N. J. 1978.
In: »Studienkreis Rundfunk und Geschichte. Mitteilungen«, 5. Jg. 1979/Heft 2, S. 114–115

Derek Parker: Radio. The Great Years. Newton Abbot 1977.
In: »Studienkreis Rundfunk und Geschichte. Mitteilungen«, 5. Jg. 1979/Heft 2, S. 115

Carl Dreher: An American Success. New York 1977.
In: »Studienkreis Rundfunk und Geschichte. Mitteilungen«, 5. Jg. 1979/Heft 3, S. 167–168

William S. (amuel) Paley: As It Happened. A Memoir. Garden City, N. Y. 1979.
In: »Studienkreis Rundfunk und Geschichte. Mitteilungen«, 5. Jg. 1979/Heft 3, S. 168–169

Asa Briggs: The History of Broadcasting in the United Kingdom: Vol. 4: Sound and Vision. London 1979.
In: »Studienkreis Rundfunk und Geschichte. Mitteilungen«, 5. Jg. 1979/Heft 4, S. 209–210

Christopher H. Sterling/John M. Kittross: Stay Tuned. A Concise History of American Broadcasting. Belmont/California 1978.
In: »Studienkreis Rundfunk und Geschichte. Mitteilungen«, 6. Jg. 1980/Heft 1, S. 85–86

Frank W. Peers: The public eye: Television and the politics of Canadian broadcasting, 1952–1968. Toronto 1979.
In: »Studienkreis Rundfunk und Geschichte. Mitteilungen«, 6. Jg. 1980/Heft 1, S. 87

Kommunikation im Wandel der Gesellschaft. Otto B. Roegele zum 60. Geburtstag. Düsseldorf 1980.
In: »fernseh-informationen«, 31. Jg. 1980/Heft 23–24, S. 562

Werner Brüssau/Dieter Stolte/Richard Wisser (Hrsg.): Fernsehen. Ein Medium sieht sich selbst. Mainz 1976.
In: »Publizistik«, 26. Jg. 1981/Heft 1, S. 148–149

M.(ichael) J.(eremy) Clark (Hrsg.): Politics and the Media. Film and Television for the Political Scientist and Historian. Oxford 1979.
In: »Studienkreis Rundfunk und Geschichte. Mitteilungen«, 7. Jg. 1981/Heft 1, S. 77–78

Richard P. Adler (Hrsg.): All in the Familiy. A critical appraisal. New York 1979/Brigitte Hammer/Reinhold W. Vogt/Klaus Wehmeier (Hrsg.): Kommunikation und Dogmatismus. Münster 1977.
In: »Studienkreis Rundfunk und Geschichte. Mitteilungen«, 7. Jg. 1981/Heft 2, S. 140–141

Ruth Halter-Schmid: Schweizer Radio 1939–1945. Die Organisation des Radiokommunikators durch Bundesrat und Armee. Bern und Stuttgart 1980.
In: »Studienkreis Rundfunk und Geschichte. Mitteilungen«, 7. Jg. 1981/Heft 4, S. 260–262

René Duval: Histoire de la radio en France. Paris 1979.
In: »Studienkreis Rundfunk und Geschichte. Mitteilungen«, 8. Jg. 1982/Heft 1, S. 41–42

Pierre Albert/André-Jean Tudesq: Histoire de la radio-télévision. Paris 1981.
In: »Studienkreis Rundfunk und Geschichte. Mitteilungen«, 8. Jg. 1982/Heft 1, S. 42–43

Asa Briggs: Governing the BBC. London 1979.
In: »Studienkreis Rundfunk und Geschichte. Mitteilungen«, 8. Jg. 1982/Heft 4, S. 224

John D. Stevens and Hazel Dicken Garcia: Communication history. Beverly Hills – London 1980.
In: »Studienkreis Rundfunk und Geschichte. Mitteilungen«, 8. Jg. 1982/Heft 4, S. 225

Karl-Hermann Zehm: Geschichte des VOX-Hauses. Das erste Funkhaus mit regelmäßigem Programm in Deutschland. Berlin 1982 (= SFB-Werkstatthefte 12, hrsg. von Wolfgang Haus).
In: »Studienkreis Rundfunk und Geschichte. Mitteilungen«, 8. Jg. 1982/Heft 4, S. 225–226

Claudia Marwede-Dengg: Rundfunk und Rundfunkpolitik in Bayern 1922–1934. Altendorf 1981.
In: »Studienkreis Rundfunk und Geschichte. Mitteilungen«, 9. Jg. 1983/Heft 3, S. 168–169

Rupert Scholz: Rundfunkeigene Programmpresse? Berlin 1982.
In: »Studienkreis Rundfunk und Geschichte. Mitteilungen«, 9. Jg. 1983/Heft 3, S. 172–173

Arthur Asa Berger: Media analysis techniques. Beverly Hills-London-New Delhi 1982.
In: »Studienkreis Rundfunk und Geschichte. Mitteilungen«, 9. Jg. 1983/Heft 3, S. 173–175

Iain Sproat: Wodehouse at War. The extraordinary truth about P.G. Wodehouse's broadcasts on Nazi radio. London 1981.
In: »Studienkreis Rundfunk und Geschichte. Mitteilungen«, 9. Jg. 1983/Heft 3, S. 175–177

Kenneth R. M. Short (Hrsg.): Film & Radio Propaganda in World War II. London-Canberra 1983.
In: »Studienkreis Rundfunk und Geschichte. Mitteilungen«, 9. Jg. 1983/Heft 4, S. 238–240

Karl Friedrich Reimers, Monika Lerch-Stumpf und Rüdiger Steinmetz (Hrsg.): Von der Kino-Wochenschau zum aktuellen Fernsehen. Zweimal Deutschland seit 1945 in Film und Fernsehen. Teil I. München 1983.
In: »Studienkreis Rundfunk und Geschichte. Mitteilungen«, 9. Jg. 1983/Heft 4, S. 240–241

Greta Pauwels-Boon: L'origine, l'évolution et le fonctionnement de la radiodiffusion au Zaire de 1937 à 1960. Tervuren/Belgique 1979.
In: »Publizistik«, 28. Jg. 1983/Heft 3, S. 441–442

Peter Groth: Hörspiele und Hörspieltheorien sozialkritischer Schriftsteller in der Weimarer Republik. Studien zum Verhältnis von Rundfunk und Literatur. Berlin 1980.
In: »Publizistik«, 28. Jg. 1983/Heft 3, S. 442–443

Michael Tracey: Das unerreichbare Wunschbild. Ein Versuch über Hugh Greene und die Neugründung des Rundfunks in Nordwestdeutschland nach 1945. Köln 1982.
In: »Publizistik«, 28. Jg. 1983/Heft 3, S. 447–449

Wilhelm Marckwardt: Die Illustrierten der Weimarer Zeit. Publizistische Funktion, ökonomische Entwicklung und inhaltliche Tendenzen. München 1982.
In: »Publizistik«, 28. Jg. 1983/Heft 4, S. 611–613 (zusammen mit Thomas Muncke)

Arbeitsgemeinschaft für Kommunikationsforschung e. V. (Hrsg.): Jahrbuch für Medienstatistik und Kommunikationspolitik. Bd. 1 ff. Berlin 1977 ff.
In: »Publizistik«, 28. Jg. 1983/Heft 4, S. 627–629

Thomas Klein (Hrsg.): Grundriß zur deutschen Verwaltungsgeschichte 1814–1945. Reihe B [= Mitteldeutschland, außer Preußen]. Bd. 14: Sachsen, bearbeitet von Thomas Klein. Marburg/Lahn 1982.
In: »Publizistik«, 29. Jg. 1984/Heft 1–2, S. 128–129

Lieselotte Maas: Handbuch der deutschen Exilpresse 1933–1945. Bd. 2: Bibliographie L-Z. Bd. 3: Nachträge – Register – Anhang. München und Wien 1978 und 1981.
In: »Publizistik«, 29. Jg. 1984/Heft 1–2, S. 130–131.

Pierre Albert/André-Jean Tudesq: Histoire de la radio-télévision. Paris 1981.
In: »Publizistik«, 29. Jg. 1984/Heft 1–2, S. 159–160

Heide Riedel: 60 Jahre Radio. Von der Rarität zum Massenmedium. Hrsg. v. Deutschen Rundfunkmuseum e. V. Berlin. Berlin 1983/Peter Dahl: Radio. Sozialgeschichte des Rundfunks für Sender und Empfänger. Reinbek 1983.
In: »Studienkreis Rundfunk und Geschichte. Mitteilungen«, 10. Jg. 1984/Heft 4, S. 117

Jean Rodolphe von Salis: Eine Chronik des Zweiten Weltkrieges. Radiokommentare 1939–1945. Zürich 1981/Jean Rodolphe von Salis: Notizen eines Müßiggängers (1981–1983). Zürich und Schwäbisch-Hall 1983.
In: »Studienkreis Rundfunk und Geschichte. Mitteilungen«, 10. Jg. 1984/Heft 3, S. 252–254

Rainer Kabel und Thomas Strätling: Kommunikationssatelliten – international. Materialien. Berlin 1984 (= SFB Werkstatthefte 16).
In: »Studienkreis Rundfunk und Geschichte. Mitteilungen«, 10. Jg. 1984/Heft 4, S. 347–348

Marcel Bleustein-Blanchet: Les Ondes libres 1934–1984. Paris 1984.
In: »Studienkreis Rundfunk und Geschichte. Mitteilungen«, 10. Jg. 1984/Heft 4, S. 348–349

Wilmont Haacke: Die politische Zeitschrift 1665–1965. Bd. I. Stuttgart 1968/Wilmont Haacke und Günter Pötter: Die politische Zeitschrift 1665–1965. Bd. II. Stuttgart 1982.
In: »Rundfunk und Fernsehen«, 32. Jg. 1984/Heft 2, S. 258–260

Branchentelephonbuch – Fachzeitschrift »Neue Medien«.
In: »Studienkreis Rundfunk und Geschichte. Mitteilungen«, 11. Jg. 1985/Heft 2, S. 132–134

Alfred Krautz und Hermann Herlinghaus: Film- und Fernsehliteratur der DDR. Eine annotierte Bibliographie – Auswahl 1946–1982/3. Bd. II-V. Bd. II Berlin-Ost 1983. Bd. III-V Berlin Ost 1984.
In: »Studienkreis Rundfunk und Geschichte. Mitteilungen«, 11. Jg. 1985/Heft 2, S. 199–201

Hartmut Reese (Hrsg.): Jugendfilm im Nationalsozialismus. Dokumentation und Kommentar. Münster 1984.
In: »Studienkreis Rundfunk und Geschichte. Mitteilungen«, 11. Jg. 1985/Heft 2, S. 201–202

Jürgen Wilke (Hrsg.): Pressefreiheit. Darmstadt 1984 (= Wege zur Forschung, Bd. 625).
In: »Studienkreis Rundfunk und Geschichte. Mitteilungen«, 11. Jg. 1985/Heft 2, S. 202–204

Hans Bohrmann und Wilbert Ubbens: Kommunikationsforschung. Eine kommentierte Auswahlbibliographie der deutschsprachigen Untersuchungen zur Massenkommunikation 1945 bis 1980. Konstanz 1984 (= Schriften der Deutschen Gesellschaft für COMNET, Bd. 3).
In: »Studienkreis Rundfunk und Geschichte. Mitteilungen«, 11. Jg. 1985/Heft 2, S. 204–205

Hans Bohrmann und Marianne Englert (Hrsg.): Handbuch der Pressearchive. Mit einem Anhang: Presse-, Rundfunk-, Fernseh-, Filmarchive. Internationale Auswahlbibliographie 1971–1982, zusammengestellt von Wilbert Ubbens. München 1984.
In: »Studienkreis Rundfunk und Geschichte. Mitteilungen«, 11. Jg. 1985/Heft 2, S. 205–206

Ellic Howe: Die schwarze Propaganda. Ein Insider-Bericht über die geheimsten Operationen des britischen Geheimdienstes im Zweiten Weltkrieg. München 1983.
In: »Studienkreis Rundfunk und Geschichte. Mitteilungen«, 11. Jg. 1985/Heft 3, S. 293–294

Walter Klingler: Nationalsozialistische Rundfunkpolitik 1942–1945. Organisation, Programm und die Hörer. Baden-Baden 1983.
In: »Publizistik«, 30. Jg. 1985/Heft 1, S. 134–136

Robert T. Elson: Time Inc.: The intimate history of a publishing enterprise. Vol. I: 1923–1941. New York 1968/Robert T. Elson: The world of Time Inc.: The intimate history of a publishing enterprise. Vol. II: 1941–1960. New York 1973/Curtis Prendergast with Geoffrey Colvin: The world of Time Inc.: The intimate history of a changing enterprise. Vol. III: 1960–1980. New York 1986.
In: »Studienkreis Rundfunk und Geschichte. Mitteilungen«, 12. Jg. 1986/Heft 3, S. 233–235

Annick Cojean und Franck Edkenazi: EM, la folle histoire des radios libres. Paris 1986.
In: »Studienkreis Rundfunk und Geschichte. Mitteilungen«, 12. Jg. 1986/Heft 3, S. 235

Lorenzo Wilson Milam: The radio papers from RAB to KCHU, San Diego 1986.
In: »Studienkreis Rundfunk und Geschichte. Mitteilungen«, 12. Jg. 1986/Heft 3, S. 235

Bulletin du Comité d'Histoire de la Télévision, 1981 (Nos 11.2), 1982, (Nos 3–5), 1983 (Nos 6–8), 1984/85 (Nos 9–12), 1986 (Nos 13–14), hrsg. vom Comité d'Histoire de la Télévision, Tour Gamma A, 193–197, rue de Bercy, 75582 Paris Cedex 12, France.
In: »Studienkreis Rundfunk und Geschichte. Mitteilungen«, 12. Jg. 1986/Heft 3, S. 236

Wolfgang Duchkowitsch (Hrsg.): Mediengeschichte. Forschung und Praxis. Festgabe für Marianne Lunzer-Lindhausen zum 65. Geburtstag. Wien, Köln und Graz 1985.
In: »Publizistik«, 32. Jg. 1987/Heft 2, S. 257–258

Anton Austermann: Kurt Tucholsky. Der Journalist und sein Publikum. München und Zürich 1985.
In: »Publizistik«, 32. Jg. 1987/Heft 4, S. 531–532

Sally Bedell Smith: In All His Glory. The Life of Williams S. Paley. New York 1990.
In: »Studienkreis Rundfunk und Geschichte. Mitteilungen«, 17. Jg. 1991/Heft 1, S. 79–80

Thierry Kubler et Emmanuel Lemieux: Cognacq Jay 1940. La télévision française sous l'occupation. Paris 1990.
In: »Studienkreis Rundfunk und Geschichte. Mitteilungen«, 17. Jg. 1991/Heft 2–3, S. 137–138

Communauté des Radios Publiques de Langue Français und Helene Eck (Hrsg.): La Guerre des Ondes. Histoire des radios de langue française pendent la Deuxieme Guerre mondiale. Paris-Lausanne-Bruxelles-Montreal 1985.
In: »Studienkreis Rundfunk und Geschichte. Mitteilungen«, 17. Jg. 1991/Heft 2–3, S. 138–140

Hans Pohl (Hrsg.): Die Bedeutung der Kommunikation für Wirtschaft und Gesellschaft (= Vierteljahresschrift für Sozial- und Wirtschaftswissenschaften, Beihefte 87). Wiesbaden 1990.
In: »Archiv und Wirtschaft«, 24. Jg. 1991/Heft 3, S. 148–149

Lieselotte Maas: Handbuch der deutschen Exilpresse 1933–1945. Bd. 4: Die Zeitungen des deutschen Exils in Europa von 1933 bis 1939 in Einzeldarstellungen. München und Wien 1990.
In: »Publizistik«, 37. Jg. 1992/Heft 1, S. 130–131

Wolfgang Jacobsen (Hrsg.): Babelsberg. Ein Filmstudio 1912–1992. Berlin 1992/Johannes Hauser: Neuaufbau der westdeutschen Filmwirtschaft 1945–1955 und der Einfluß der US-amerikanischen Filmpolitik. Pfaffenweiler 1989/Klaus Kreimeier: Die UFA-Story. Geschichte eines Filmkonzerns. München und Wien 1992.
In: »fernseh-informationen«, 43. Jg. 1992/Nr. 8, S. 224

Verzeichnis der Autoren

Bierbach, Wolf, Dr. phil., geb. 1942 in Wuppertal-Elberfeld. Studium der Fächer Publizistik, Soziologie und Kunstgeschichte an der Universität Münster/Westf. Promotion 1983. Seit 1986 Leiter der Landesredaktion (Hörfunk) des Westdeutschen Rundfunks, Köln. Vorstandsmitglied des Studienkreises Rundfunk und Geschichte e. V.

Dröge, Franz, Prof. Dr. phil., geb. 1937 in Münster/Westf. Studium der Fächer Publizistik, Deutsche Philologie, Soziologie und Geschichte an der Universität Münster/Westf. Promotion 1965, Habilitation 1969 an der Universität Münster/Westf. Seit 1971 Professor für Kommunikationswissenschaft an der Universität Bremen und dort Mitbegründer des Schwerpunktes Kulturwissenschaften.

Hardt, Hanno, Prof. Ph. D., geb. 1934 in Stettin. Auswanderung in die USA 1960. Studium der Fächer Kommunikationswissenschaft, Politologie und Neuere Europäische Geschichte an der Southern Illinois University in Carbondale, Ill. Magister Artium 1963. Promotion 1967. Assistant Professor an der University of North Dakota in Grandforks 1965. Seit 1968 an der University of Iowa in Iowa City zunächst als Associate Professor, seit 1974 als Full Professor an der School of Journalism, seit 1977 auch Director of Graduate Studies. Gegenwärtig John F. Murray-Professor für Journalismus und Kommunikationsforschung an der University of Iowa sowie Professor für Kommunikationsforschung an der Universität Ljubljana. Seit den 60er Jahren Gastprofessuren an Universitäten in Deutschland, Irland, Österreich und Jugoslawien.

Hemels, Joan, Prof. Dr. phil., geb. 1944 in Heino (Overijel/Niederlande). Studium der Fächer Zeitgeschichte, Sozial- und Wirtschaftsgeschichte, Wirtschaftswissenschaft und Staatsrecht sowie Publizistikwissenschaft an der Katholischen Universität Nijmegen. Diplom 1964, Promotion 1969 an der Katholischen Universität Nijmegen. Bis 1966 redaktionelle Tätigkeit. Wissenschaftlicher Mitarbeiter an der Katholischen Universität Nijmegen 1966 bis 1988. A.o. Professor für die Geschichte von Presse, Propaganda und Öffentlicher Meinung an der Universität Amsterdam 1986. Seit 1987 Professor für Kommunikationswissenschaft an der Universität Amsterdam. Gastprofessuren an den Universitäten Salzburg (1979/80), Bochum (1982), Eichstätt (1986), Löwen (1989/1991) und Mainz (1992).

Holtz-Bacha, Christina, Prof. Dr. phil., geb. 1953 in Braunschweig. Studium der Fächer Publizistik, Politologie und Soziologie an den Universitäten Münster/Westf. und Bonn. Promotion an der Universität Münster/Westf. 1978. Habilitation an der Hochschule für Musik und Theater, Hannover, 1989. Pressereferentin am Institut für Demoskopie, Allensbach, 1979 bis 1981. Wissenschaftliche Mitarbeiterin am Institut für Kommunikationswissenschaft (Zeitungswissenschaft) der Universität München 1981 bis 1991. Seit 1991 Professorin in der Sektion für Publizistik und Kommunikation an der Ruhr-Universität Bochum.

Kahlenberg, Friedrich P., Prof. Dr. phil., geb. 1935 in Mainz. Studium der Fächer Geschichte, Germanistik, Philosophie und Evangelische Theologie an der Universität Mainz. Promotion 1963. Honorar-Professor an der Universität Mannheim 1973. Seit 1962 beim Bundesarchiv, seit 1989 dessen Präsident.

Koszyk, Kurt, Prof. Dr. phil., geb. 1929 in Dortmund. Studium der Fächer Zeitungswissenschaft, Deutsche und Englische Literaturwissenschaft an den Universitäten Münster/Westf., Oxford und München. Promotion an der Universität München 1953. Habilitation an der Freien Universität Berlin 1968. Bis 1957 mehrjährige redaktionelle Tätigkeit. Leiter des Instituts für Zeitungsforschung der Stadt Dortmund 1957 bis 1977. Professor für Publizistik an der Ruhr-Universität Bochum 1969 bis 1974. Professor für Journalistik an der Universität Dortmund 1977 bis 1991.

Kutsch, Arnulf, Dr. phil., geb. 1949 in Münster/Westf. Studium der Fächer Publizistik, Soziologie, Geschichte und Germanistik an der Universität Münster/Westf. Promotion 1980. Mitarbeiter am Institut für Publizistik der Universität Münster/Westf. seit 1980.

Pleyer, Peter, Prof. Dr. phil., geb. 1933 in Ludwigshof/Schlesien. Studium der Fächer Publizistik, Geschichte und Öffentliches Recht an der Universität Münster/Westf. Promotion 1964. Hilfsreferent in der Bundeszentrale für politische Bildung, Bonn, 1965 bis 1966. Wissenschaftlicher Mitarbeiter im Institut für Publizistik der Universität Münster/Westf. 1966 bis 1968. Studienleiter und Dozent für Medienerziehung an der Akademie Remscheid 1968 bis 1971. Seit 1972 Professor für Medienpädagogik der Fachhochschule Münster/Westf.

Ravenstein, Marianne, Dr. phil., geb. 1957 in Kerpen/Erftkreis. Studium der Fächer Publizistik, Neuere Geschichte und Soziologie an der Universität Münster/Westf. Promotion 1986. Seit 1986 Wissenschaftliche Mitarbeiterin im Institut für Publizistik der Universität Münster/Westf.

Romano, Vicente, Prof. Dr. phil., geb. 1935 in Alamillo (Ciudad Real), Spanien. Studium der Fächer Publizistik, Philosophie und Romanische Philologie an der Universität Münster/Westf. Promotion 1975. Übersetzertätigkeit in Madrid 1960 bis 1965. Lektor für Spanisch am Eastern Washington State College, Cheney, Washington, 1965 bis

1967 sowie an der Dalhousie University, Halifax, N.S., Kanada, 1967 bis 1973. Seit 1976 Professor für Kommunikationstheorie an der Universidad Complutense de Madrid.

Robinson, Gertrude Joch, Prof. Ph. D., geb. 1927 in Hamburg. B.A. am Swarthmore College 1950. M. A. an der University of Chicago 1952. Promotion an der University of Illinois, Urbana-Champaign, 1968. Res. Assistant Professor of Sociology an der University of Illinois 1968 bis 1970. Seit 1970 an der McGill University, Montreal, als Assistant Professor, seit 1974 als Associate Professor, seit 1983 als Full Professor sowie von 1979 bis 1989 dort Director, Graduate Program in Communications. Senior Fellow am Gannett Center for Media Studies der Columbia University, New York, 1991. Sabbatical Scholar am Center for Research in Women's Studies and Gender Relations der University of British Columbia, Vancouver, 1991. Gastprofessorin an den Universitäten München (1983), Koblenz-Landau (1985) und Dortmund (1985).

Schmolke, Michael, Prof. Dr. phil., geb.1934 in Gleiwitz (Oberschlesien). Studium der Fächer Publizistik, Germanistik, Geschichte und Alte Geschichte an den Universitäten Göttingen, München und Münster/Westf. Promotion 1965 und Habilitation 1971 an der Universität Münster/Westf., dort apl. Professor für Publizistik sowie Direktor am Deutschen Institut für wissenschaftliche Pädagogik, Münster/Westf. Seit 1973 o. Universitäts-Professor für Publizistik und Kommunikationswissenschaft sowie Institutsvorstand an der Universität Salzburg.

Schulz, Winfried, Prof. Dr. rer. pol., geb. 1938 in Berlin. Studium der Fächer Soziologie, Publizistik, Psychologie und Nationalökonomie an den Universitäten München, Berlin (Freie Universität) und Mainz. Diplom-Soziologe 1964. Promotion 1968. Habilitation 1974. Research Fellow an der University of California, Berkeley, 1975 bis 1976. Professor für Publizistik- und Kommunikationswissenschaft an der Universität Münster/Westf. 1977 bis 1983. Seit 1983 o. Professor für Kommunikations- und Politikwissenschaft an der Universität Erlangen-Nürnberg. Vorsitzender der Senatskommission für Medienwirkungsforschung der Deutschen Forschungsgemeinschaft (DFG) 1980 bis 1985. Koordinator des DFG-Schwerpunktprogramms »Publizistische Medienwirkungen« 1983 bis 1989. Mitglied des Vorstandes der Deutschen Gesellschaft für Publizistik- und Kommunikationswissenschaft (DGPuK) 1980 bis 1989. Vorsitzender der DGPuK 1984 bis 1986.

Schütz, Walter J., Dr. phil. h. c., geb. 1930 in Bochum. Studium der Fächer Publizistik, Geschichte und Geographie an den Universitäten Münster/Westf. und München. Dr. phil. h. c. Universität Münster/Westf. 1983. Seit 1956 Redakteur der Zeitschrift ›Publizistik. Vierteljahreshefte für Kommunikationsforschung‹. Seit 1960 im Presse- und Informationsamt der Bundesregierung, derzeit dort als Ministerialrat Leiter des Medienreferats.

Stappers, James G., Prof. Dr., geb. 1930 in 's-Hertogenbosch, Niederlande. Studium der Psychologie an der Katholischen Universität Nijmegen. Candidaatsexamen 1952. Promotion 1958. Seit 1958 zunächst Assistent, später Hauptassistent, seit 1970 Inhaber des Lehrstuhls für Publizistikwissenschaft (seit 1986: Kommunikationswissenschaft) der Katholischen Universität Nijmegen. Inhaber der Eric-Voegelin-Professur an der Universität München 1985 bis 1986.

Stuke, Franz R., Prof. Dr., geb. 1940 in Bielefeld. Studium der Fächer Publizistik, Pädagogik und Germanistik an der Pädagogischen Hochschule Bielefeld und an der Universität Münster/Westf. Promotion 1974 an der Universität Münster/Westf. Volontariat bei der ›Freien Presse‹, Bielefeld. Tätigkeit als Lehrer 1964 bis 1970. Referent bei der Landesbildstelle Westfalen in Münster 1970 bis 1975. Abteilungsleiter Medien an der FernUniversität Hagen 1975 bis 1991. Seit 1991 Professor an der Ruhr-Universität Bochum.

'Er-lesene' Kompetenz

Diesen Anspruch, der zugleich publizistische Verpflichtung und verlegerische Zielsetzung ist, erfüllen beispielhaft die VISTAS-Editionen.

Renommierte Autoren aus Wissenschaft und Praxis gewährleisten die thematische Vielfalt und ein breites Spektrum an Positionen. Dem Insider wie dem allgemein Interessierten wird die stürmische Entwicklung der gesamten Medien-Kommunikationsbranche verständlich und nachvollziehbar als 'er-lesene' Kompetenz nähergebracht.

Die engagierte, professionelle verlegerische Betreuung verfolgt als Ziel, daß interessierte Kreise, die sich weiterbilden, die mitreden wollen, regelmäßig nützliche Medien-Kompetenz 'er-lesen' können.

Der Medienverlag

VISTAS Verlag GmbH · Bismarckstraße 84 · W-1000 Berlin 12
Telefon 3 12 45 66 · Fax 3 12 62 34